# 欧亚草原视野下的
# 塞伊玛—图尔宾诺与中国

刘翔 著

上海古籍出版社

图书在版编目(CIP)数据

欧亚草原视野下的塞伊玛—图尔宾诺与中国 / 刘翔著. —上海：上海古籍出版社, 2024.5
ISBN 978-7-5732-1093-7

Ⅰ. ①欧… Ⅱ. ①刘… Ⅲ. ①青铜时代文化-研究-欧洲、中国 Ⅳ. ①K861.3②K871.3

中国国家版本馆CIP数据核字(2024)第078726号

西北大学考古学系列研究　第4号
**欧亚草原视野下的塞伊玛—图尔宾诺与中国**
刘　翔　著
上海古籍出版社出版发行
(上海市闵行区号景路159弄1-5号A座5F　邮政编码201101)
(1) 网址：www.guji.com.cn
(2) E-mail: guji1@guji.com.cn
(3) 易文网网址：www.ewen.co
上海雅昌艺术印刷有限公司印刷
开本710×1000　1/16　印张18　插页9　字数307,000
2024年5月第1版　2024年5月第1次印刷
印数：1—2,100
ISBN 978-7-5732-1093-7
K·3563　定价：98.00元
如有质量问题，请与承印公司联系

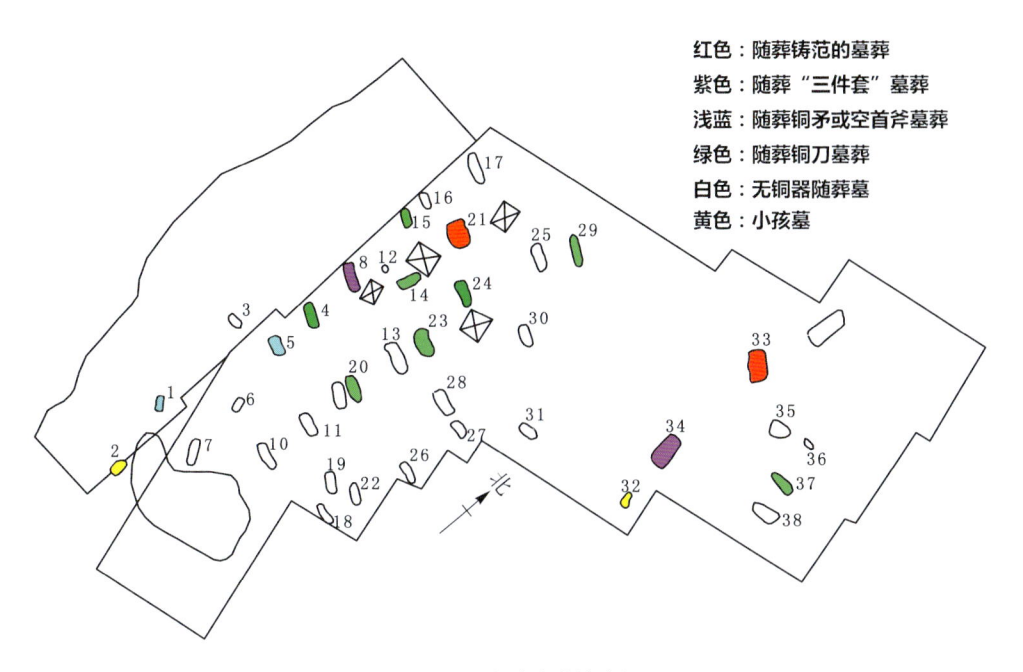

红色：随葬铸范的墓葬
紫色：随葬"三件套"墓葬
浅蓝：随葬铜矛或空首斧墓葬
绿色：随葬铜刀墓葬
白色：无铜器随葬墓
黄色：小孩墓

图版一　罗斯托夫卡墓地分析图

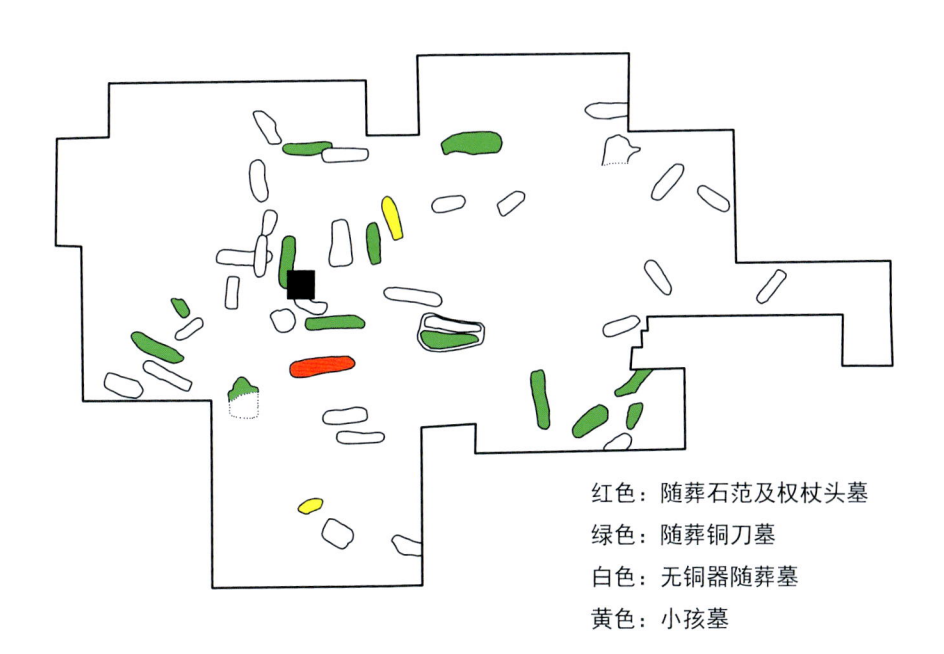

红色：随葬石范及权杖头墓
绿色：随葬铜刀墓
白色：无铜器随葬墓
黄色：小孩墓

图版二　萨特加XVI墓地分析图

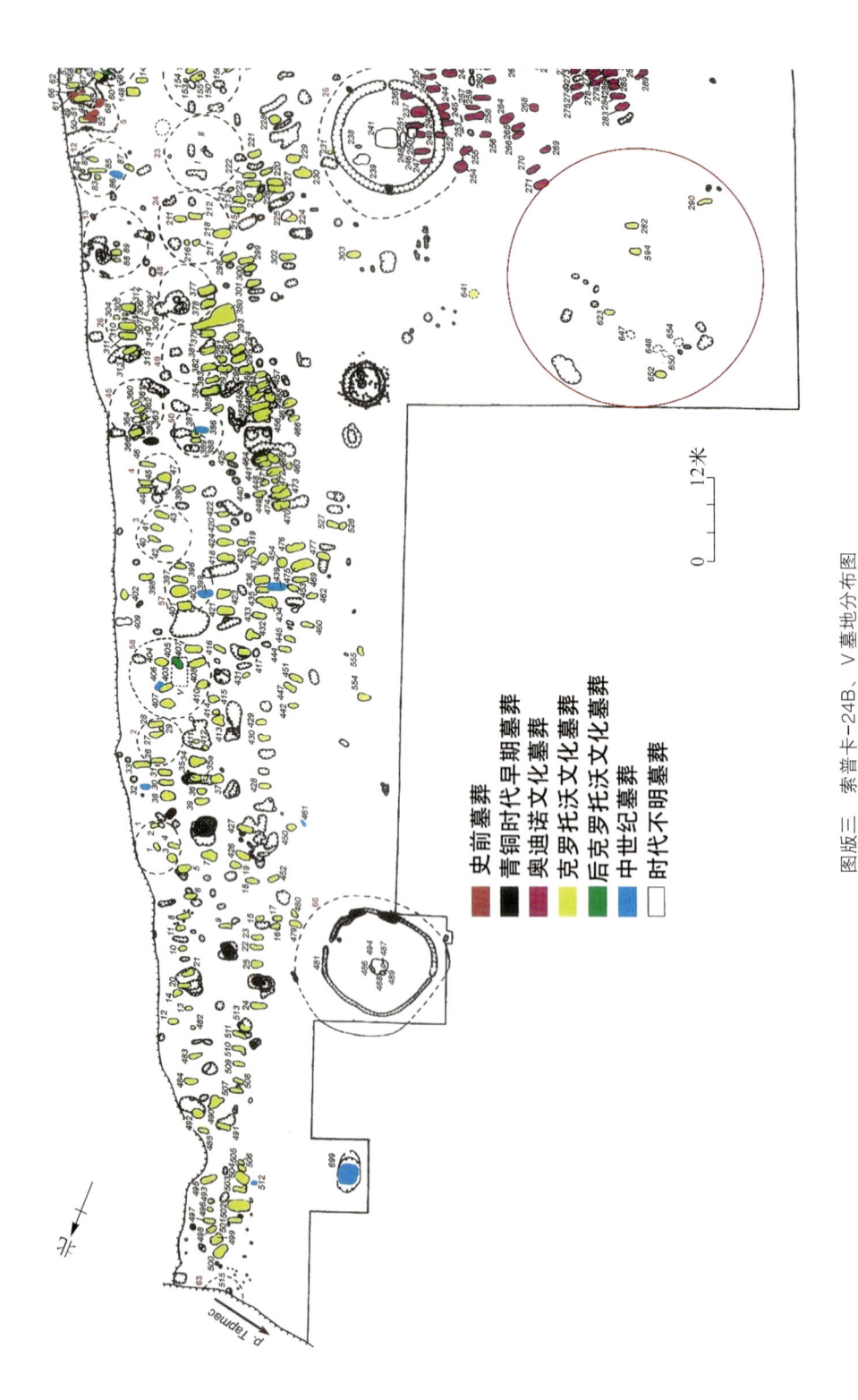

图版三 索普卡-24B、V 墓地分布图

史前墓葬
青铜时代早期墓葬
奥迪诺文化墓葬
克罗托沃文化墓葬
后罗托沃文化墓葬
中世纪墓葬
时代不明墓葬

红色 3件套

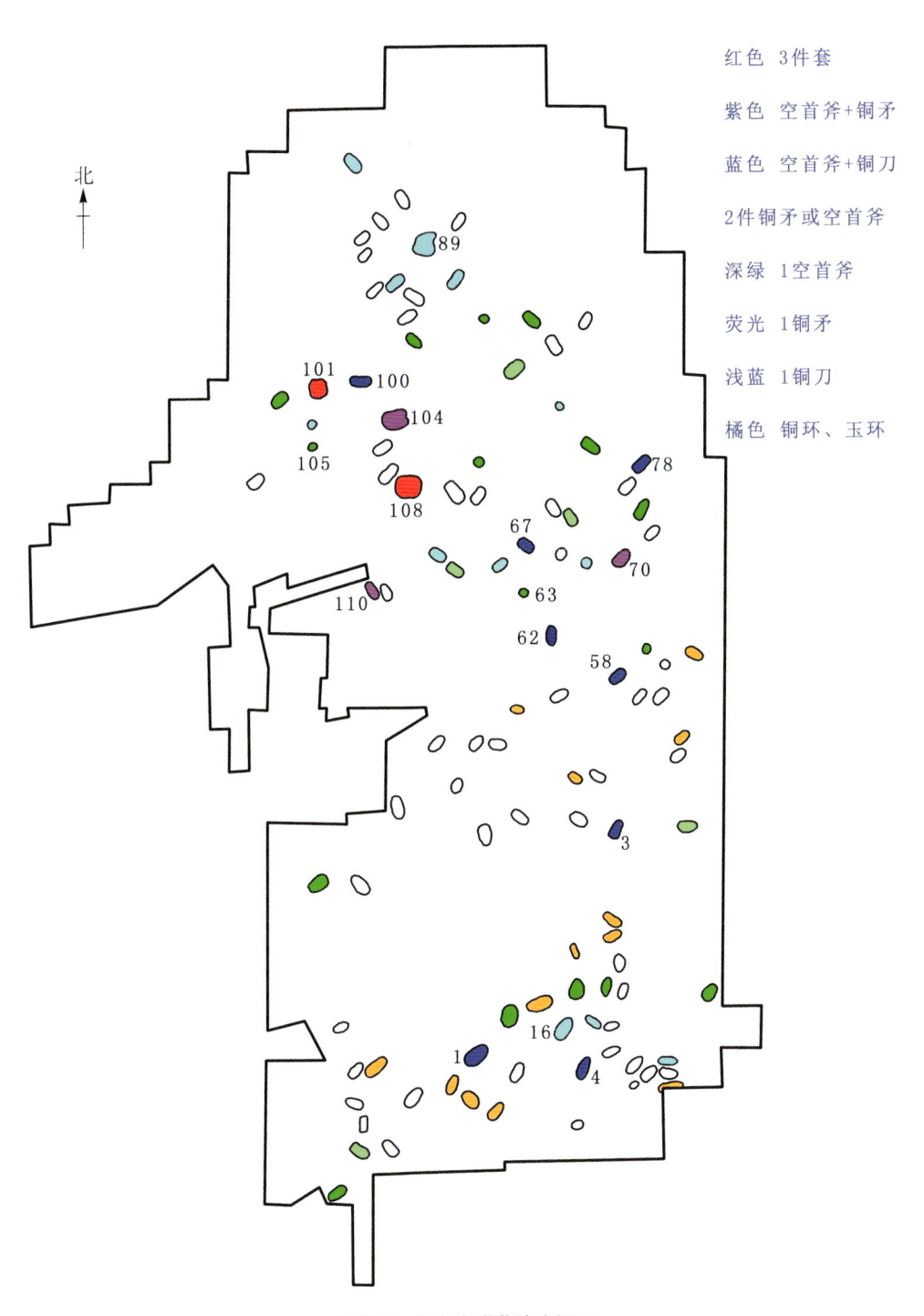

紫色 空首斧+铜矛

蓝色 空首斧+铜刀

2件铜矛或空首斧

深绿 1空首斧

荧光 1铜矛

浅蓝 1铜刀

橘色 铜环、玉环

图版四 图尔宾诺墓地分析图

| 图版五 | 图版六 |
| --- | --- |
| 图版七 | 图版八 |

图版五　山西省工艺美术馆藏铜矛及线图
图版六　辽宁省朝阳县文物保护管理所藏铜矛
图版七　甘肃省博物馆藏 47922 号铜矛
图版八　甘肃省博物馆藏 12308 号铜矛

|  图版九  |  图版一〇  |
| 图版一一 | 图版一二 |

图版九　南阳市博物馆藏 0232 号铜矛
图版一〇　南阳市博物馆藏 0233 号铜矛
图版一一　南阳市博物馆藏 0234 号铜矛
图版一二　国家博物馆藏铜矛

| 图版一三 | 图版一四 | |
|---|---|---|
| 图版一五 | 图版一六 | 图版一七 |

图版一三　青海大通县文管所藏铜矛
图版一四　青海沈那遗址出土铜矛
图版一五　陕西历史博物馆藏铜矛
图版一六　山西博物院藏铜矛
图版一七　淅川下王岗遗址出土铜矛

图版一八　中国发现塞伊玛—图尔宾诺铜矛銎口外翻现象示意图

图版一九　新疆阜康滋泥泉子铸矛石范

图版二〇　新疆玛纳斯博物馆藏塞伊玛—图尔宾诺空首斧

1　　　　2　　　　3　　　　4　　　　5　　　　6

图版二一　带柄铜剑

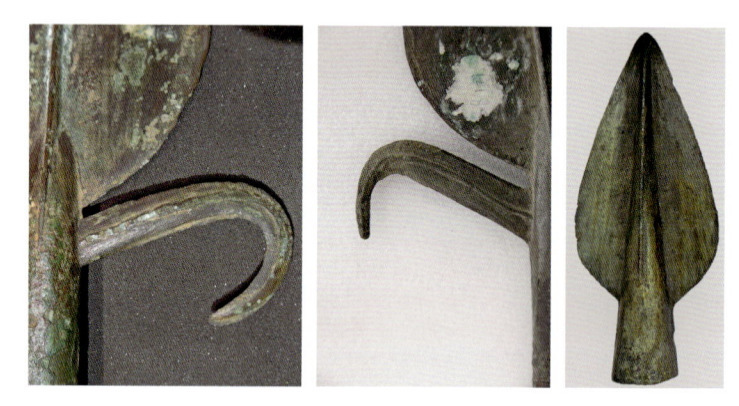

图版二二　中国境内发现铜矛与罗斯托夫卡墓地出土铜矛"加强筋"比较

图版二三　东下冯二里头遗址 501 号灰坑出土石范

# 序

无论在史前时期,还是在历史时期,广袤的欧亚草原在世界古代文明发展史中都具有非常突出的地位。欧亚草原的人群移动、技术传播等,无不深刻影响了世界发展进程。这也是国际学界高度重视欧亚草原研究的缘故。由于涉及的地域辽阔、牵涉面广、内容庞杂,欧亚草原研究难度之大可想而知,故而不少研究者视之为畏途。

"塞伊玛—图尔宾诺"是欧亚草原考古研究中比较引人关注的话题之一。被认为属于"塞伊玛—图尔宾诺"类型的器物发现于19世纪末,而"塞伊玛—图尔宾诺"考古学文化概念的提出距今也已有九十余年。随着墓葬、遗存资料的积累,关于"塞伊玛—图尔宾诺"的研究引起越来越多学者的注意。只不过,在如此长的时间段内,苏联、俄罗斯学术界对相关问题仍然没有形成比较一致的共识。虽然这与问题的复杂程度不无关系,但也诚如切尔内赫(E. N. Chernykh)所说的,这是缺少准确全面的分析所致。

中国学者参与"塞伊玛—图尔宾诺"相关讨论是近二十年的事,特别是在切尔内赫著作译成中文后,引发了更多关注。中国学者所做的研究更多是在苏联、俄罗斯学者的框架下,辅以中国境内的材料,以"塞伊玛—图尔宾诺"为切入点讨论青铜时代区域文化联系。20世纪50年代以后,鲁金科、蒙盖特、吉谢列夫、伯恩斯坦姆、弗鲁姆金、别列尼斯基、马尔沙克等苏联、俄罗斯考古学者的成果,一经引介往往成为中国学者参照的标尺,且至今还有相当大的影响。这固然可以从学术渐进发展的角度来说明,但其间所涉及的问题恐怕又远不止于此。

刘翔的博士论文是国内首次对"塞伊玛—图尔宾诺"相关问题所做的最系统的讨论。他在分析、吸收前人成果的基础上，又有颇多创获。刘翔对已知的"塞伊玛—图尔宾诺"遗存、墓地一一做了详细梳理。与以往不同，刘翔将墓葬和遗物纳入整体考量，也就是基于文化习俗构成的视角进行审视，而非割裂式的单项观察。这一做法的优点是显而易见的。仅就随葬品来说，我向来觉得功能的意义远大于形式，或者说形式是服务于功能的。换而言之，形式的变化主要是技术层面的因素，功能的变化则关乎文化的变迁。倘若不能将其置于文化构成中加以分析，难免让人乱花迷眼。

技术交流、传播是古代人群互动的一项重要内容，也是前人着力较多的问题。刘翔从铸造技术着手，讨论了其传播与演进的途径，以及和中国西北及中原地区的联系与差异。与单纯技术分析不同，刘翔同时注意到了环境因素的影响。因此，他所得出的结论较前人更具说服力。事实上，技术的产生、传播、演化亦应放诸复杂社会系统中考察，若忽略人和环境因素则往往难得其实。技术涉及工艺、材料，以及复杂系数等一系列内容。不仅有意愿问题，还牵涉可能性问题。古代技术的产生和跨区域传播，无一例外地也必然要经历试错与创新的过程。只要稍微考察古代欧亚大陆农作物、家畜、金属、玻璃、纺织等的传播时效，便不难理解其中的复杂性。当然，文化传播亦可作如是观。由此还可以进一步引申，无论技术也好，文化也好，在传播过程中"变"是必然，也是常态。这正是技术、考古学文化地域特色与技术本土化发展的内在逻辑与根本途径。

刘翔在分析"塞伊玛—图尔宾诺"遗物时注意到了变化速率的问题。实际上，遗物、遗迹不仅有变化速率问题，还有权重问题。变化速率主要是时间、技术等方面的问题，而权重则关乎性质问题。不同种类考古遗物、遗迹的变化速率有所区别是比较容易理解的，分析变化速率在操作上也相对简单。而对不同遗物、遗迹在文明内涵中权重的分析，操作起来则要困难得多。只有将多条发展线索综合起来考量，或许才有可能建立真正立体化的认识。

对苏联、俄罗斯考古学者提出的"塞伊玛—图尔宾诺跨文化现象"，刘翔也审慎地做出了应答。我个人颇赞同他的意见。"考古学文化"是考古学研究，特别是史前考古研究中经常必须面对的关键问题。自柴尔德（V. G. Childe）提出这个概念以来，对考古学研究产生了深远影响。后来的学者虽然也做过补充与再诠释，但在理论、逻辑和实践操作层面上仍然存在一些不易解决的问题。其中，物与人的关系可能是最为棘手的问题之一。参考人类学、社会学和民族学调查资料和研究成果便不难发现，物品、生活方式与人群之间关联性的复杂程度，往往超乎想象。随着学术的积累与进步，扩大学科视野，深化对"考古学文化"的认识想来还是有必要的。

苏联学者建构的欧亚草原考古体系功不可没，客观上带动了该领域研究的发展。随着材料的不断积累、技术手段的不断提升、理念的不断进步，认真审视学术的由来发展显得尤为重要。毋庸讳言，近年来一部分年轻学者开始反思苏联学者构建的欧亚草原考古体系。这无疑是中国学界在该研究领域迈入一个新阶段的体现。博学、审问、慎思、明辨、笃行，学问之道无非如此，考古研究自不能外乎此。倘不能在审问这一环节上做足功课，终不免"随人做计"。因此，这种变化对中国学界在欧亚草原考古领域的研究而言无疑是可喜的。

刘翔的《欧亚草原视野下的塞伊玛—图尔宾诺与中国》一书付梓在即，让我写几句话。我个人学识有限，却之不过，聊赘数语，难免郢书燕说，方枘圆凿。我深知刘翔在"塞伊玛—图尔宾诺"研究上下了很大功夫，考之有据，言之成理，在许多方面比前人有了重要推进。我能感受到，写进论文的只是他平日所思所想的一部分而已，毕竟受一时条件所限，很多内容尚未能铺陈展开。如果将来能在此基础上再进一步深耕拓展，相信一定会有更大的收获。

陈　凌

2024 年 3 月于燕北园

# 目 录

序 ······ 陈 凌 1

第一章 绪论 ······ 1
  一、塞伊玛—图尔宾诺遗存基本概况 ······ 1
  二、"塞伊玛—图尔宾诺"概念再讨论 ······ 2

第二章 塞伊玛—图尔宾诺遗存发现与研究史 ······ 5
  一、第一阶段：20世纪40年代末之前 ······ 5
  二、20世纪40年代末至60年代 ······ 8
  三、20世纪70年代至90年代初 ······ 10
  四、20世纪90年代至今 ······ 13
  五、小结 ······ 18

第三章 塞伊玛—图尔宾诺典型墓地和遗址分析与研究 ······ 20
  一、自然环境 ······ 21
  二、东区（乌拉尔山以东）······ 21
    （一）罗斯托夫卡墓地 ······ 22
    （二）萨特加XVI墓地 ······ 46
    （三）索普卡-2/4B、V墓地 ······ 65
    （四）普列奥布拉任卡-6墓地 ······ 78
    （五）叶鲁尼诺Ⅰ墓地 ······ 82
  三、中区（乌拉尔山地区）······ 86

（一）卡宁山洞遗址 ………………………………………………… 86
　　（二）峡坦亚湖-2 遗址 ……………………………………………… 92
　四、西区（乌拉尔山以西） …………………………………………… 103
　　（一）图尔宾诺墓地 ………………………………………………… 103
　　（二）塞伊玛墓地 …………………………………………………… 115
　　（三）乌斯季—维特鲁加墓地 ……………………………………… 123
　　（四）列什诺耶墓地 ………………………………………………… 132
　　（五）乌斯季—盖瓦墓地 …………………………………………… 133

## 第四章　塞伊玛—图尔宾诺墓地年代、葬俗及随葬品分析 ……… 150
　一、年代分析 …………………………………………………………… 150
　二、葬俗分析 …………………………………………………………… 157
　　（一）墓地选址及布局 ……………………………………………… 157
　　（二）葬式及葬俗分析 ……………………………………………… 159
　　（三）铜器垂直插入地面或墓底现象 ……………………………… 160
　　（四）随葬铸范 ……………………………………………………… 162
　　（五）随葬品 ………………………………………………………… 164
　三、塞伊玛—图尔宾诺空首斧再讨论 ………………………………… 165
　四、塞伊玛—图尔宾诺铜矛再讨论 …………………………………… 173
　　（一）塞伊玛—图尔宾诺遗址出土铜矛类型学研究 ……………… 173
　　（二）塞伊玛—图尔宾诺铜矛铸造技术研究 ……………………… 182
　五、塞伊玛—图尔宾诺带柄铜刀再讨论 ……………………………… 190
　六、塞伊玛—图尔宾诺铜剑再研究 …………………………………… 192
　七、塞伊玛—图尔宾诺遗址陶器 ……………………………………… 201
　八、塞伊玛—图尔宾诺类型铜器与周边地区考古学文化的交流 …… 207

## 第五章　中国发现塞伊玛—图尔宾诺遗物 ………………………… 212
　一、塞伊玛—图尔宾诺与中国青铜时代关系研究回顾 ……………… 212
　二、中国境内发现塞伊玛—图尔宾诺铜矛 …………………………… 216

（一）中国境内发现塞伊玛—图尔宾诺铜矛类型划分 ………… 216
　　（二）中国境内发现塞伊玛—图尔宾诺铜矛铸造技术研究 ……… 229
三、中国发现塞伊玛—图尔宾诺其他遗物 …………………………… 236
　　（一）新疆发现塞伊玛—图尔宾诺遗物 …………………………… 236
　　（二）甘肃发现塞伊玛—图尔宾诺遗物 …………………………… 240
　　（三）中国境内发现塞伊玛—图尔宾诺铜器年代再讨论 ………… 243
　　（四）塞伊玛—图尔宾诺与中国早期青铜时代关系再讨论 ……… 245

## 第六章　结语 ………………………………………………………… 250

**参考文献** ……………………………………………………………… 254
**ABSTRACT** …………………………………………………………… 269
**后记** …………………………………………………………………… 271

# 插图目录

图 2.1　塞伊玛—图尔宾诺遗存发现与研究史年表 ⋯⋯⋯⋯⋯⋯⋯⋯ 19
图 3.1　塞伊玛—图尔宾诺遗址分布图 ⋯⋯⋯⋯⋯⋯⋯⋯⋯⋯⋯⋯ 20
图 3.2　罗斯托夫卡墓地位置图 ⋯⋯⋯⋯⋯⋯⋯⋯⋯⋯⋯⋯⋯⋯⋯ 22
图 3.3　罗斯托夫卡墓地平面分布图 ⋯⋯⋯⋯⋯⋯⋯⋯⋯⋯⋯⋯⋯ 23
图 3.4　罗斯托夫卡 2 号墓示意图 ⋯⋯⋯⋯⋯⋯⋯⋯⋯⋯⋯⋯⋯⋯ 25
图 3.5　罗斯托夫卡 3 号墓示意图 ⋯⋯⋯⋯⋯⋯⋯⋯⋯⋯⋯⋯⋯⋯ 26
图 3.6　罗斯托夫卡 5 号墓示意图 ⋯⋯⋯⋯⋯⋯⋯⋯⋯⋯⋯⋯⋯⋯ 27
图 3.7　罗斯托夫卡 8 号墓示意图 ⋯⋯⋯⋯⋯⋯⋯⋯⋯⋯⋯⋯⋯⋯ 29
图 3.8　罗斯托夫卡 8 号墓出土器物 ⋯⋯⋯⋯⋯⋯⋯⋯⋯⋯⋯⋯⋯ 30
图 3.9　罗斯托夫卡 21 号墓示意图 ⋯⋯⋯⋯⋯⋯⋯⋯⋯⋯⋯⋯⋯ 33
图 3.10　罗斯托夫卡 23 号墓示意图 ⋯⋯⋯⋯⋯⋯⋯⋯⋯⋯⋯⋯⋯ 34
图 3.11　罗斯托夫卡 24 号墓示意图 ⋯⋯⋯⋯⋯⋯⋯⋯⋯⋯⋯⋯⋯ 35
图 3.12　罗斯托夫卡 Ж-16 探方出土铜器 ⋯⋯⋯⋯⋯⋯⋯⋯⋯⋯⋯ 36
图 3.13　罗斯托夫卡 29 号墓示意图 ⋯⋯⋯⋯⋯⋯⋯⋯⋯⋯⋯⋯⋯ 37
图 3.14　罗斯托夫卡 Ж-20 探方出土铜器 ⋯⋯⋯⋯⋯⋯⋯⋯⋯⋯⋯ 38
图 3.15　罗斯托夫卡 33 号墓示意图 ⋯⋯⋯⋯⋯⋯⋯⋯⋯⋯⋯⋯⋯ 40
图 3.16　罗斯托夫卡 34 号墓示意图 ⋯⋯⋯⋯⋯⋯⋯⋯⋯⋯⋯⋯⋯ 41
图 3.17　萨特加 XVI 墓地位置图 ⋯⋯⋯⋯⋯⋯⋯⋯⋯⋯⋯⋯⋯⋯ 47
图 3.18　萨特加 XVI 墓地示意图 ⋯⋯⋯⋯⋯⋯⋯⋯⋯⋯⋯⋯⋯⋯ 48
图 3.19　萨特加 XVI 墓地不同发掘区示意图 ⋯⋯⋯⋯⋯⋯⋯⋯⋯ 48
图 3.20　萨特加 XVI 墓地平面图 ⋯⋯⋯⋯⋯⋯⋯⋯⋯⋯⋯⋯⋯⋯ 50
图 3.21　萨特加 XVI 墓地 1 号墓示意图 ⋯⋯⋯⋯⋯⋯⋯⋯⋯⋯⋯ 51
图 3.22　萨特加 XVI 墓地 3 号墓示意图 ⋯⋯⋯⋯⋯⋯⋯⋯⋯⋯⋯ 51

图 3.23　萨特加 XVI 墓地 5 号墓示意图 ································· 53
图 3.24　萨特加 XVI 墓地 6 号墓示意图 ································· 54
图 3.25　萨特加 XVI 墓地 9 号墓、11 号墓与 18 号墓示意图 ············ 56
图 3.26　萨特加 XVI 墓地 23 号墓示意图 ································ 57
图 3.27　萨特加 XVI 墓地 24 号墓示意图 ································ 58
图 3.28　索普卡墓地位置图 ················································ 66
图 3.29　索普卡-2/4 墓地 282 号墓葬示意图 ····························· 68
图 3.30　索普卡-2/4 墓地 427 号墓葬示意图 ····························· 69
图 3.31　索普卡-2/4 墓地 594 号墓葬示意图 ····························· 70
图 3.32　索普卡-2/4 墓地 420 号墓葬示意图 ····························· 71
图 3.33　索普卡-2/4 墓地 425 号墓葬示意图 ····························· 72
图 3.34　索普卡-2/4 墓地 443 号墓葬示意图 ····························· 73
图 3.35　索普卡-2/4 墓地 473 号墓葬示意图 ····························· 73
图 3.36　索普卡-2/4 墓地 62 号墓葬示意图 ······························ 74
图 3.37　索普卡-2/4 墓地 298 号墓葬示意图 ····························· 75
图 3.38　普列奥布拉任卡-6 墓地平面图 ·································· 80
图 3.39　普列奥布拉任卡-6 墓地 24 号墓示意图 ························· 81
图 3.40　文格罗沃-2 居址铸范碎片及塔塔斯-1 居址空首斧 ············· 82
图 3.41　叶鲁尼诺 I 墓地 1 号墓葬示意图 ································ 83
图 3.42　叶鲁尼诺 I 墓地 3 号墓葬示意图 ································ 84
图 3.43　叶鲁尼诺文化出土铜器 ··········································· 85
图 3.44　卡宁山洞遗址平面图 ·············································· 87
图 3.45　卡宁山洞遗址剖面图 ·············································· 89
图 3.46　卡宁山洞遗址出土骨器与石器 ··································· 90
图 3.47　卡宁山洞遗址出土铜器 ··········································· 91
图 3.48　峡坦亚湖-2 遗址位置示意图 ····································· 97
图 3.49　峡坦亚湖-2 遗址平面图 ·········································· 98
图 3.50　峡坦亚湖-2 遗址出土石器和陶器 ······························· 100
图 3.51　峡坦亚湖-2 遗址出土铜器 ······································· 102
图 3.52　图尔宾诺墓地位置示意图 ········································ 103
图 3.53　图尔宾诺墓地平面图 ············································· 106

| 图 3.54 | 图尔宾诺墓地 1 号墓示意图 | 107 |
| --- | --- | --- |
| 图 3.55 | 图尔宾诺墓地 44 号墓示意图 | 108 |
| 图 3.56 | 图尔宾诺墓地 62 号墓示意图 | 109 |
| 图 3.57 | 图尔宾诺墓地 89 号墓示意图 | 109 |
| 图 3.58 | 图尔宾诺墓地 101 号墓示意图 | 110 |
| 图 3.59 | 图尔宾诺墓地 108 号墓示意图 | 111 |
| 图 3.60 | 塞伊玛墓地位置示意图 | 116 |
| 图 3.61 | 塞伊玛墓地发掘区示意图 | 119 |
| 图 3.62 | 乌斯季—维特鲁加墓地位置示意图 | 124 |
| 图 3.63 | 乌斯季—维特鲁加墓地平面图 | 125 |
| 图 3.64 | 乌斯季—维特鲁加墓地 1 号墓示意图 | 126 |
| 图 3.65 | 乌斯季—维特鲁加墓地 2 号墓示意图 | 127 |
| 图 3.66 | 乌斯季—维特鲁加墓地 10 号墓示意图 | 129 |
| 图 3.67 | 乌斯季—维特鲁加墓地 15 号墓示意图 | 129 |
| 图 4.1 | 塞伊玛—图尔宾诺类型相关遗址碳-14 测年数据校正图 | 158 |
| 图 4.2 | 峡坦亚湖-2 遗址出土的 Be 型空首斧和 D 型空首斧 | 171 |
| 图 4.3 | 罗斯托夫卡墓地出土空首斧石范和萨穆西遗址出土空首斧系环对比 | 172 |
| 图 4.4 | 塞伊玛墓地和峡坦亚湖-2 出土空首斧 | 172 |
| 图 4.5 | 迈科普文化带铤铜矛 | 173 |
| 图 4.6 | 欧亚草原青铜时代早期—中期锻造铜矛 | 174 |
| 图 4.7 | 罗斯托夫卡墓地出土铜矛与峡坦亚湖-2 遗址出土铜矛"加强筋"比较 | 180 |
| 图 4.8 | 塞伊玛—图尔宾诺类型铜矛类示意图 | 180 |
| 图 4.9 | 透銎斧与锻造铜锛 | 183 |
| 图 4.10 | 峡坦亚湖-2 遗址出土铜矛 | 185 |
| 图 4.11 | 铸矛石范 | 186 |
| 图 4.12 | 出土型芯 | 187 |
| 图 4.13 | 型芯设置方式示意图与合范后示意图 | 187 |
| 图 4.14 | A 型铜刀 | 191 |
| 图 4.15 | B 型铜刀 | 191 |

图 4.16　塞伊玛—图尔宾诺铜剑类型 193
图 4.17　峡坦亚湖-2 遗址平面图 195
图 4.18　峡坦亚湖-2 遗址出土的带柄铜剑 196
图 4.19　峡坦亚湖-2 遗址出土的铜剑柄 197
图 4.20　塞伊玛—图尔宾诺西区与峡坦亚湖-2 遗址出土铜器 198
图 5.1　山西省工艺美术馆藏铜矛 216
图 5.2　辽宁省朝阳县文物保护管理所藏铜矛 217
图 5.3　甘肃省博物馆藏 47922 号铜矛 218
图 5.4　甘肃省博物馆藏 12308 号铜矛 219
图 5.5　南阳市博物馆藏 0232 号铜矛 220
图 5.6　南阳市博物馆藏 0233 号铜矛 221
图 5.7　南阳市博物馆藏 0234 号铜矛 222
图 5.8　国家博物馆藏铜矛 222
图 5.9　青海大通县文管所藏铜矛 223
图 5.10　青海沈那遗址出土铜矛 224
图 5.11　陕西历史博物馆藏铜矛 225
图 5.12　山西博物院藏铜矛 226
图 5.13　淅川下王岗出土铜矛 226
图 5.14　中国发现的型芯 231
图 5.15　南阳市博物馆 0232 铜矛测量示意图 232
图 5.16　南阳市博物馆 0233 铜矛测量示意图 232
图 5.17　南阳市博物馆 0234 铜矛测量示意图 233
图 5.18　銎口外翻现象产生示意图 234
图 5.19　新疆阜康滋泥泉子铜矛铸范型芯设置示意 236
图 5.20　切木尔切克墓地 17 号墓出土石范 237
图 5.21　新疆发现人面石权杖首 239
图 5.22　俄罗斯发现戴帽人像 239
图 5.23　石羊首杖 239
图 5.24　东下冯二里头遗址 501 号灰坑出土石范 246

# 插表目录

| | | |
|---|---|---|
| 表 3.1 | 罗斯托夫卡墓地墓葬分类表 | 42 |
| 表 3.2 | 萨特加 XVI 墓地墓葬分类表 | 62 |
| 表 3.3 | 索普卡墓地分区表 | 67 |
| 表 3.4 | 图尔宾诺墓地墓葬分类表 | 111 |
| 表 3.5 | 塞伊玛墓地墓葬出土物表 | 122 |
| 表 3.6 | 乌斯季—维特鲁加墓地墓葬分类表 | 130 |
| 附表 3.1 | 罗斯托夫卡墓葬登记表 | 134 |
| 附表 3.2 | 萨特加 XVI 墓地墓葬登记表 | 137 |
| 附表 3.3 | 图尔宾诺墓地墓葬登记表 | 142 |
| 附表 3.4 | 乌斯季—维特鲁加墓地墓葬登记表 | 149 |
| 表 4.1 | 塞伊玛—图尔宾诺类型遗址碳-14 测年数据 | 153 |
| 表 4.2 | 塞伊玛—图尔宾诺类型墓地葬俗分析表 | 159 |
| 表 4.3 | 塞伊玛—图尔宾诺类型墓地出土遗物分析表 | 165 |
| 表 4.4 | 塞伊玛—图尔宾诺空首斧分类表 | 166 |
| 表 4.5 | 塞伊玛—图尔宾诺空首斧合金成分表 | 170 |
| 表 4.6 | 塞伊玛—图尔宾诺铜矛分类表 | 175 |
| 表 4.7 | 塞伊玛—图尔宾诺铜矛出土遗址碳-14 测年结果 | 181 |
| 表 4.8 | 不同类型铜矛銎部穿孔情况与合金成分表 | 185 |
| 表 4.9 | 不同类型铜矛型芯设置方式与合金成分分析表 | 188 |
| 表 4.10 | 塞伊玛—图尔宾诺文化铜器合金成分统计表 | 200 |
| 表 4.11 | 塞伊玛—图尔宾诺东区遗址出土陶器对比表 | 203 |
| 表 4.12 | 塞伊玛—图尔宾诺西区遗址陶器对比表 | 205 |
| 表 4.13 | 塞伊玛—图尔宾诺类型铜器与周边考古学文化的交流表 | 209 |

表 5.1　中国境内发现塞伊玛—图尔宾诺铜矛分类表 ⋯⋯⋯⋯⋯⋯⋯ 228
表 5.2　中国境内发现的塞伊玛—图尔宾诺铜矛铸造工艺表 ⋯⋯⋯⋯ 229
表 5.3　南阳博物馆藏 0232 铜矛銎壁厚度 ⋯⋯⋯⋯⋯⋯⋯⋯⋯⋯⋯ 232
表 5.4　南阳博物馆藏 0233 铜矛銎壁厚度 ⋯⋯⋯⋯⋯⋯⋯⋯⋯⋯⋯ 233
表 5.5　南阳博物馆藏 0234 铜矛銎壁厚度 ⋯⋯⋯⋯⋯⋯⋯⋯⋯⋯⋯ 233
表 5.6　塞伊玛—图尔宾诺与中国西北地区铜器对比 ⋯⋯⋯⋯⋯⋯⋯ 242

# 第一章
# 绪 论

## 一、塞伊玛—图尔宾诺遗存基本概况

首先，对书名中"中国"的概念进行定义，此处的"中国"包含中华人民共和国的全部领土。书中讨论的主要区域包含如今中国的西北及中原地区。其次，题目中的"塞伊玛—图尔宾诺时期"指的是公元前2300～前1800年。

论述过程中，涉及"塞伊玛—图尔宾诺"概念，我们采用"塞伊玛—图尔宾诺遗存"和"塞伊玛—图尔宾诺类型遗址"的提法。

本书讨论的对象是"塞伊玛—图尔宾诺遗存"，作为欧亚草原青铜时代考古最重要的问题之一，俄罗斯学者称为"塞伊玛—图尔宾诺跨文化现象"。该现象的出现非常突然，在很短的时间内便席卷欧亚大陆。欧亚大陆北部金属冶炼及铸造技术的创新与塞伊玛—图尔宾诺人群密切相关。

目前为止，塞伊玛—图尔宾诺类型遗址共计发现112处。这些遗址可以分为两种类型，第一种是塞伊玛—图尔宾诺典型墓地或遗址，第二种是包含塞伊玛—图尔宾诺金属器的墓地或遗址。

通过对遗址分布图的分析，可以明显看出塞伊玛—图尔宾诺类型遗址以乌拉尔山为界，分为东西两个区域，乌拉尔山地区可划归为中区。东区遗址包括罗斯托夫卡墓地、萨特加XVI墓地、叶鲁尼诺I墓地、索普卡-2/4B、V墓地、普列奥布拉任卡-6墓地、乌斯季—扬卡墓地；乌拉尔山地区遗址包括卡宁山洞遗址和峡坦亚湖-2遗址；西区遗址包括图尔宾诺墓地、塞伊玛墓地、列什诺耶墓地、乌斯季—维特鲁加墓地、乌斯季—盖瓦墓地。

塞伊玛—图尔宾诺问题的讨论，基本上建立在以墓葬为主的考古学材料基础上，相关居址材料很少。塞伊玛—图尔宾诺类型墓地的识别，主要依靠墓中随葬的塞伊玛—图尔宾诺类型铜器来判断。之所以会这样，一方面是因为塞伊玛—图尔宾诺类型墓葬极少随葬陶器，故无法依靠陶器判断塞伊玛—图尔宾诺的文化归属。另一方面，塞伊玛—图尔宾诺遗存最初的发现及命名基础，就是因为其墓中随葬极具特色的铜器，例如铜矛、空首斧及带柄铜刀等。

## 二、"塞伊玛—图尔宾诺"概念再讨论

塞伊玛—图尔宾诺类型遗存自发现以来，一直是学界讨论的热点。20世纪初期，俄国学者便开始讨论塞伊玛—图尔宾诺遗存的年代问题；十月革命之后，苏联学者注意到塞伊玛—图尔宾诺类型器物与同时期欧亚草原其他考古学文化之间的关系，但他们的研究仅局限在类型学讨论上，得出的结论与实际情况相差较远。同时，关于塞伊玛—图尔宾诺遗存年代的讨论一直没有停止，很多学者试图将塞伊玛—图尔宾诺铜器与迈锡尼铜器及中国商代铜器相联系，进而得出年代判断。直到20世纪70年代，切尔内赫（E. N. Chernykh）将金属元素检测方法运用到塞伊玛—图尔宾诺类型铜器讨论上，使塞伊玛—图尔宾诺问题研究逐渐走向深入。20世纪80年代，碳-14测年技术的应用，塞伊玛—图尔宾诺遗存年代问题再次成为学界热点。进入21世纪后，塞伊玛—图尔宾诺遗存与中国早期青铜时代考古学文化的关系问题成为众多学者关注的焦点，但研究方法仍然以类型学为主，未见新意。

本书的研究方法有三点创新：

1. 摆脱以往研究中以塞伊玛—图尔宾诺类型铜器或陶器作为研究对象的局限，本书将以塞伊玛—图尔宾诺类型墓地作为研究对象。首先，对塞伊玛—图尔宾诺类型墓地的空间布局（排列顺序、墓葬关系），墓葬的葬式、葬俗及随葬品组合进行梳理；其次，通过上述分析概括出塞伊玛—图尔宾诺类型各墓地基本特征；最后，对塞伊玛—图尔宾诺类型遗存进行分区和分期讨论，尽可能厘清塞伊玛—图尔宾诺类型墓地之间的关系。考古遗存中，器物的变化速率较快，而葬式葬俗变化速率较慢。因此，以葬俗为基础分析塞伊玛—图尔宾诺类型墓地的方法，相较以遗物为基础分析塞伊玛—图尔宾诺类型墓地的方法，更能反映出塞伊玛—图尔宾诺人群迁徙、演化的特点。

2. 本书将着重探讨塞伊玛—图尔宾诺类型铜器的铸造技术，这在以往的研究中鲜有提及。塞伊玛—图尔宾诺遗存金属器最重要的特征之一就是薄壁銎的发明（型芯铸造技术），该技术主要用于空首斧及铜矛的铸造。我们以塞伊玛—图尔宾诺类型墓地出土的铜矛及石范为基础，讨论型芯铸造技术在不同地

区的使用差异，并进一步阐释欧亚草原金属铸造技术与中国西北及中原地区的联系与差异。

3. 利用最新碳-14测年数据以及最新的考古调查与发掘成果，对塞伊玛—图尔宾诺类型遗存的绝对年代进行讨论，并在此基础上对塞伊玛—图尔宾诺类型遗存进行分期、分区研究，一窥塞伊玛—图尔宾诺人群演进方式。同时，结合在中国境内的最新考古发现，尤其是新疆地区塞伊玛—图尔宾诺相关遗址与铜器的发现，讨论塞伊玛—图尔宾诺类型铜器在中国境内的传播，及其与中国西北地区冶金术的联系。

在陶器使用数量较大、生产技术较为发达的定居文明中，陶器通常会作为划分考古学文化，建立考古学文化演化谱系的标尺，但游牧文明对陶器的使用程度远远不及定居文明[1]。因此，用陶器作为区别考古学文化的基础材料的方法是否普遍适用于游牧文明，是一个值得思考的问题。以塞伊玛—图尔宾诺遗存为例，塞伊玛—图尔宾诺类型墓葬中，无陶器随葬是其独特的葬俗特征之一，所以，如何处理、认识及定性这批材料就成为解决塞伊玛—图尔宾诺问题的关键。

夏鼐先生在《关于考古学上文化的定名问题》一文中指出，考古学文化命名的条件有以下三个条件：

1. 一种文化必须有一群的特征。（"一种文化必须是一群具有明确的特征的类型品"柴尔德）我们要求的特征最好是有一群，而不是孤独的一种东西。这样一群的特征类型品，才构成独特的一种文化。一种文化中所特有的一群特征，是别的文化没有的。

2. 共同伴出的这一群类型，最好发现不止一处。共同体活动于一定限度的地域内，它的遗迹也将分布于这一地区的几个地点。个别遗迹中例外的东西，可以确定这一文化的内容的变异限度。

3. 我们必须对于这一文化的内容有相当充分的知识。换言之，在所发现的属于这一支文化的居址或墓地中，必须至少有一处做过比较全面而深入的研究，以便了解这一文化的主要内容。只有深入研究之后，才能认识到哪些是

---

[1] 马健：《匈奴葬仪的考古学探索——兼论欧亚草原东部的文化交流》，兰州：兰州大学出版社，2011年，页25~29。

它的特征;哪些不是特征,但在它的生活中是占重要地位的;另有一些既不重要,也不算特征,但仍是构成这一文化的一些元素。如果仅在地面上捡几片陶片或石器,便匆促地给它加上一个新的"文化"名称,这是不妥当的。[①]

综上,我们有必要再次对塞伊玛—图尔宾诺遗存的性质问题进行考量,切尔内赫将其定性为"塞伊玛—图尔宾诺跨文化现象"的说法是否准确,尤其是所谓"跨文化现象"概念的提法是否能够成立,这些都是我们将要在本书中着重探讨的内容。

---

① 夏鼐:《关于考古学上文化的定名问题》,《考古》1959年第4期,页169～172。摘录,有简化。

# 第二章
# 塞伊玛—图尔宾诺遗存发现与研究史

关于塞伊玛—图尔宾诺遗存研究的内容，大致可分为考古学文化、墓葬、居址、年代学、铜器类型学、冶金、陶器、古 DNA 等几个方面。按照时间先后顺序将上述研究内容进行划分，基本上可以归纳出不同时期俄罗斯考古学在研究方法与研究理念上的变化，同时这也是学术史发展阶段划分的重要依据。根据对塞伊玛—图尔宾诺遗存发现与研究史的梳理，我们大致可将其划分为四个阶段。

## 一、第一阶段：20 世纪 40 年代末之前

这一阶段，塞伊玛—图尔宾诺遗存的发现与研究可进一步划分为两个小阶段：十月革命之前的沙皇俄国时期，"考古发掘"大多以"挖宝"为目的，几乎没有任何科学性可言；十月革命之后，随着各类国家机构逐渐恢复正常运转，考古发掘开始按照一定的规程进行操作，拉开了苏联现代考古的序幕，但实际上远未达到现代考古发掘标准。

### 1. 十月革命之前

从沙皇俄国时期开始，俄国的古物学家们就开始关注从乌克兰草原到西伯利亚广泛分布的各种古代遗迹。18 世纪，俄国沙皇彼得一世对西伯利亚草原的遗迹与古物兴趣浓厚，他不但大规模收集古物，而且还制定相关法令，规定各地出土的古物一律归属国有。与此同时，彼得一世派遣斯特拉伦伯格（F. Stralenberg）、米勒（G. F. Miller）等学者前往西伯利亚进行科学考察，调查考古遗迹与民族志材料。米勒不但在额尔齐斯河流域绘制了很多遗迹图，而且还研究了古代铜器的制造技术。19 世纪，国家博物馆与地方博物馆开始积极收集与展出文物，使得越来越多的人挖掘草原上的古代遗迹。

1889 年，克拉斯诺博尔斯基（A. A. Krasnopolsky）在《俄罗斯通用地图》

中对图尔宾诺村进行了介绍,其中提到在该村发现一件非常精美的铜斧[①]。随后彼尔姆博物馆考古部负责人谢尔盖耶夫(S. I. Sergeev)与格卢什科夫(I. N. Grushkov)根据《俄罗斯通用地图》的记载,在图尔宾诺村收集舒斯托夫山发现的青铜制品,包括一件铜矛,但未记录出土地点[②]。同年,在第二次调查图尔宾诺村过程中,格卢什科夫从当地村民手中购得一把铜刀,刀柄上饰山羊纹样。据村民描述,该铜刀发现于舒斯托夫山[③]。施密特(A. V. Schmidt)在后来的著作中提到,与铜刀一起发现的还有一件空首斧。他还推测这两件铜器有可能出自同一座墓葬[④]。1915 年,塔尔格伦(A. M. Tallgren)调查了该地,但无法确定遗址的具体位置。他本来还打算发掘图尔宾诺墓地,但是由于第一次世界大战的爆发,此计划最终流产[⑤]。

1912 年,叶卡捷琳堡步兵团指挥官科涅夫(A. M. Konev)上尉在塞伊玛墓地意外发现 4 件铜器,包括 1 把铜斧、1 把铜矛及 2 把铜刀。此外,还有几枚石箭镞、1 件扁平的石刀。因为要建造一座防御工事,所以该遗址遭到了严重破坏。

不久,哥罗德索夫(V. A. Gorodtsov)在莫斯科考古学会上公布了此遗址的发掘情况。在展示发现的遗物时,哥罗德索夫提到铜矛的发现不止 1 件。除此之外,还发现了石刀、石棒以及玉环等。在没有论证的情况下,哥罗德索夫将塞伊玛墓地年代划定在公元前 1500~前 1250 年[⑥]。

1914 年,下诺夫哥罗德科学档案委员会开始对塞伊玛墓地进行发掘,参与此次发掘工作的主要是军队的士兵。根据萨德罗夫斯基(A. Ya. Sadovsky)和巴利斯基(S. M. Pariysky)的描述,此次发掘非常不科学,是俄国十月革命前考古发掘史中最可怕的事件之一[⑦]。

---

① Общая геологическая карта России, лист 126. Премь-Соликамск. Геологические исследования на западном склоне Урала А. Краснопольского. *Турды Геологического комитета*, т. XI. No. 1. СПб. 1889. C. 59.

② Сергеев. С. И. *Отчет о деятельности Археологического отдела Пермского музея за 1891–1895гг.* ТПУАК. 1896.

③ Спицин. А. А. *Турбинские находки.* Пермский краеведческий сборник. Вып. 2. Пермь. 1926. C. 2–4.

④ Шмидт. А. В. *О хронологин до классового общества.* NO. 7–8. ПИМК. 1933.

⑤ Tallgren. A. M., Zur Chronologie der osteuropäischen Bronzezeit. *Mittelungen der antropologische Gesellschaft in Wien*. 1931. p. 81.

⑥ Городцова. В. А. Культуры бронзовой эпохи в Средней России. *Отчёт Российского исторического музея в Москве за 1914 г.* Москва. 1915. C. 121–124.

⑦ Парийский. С. М. К исследованиям Сейминского становища (5 и 6 июля, 1914г). *ДНУАК, Сборник т. XVII.* вып. IV. Новгород. 1914. C. 3–12.

## 2. 十月革命之后

十月革命之后，随着国家各机构逐渐恢复正常运转，考古发掘水平与革命前相比稍有进步，大学及相关专业部门开始主导遗址发掘工作。

1922年，在莫斯科大学讲师茹科夫（S. Zhukov）领导下，俄罗斯物质文化历史学院和下诺夫哥罗德考古和民族学委员会共同参与塞伊玛墓地发掘工作。1922～1929年，茹科夫带队多次发掘塞伊玛墓地。

与此同时，施密特在塔尔格伦的建议下对图尔宾诺村展开调查，并且采集了陶器碎片。1924年，施密特首次对图尔宾诺墓地进行发掘，发掘总面积160平方米[1]。此后十年间，施密特与普罗科舍夫（N. A. Prokoshev）又对图尔宾诺村进行了三次发掘，发掘面积共计851平方米。此外，普罗科舍夫还把图尔宾诺墓地与早先发现的塞伊玛墓地联系在一起，将其年代定在公元前两千纪下半叶[2]。

这一阶段关于塞伊玛—图尔宾诺遗存的研究主要集中于三个方面：塞伊玛—图尔宾诺遗存的来源、年代及文化属性。塔尔格伦、哥罗德索夫、施密特等学者都对这些问题进行了探讨，基本上确定了塞伊玛—图尔宾诺遗存起源于西西伯利亚[3]。关于塞伊玛—图尔宾诺遗存的文化属性，哥罗德索夫在文章中称为"塞伊玛文化"，塔尔格伦与斯皮琴都赞同他的观点[4]；普罗科舍夫则认为塞伊玛墓地应属于当地土著文化，与阿斯特拉汉采夫遗址有关[5]。

图尔宾诺墓地与塞伊玛墓地的发掘，拉开了塞伊玛—图尔宾诺类型遗址研究的序幕。但不幸的是，这个阶段的考古发掘工作非常粗糙，缺少专业性发掘和规范记录。十月革命之前非科学性的发掘，不但严重破坏了遗址，而且还导致很多发掘出土的遗物都流入私人手中；十月革命之后，高校及相关专业部门开始主导考古发掘工作，按照考古发掘规程进行操作，但远未达到现代考古学的发掘标准，缺少遗址平面图、遗迹图及器物图等基本记录。虽然这一阶段考

---

[1] Schmidt. A. Die Ausgrabungen be idem Dorf Turnina an der Kama. *Finno-Ugrischen Forschungen, Anzeiger*. 1927. Bd. 18, pp. 1–3.

[2] Крижевская. Л. Я., Н. А. Прокошев. Турбинский могильник на р. Каме: (По материалам раскопок 1934–1935 гг.). *Исследования по археологии СССР*. 1961. С. 23–75.

[3] Косарев. М. Ф. *Бронзовый век Западной Сибири*. Москва. 1981.

[4] Городцова. В. А. Культуры бронзовой эпохи в Средней России. *Отчёт Российского исторического музея в Москве за 1914 г.* Москва. 1915. С. 121–124.

[5] Прокошев. Н. А. *Селище у дер. Турбино. NO. 1*. МИА. 1940.

古发掘、研究存在诸多问题，但不可否认的是，正是因为这些早期考古学家们的工作，使得塞伊玛—图尔宾诺遗存开始被大家熟知，为进一步发掘与研究奠定了坚实基础。

## 二、20 世纪 40 年代末至 60 年代

随着二战后社会经济恢复，考古发掘工作逐步回到正轨。该阶段，苏联考古学家一方面发掘了大量塞伊玛—图尔宾诺遗址，另一方面则致力于考古学文化的辨识、时空框架初步构建及古史重建等工作。

二战后，巴德尔（O. N. Bader）对图尔宾诺墓地进行了多次调查，确定了图尔宾诺墓地的具体位置。1958～1960 年，苏联科学院考古研究所博特金考古队在巴德尔带领下，对图尔宾诺Ⅰ号墓地进行了发掘，同时发掘了部分图尔宾诺Ⅱ号墓地[①]。墓地总共揭露 5 118 平方米，共发现 10 座轮廓清晰的墓葬和 101 座轮廓模糊的墓葬[②]。之后，巴德尔对塞伊玛墓地资料进行了整理，对研究史、埋葬习俗、器物描述及墓地与居址的关系进行阐述。此外，巴德尔还重新整理了二战之前塞伊玛墓地的发掘资料，包括发掘过程、遗迹现象等内容[③]。

从学术角度来讲，巴德尔的工作在很大程度上弥补了二战以前发掘工作非科学性的缺陷。正是因为他所做的工作，才让我们现在能够对塞伊玛墓地和图尔宾诺墓地进行更进一步的研究，这对于塞伊玛—图尔宾诺遗存的讨论至关重要。

除了巴德尔之外，马丘申科（V. I. Matyushchenko）是这个时期另一位研究塞伊玛—图尔宾诺问题的关键人物。

1954 年，马丘申科发掘萨穆西Ⅳ居址，该遗址出土了大量形态上与塞伊玛—图尔宾诺金属器非常相似的铸范。以往塞伊玛—图尔宾诺遗存只发现墓葬，未发现居址，故萨穆西遗址在当时被认为是讨论塞伊玛—图尔宾诺居址的重要材料[④]。此外，1966 年马丘申科带领托木斯克大学和鄂木斯克师范学院组

---

① Бадер. О. Н. *Древнейшие металлурги приуралья*. Москва. 1964.
② 有些墓葬墓口不明显，所以发掘者将其归入可能存在的墓葬。
③ Бадер. О. Н. *Бассейн Оки в эпоху Бронзы*. Москва. 1970.
④ Матющенко. В. И. Древняя история населения лесного и лесостепного Приобья (неолит и бронзовый век). *Из истории Сибири*. Вып. 12. Томск: ТГУ. 1974.

成的考古队，对罗斯托夫卡墓地进行了发掘。经过四个季度的发掘，共揭露1 376平方米，发掘了 38 座竖穴土坑墓和几个祭祀遗迹①。

萨穆西Ⅳ遗址与罗斯托夫卡墓地的发掘与整理工作，对于探讨塞伊玛—图尔宾诺问题来讲是非常重要的基础材料。也正是因为这些遗址的发掘，将塞伊玛—图尔宾诺问题研究推向了高潮，欧美考古学家也开始对该问题展开研究。一时间，塞伊玛—图尔宾诺问题成为国际考古学界热点。

塞伊玛—图尔宾诺遗存的年代问题是该时期学者们研究的重点。巴德尔将塞伊玛墓地出土陶器与周围的沃洛索沃文化、巴拉诺沃文化、切尔科沃文化陶器进行比对后，建议将塞伊玛墓地与奥卡河下游、伏尔加河中游的大科季诺—巴拉赫纳文化联系在一起，并将塞伊玛墓地的年代划定为公元前 15～前 14 世纪②。马丘申科通过对罗斯托夫卡墓地、塞伊玛墓地、图尔宾诺墓地、萨穆西遗址及其他西西伯利亚地区青铜时代考古学文化的比较研究，并结合复合石范的年代，将塞伊玛—图尔宾诺年代划定在公元前两千纪下半叶③。奇列诺娃（N. L. Chelenova）通过比较塞伊玛—图尔宾诺带柄铜刀与卡拉苏克文化铜刀，认为塞伊玛—图尔宾诺遗存流行年代与卡拉苏克文化相当，并一直延伸到塔加尔文化初期，即公元前 11～前 8 世纪④。

除了苏联学者外，欧美学者通过将塞伊玛—图尔宾诺金属器与其他地区出土金属器对比，划定了塞伊玛—图尔宾诺遗存的年代。

金布塔斯（M. Gimbutas）在《博罗季诺、塞伊玛及其时代——东欧地区青铜时代关键遗址》一文中，将博罗季诺窖藏出土的器物与巴尔干—迈锡尼器物进行比对后，认为塞伊玛—图尔宾诺金属器年代在公元前 1450～前 1350 年⑤。罗越在《中国古代兵器》一书中将中国商代兵器（包括铜斧、铜矛、铜刀等）与俄罗斯境内发现的青铜时代铜器进行比较。他认为塞伊玛—图尔宾诺铜矛应该是商代铜矛的直接来源，所以塞伊玛—图尔宾诺遗存年代应与中国商代相当⑥。

---

① Матющенко. В. И., Г. В. Синицына. *Могильник у Деревни Ростовка Вблизи Омска*. Томск. 1988.
② Бадер. О. Н. *Бассейн Оки в эпоху Бронзы*. Москва. 1970.
③ Матющенкою. В. И. Древние культуры алтая и западной сибири. *Древние культуры Алтая и Западной Сибири*. 1978. С. 22-34.
④ Челенова. С. В. *Хронология памятников Карасукской эпохи*. Москва: Наука. 1972.
⑤ Gimbutas M. Borodino, Seima and their Contemporaries. *The prehistoric society*, 1957, No. 9, pp. 143-172.
⑥ Loher. M. *Chinese Bronze Age Weapon*. University of Michigan Press, 1956, pp. 39-71.

总的来讲，这个时期对于塞伊玛—图尔宾诺年代问题的研究，还是以类型学为主，即根据相似器物的比对，确定塞伊玛—图尔宾诺类型遗址的年代。但不可否认的是，这个方法具有较大缺陷，首先，器形的比对主观色彩较重，未必能正确反映年代序列；其次，类型学研究有地域限制，不能进行跨文化区域比对，否则有可能会南辕北辙；最后，受限于考古材料积累数量较少，研究不可避免地受到影响。

与此同时，塞伊玛—图尔宾诺的文化属性是该时期学界的另一个研究热点。巴德尔认为图尔宾诺墓地应该属于当地土著文化的墓地，所以直接将其命名为"图尔宾诺文化"[1]，而塞伊玛墓地也应是奥卡河流域土著文化的墓地[2]。马丘申科通过对罗斯托夫卡墓地、萨穆西遗址的发掘，认为塞伊玛—图尔宾诺遗存应该属于乌拉尔—西伯利亚文化共同体[3]；但科萨廖夫并不同意马丘申科的看法，他认为罗斯托夫卡墓地与萨穆西遗址都可以归入"萨穆西文化"[4]。

总的来讲，该阶段塞伊玛—图尔宾诺遗存的发掘材料大量增加，掀起了塞伊玛—图尔宾诺问题研究的高潮，不仅苏联学者发表大量论著、文章，欧美学者也发表了很多研究成果。但是，从研究内容和研究方法来看，这一阶段的研究与前一阶段相比并无太大区别，主要还是利用考古类型学将塞伊玛—图尔宾诺金属器与迈锡尼、中国殷商时期器物进行比对，再根据迈锡尼与殷墟的年代，划定塞伊玛—图尔宾诺遗存的年代。

### 三、20 世纪 70 年代至 90 年代初

随着科学技术运用到考古领域，科技考古在信息技术、生物工程、金属冶炼等相关学科的支持下，解决了传统考古无法解决的诸多问题，在考古勘探、年代测定、动植物及人骨分析、陶瓷与金属器物研究等方面做出尝试，拓展了考古学研究方法。

我们在上文已经指出，几十年来，对塞伊玛—图尔宾诺问题的研究在研究内容与研究方法上并无太大创新。包括塞伊玛—图尔宾诺问题在内的欧亚草原

---

[1] Бадер. О. Н. *Древнейшие металлурги приуралья*. Москва. 1964.
[2] Бадер. О. Н. *Бассейн Оки в эпоху Бронзы*. Москва. 1970.
[3] Матющенко. В. И., Г. В. Синицына. *Могильник у Деревни Ростовка Вблизи Омска*. Томск. 1988.
[4] Косарев. М. Ф. *Бронзовый век Западной Сибири*. Москва. 1981.

青铜时代考古学研究进入瓶颈期，不同区域间考古学文化很难建立起有效联系。切尔内赫注意到以金属器为媒介讨论不同区域间文化交流互动问题是行之有效的方法，于是，他将金属成分分析法运用到西西伯利亚及乌拉尔地区青铜时代考古学研究中。他对1970年之前发现的塞伊玛—图尔宾诺类型金属器进行金属成分测定，利用"化学冶金组"的模式，系统研究塞伊玛—图尔宾诺遗存出土金属器。在442件器形明确的塞伊玛—图尔宾诺金属器中，切尔内赫分析了331件[①]。此外，他还对欧洲东部、东南部几个地区出土的金属器进行了研究分析，并以此作为比较对象。这种化学成分分析的方法，可以揭示塞伊玛—图尔宾诺金属器群的矿源主要流向、主要的冶金中心，以及金属生产技术来源等问题。

切尔内赫将金属成分分析方法运用到塞伊玛—图尔宾诺金属器研究中，大大拓展了塞伊玛—图尔宾诺问题的研究思路。塞伊玛—图尔宾诺遗存最重要的问题之一就是铜器的起源与生产问题，所以切尔内赫的研究在一定程度上可以称得上是塞伊玛—图尔宾诺研究史上的一个里程碑，为之后几十年塞伊玛—图尔宾诺问题的研究奠定了坚实基础。

此外，碳-14测年技术也被应用到塞伊玛—图尔宾诺遗存研究中。叶鲁尼诺Ⅰ号墓地是第一个利用碳-14测年技术测定的包含塞伊玛—图尔宾诺遗物的遗址。1985年，基留申在他的文章中提到叶鲁尼诺Ⅰ号墓地2号墓测年结果为公元前1610±30年（这个数据显然没有经过校正，校正后的结果为公元前2016～前1775年）[②]。

碳-14测年法的应用，对研究塞伊玛—图尔宾诺的年代问题产生了极其重要的影响。以往关于此问题的研究以类型学比较为主，且仅限于对塞伊玛—图尔宾诺遗址相对年代的探讨。碳-14测年法使得讨论塞伊玛—图尔宾诺遗存的绝对年代成为可能。但是，由于测年数据较少，再加上仅有的数据并未经过校正，所以塞伊玛—图尔宾诺遗存的绝对年代一直没有定论。

除了上述科技考古领域的进展外，这个时期苏联考古学家们还发掘了大量塞伊玛—图尔宾诺遗址，极大地扩充了塞伊玛—图尔宾诺遗存的材料。

---

① Черных. Е. Н. *Древнейшая металлургия Урала и Поволжья*. Москва: Наука. 1970.

② Кирюшин. Ю. Ф. О культурной принадлежности памятников преданроновской бронзы лесостепного Алтая. *Урало-Алтаистика. Археология. Этнография. Язык*. Новосибирск. 1985. С. 72-77.

1979年，莫洛金（V. I. Molodin）开始对索普卡-2墓地进行发掘。他在遗址的不同地点选择了8个土墩进行发掘。索普卡-2墓地的发掘持续了14年，发掘面积共计24555平方米，包括689座墓葬及46个祭祀遗迹。索普卡-2墓地大部分墓葬属于青铜时期，在克罗托沃文化时期墓葬中发现了塞伊玛—图尔宾诺类型金属器，其中包括1座塞伊玛—图尔宾诺铸工墓[1]。

1987年，乌拉尔大学考古队在别斯普兹万内（E. M. Bezpozvanny）领导下，开始对萨特加XVI墓地进行发掘，发掘面积共计529平方米，包含46座塞伊玛—图尔宾诺类型墓葬[2]。

上述墓地的发掘，一方面扩充了塞伊玛—图尔宾诺遗存的材料，另一方面也使得塞伊玛—图尔宾诺问题的讨论逐渐清晰。切尔内赫结合当时最新的发掘成果与铜器金属成分测定，完成著作《欧亚大陆北部的古代冶金》一书[3]，书中切尔内赫创造性地提出"塞伊玛—图尔宾诺跨文化现象"的概念。切尔内赫认为，不应该将塞伊玛—图尔宾诺遗存纳入传统的文化学模式中去讨论。虽然以往考古学家将塞伊玛—图尔宾诺类型墓地与当地的居址及考古学文化联系在一起，但由于物质文化存在差异，所以并不存在一个统一的考古学文化。因此，切尔内赫提出了"跨文化现象"的概念，他认为这种现象分布在广大地域内，跨越了许多不同的文化，如叶鲁尼诺文化、克罗托沃文化、塔什科沃文化、萨穆西文化等。塞伊玛—图尔宾诺类型的人群显然与这些文化居民之间存在交往，但无法准确界定完全属于这种类型的地理范围，因此，对于划分考古学文化关键要素——地域，在这里并不存在。同时，单纯用金属器判断文化的归属实际上是不可能的，因为文化的区分主要建立在陶器资料之上，但从陶器来看，似乎并不能将塞伊玛—图尔宾诺看作是一个"文化"。"塞伊玛—图尔宾诺

---

[1] Молодин. В. И. Погребение литейщика из могильника Сопка 2. *Древние горняки и металлурги Сибири*. Барнаул. 1983. С. 96-109.

Молодин. В. И. Могильник Сопка 2. *Археологические открытия. 1984 г*. Москва. 1986. С. 195.

Кирюшин. Ю. Ф. О культурной принадлежности памятников преандроновской бронзы лесостепного Алтая. *Урало-Алтаистика. Археология. Этнография. Язык*. Новосибирск. 1985. С. 72-77.

Кирюшин. Ю. Ф. *Энеолит ранняя и развитая бронза Верхнего и Среднего Приобья: Автореф*. дне. д-ра ист. наук. Новосибирск. 1986. С. 16-21.

[2] Бесирозванный. Е. М., О. Н. Корочкова. *Сатыга XVI: Сейминско-Турбинский Могильник в Таежной зоне западной Сибири*. 2011.

[3] Черных. Е. Н., С. В. Кузьминых. *Древняя металлургия Северной Евразии (сейминско-турбинский феномен)*. Москва: Наука. 1989.

跨文化现象"这个概念自提出之后即被很多学者接受,直至今日,但凡论著中提到塞伊玛—图尔宾诺遗存,仍然沿用切尔内赫的概念。

20世纪70年代至90年代初,塞伊玛—图尔宾诺遗存研究掀起了新一轮高潮。在这一阶段,无论是遗址的数量,还是研究方法,都有了极大扩展与创新。传统考古与科技考古齐头并进,一方面拓展了塞伊玛—图尔宾诺问题的研究思路,另一方面勾勒出塞伊玛—图尔宾诺遗存的基本面貌,为构建欧亚草原青铜时代考古学时空框架提供了重要依据。

## 四、20世纪90年代至今

20世纪90年代后,随着科学技术快速发展,科技考古开始在西西伯利亚考古研究中扮演更加重要的角色。学术界采用多学科相结合的方法,将碳-14测年、环境考古、冶金考古、体质人类学、古DNA、陶器及玉石器加工技术等手段方法广泛应用到塞伊玛—图尔宾诺遗存的研究中,大大推动了塞伊玛—图尔宾诺研究走向深入。

与此同时,考古发掘工作仍在持续进行。莫洛金在西西伯利亚发掘了大量青铜时代考古遗址,例如索普卡-2墓地[1]、塔尔塔斯-1墓地[2]、普列奥布拉任卡-6墓地[3]、文格罗沃-2居址[4]等;索罗维耶夫(B. C. Soloviev)与沙拉霍夫(E. G. Shalakhov)对乌斯季—维特鲁加墓地进行了发掘,发掘面积934

---

[1] Молодин. В. И. *Памятник Сопка-2 на реке Оми (Том 4)*. Новосибирск: Издательство Института археологии и этнографии СО РАН. 2016.

[2] Молодин. В. И., И. А. Дураков., О. В. Софейков., Д. А. Ненахов. Бронзовый кельт турбинского типа из центральной Барабы. *Проблемы археологии, этнографии, антропологии Сибири и сопредельных территорий*. Материалы итоговой сессии ИАЭТ СО РАН 2012 г. Том XVIII. Новосибирск. 2012.
Молодин. В. И., С. Хансен., Д. А. Ненахов., С. Райнхольд., Ю. Н. Ненахова., М. С. Нестерова., И. А. Дураков., Л. Н. Мыльникова., Л. С. Кобелева., С. К. Васильев. Новые данные о неолитических комплексах на памятнике Тартас-1. *Проблемы археологии, этнографии, антропологии Сибири и сопредельных территорий*. Том 22. 2016.

[3] Молодин. В. И., М. А. Чемякина., О. А. Позднякова., Ю. Н. Гаркуша. Результаты археологических исследований памятника Преображенка-6. *Проблемы археологии, этнографии, антропологии Сибири и сопредельных территорий*. Т. XI. Ч. I. Новосибирск: Изд-во ИАЭТ СО РАН. 2005. С. 418–423.

[4] Молодин. В. И., Л. Н. Мыльникова., И. А. Дураков., К. А. Борзых., Д. В. Селин., М. С. Нестерова., Ковыршина. Ю. Н. Проявление сейминско-турбинского феномена на поселении кротовской культуры Венгерово-2 (Барабинская лесостепь). *Проблемы археологии, этнографии, антропологии Сибири и сопредельных территорий*. Том XXI. Новосибирск: Изд-во Института археологии и этнографии СО РАН. 2015.

平方米，共发现16座包含塞伊玛—图尔宾诺遗物的墓葬[①]；克洛科娃（O. N. Korochkova）与斯捷凡诺夫（V. I. Stefanov）发掘了峡坦亚湖-2遗址，发掘面积240平方米，出土了大量塞伊玛—图尔宾诺类型铜器，发掘者认为此处遗址属于塞伊玛—图尔宾诺祭祀地点[②]。

以上考古遗址的发现，不但扩充了乌拉尔—西西伯利亚地区塞伊玛—图尔宾诺遗存的资料，而且使得塞伊玛—图尔宾诺遗存年代、起源等问题逐渐明朗。

考古学家对乌斯季-维特鲁加墓地、峡坦亚湖-2遗址及索普卡-2/4V墓地进行了碳-14测年[③]，此后又对20世纪60年代发掘的罗斯托夫卡墓地样本进行了测年[④]，将塞伊玛—图尔宾诺文化起源年代划定在公元前23~前21世纪。

这个时期关于塞伊玛—图尔宾诺金属器的最新研究成果主要体现在铸造技术及文化交流两个层面。美国学者胡柏与法国学者戴蔻林等发表论文讨论了塞伊玛—图尔宾诺遗存对中国青铜时代的影响[⑤]。莫洛金结合西西伯利亚最新考古发掘成果，讨论了塞伊玛—图尔宾诺金属器的铸造工艺，他认为塞伊玛—图尔宾诺类型空首斧与铜矛的铸造采用了"穿过式"的铸造方式，即浇口位于器物

---

① Соловьев. Б. С. Юринский (Усть-Ветлужский) могильник (итоги раскопок 2001–2004 гг.). *Археология России* № 4. 2005. С. 103–111; Соловьев. Б. С. Хронологические рамки балановской культуры в Волго-Камье. *Проблемы первобытной и средневековой археологии Волго-Камья*. АЭМК. Вып. 30. Йошкар-Ола. 2007; Соловьев. Б. С. К вопросу о социально-значимых погребениях сейминско-турбинского типа. *Материалы и исследования по археологии Поволжья*. Вып. 5. Йошкар-Ола. 2010.

② Serikov. Y. B., O. N. Korochkova, S. V. Kuzminykh, and V. I. Stefanov. Shaitanskoye Ozero II: New Aspects of the Uralian Bronze Age. *Archaeology, Ethnology & Anthropology of Eurasia*, 37 (2), 2009, pp. 67–68; Сериков. Ю. Б. *Скальные культовые памятники Шайтанского озера. Проблемы археологии: Урал и Западная Сибирь (к 70-летию Т. М. Потемкиной)*. Курган: Изд-во Курган. гос. ун-та. 2007. С. 42–49.

③ Hanks. B. K., A. V. Epimakhov, and A. C. Renfrew. Towards a Refined Chronology for the Bronze Age of the Southern Urals, Russia. *Antiquity*, 81 (312). Cambridge University Press, 2007, pp. 353–367; Соловьев. Б. С. Юринский (Усть-Ветлужский) могильник (итоги раскопок 2001–2004 гг.). Археология России № 4. 2005. С. 103–111; Молодин. В. И. *Памятник Сопка-2 на реке Оми (Том 4)*. Новосибирск: Издательство Института археологии и этнографии СО РАН. 2016; Черных. Е. Н., О. Н. Корочкова, Л. Б. Орловская. Проблемы календарной хронологии сейминско-турбинского транскультурного феномена. *Археология, этнография и антропология Евразии*, Том 45, № 2. 2017. С. 45–55.

④ Marchenko. Z. V., S. V. Svyatko, V. I. Molodin, A. E. Grishin and M. P. Rykun. Radiocarbon Chronology of Complexes With Seima-Turbino Type Objects (Bronze Age) in Southwestern Siberia. *Radiocarbon*, 59, 2017, pp. 1381–1397.

⑤ Fitzigerald-Huber. L. G. Qijia and Erlitou: the Question of Contacts with Distant Culture. *Early China* 20, 1995, pp. 18–65; Debaine. F. C. Corinne. Du Néolithique à l'Âge du Bronze en Chine du Nord-Ouest: La culture de Qijia et ses connexions. *Mémoires de la Mission Archéologique Française en Asie Centrale*, volume VI. Paris: Éditions Recherche sur les Civilizations, 1995, p. 324.

銎口部，排气孔则在空首斧刃部或铜矛尖部，铸造成型后还需进一步锻打加工[1]。此外，莫洛金还在另一篇论文中介绍了在文格罗沃-2居址中发现的塞伊玛—图尔宾诺类型铸范，这表明克罗托沃文化人群掌握了塞伊玛—图尔宾诺铸造技术，并对塞伊玛—图尔宾诺铜器进行仿制[2]。

塞伊玛—图尔宾诺遗存的起源问题仍然是这一阶段的研究重点。切尔内赫从金属成分与矿源角度分析，认为阿尔泰地区更有可能是塞伊玛—图尔宾诺现象的起源地[3]。莫洛金则从西西伯利亚最新的考古资料出发，并结合在中国新疆的新发现，认为中国新疆地区或哈萨克斯坦东部可能是塞伊玛—图尔宾诺现象的起源地[4]。峡坦亚湖-2遗址的发掘者——德国法兰克福大学的弗里克，通过建立塞伊玛—图尔宾诺金属器数据库，利用大数据分析的方式，推算出塞伊玛—图尔宾诺金属器的起源地应该位于乌拉尔以西[5]。然而，截至目前，塞伊玛—图尔宾诺遗存的起源仍没有定论。虽然碳-14测年数据将该遗存的起源地指向额尔齐斯河中游，但不可否认的是，论证过程中依然存在证据链的缺环。

除了上述研究外，还有一项来自库兹米娜的重要研究，她提出了著名的"塞伊玛—图尔宾诺模型"。根据她的模型分析，塞伊玛—图尔宾诺遗存与安德罗诺沃文化联系紧密，尤其是安德罗诺沃文化东部的费德罗沃类型，从文化的分布地域、锡矿的来源以及铜器的风格来看，两者之间联系非常紧密。她还进一步提出，塞伊玛—图尔宾诺源于东哈萨克斯坦地区，在费德罗沃及克罗托沃—叶鲁尼诺文化基础上形成[6]。

随着塞伊玛—图尔宾诺遗址发掘数量越来越多，塞伊玛—图尔宾诺相关遗

---

[1] Молодин. В. И., И. А. Дураков. Метод литья «на пролив» в сейминско-турбинской металлообрабатыв, ающей традиции (по материалам кротовской культуры). *Уральский исторический вестник*, № 1 (62), 2019. С. 48–56.

[2] Molodin. V. I., I. A. Durakov, L. N. Mylnikova, and M. S. Nesterova. The Adaptation of the Seima-Turbino Tradition to the Bronze Age Cultures in the South of the West Siberian Plain. *Ethnology and Anthropology of Eurasia*, 46/3, 2018, pp. 49–58.

[3] Chernykh. E. H. *Ancient Metallurgy in the USSR*. Cambridge Universitiy Press, 1992, pp. 215–234.

[4] 莫洛金：《塞伊玛—图尔宾诺跨文化现象在中亚和中国的新发现》，《塞伊玛—图尔宾诺与史前丝绸之路》，上海：上海古籍出版社，2019年，页303～333。

[5] Fricke. F. *The Metallurgy of the Seima-Turbino Phenomenon. Masterthesis*. Goethe Universität Frankfurt am Main, 2017, p. 123.

[6] Kuzmina. E. E. Historical Perspectives on the Andronovo and Early Metal Use in Eastern Asia. *Metallurgy in the Ancient Eastern Eurasia from Ural to the Yellow River*. New York, 2004, pp. 37–84; Kuzmina. E. E. *The Origin of the Indo-Iranians*. Boston, 2007, pp. 230–264.

存的基本面貌也越来越清晰。在这里特别值得重视的是，莫洛金带领俄罗斯科学院西西伯利亚分院考古学与民族学研究所在额尔齐斯河流域进行的发掘工作，这大大扩充了塞伊玛—图尔宾诺遗存的研究材料。在西西伯利亚青铜时代居址（文格罗沃-2遗址）中发现的塞伊玛—图尔宾诺类型铸范，首次将塞伊玛—图尔宾诺类型墓葬与居址之间建立起联系，为解决塞伊玛—图尔宾诺铜器及铸造技术的起源与传播问题提供了重要材料。此外，碳-14测年技术也普遍应用于塞伊玛—图尔宾诺类型遗址，例如罗斯托夫卡墓地、乌斯季—维特鲁加墓地、萨特加XVI墓地、峡坦亚湖-2遗址等，这使得困扰学术界近一个世纪之久的塞伊玛—图尔宾诺遗存年代问题逐渐清晰。

　　虽然早在20世纪50年代，吉谢列夫、罗越、金布塔斯等学者就已经注意到塞伊玛—图尔宾诺铜器与中国铜器之间在形态上存在一定的相似性，但受限于发掘材料较少、研究方法较单一，他们的研究仅停留在类型学比对上，并未深入。近年来，中国学者对塞伊玛—图尔宾诺遗存问题的研究，不但使塞伊玛—图尔宾诺遗存向东传播的年代、路线等问题逐渐明朗，还为中国青铜铸造技术的起源研究提供了新的思路。20世纪60年代，吉谢列夫在论文中提到陕西历史博物馆藏有一件塞伊玛—图尔宾诺倒钩铜矛[1]，但并未在当时的中国学术界引起重视；直到20世纪末，胡柏发表《齐家与二里头：远距离文化之间交流问题》一文，才让中国学者开始注意塞伊玛—图尔宾诺遗存与中国青铜时代二者之间的密切联系[2]。此后，梅建军发表《齐家与塞伊玛—图尔宾诺：中国西北地区与欧亚草原早期交流问题》，更加系统地阐释了塞伊玛—图尔宾诺金属器对中国西北地区的影响[3]。李刚在上述研究的基础上，专门调查了中国境内塞伊玛—图尔宾诺倒钩铜矛，并就青铜时代欧亚草原与中国之间的关系进行论述[4]。梅建军与李刚两人的工作，使得越来越多的中国学者开始关注塞伊玛—图尔宾诺遗存，为中国学者进一步深入研究塞伊玛—图尔宾诺铜器及其与中国铜

---

[1] Киселев. С. В. Неолит и бронзовый век Китая. *Советская археология*. № 4. 1960. С. 8-26.
[2] 其实林沄先生是最早注意到塞伊玛—图尔宾诺遗存与中国青铜时代之间关系的中国学者。20世纪80年代，林沄在《商文化青铜器与北方地区青铜器关系之再研究》一文中，就指出塞伊玛—图尔宾诺类型实际上包含卡拉苏克风格与安德罗诺沃—木椁墓风格，塞伊玛—图尔宾诺风格明显是受到卡拉苏克文化影响的结果，塞伊玛影响商文化的论题显然过时。
[3] 同年，梅建军与高滨秀还发表《塞伊玛—图比诺现象和中国西北地区的早期青铜文化》（《新疆文物》2003年第1期）一文，观点与此文类似。
[4] 李刚：《中西青铜矛比较研究》，《中国历史文物》2005年第6期，页19～28。

器之间的联系问题奠定了坚实基础①。

2010 年，切尔内赫专著《欧亚大陆北部的古代冶金：塞伊玛—图尔宾诺现象》中文译本出版②。这是国内引进的首部系统介绍塞伊玛—图尔宾诺遗存的著作。该书出版之前，中国学者因为语言壁垒，很难第一时间掌握俄罗斯学界对此问题的研究成果，而更多的是参考英美考古学家的转引及研究。该书的出版，使中国学者能够较为全面地掌握塞伊玛—图尔宾诺遗存的基础材料及研究成果，此后，中国学者对塞伊玛—图尔宾诺问题的研究，大多以此书中介绍的材料为基础。

总的来讲，20 世纪 90 年代以后，塞伊玛—图尔宾诺问题研究掀起了又一轮高潮。一方面，新的考古发掘大大扩充了塞伊玛—图尔宾诺遗存的基础研究资料；另一方面，多学科交叉研究模式大大拓展了塞伊玛—图尔宾诺问题的研究思路。塞伊玛—图尔宾诺遗存的年代问题从 20 世纪初就成为欧亚草原青铜时代研究者关注的重点，但一直以来都没有定论，甚至成为一桩悬案。碳-14 测年技术的应用，使困扰了考古学家近一个世纪之久的这个问题最终得以解决。此外，环境考古、动物考古、冶金考古、古 DNA 研究等多学科参与，促使塞伊玛—图尔宾诺问题研究走向深入。更重要的是，塞伊玛—图尔宾诺问题已经不仅仅是俄罗斯考古学界关注的热点，也成为了国际学术界的热点。与此同时，中国学者也加入到塞伊玛—图尔宾诺问题的研究中，探索塞伊玛—图尔宾诺遗存与中国青铜时代之间的联系，并讨论其在中国青铜文明起源中所扮演的角色。

近一个世纪以来，虽然塞伊玛—图尔宾诺遗存研究的深度与广度不断扩展，但是现阶段仍然存在很多亟须解决的问题。首先，我们需要重新审视塞伊玛—图尔宾诺遗存的性质。虽然切尔内赫提出了著名的"塞伊玛—图尔宾诺跨文化现象"，但这种提法是否恰当，需要对塞伊玛—图尔宾诺遗存进行更加系统的梳理与研究后才能判断。其次，塞伊玛—图尔宾诺遗存的传播问题目前来看初见眉目，而该遗存的起源问题仍是迷雾重重，没有定论。再次，塞伊玛—图尔宾诺遗存与西西伯利亚奥迪诺文化、克罗托沃文化以及安德罗诺沃文化之间的关系问题，仍然有待进一步研究。尽管碳-14 测年数据一定程度上解决了塞伊玛—图尔宾诺遗存年代的上限问题，但是该遗存年代的下限却非常模糊。

---

① 关于中国学者的研究会在第五章详细论述。
② 切尔内赫、库兹明内赫著，王博、李明华译：《欧亚大陆北部的古代冶金：塞伊玛—图尔宾诺现象》，北京：中华书局，2010 年。

最后，塞伊玛—图尔宾诺铜器的传播模式问题——中国境内发现的塞伊玛—图尔宾诺类型铜器，究竟是人群之间互动的结果，还是铸造技术传播的结果。以上这些问题，是现阶段塞伊玛—图尔宾诺遗存研究亟须解决的问题，一方面需要研究者回归原始报告，从考古发掘报告入手，建立统一标准，重新系统梳理塞伊玛—图尔宾诺遗存的基本性质、面貌；另一方面，需要我们利用更多的科技手段，从细节处入手，对发掘出土的材料进行更加全面而细致的研究。

## 五、小结

塞伊玛—图尔宾诺遗存的发现与研究史主要经历了四个阶段：

1. 20世纪50年代之前，发掘方式较为粗犷，缺少专业的发掘记录与发掘报告；利用传统考古学方法对塞伊玛—图尔宾诺遗存的文化面貌、年代、属性等问题展开研究。

2. 20世纪50年代至70年代，发掘更加科学，考古资料井喷式增加；利用类型学比对不同地区的发掘材料，讨论塞伊玛—图尔宾诺遗存的年代、起源地及文化归属。

3. 20世纪70年代至90年代初，考古发掘开始向西西伯利亚地区倾斜；金属成分分析等较为基础的科学技术手段开始应用于塞伊玛—图尔宾诺问题的研究中，切尔内赫提出"塞伊玛—图尔宾诺跨文化现象"概念。

4. 20世纪90年代后，塞伊玛—图尔宾诺遗存的新发现全部位于西西伯利亚地区，西西伯利亚成为解决塞伊玛—图尔宾诺问题的关键；多学科交叉研究模式广泛应用到考古研究中，碳-14测年、冶金考古、体质人类学、古DNA等科学技术手段解决了塞伊玛—图尔宾诺的年代、文化来源、金属铸造等一系列关键问题，塞伊玛—图尔宾诺问题研究逐渐深入。

总的来讲，塞伊玛—图尔宾诺问题的发现与研究史，实际上就是整个俄罗斯考古学史的一个缩影（图2.1）。尽管古史重建与文化谱系构建在俄罗斯考古学界仍然占有较为重要的地位，但研究理念的转变、科学技术的广泛应用以及多学科交叉的研究方法，使俄罗斯考古学研究开始逐渐转型：一方面，传统的分期、分区、类型在考古研究中仍占一席之地；另一方面，聚落形态、环境考古、生业方式等领域方兴未艾，极大推进了俄罗斯考古研究的深度与广度，促使俄罗斯考古学不断在现代化的道路上前进。

|  |  |  |
|---|---|---|
| 第一阶段 | 1891 | ● 谢尔盖耶夫与格卢什科夫在图尔宾诺村调查铜器 |
|  | 1912 | ● 科涅夫上尉开始发掘塞伊玛墓地 |
|  | 1917 | ● 十月革命爆发 |
|  | 1922 | ● 莫斯科大学讲师茹科夫开始发掘塞伊玛墓地 |
|  | 1924 | ● 施密特首次发掘图尔宾诺墓地 |
|  | 1939 | ● 第二次世界大战爆发 |
|  | 1945 | ● 第二次世界大战结束 |
| 第二阶段 | 1948 | ● 巴德尔开始对图尔宾诺墓地进行调查 |
|  | 1954 | ● 马丘申科发掘萨穆西Ⅳ遗址 |
|  | 1957 | ● 金布塔斯将塞伊玛—图尔宾诺年代定在公元前 1450～前 1350 年 |
|  | 1958 | ● 巴德尔对图尔宾诺墓地进行发掘 |
|  | 1959 | ● 卡尼韦茨开始发掘卡宁山洞遗址 |
|  | 1966 | ● 马丘申科发掘罗斯托夫卡墓地 |
| 第三阶段 | 1970 | ● 切尔内赫对塞伊玛—图尔宾诺铜器进行金属成分检测，并将塞伊玛—图尔宾诺遗存年代定为公元前 1500～前 1250 年<br>巴德尔重新整理塞伊玛墓地发掘材料 |
|  | 1972 | ● 奇列诺娃将塞伊玛—图尔宾诺遗存年代定为公元前 11～前 8 世纪 |
|  | 1974 | ● 切尔尼科夫发掘列什诺耶墓地 |
|  | 1978 | ● 基留申发掘叶鲁尼诺墓地 |
|  | 1979 | ● 莫洛金开始发掘索普卡-2 墓地 |
|  | 1985 | ● 别斯普兹万内开始发掘萨特加 XVI 墓地 |
|  | 1986 | ● 叶鲁尼诺Ⅰ墓地 2 号墓葬进行碳-14 测年，未经校正的数据为公元前 1610±30 年 |
|  | 1989 | ● 切尔内赫与库兹明内赫合著《欧亚大陆北部的古代冶金：塞伊玛—图尔宾诺现象》 |
| 第四阶段 | 1992 | ● 切尔内赫出版《苏联古代冶金》，结合叶鲁尼诺Ⅰ墓地测年，将塞伊玛—图尔宾诺遗存年代划定在公元前 17～前 15 世纪 |
|  | 1995 | ● 胡柏发表《齐家与二里头：远距离文化之间的交流问题》<br>戴蔻林发表《从新石器时代到中国西北青铜时代：齐家文化及其联系》 |
|  | 2001 | ● 索罗维耶夫发掘乌斯季—维特鲁加墓地 |
|  | 2003 | ● 梅建军发表《齐家与塞伊玛—图尔宾诺：中国西北地区与欧亚草原早期交流问题》 |
|  | 2004 | ● 库兹米娜提出著名的"塞伊玛—图尔宾诺模型" |
|  | 2006 | ● 克洛科娃开始发掘峡坦亚湖-2 遗址 |
|  | 2007 | ● 萨特加 XVI 墓地碳-14 数据公布，年代为公元前 2140～前 1940 年 |
|  | 2010 | ● 切尔内赫《欧亚大陆北部的古代冶金：塞伊玛—图尔宾诺现象》被译为中文出版 |
|  | 2011 | ● 邵会秋、杨建华发表《塞伊玛—图尔宾诺遗存与空首斧的传布》<br>胡保华博士论文《中国北方出土先秦时期铜矛研究》 |
|  | 2014 | ● 林梅村发表《欧亚草原文化与史前丝绸之路》 |
|  | 2018 | ● 峡坦亚湖-2 遗址与罗斯托夫卡墓地碳-14 数据公布，塞伊玛—图尔宾诺类型遗存年代被划定在公元前 2200～前 1800 年 |
|  | 2019 | ● 林梅村主编《塞伊玛—图尔宾诺与史前丝绸之路》出版 |

图 2.1　塞伊玛—图尔宾诺遗存发现与研究史年表

# 第三章
# 塞伊玛—图尔宾诺典型墓地和遗址分析与研究

截至目前，塞伊玛—图尔宾诺类型遗址共计112处。遗址可以分为两种类型：第一种是塞伊玛—图尔宾诺典型墓地或遗址，第二种是包含塞伊玛—图尔宾诺金属器的墓地或遗址。塞伊玛—图尔宾诺类型遗址，主要分布在北纬55.0°～61.1°，东经42.12°～73.57°，南北距离790公里，东西距离1 980公里。

通过对遗址分布图的分析（图3.1），可以明显看出塞伊玛—图尔宾诺类型遗址以乌拉尔山为界，分为东西两个区域，乌拉尔山地区可划归为中区。东区遗址包括罗斯托夫卡墓地、萨特加XVI墓地、叶鲁尼诺I墓地、索普卡-2/4B、V墓地、普列奥布拉任卡-6墓地、乌斯季—扬卡墓地；乌拉尔山地区遗址包括卡宁山洞遗址和峡坦亚湖-2遗址；西区遗址包括图尔宾诺墓地、塞伊玛墓地、列什诺耶墓地、乌斯季—维特鲁加墓地、乌斯季—盖瓦墓地。

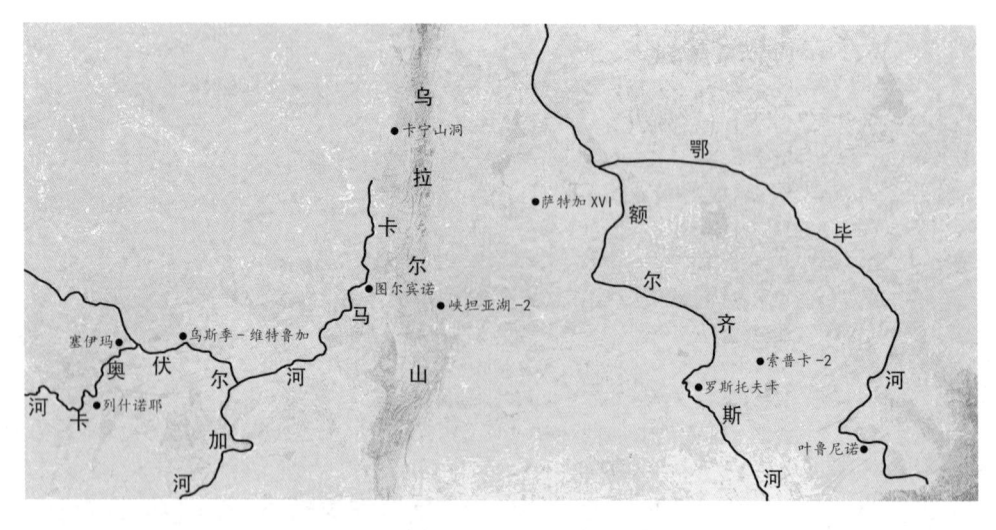

图3.1 塞伊玛—图尔宾诺遗址分布图

这一章节将讨论塞伊玛—图尔宾诺类型典型墓地和遗址在选址、空间布局、葬式葬俗、随葬品组合等方面的内容。

## 一、自然环境

俄罗斯地形以平原和高原为主。地势南高北低，东高西低。西部几乎全属东欧平原，向东为乌拉尔山脉、西西伯利亚平原、中西伯利亚高原、北西伯利亚低地和东西伯利亚山地、太平洋沿岸山地等。

本章主要讨论的区域包括东欧平原、乌拉尔山地区及西西伯利亚平原。西自北欧平原起，东部延伸到叶尼塞河流域，在广大的区域内，很少有海拔超过300米的高地。乌拉尔山将整块平原分为两个部分，西边为东欧平原，东边为西西伯利亚平原。乌拉尔山脉北起北冰洋喀拉海的拜达拉茨湾，南至哈萨克草原地带，绵延2 000多公里。乌拉尔山山势不高，平均海拔500~1 200米；山脉的宽度为40~150公里。乌拉尔山海拔虽不低，但山坡倾斜度极缓，山顶也较为平坦，岭道更是非常低平。在乌拉尔山中段，乌法河、塞尔瓦河、科索瓦河等横穿乌拉尔山，东西向交通便利。纵观该区域历史，乌拉尔山从来都没能成为东西方部族前进道路上的阻碍。从公元前三千纪初颜那亚人向东迁徙，到匈奴人的西迁，再到蒙古帝国的西征，自古到今乌拉尔山都不能阻碍东西方交流。此外，乌拉尔山东坡丰富的铜矿资源，是古代该地区冶金产业起源与发展的重要基础。

在广袤无垠的平原上，流淌着长阔的河流，直至今日，河流及其沿线都是重要的交通通道。古代人群的迁徙与定居往往与河流联系密切，塞伊玛—图尔宾诺人群也不例外，该人群留下的遗址皆位于河流沿岸：东区遗址主要分布在鄂毕河、额尔齐斯河沿岸；西区遗址则分布在奥卡河、卡马河、伏尔加河沿岸。

塞伊玛—图尔宾诺类型遗址，除了卡宁山洞遗址与萨特加XVI墓地外，其余皆分布于北纬55°~58°之间。该纬度之间主要分布的是森林草原带。森林草原带西自喀尔巴阡山脉，东至阿尔泰山脉，呈狭长带状连绵不断，是森林带和草原带之间的过渡地带。在森林草原带生活的古代居民主要以渔猎及采集经济为生。

## 二、东区（乌拉尔山以东）

塞伊玛—图尔宾诺东区可划为三个小区，萨彦—阿尔泰、额尔齐斯河中游和孔达河中游区。萨彦—阿尔泰区大约相当于鄂毕河和额尔齐斯河上游，主要分布叶鲁尼诺文化。叶鲁尼诺 I 墓地位于阿尔泰山西侧阿尔泰边疆区帕夫罗夫斯科县，鄂毕河上游左岸。额尔齐斯河中游最重要的遗址是罗斯托夫卡墓地，塔塔斯河与鄂毕河交汇处的索普卡-2 墓地，鄂木河沿岸的普列奥布拉任卡-6 墓地。萨特加 XVI 墓地位于孔达河中游，是西西伯利亚森林带深处唯一一座塞伊玛—图尔宾诺墓地。

## （一）罗斯托夫卡墓地

### 1. 调查与发掘

罗斯托夫卡墓地位于罗斯托夫卡村的东北部（图3.2），鄂木河左岸洪泛区一侧宽而长的山沟顶部，距离鄂木斯克15公里。

1965年，鄂木斯克地区诺沃莫斯科夫斯克中学的教师普什迪科娃（N. M. Pshdikova）得知，罗斯托夫卡村的学生5月份在该地山沟的一处断崖上发现了有趣的文物，包括30多件石刀、2件铜矛、1件空首斧、2件铜刀、2件石箭镞。据该教师描述，与这些器物一起发现的还有人骨碎片。马丘申科（V. I.

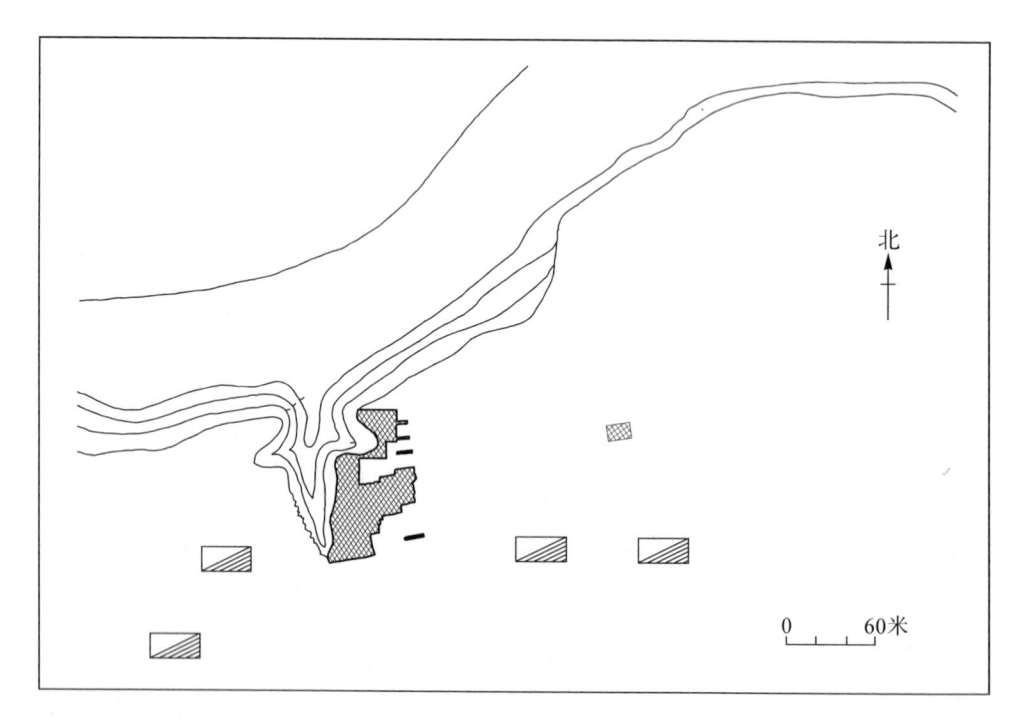

图3.2 罗斯托夫卡墓地位置图

Matyushchenko)意识到，这里很有可能是一处墓地。

1966年，马丘申科带领托木斯克州立大学和鄂木斯克师范学院组成的考古队，对该遗址进行调查和发掘。发掘工作位于峡谷的斜坡上，斜坡顶端是马铃薯田地。1966年共发掘520平方米，其中包括3座墓葬。

1966年至1969年，该考古队经过四个季度的发掘，共揭露1 376平方米（图3.3），发现38座竖穴土坑墓以及几个祭祀坑。

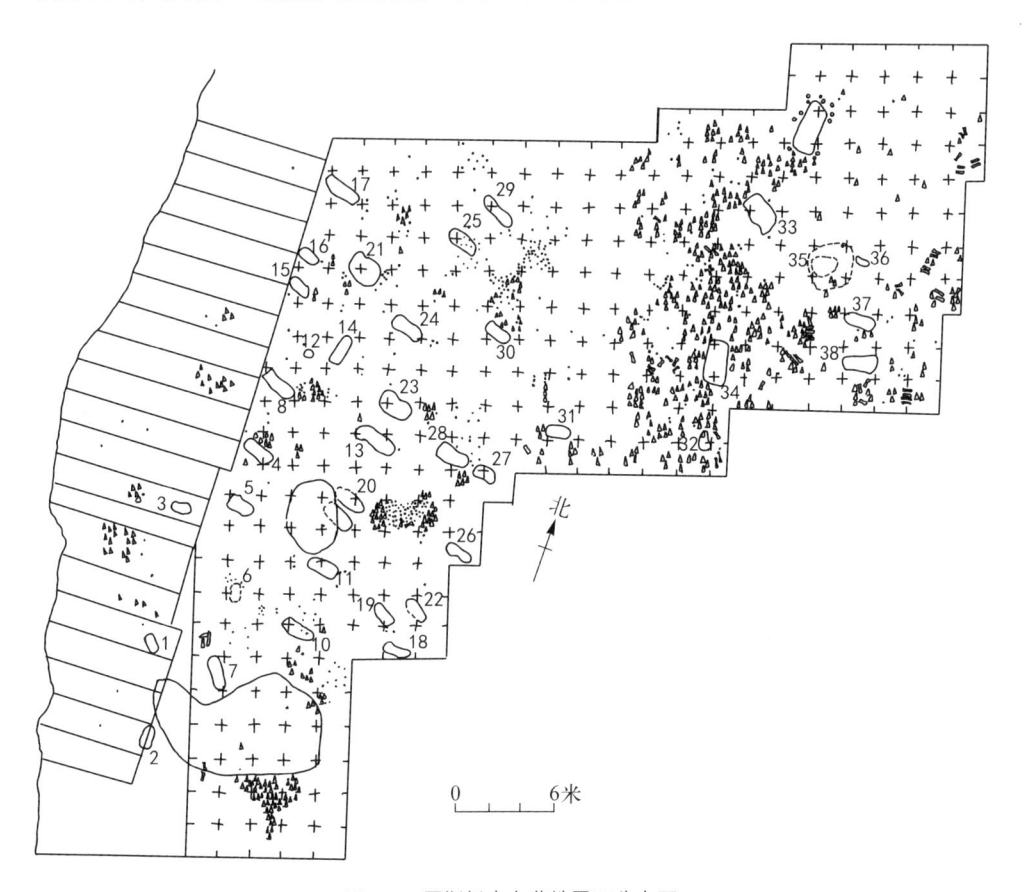

图3.3 罗斯托夫卡墓地平面分布图

2. 墓葬描述

1号墓葬，发掘到20厘米左右深度，在清理掉最上层的黑钙土后，未发现遗迹现象。直到骨头露出，才发现土质土色的变化，为灰褐色填土。墓葬尺寸为长95、宽45厘米，西北—东南方向，死者的骨骼在墓葬中被焚烧，填土中夹杂大量的炭屑及烧土。墓葬南壁发现大量炭屑，沿东北方向延伸。头骨位于墓葬西南角。墓葬北部出土1件铜斧及1件石镞。

2号墓葬（图3.4），位于Ⅱ号区域，发掘到20厘米深度时发现墓口。清理完黑钙土后，出现大量焚烧过的烧土和炭屑。墓葬尺寸为长105、宽85厘米，墓葬填土夹杂大量炭屑和烧土，厚度约10厘米。靠近墓葬东壁出土1件由白玉珠、青金石珠、铜珠组成的手串，铜珠穿孔处有皮质痕迹。此外，还发现1件鸟形铜雕。墓葬东半部发现少量头骨碎片及9～10岁儿童的牙齿；头骨下方出土1件柄部带有纹饰的铜刀，铜刀直插入墓底。

3号墓葬（图3.5），位于探方8和探方9之间，主体位于探方8。墓葬尺寸为长130、宽50厘米，深度为20厘米，东西方向。墓中发现一套骨板，骨板与骨板之间排列紧密，位于一个沟槽中。该墓西部的骨板未被挤压，骨板数量也较少，距离地表40厘米。骨板上部填充炭屑和烧土。之所以将此遗迹定为墓葬，原因是该遗迹与其他墓葬深度相当，墓葬填土除了骨板之外，还有炭块和烧土。

4号墓葬，位于探方Б-13和B-13内。在探方平面发现长160、宽60厘米的矩形墓口，东西方向，深度为15厘米。填土包含炭块和烧土。墓内出土砂岩片（可能是铸模碎片）以及陶器碎片。墓葬中央放置一个马的下颚骨，其旁散落陶片。墓中出土2件陶器及一些陶器碎片、1块带有加工痕迹的玉器、1件骨锥及铸范。墓葬中央发现1件骨镞和石片；墓葬北部发现1件骨柄铜刀。此外，在4号墓葬所在探方内还发现2件燧石箭镞、1件陶器底座、一些铜锥碎片及陶片。

5号墓葬（图3.6），位于探方Б-11中，尺寸为长150、宽65厘米，深度为30厘米，东北—西南方向。墓葬填土为灰黑色，夹杂大量炭块和烧土。经鉴定，墓内埋葬一名成年男性，年龄大概为25岁，仰身直肢葬，但下肢骨有明显位移，头骨保存状况较差，胸骨椎骨等保存较好。墓内出土1件铜矛、4片碧玉碎片及石镞。

6号墓葬，位于B-8探方和B-9探方中，椭圆形，尺寸为长120、宽90厘米，墓葬深度为25厘米，西北—东南方向，深度大约10厘米。墓内填土为烧土，夹杂大量炭块。清理过程中发现1件小骨甲片，但所处位置不详。

7号墓葬，位于A-6探方和Б-6探方内，深度约40厘米。矩形，尺寸为长220、宽70厘米，西北—东南方向。墓葬填土为灰黑色，填土中夹杂黏土块，墓葬不同层位土质不同，第一层填土大致位于地表下30厘米，夹杂一层

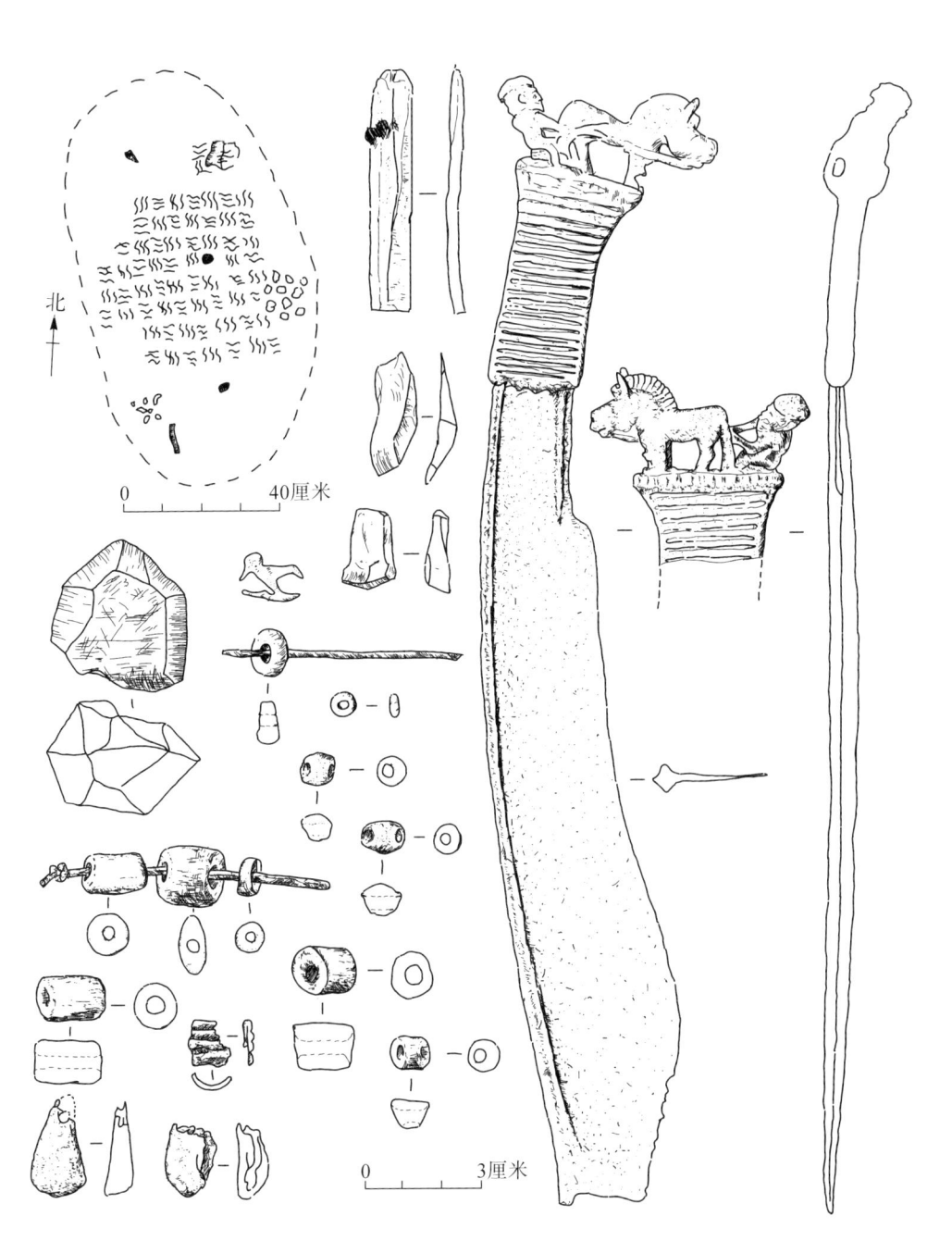

第三章　塞伊玛—图尔宾诺典型墓地和遗址分析与研究　25

图 3.4　罗斯托夫卡 2 号墓示意图

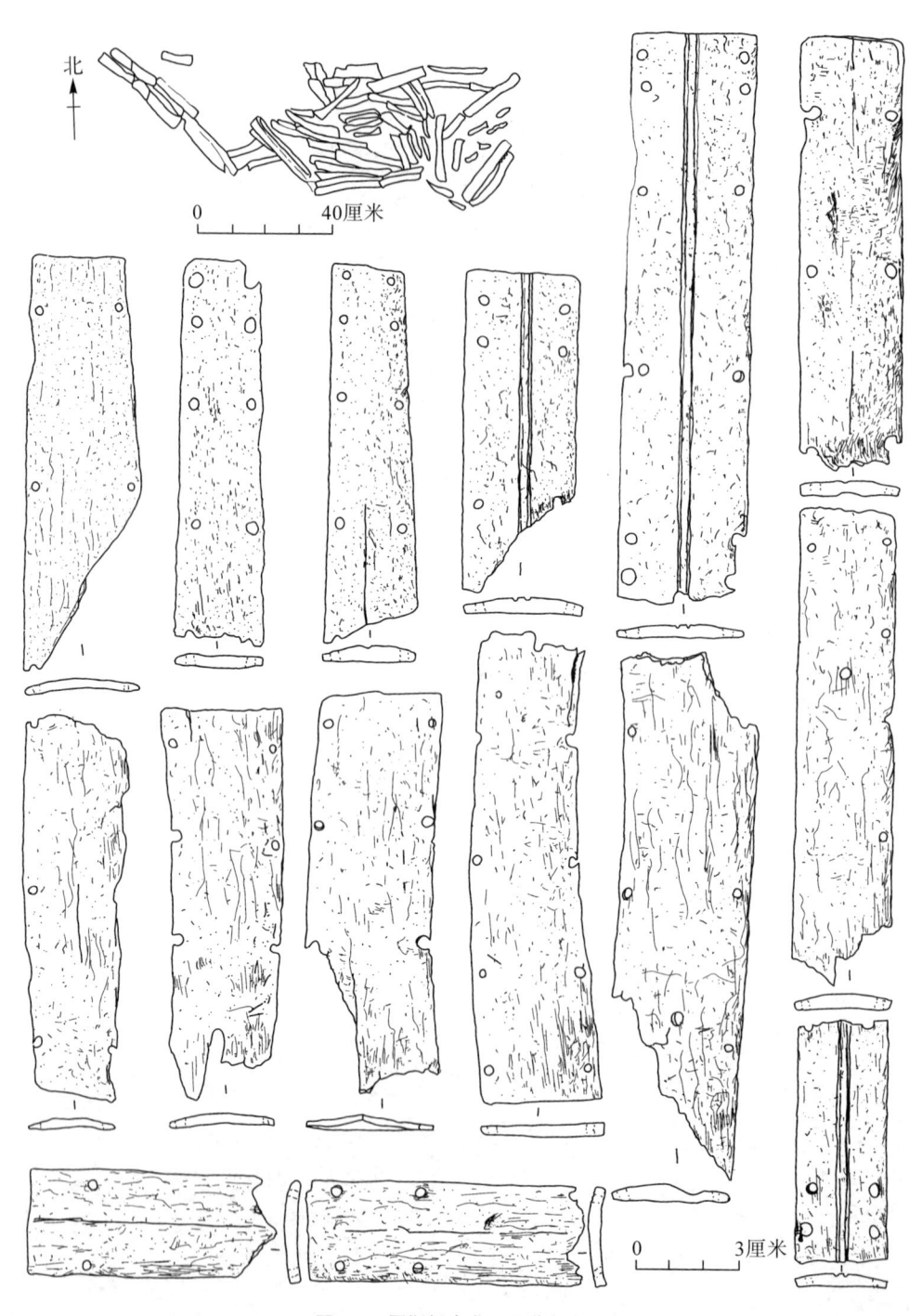

图 3.5 罗斯托夫卡 3 号墓示意图

炭渣带，西北—东南方向；第二层填土厚度大约20厘米，该层夹杂少量炭块，沿着西南和东北方向延伸，有可能是木制品被焚烧的痕迹。墓葬第一层发现1件粗糙的石制品、1件鹿角碎片、1件骨制手柄、1件两端有穿孔的椭圆形骨器。墓内只发现肢骨，未发现颅骨，葬式为侧身屈肢葬，面向西南。肋骨、股骨等被扰乱，右侧肱骨下方发现下颚骨及牙齿。经鉴定，墓主为大约40岁的男性。

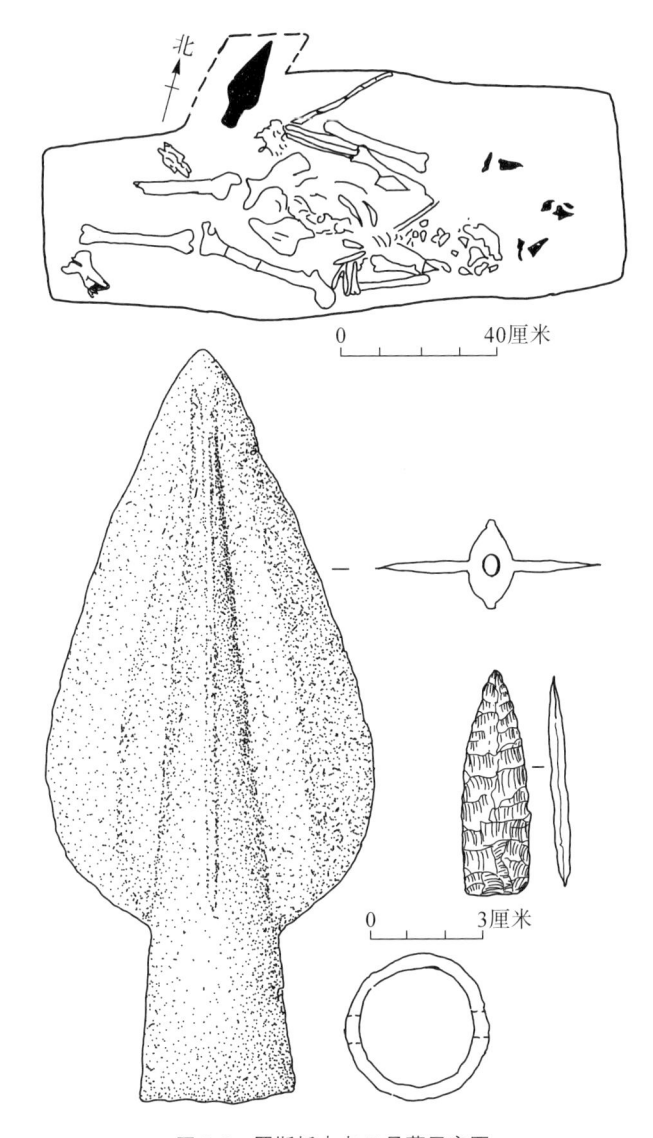

图3.6 罗斯托夫卡5号墓示意图

8号墓葬，位于Б-15探方内，深度40厘米，矩形，填土为灰黑色，其中夹杂大量炭块，东北—西南方向。墓葬中央及东北部发现烧焦的肢骨和颅骨，很显然死者是经过焚烧后下葬的。墓葬中央靠近墓壁处发现烧焦的木棍痕迹，墓内填土夹杂大量烧土和炭块。死者骨骼下方还发现被焚烧过的木头，据此推测死者在下葬过程中被放置于木板上，之后再进行焚烧。当墓葬清理到焚烧过的木头和骨头层位时，在墓葬内不同位置发现了5件石镞。清理完烧过的骨头（该死者为一名儿童）后，又发现了另一具人骨，该死者葬式为仰身屈肢葬，人骨保存较为完好。该死者是一名男性，但未发现其头骨。在墓葬西南部，即死者左膝盖处，发现6枚石箭镞、2件刀形骨片；在椎骨的下方发现1把铜刀及1件骨柄铜锥，刀尖朝向南方，锥尖朝向北方。在第二具人骨的西南方发现第三具人骨，第三具人骨的头骨靠近第二具人骨的左侧盆骨，位于墓葬东半部。此外，在头骨附近发现1件骨柄铜刀。在墓葬的西半部，即第二具人骨的脚骨处，发现第四具人骨。经鉴定，该死者为女性，年龄40～45岁，面朝上方，残留左侧胫骨、右侧盆骨、右尺骨及左锁骨。清理完所有的人骨后，在墓葬东半部距离墓底15厘米深度处，发现3件青铜制品：1件叉形铜矛，其上是1件倒钩叉形铜矛，铜矛上方是1件单耳铜空首斧。所有的铜器尖部朝向西方。

8号墓葬（图3.7、3.8）所处的探方Γ-15出土8件石器、1件铜矛（矛叶较长）。该铜矛直插入地面。

9号墓葬，位于Д-11探方内，墓葬深度为20厘米，灰黑色填土。墓葬尺寸为长200、宽85厘米，西北—东南方向。墓葬的南部被一个现代坑打破，墓内人骨被扰乱。墓葬西北部有一些头骨的碎片保存下来，肋骨靠近墓葬中央；手指骨和脚趾骨也位于墓葬中心。墓葬的东半部分发现叠在一起的腿骨。墓内填土中虽夹杂大量炭块及烧土，但是人骨并没有被火焚烧的痕迹。该墓出土1件青铜锥、1件石镞。此外，还发现一个有趣的现象：死者的左胫骨在生前就已经失去，推测该死者是一名残疾人。

10号墓葬，位于Γ-7和Γ-8探方内，墓葬深度为30厘米，尺寸为长200、宽70厘米，东西方向，灰黑色填土。经鉴定，墓主是一名20岁左右的女性，人骨被扰乱。死者头骨位于墓葬东部，面向南方。下颌骨在墓葬东北部，盆骨位于墓葬中央，肋骨散落在墓葬各处，肩胛骨和尺骨位于墓葬西部。一根股骨位于墓葬中央，另一根在墓葬西部。墓葬中还出土9件石箭镞。这些遗物摆放散乱。

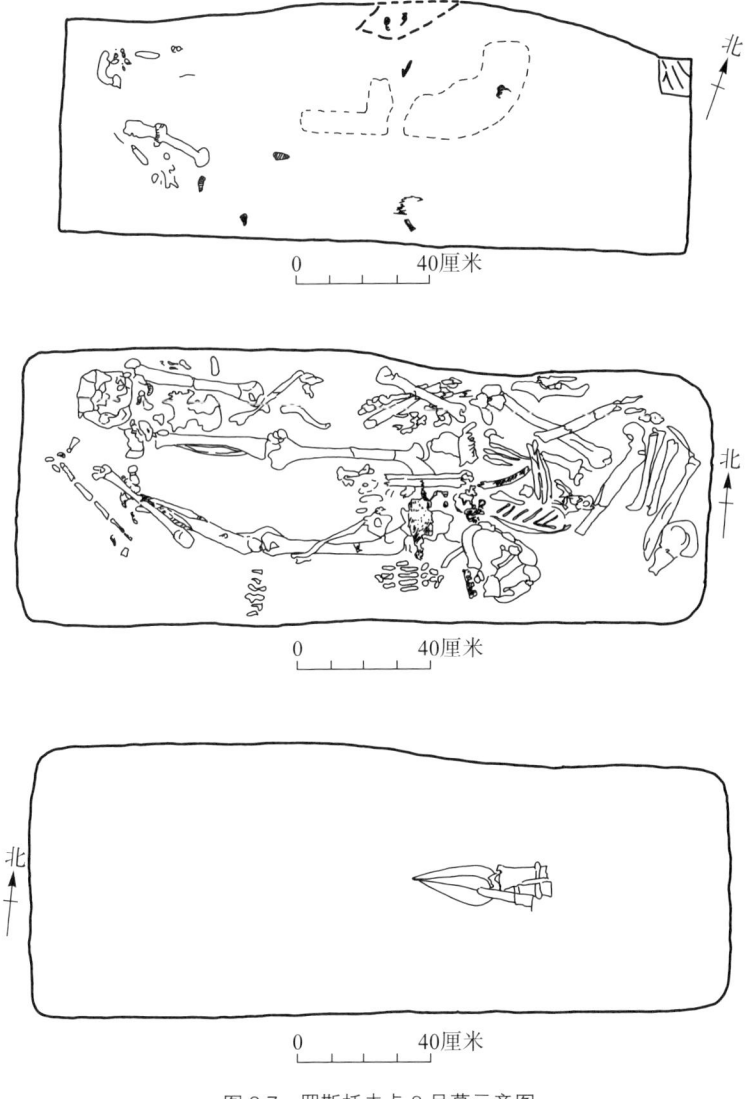

图 3.7　罗斯托夫卡 8 号墓示意图

11 号墓葬，位于 Γ-9、Γ-10、Д-9 和 Д-10 探方，墓葬深度为 30 厘米，尺寸为长 200、宽 65 厘米，东西方向，灰黑色填土。该墓葬保存状况很差，只残存少量人骨及马骨。

12 号墓葬，位于 Γ-16 探方中，墓葬深度为 15 厘米，墓中只埋葬了一颗头骨。

13 号墓葬，位于 E-13、E-14 和 Ж-13 探方中，墓葬深度为 50 厘米。形

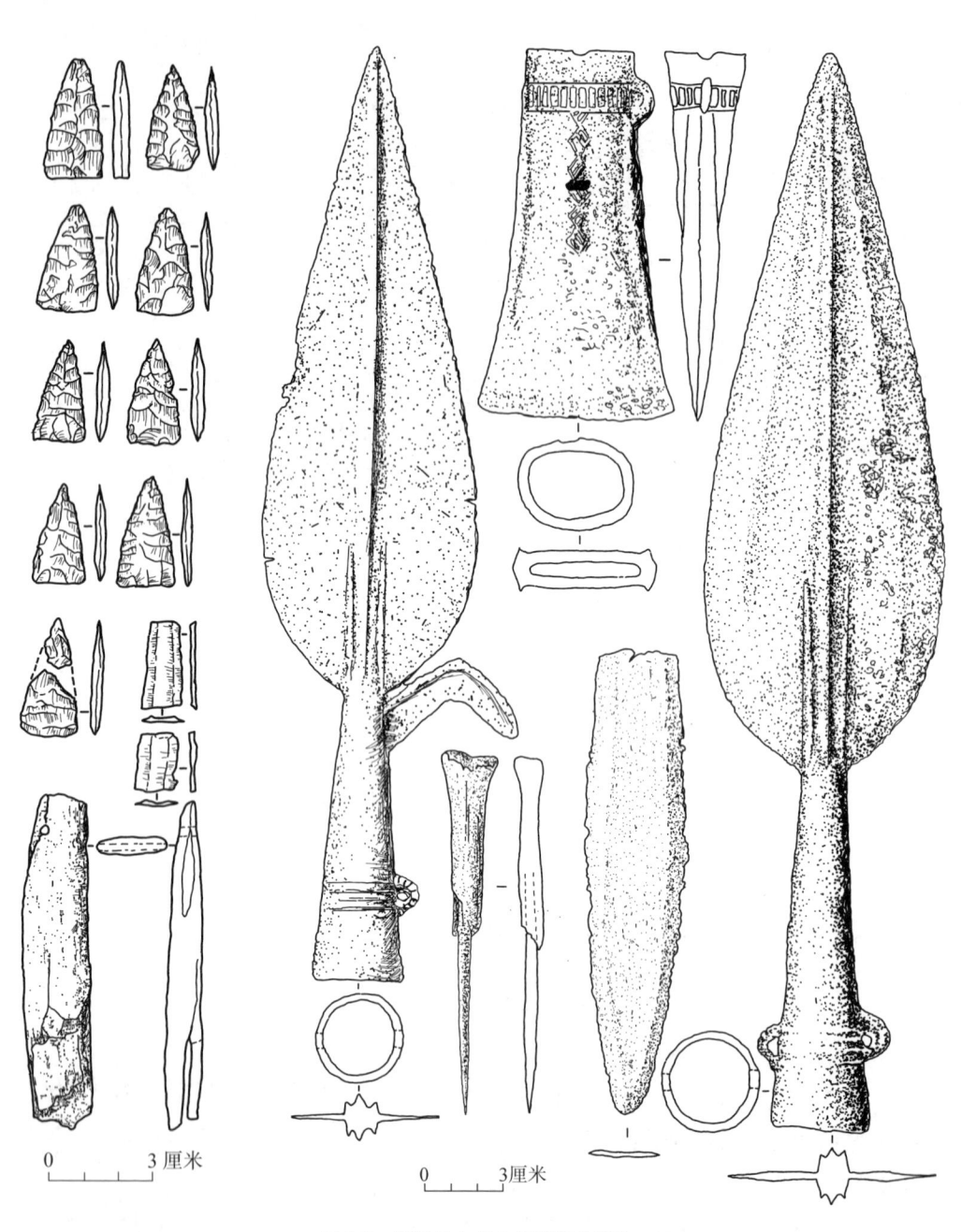

图 3.8 罗斯托夫卡 8 号墓出土器物

状为近椭圆形，尺寸为长240、宽105厘米，灰黑色填土，东西方向。墓主为仰身直肢葬，头向东。墓中埋葬的人骨下半部分未被扰乱，符合解剖学顺序，但左脚骨、肋骨、椎骨皆不见。墓葬的东半部发现左肱骨和右肱骨及一些头骨碎片。墓葬南部靠近盆骨处发现4件石箭镞，墓葬东部发现1件骨刀，还有一些陶片和椎骨散落在墓葬中。

14号墓葬，位于Д-16探方，墓葬深度为15厘米，尺寸为长170、宽85厘米，灰黑色填土，形状近似矩形，南北方向。墓葬东南角发现残存的头骨及下颌骨。经鉴定，墓主为女性，年龄25～30岁。人骨旁边是一堆炭块和烧土。墓葬东半部分发现1件石片，1把铜刀及保存状况很差的皮套。墓葬南半部发现1件石凿。

15号墓葬，位于В-18和Г-18探方中，墓葬深度为10厘米，矩形，东西方向，尺寸为长150、宽60厘米，灰黑色填土，夹杂炭块。墓葬的东半部发现少量头骨碎片，西部为躯干骨，包括左股骨、左胫骨、左手骨。头骨附近发现石制珠子，靠北发现带有凹槽的青铜装饰品，墓葬中央发现有镂空的青铜装饰品。

16号墓葬，位于Г-19探方，墓葬深度为10厘米，尺寸为长140、宽60厘米，灰黑色填土，东西方向。墓葬中央发现几颗被焚烧过的牙齿、少量头骨和肱骨碎片。经鉴定，墓主为女性，年龄25岁左右。墓葬西半部及东南角残留大量炭块，这些炭块沿着墓壁蔓延，很可能是有意为之，在墓葬西半部炭块堆积处发现1片陶片。

17号墓葬，位于Г-21和Д-21探方内，墓葬深度为10厘米，尺寸为长240、宽70厘米，灰黑色填土，西北—东南方向。墓内残存少量人骨，墓葬东南角发现头骨和手骨碎片。经鉴定，墓主为男性，年龄35～40岁。墓内填土夹杂炭块和烧土。墓葬西北角发现石镞，墓葬中央靠近南壁处发现1件石片。

18号墓葬，位于Ж-7探方内，深度为30厘米，尺寸为长180、宽60厘米，东西方向。灰黑色填土，填土中包含大量炭块、烧土。死者为仰身直肢葬，头向东，下肢骨和盆骨保存状况较好，左肱骨保存下来，其他人骨只残存碎片，人骨皆被焚烧，有些骨头被焚烧得很严重。经鉴定，墓主为男性，年龄大约30岁。靠近墓葬南壁发现1件石刀和2枚石箭镞。

19号墓葬，位于Е-8和Ж-8探方内，尺寸为长150、宽60厘米，西北—东南方向。灰黑色填土，填土内包含大量烧土。墓内发现少量遗存，皆被焚烧过。墓葬东南角发现头骨、陶片、石刀碎片等。

20号墓葬，位于Д-11、Е-11、Д-12和Е-13探方内，深度为40～45厘米，尺寸为长150、宽90厘米，东西方向。灰黑色填土。墓葬西半部分被一个现代灰坑打破。墓葬东半部发现被扰乱的人骨：一对髋骨，两根胫骨，尺骨、肱骨、盆骨和一个骶骨（该骶骨属于成年男性）。墓葬中央人骨集中处发现1把骨柄铜刀。

21号墓葬（图3.9），位于Д-18、Д-19、Е-18、Е-19探方内，墓葬深度为50厘米，灰黑色填土，尺寸为长200、宽140厘米，西北—东南方向。在墓葬的东半部分靠近墓壁处，发现了一堆石范。其中一组石范用于铸造空首斧，石范上面刻有三角纹、菱形纹纹饰；另一套为复合石范，一面用于铸造石凿，顶端刻有连续三角形纹饰，另一面用于铸造铜刀，且两件铜刀形制不同。石范侧面用于铸造铜锥。墓中还出土一套铸造铜镞的石范、一套铸造铜锥的石范，一块长方体石灰岩——用来制作石范的原材料。墓中发现两具人骨，属合葬墓。人骨被扰乱，散落在墓中。靠近墓葬西壁发现两组保存完好的脚骨，其中部分脚骨被扰乱，但大体符合解剖学顺序；墓葬北部发现椎骨、右胫骨和股骨，保存较好。此外，还发现右肱骨、尺骨、肩胛骨、右锁骨、颅骨碎片等。墓中还发现3件石箭镞以及1件小金环。

21号墓葬所处Д-18探方出土2件铜空首斧。其中一件刃部较宽，双面皆有装饰纹样，包括三角形、菱形纹及山羊图案，叶片两侧还有三条拱形线刻；另一件空首斧饰有条带纹和三角纹。此外，还发现1件金环。所有器物都堆积在一起。

22号墓葬，位于Ж-8和З-8探方内，墓葬深度为50厘米，尺寸为长90、宽65厘米，东西方向。灰黑色填土，包含大量炭块、烧土，填土中还夹杂人骨碎片。墓葬西半部被一个现代坑打破。墓中发现部分盆骨、几个椎骨、右股骨、右肱骨及几个脚骨，所有骨头都被焚烧过。

23号墓葬（图3.10），位于Е-14、Е-15、Ж-14和Ж-15探方内，墓葬深度为50厘米，尺寸为长195、宽100厘米，东西方向。灰黑色填土，包含大量烧土和炭块。靠近墓葬北壁发现颅骨，只残存左半部分，面向东。除了颅骨之外，还发现两个肩胛骨及右肱骨。经鉴定，死者为男性，年龄30～40岁。墓内发现一块矿石，也有可能是石料。墓中还发现1件石刀、1件铜剑、1件抛光的石棒。

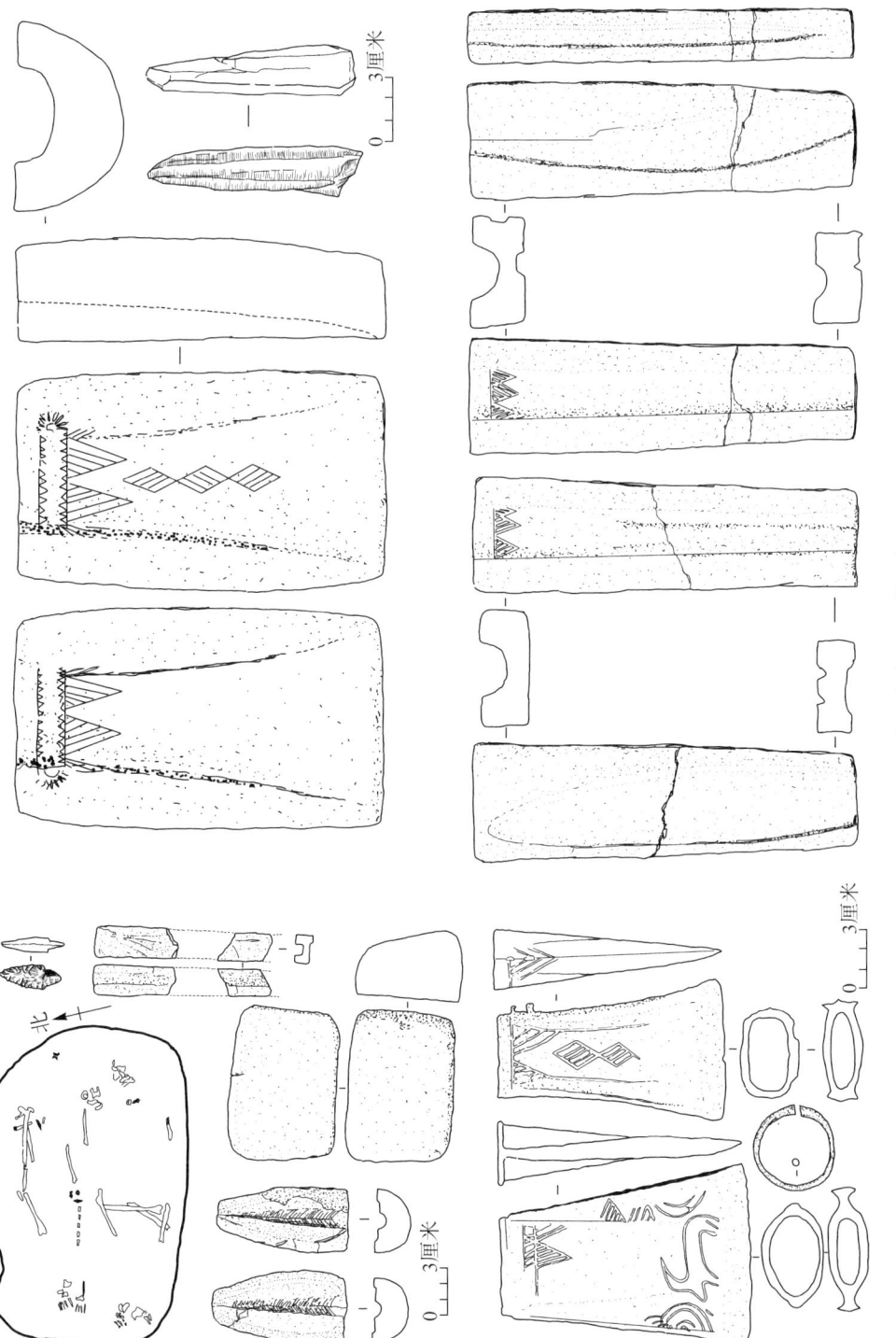

第三章 塞伊玛—图尔宾诺典型墓地和遗址分析与研究　33

图 3.9 罗斯托夫卡 21 号墓示意图

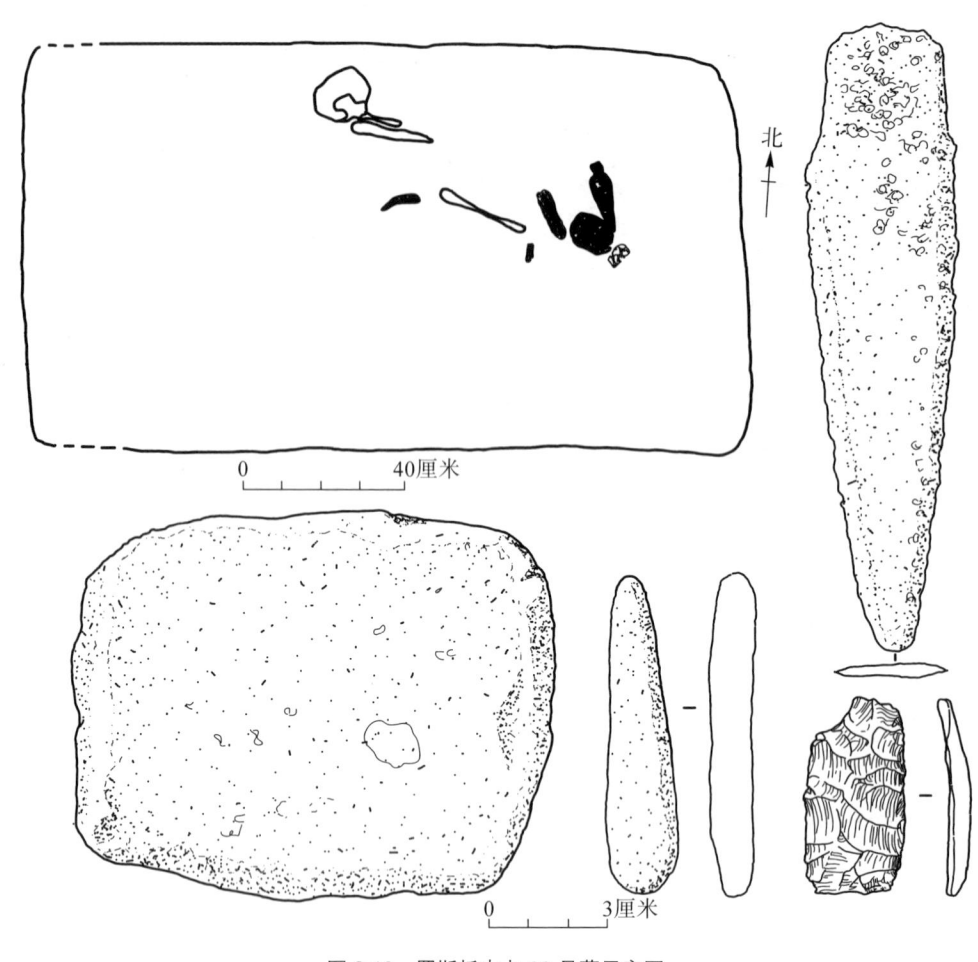

图 3.10　罗斯托夫卡 23 号墓示意图

24 号墓葬（图 3.11），位于 Ж-16 和 Ж-17 探方内，墓葬深度为 15 厘米，尺寸为长 200、宽 70 厘米，西北—东南方向。灰黑色填土，包含少量烧土、炭屑。墓葬西南角发现保存状况较差的颅骨，还有一些盆骨、股骨、手骨碎片；墓葬东半部发现下颌骨。经鉴定，墓主为女性，年龄 40 岁左右。随葬品包含 1 件石箭镞、1 件铸矛石范碎片、1 件铜锥及 1 件铜剑。

24 号墓葬所处 Ж-16 探方（图 3.12）发现 1 件叉形铜矛，矛叶与柄部连接处有一倒钩，矛柄下方有四道凸弦纹，一侧有系环；1 件铜空首斧，素面；1 件铜矛，矛柄带有左右对称的穿孔。这 3 件铜器放置在一起，直插入地面。

25 号墓葬，位于 Ж-19、Ж-20 和 И-20 探方内，墓葬深度为 55 厘米，尺

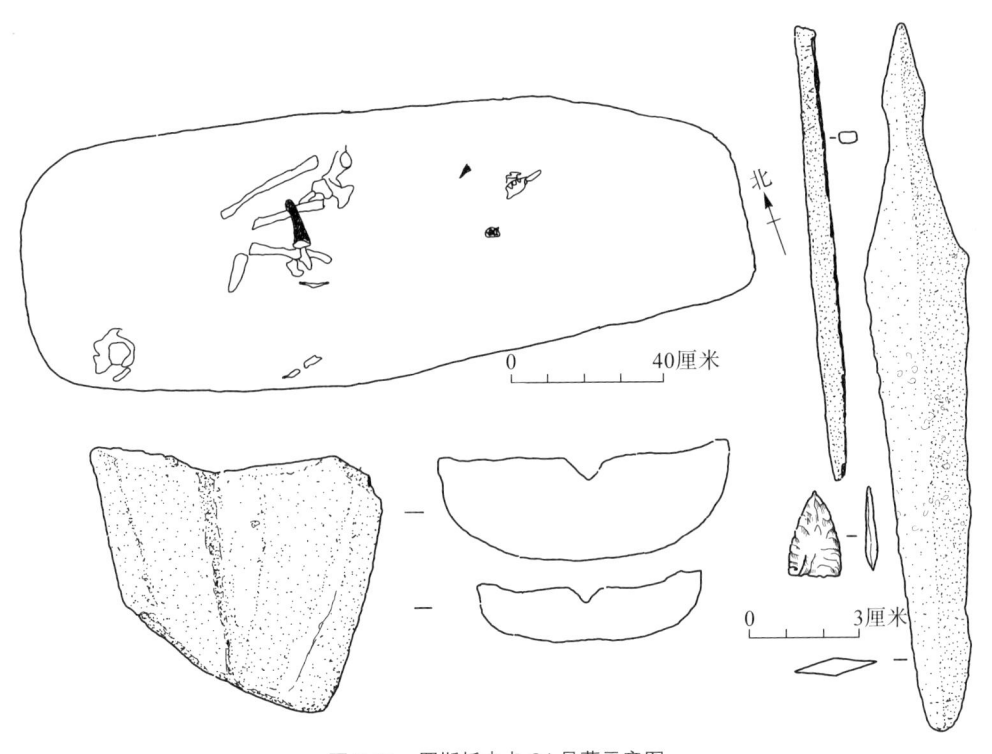

图 3.11 罗斯托夫卡 24 号墓示意图

寸为长 220、宽 70 厘米,东西方向,灰黑色填土。墓葬西半部发现盆骨、两根股骨;墓葬中央发现头骨,靠近墓葬北壁发现下颌骨;墓葬南部发现肱骨。经鉴定,墓主为男性,年龄大约 30 岁。墓中出土 1 把石刀、二次加工的石片及 1 件石箭镞碎片。

26 号墓葬,位于 Ж-10 和 И-10 探方内,墓葬深度为 30 厘米,尺寸为长 180、宽 65 厘米,东西方向,灰黑色填土。墓内只残存少量人骨,头骨被压碎,墓葬西半部出土两根股骨。经鉴定,墓主为男性,年龄大约 35 岁。

27 号墓葬,位于 И-12、К-12、И-13 和 К-13 探方内,墓葬深度为 40 厘米,尺寸为长 140、宽 85 厘米,东西方向,灰黑色填土。墓葬中的人骨排列无序。墓葬南半部发现头骨;墓葬西半部分发现盆骨、一根尺骨和几根肋骨;墓葬东北角发现下颌骨。墓葬中还零星出土一些陶器碎片(摆放在骨头上)。

28 号墓葬,位于 Ж-13 和 И-13 探方内,墓葬深度为 60 厘米,尺寸为长 180、宽 80 厘米,东西方向,灰黑色填土。墓主的腿骨符合解剖学顺序(位于墓葬西部);头骨、肋骨碎片及左尺骨保存下来。经鉴定,墓主为男性,年龄

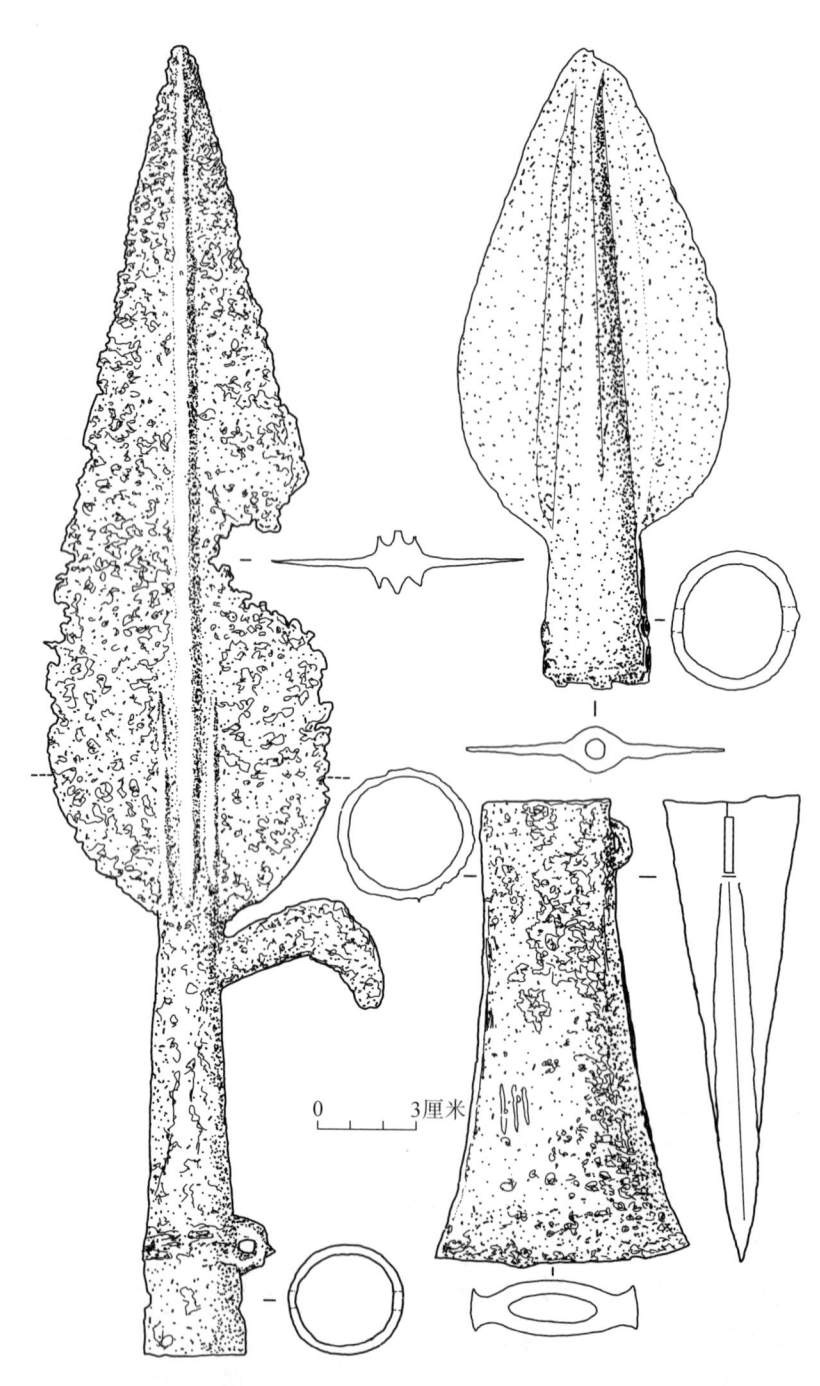

图 3.12 罗斯托夫卡 Ж-16 探方出土铜器

30~35 岁。显然，在下葬过程中墓主头向东。根据脚骨的摆放情况来看，为侧身葬。该墓没有发现扰动痕迹。

29 号墓葬（图 3.13），位于 И-20、К-20、И-21 和 К-21 探方内，墓葬深度为 65 厘米，尺寸为长 225、宽 60 厘米，西北—东南方向，灰黑色填土。墓主葬式为仰身直肢葬，人骨摆放符合解剖学顺序，但未发现头骨。左股骨被扰乱，脚骨及左手骨只残存大块骨头，小块骨头不见。死者左手附近发现 1 枚石箭镞，盆骨上放置 1 把刀背弯曲的青铜刀。

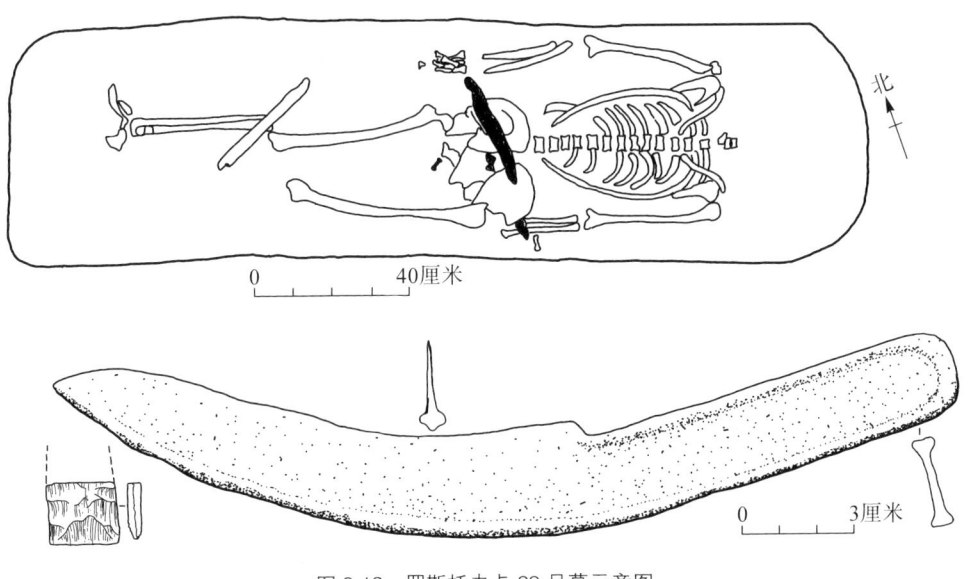

图 3.13 罗斯托夫卡 29 号墓示意图

30 号墓葬，位于 К-16 和 К-17 探方内，墓葬深度为 55 厘米，尺寸为长 180、宽 70 厘米，西北—东南方向，灰黑色填土。墓葬西北角发现盆骨及胫骨碎片；墓葬中央发现头骨、右尺骨以及肱骨。

Ж-20 探方发现 3 件铸造空首斧石范、1 件石英石箭镞和 1 件石片。此外，还发现 1 件叉形矛，铜矛銎部下方有对穿的孔；另一件铜矛长度较短，有明显的中脊，銎部下方有穿孔；1 件空首斧，带有三角形、平行线纹饰；1 件四面体铜凿（图 3.14）。这几件铜器堆成一堆，直插入地面。

Д-17 探方内发现 1 件空首斧，柄部末端饰条带纹，下方饰菱形阴影及三角纹；1 件铜刀，刃部有破损，柄部有菱形纹装饰，柄部末端有一圆形穿孔。这两件铜器紧靠在一起直插入地面中。

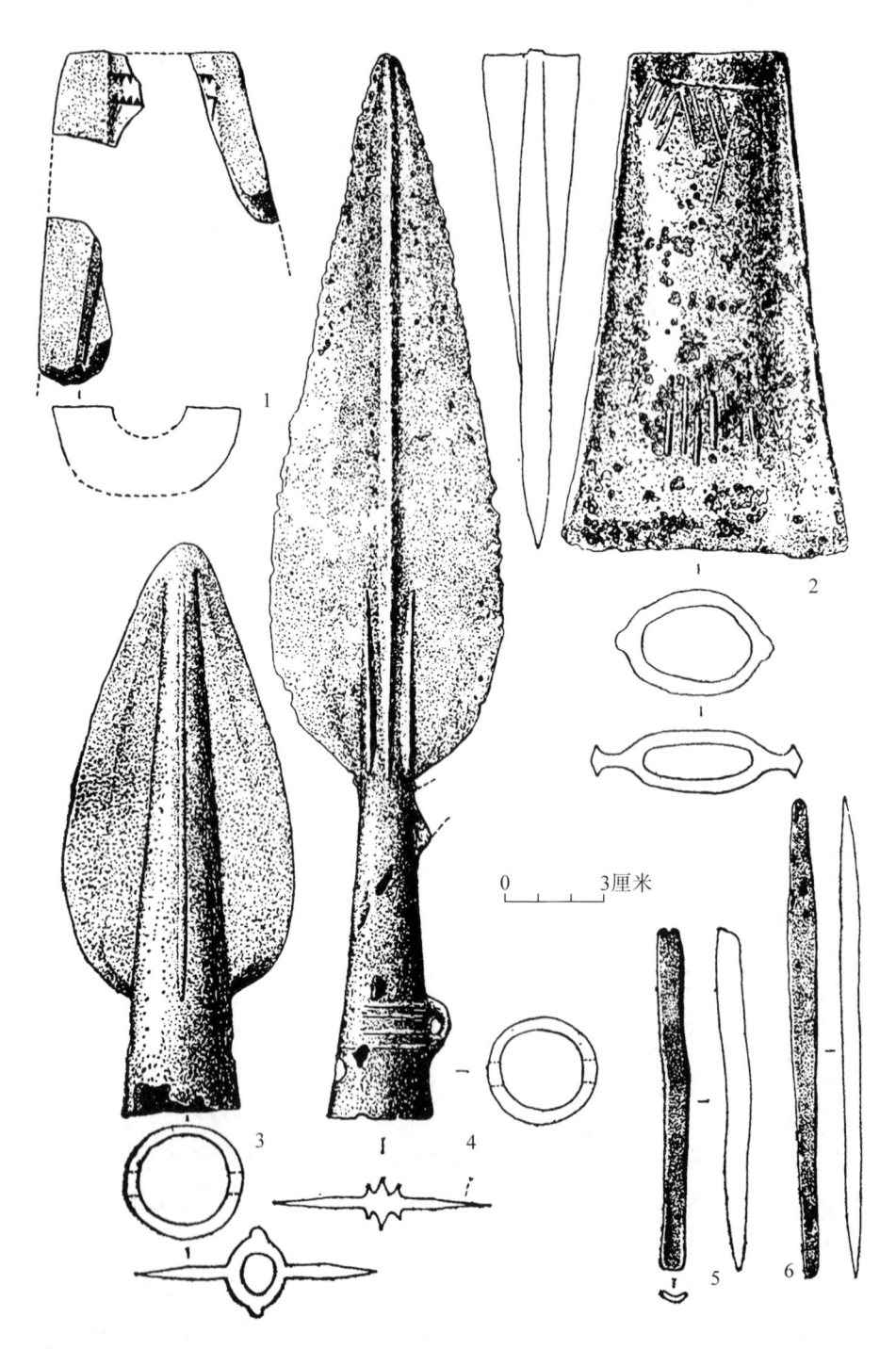

图 3.14 罗斯托夫卡 Ж-20 探方出土铜器

Д-9探方出土铜矛碎片；Г-10探方出土铜斧碎片，插入地面中（？）。

1968年的发掘工作。发掘区继续向东边扩展，发掘面积大概442平方米，共发掘4座墓葬。

31号墓葬，位于Л-14和М-14探方内，呈圆角矩形，尺寸为长195、宽70厘米，东北—西南方向，灰黑色填土，填土中夹杂炭块和烧土。死者为仰身葬，残存少量盆骨碎片。随葬品包含1件石箭镞和3件石片。

32号墓葬，位于Р-13和Р-14探方内，墓葬深度为10厘米，呈不规则形，尺寸为长135、宽80厘米，南北方向，灰黑色填土。墓葬中央发现未成年人股骨和下颌骨碎片。出土遗物包含2件玉珠、1件玉坠、1件白玉制品、1件绿玉珠以及1件金环。

33号墓葬（图3.15），位于С-20、С-21、Т-20和Т-21探方内，墓葬深度为25厘米，西北—东南方向，灰黑色填土。距离东南墓壁30厘米处发现1件铜矛直插入墓底。墓葬东南部发现一套骨制铠甲，骨甲排列没有顺序，骨甲下发现一具人骨。经鉴定，墓主为女性，年龄20～25岁。下层骨甲片位于墓葬底部或紧靠墓壁。墓葬西北部发现墓主胫骨、股骨。根据人骨的位置判断，该墓主为仰身直肢葬，头向东南。骨甲中发现1件金环，还有1件金环发现于墓葬中部。墓葬南角发现2块石料，可能用于制作铸范。此外，骨甲中还发现未加工完成的骨料；墓葬中央发现1件石箭镞。墓葬填土中还发现1件石箭镞、几片穿孔的骨甲和1件带柄骨刀，骨刀上面有平行的刻划纹。

34号墓葬（图3.16），位于Р-16、С-16、Р-15和С-15探方内，墓葬深度为65厘米，尺寸为长280、宽90厘米，西北—东南方向。揭掉黑钙土层后，发现了墓葬开口，在清理过程中发现较多梳齿纹陶片、石片、石箭镞等。墓中发现人骨，保存状况较好，死者为仰身直肢葬，头向东南。经鉴定，墓主为男性，年龄25～30岁。靠近墓主右手肘处发现1件铜空首斧，刃部朝东，空首斧中残存有木头痕迹；空首斧之下发现1件尺寸较大的倒钩铜矛；墓葬中部发现1件金耳环，盆骨附近发现1件铜刀，残留木制刀鞘痕迹；靠近左盆骨处发现1件石箭镞；靠近左膝处发现2件铜锥；靠近左手腕处发现穿孔的骨头；头骨左侧发现骨柄铜刀。此外，在墓葬的南角靠近头骨左侧发现一块较大的陶片。

"火葬场"位于У-22、У-23、У-24、Ф-22和Ф-23探方内。发掘过程中，在地面上发现一个矩形遗迹，尺寸为长300、宽120厘米，南北方向。填土主要为烧土，遗迹边缘是较软的烧土，填土内包含大量焚烧过的骨头。在遗

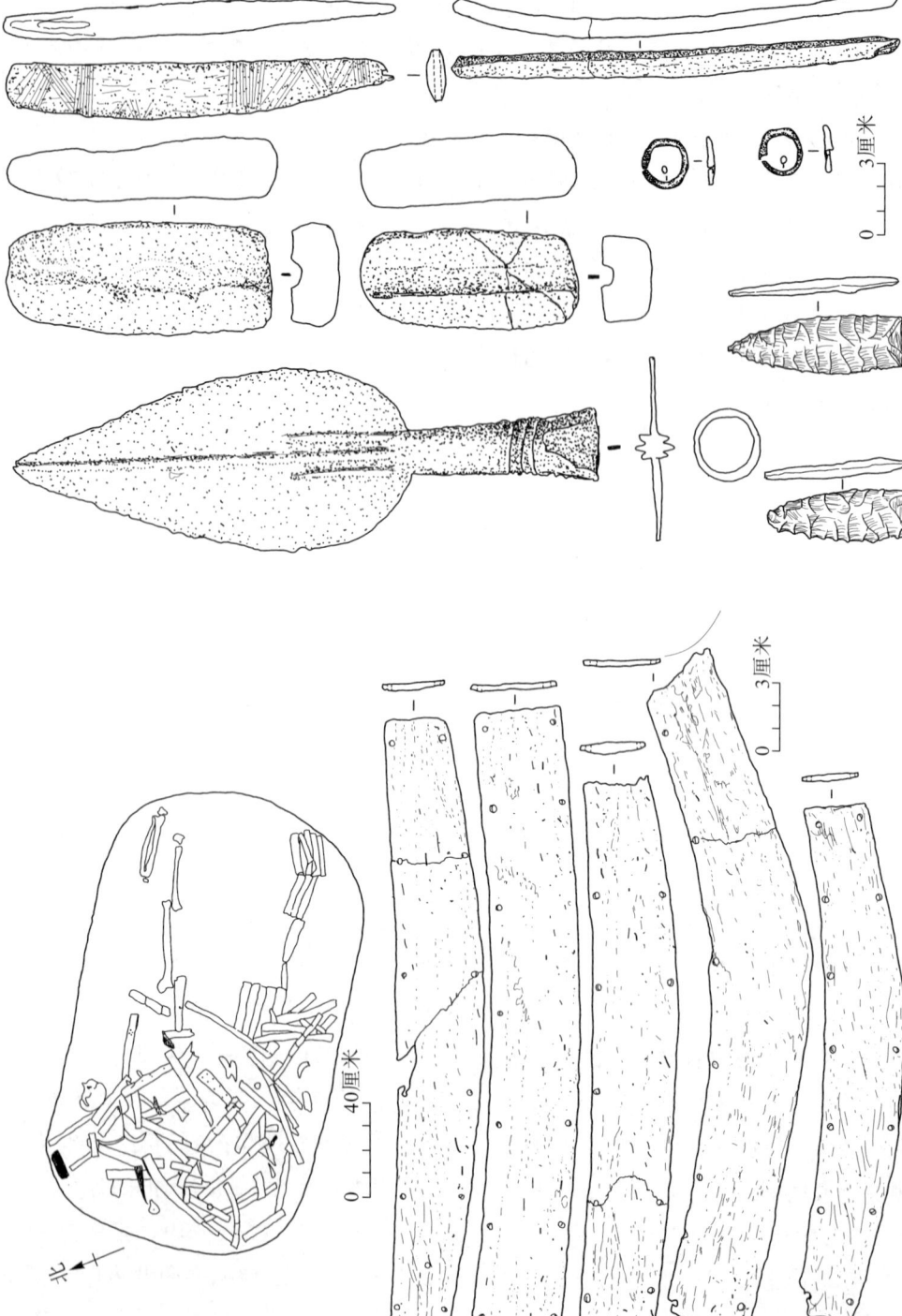

40　欧亚草原视野下的塞伊玛—图尔宾诺与中国

图 3.15　罗斯托夫卡 33 号墓示意图

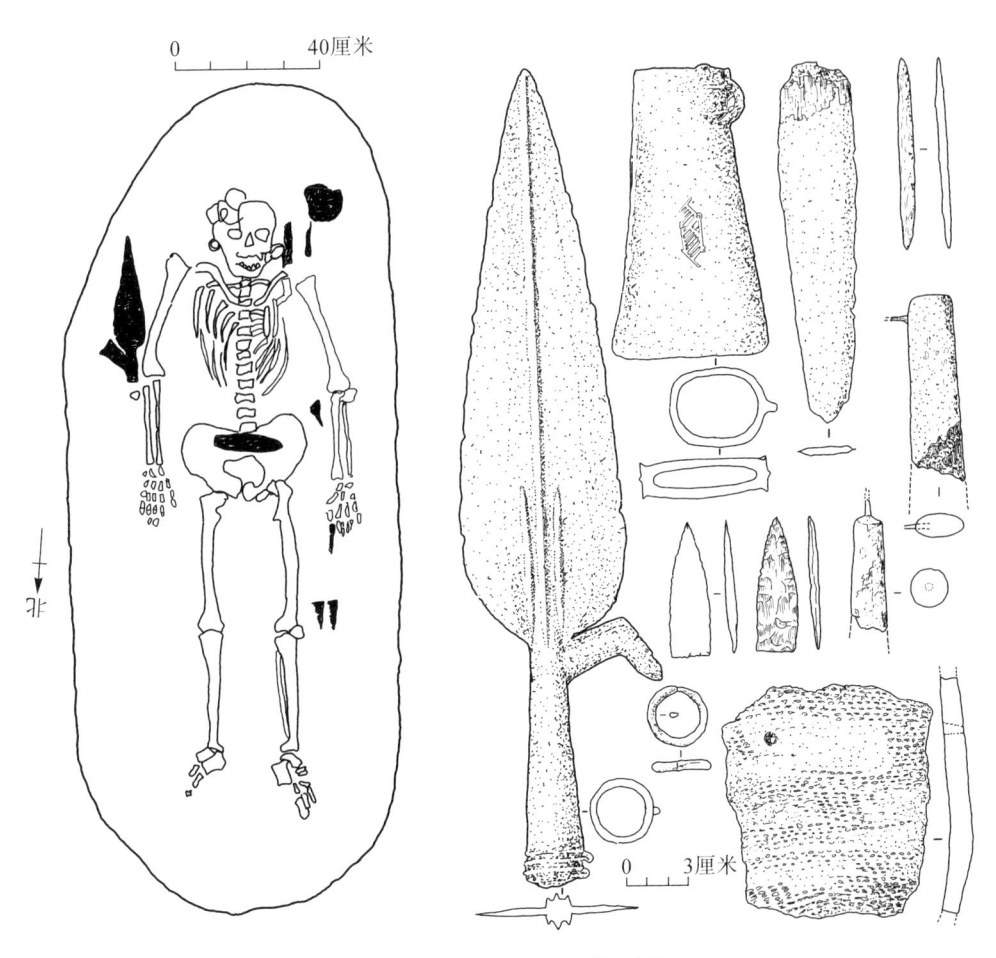

第三章 塞伊玛—图尔宾诺典型墓地和遗址分析与研究 41

图 3.16 罗斯托夫卡 34 号墓示意图

迹的长边附近发现两排圆形柱洞，柱洞直径 4～8 厘米，深度大约 60 厘米。柱洞填土中除了上层有一些陶片碎片外，没有发现任何遗物。基于大坑尺寸的判断，我们可以假设该遗迹是焚烧坑。坑内发现很厚的一层烧土和骨头，这种现象只有在长时间反复使用的情况下才有可能出现。很明显，该坑周围的柱洞是支撑顶棚所用。

1969 年的发掘区位于 1968 年发掘区的东北方向，发掘总面积 214 平方米，共发掘 4 座墓葬。

35 号墓葬，位于 У-19 和 Ф-19 探方内，墓葬深度为 20 厘米，尺寸为长 160、宽 80 厘米，东西方向。遗迹在黑钙土层下开口。墓中出土人骨一半被焚烧过，随葬品也放置在被焚烧的一侧。墓葬的填土中除了有焚烧过的骨头外，还有烧土块和陶器碎片。

36号墓，位于探方 X-19 内，墓葬深度为 45 厘米，东西方向，墓中埋葬焚烧的人骨、炭块和烧土。这座墓葬存在一个很有趣的现象，即墓葬中央较四周深，且填充大量烧过的木炭。

37号墓葬，位于 X-17 探方内，墓葬深度为 20 厘米，尺寸为长 200、宽 80 厘米，东西方向，深灰色填土。墓内填土包含炭块、烧土和焚烧过的骨头。墓葬东半部分发现一颗烧过的头骨及一些肢骨，保存状况较好。墓葬清理过程中，发现 1 件铜片，可能是一个猫科动物的形象。此外，该墓还出土 1 件石箭镞、1 把铜刀及一些陶片。

38号墓葬，位于 X-16 探方内，墓葬深度为 40 厘米，尺寸为长 195、宽 110 厘米，东北—西南方向，灰黑色填土，填土包含大量炭块、烧土。墓葬清理过程中，发现一些石箭镞、石片、陶器碎片、赭石小件、硅石刀等。

3. 墓地形制布局及相关讨论

马丘申科结合墓地的平面图，将罗斯托夫卡墓地中的墓葬划分为 5 排，呈平行线排列，所有墓葬都遵循排列顺序[1]。诚然，可以从墓地平面图上清楚地看出，墓葬呈线状排列是墓地布局的规律之一。但更重要的是，墓地的平面布局应该结合墓葬的相互关系及出土随葬品进行研究，换句话说，就是在研究墓地布局的基础上，讨论墓葬与墓葬之间的关系，墓葬与墓地之间的关系，以及墓葬与周围祭祀遗迹之间的关系。除此之外，我们还应该考虑墓地营建的区划问题，墓地中不同区域是否存在早晚关系、功能区差异等。

以下根据罗斯托夫卡墓地中墓葬随葬品的多寡以及器物组合，对该墓地的墓葬进行分类，具体的分类状况如下表所示：

表 3.1　罗斯托夫卡墓地墓葬分类表

| 墓葬分类 | 墓　葬　编　号 |
| --- | --- |
| 随葬 2 件以上完整石范墓 | M21、M33 |
| 随葬空首斧、铜矛、铜刀墓 | M8、M34 |
| 随葬铜矛或空首斧墓 | M1、M5 |

---

[1] Матющенко. В. И., Г. В. Синицына. *Могильник у Деревни Ростовка Вблизи Омска*. Томск. 1988.

续表

| 墓葬分类 | 墓葬编号 |
|---|---|
| 随葬铜刀墓 | M4、M14、M15、M20、M23、M24、M29、M37 |
| 无铜器随葬墓 | M3、M6、M7、M9、M10、M11、M12、M13、M16、M17、M18、M19、M22、M25、M26、M27、M28、M30、M31、M35、M36、M38 |
| 儿童墓 | M2、M32 |

罗斯托夫卡墓地中的墓葬按照器物组合划分为随葬2件以上较为完整石范的墓葬，随葬空首斧、铜矛、铜刀"三件套"组合的墓葬，随葬铜矛或空首斧的墓葬，仅随葬铜刀的墓葬以及无铜器随葬的墓葬。此外，由于儿童墓在墓地中所处位置较为特殊，故将其单独分类。

根据重新绘制的罗斯托夫卡墓地平面分布图，可将整个墓地划分为两个不同的区域：墓地西区（靠近鄂木河的区域）和东区，两区之间有一块较大的空地。

墓地西区共有31座墓葬，占整个墓地墓葬总数81.5%，其中包含1座随葬4件铸范的墓葬，1座随葬空首斧、铜矛、铜刀"三件套"的墓葬，2座随葬空首斧或铜矛的墓葬，7座随葬铜刀的墓葬，19座无铜器随葬的墓葬，1座儿童墓葬。

墓地西区可以划分为三列，从南到北呈链状排列，最西边一列包括1座随葬石范的墓葬、1座随葬"三件套"的墓葬、2座随葬空首斧和铜矛的墓葬、1座儿童墓葬。随葬石范的墓葬位于第一列墓葬与第二列墓葬之间，可能是有意为之，以突显该类墓葬的特殊地位。根据墓葬随葬品类型和多寡来看，墓地北部墓葬的等级明显高于南部，并且呈现出等级依次递减的规律。

此外，在随葬石范的21号墓周围发现3个埋葬铜矛、空首斧或铜刀的祭祀遗迹：3-16探方发现1件叉形铜矛、1件铜空首斧、1件铜矛一起直插入地面；Ж-20探方发现1件叉形矛、1件铜矛、1件空首斧堆在一起，直插入地面；Д-17探方发现1件空首斧、1件铜刀紧靠在一起直插入地面。这三群器物分别发现于21号墓的北边、东边和南边，除了靠东的器物群外，靠南和靠北的器物群距离该墓非常近。但是，这里也不能排除Д-17探方中的祭祀器物群隶属于24号墓葬的可能。

在随葬空首斧、铜矛、铜刀"三件套"的8号墓葬所处的探方中，也发现用于祭祀的器物群：Γ-15探方发现1件铜矛（矛叶较长）直插入地面。

根据以上分析，可知随葬石范的墓葬和随葬"三件套"组合的墓葬周围都有类似的祭祀遗迹——将空首斧、铜矛或铜刀聚集在一起，使其尖部或刃部直插入地面。这个现象在其他塞伊玛—图尔宾诺遗址也有发现。

墓地西区中间一列墓葬，都是只随葬铜刀或无铜器随葬的墓葬，随葬品种类及数量较西边一列墓葬较少。但这列墓葬存在一个独特的现象——墓葬之间距离很近，随葬铜刀的墓葬旁边往往有一座无铜器随葬的墓葬，例如25号墓与29号墓，13号墓与28号墓，20号墓与旁边被破坏的墓葬。

墓地西区最东边一列墓葬，都是无铜器随葬的墓葬。

墓地东区共有7座墓葬，分为两列。靠西的这列一共3座墓葬，从北向南分别是随葬石范的墓葬，随葬空首斧、铜矛、铜刀"三件套"的墓葬和儿童墓葬。墓地东区靠东的一列共4座墓葬，包括1座随葬铜刀的墓葬和3座无铜器随葬的墓葬。随葬铜刀的37号墓葬紧挨着无铜器随葬的38号墓葬。

墓地东区随葬石范的33号墓中除了发现铸铜石范之外，还发现一件叉形铜矛，该铜矛直插入墓底。类似的现象在墓地西区也有发现，只不过西区墓葬是将铜矛直插入墓葬周围地面，并非是将铜器插入墓底。

墓地东西两区都发现儿童墓，且儿童墓都位于墓地靠西一列最南边。

综上所述，罗斯托夫卡墓地可分为东西两区。东西两区规划布局、墓葬等级及排列顺序都非常相似，只有在墓葬数量及高等级墓葬将铜器垂直插入土中的方式上略有差异。据此可进一步推测，该墓地东西两区应该存在早晚的差异，但时间间隔很短。

4. 随葬品和葬俗研究

罗斯托夫卡墓地是一处非常典型的塞伊玛—图尔宾诺墓地，所以研究该墓地墓葬葬俗及随葬品，对于探讨额尔齐斯河流域塞伊玛—图尔宾诺类型遗存典型特征至关重要。

上文已经对该墓地中的墓葬进行了分类，按照随葬品的种类和数量划分为随葬石范的墓葬，随葬空首斧、铜矛、铜刀"三件套"的墓葬，随葬铜矛或空首斧的墓葬，随葬铜刀的墓葬，无铜器随葬的墓葬。前四类墓葬中随葬的铜器，都是典型的塞伊玛—图尔宾诺铜器，包括铜矛、空首斧和铜刀，这些器物也是学者们判断塞伊玛—图尔宾诺类型墓葬的重要依据。虽然这种说法在目前看来存在诸多问题，但不得不承认，随葬空首斧、铜矛和铜刀是塞伊玛—图尔宾诺墓葬典型特征之一（但不应作为唯一标准）。

　　罗斯托夫卡墓地共 38 座墓葬，其中单人墓 36 座、双人合葬墓 1 座、四人合葬墓 1 座。西区墓葬中随葬品较多的 8 号墓和 21 号墓为多人葬，其余皆为单人葬。能够判断葬式的墓葬共 9 座，其中 7 座为仰身直肢葬、1 座为侧身屈肢葬、1 座为仰身屈肢葬（8 号墓中其中一具人骨葬式为仰身直肢葬）。根据马丘申科的判断，东区墓葬，即 31 号墓至 38 号墓，全部都是一次葬；西区墓葬则大部分被扰乱，扰乱的墓葬又可分为全部扰乱、部分扰乱和没有人骨几类。部分扰乱的墓葬有 5 号墓、7 号墓、8 号墓、9 号墓、13 号墓、18 号墓、21 号墓、22 号墓、28 号墓、30 号墓；全部扰乱的墓葬有 1 号墓、2 号墓、10 号墓、11 号墓、12 号墓、14 号墓、15 号墓、16 号墓、17 号墓、19 号墓、20 号墓、23 号墓、24 号墓、25 号墓、26 号墓、27 号墓、29 号墓；无人骨墓葬有 3 号墓、4 号墓、6 号墓。其中 12 号墓最为特别，该墓只埋葬头骨。所有墓葬无论是否被扰乱，是否为一次葬，皆有被火焚烧的痕迹，这也是该墓地典型的特征之一——几乎每座墓葬内填土中都夹杂大量烧土块、炭屑及炭块。一方面可以确定的是部分墓葬焚烧尸骨的行为是直接在墓坑中完成的；另一方面还可推测，在尸骨焚烧之前，尸骨周围很可能存在木制葬具（索普卡-2、乌斯季—维特鲁加、萨特加 XVI 墓地都发现桦树皮痕迹）。

　　该墓地另一典型特征，是在墓葬周围地面或墓葬底部，将塞伊玛—图尔宾诺铜器（群）的尖部或刃部垂直插入土中。这种现象非常特殊，除了塞伊玛—图尔宾诺类型墓地和遗址之外，整个欧亚大陆青铜时代遗址再未发现类似现象，这也是识别塞伊玛—图尔宾诺人群最重要的特征之一。在罗斯托夫卡墓地中，西区墓地高等级墓葬一般在墓葬附近地表插入铜器，东区墓葬则是在高等级墓葬墓底插入铜器，墓地两区之间略有区别。关于将铜器直插入地面的行为，一方面可能和祭祀活动有关，另一方面有可能与塞伊玛—图尔宾诺人群身份识别相关，后文会详细讨论。

　　罗斯托夫卡 3 号墓和 33 号墓非常特殊。在这 2 座墓葬中，各自随葬一套完整的骨甲。骨甲由骨甲片组成，每片骨甲片上都有诸多很小的穿孔，用于将这些骨甲片缀连在一起。作为该墓地重要特征之一，有些学者将这些骨甲片作为当时战争频发的证据，认为该时期非常动荡[①]。

---

[①] Матющенко. В. И., Г. В. Синицына. *Могильник у Деревни Ростовка Вблизи Омска*. Томск. 1988.

罗斯托夫卡墓地另一个重要的特征是墓葬中几乎不随葬陶器，陶器碎片往往发现于当时的地面之上，这是塞伊玛—图尔宾诺类型墓葬的典型特征（几乎所有塞伊玛—图尔宾诺类型墓葬都不随葬陶器）。

2号墓与32号墓是两座儿童的墓葬，皆位于墓地最南部。2号墓中出土一件铸造精良、柄部饰有人牵马雕像的铜刀，位于墓主头骨和胸骨的下方（与索普卡-2/4B墓地发现的儿童墓类似），此外还发现1件鸟形铜雕和1件串珠；32号墓只出土1件金环。两座墓葬墓主虽都是儿童，但仍可从随葬品差异上看出两人地位的不同。

根据墓葬中残存骨头的摆放顺序，能够大致判断部分墓葬随葬品的摆放位置。5号墓出土铜矛位于死者右腿处，该铜矛插入东侧墓壁；8号墓葬出土1件空首斧和2件铜矛，位于死者椎骨下方；21号墓葬，在靠近东壁，即死者头部位置，发现一组石范；29号墓葬，在死者盆骨上方发现1把铜刀；33号墓葬，在死者胸骨下方发现直插入墓底的铜矛，靠近右腿部发现铸范；34号墓葬，在死者右肩处发现1件铜矛和1件空首斧，铜矛尖部朝向与头向相同，盆骨处发现1件铜刀。

综上，我们将罗斯托夫卡墓地葬俗特征概括如下：

1. 墓地选址在河流沿岸高丘上。
2. 大部分墓葬为单人仰身直肢葬，头向东北，极个别墓葬为屈肢葬；2座墓葬为多人合葬墓，随葬品较为丰富。
3. 随葬铸范的墓葬在整个墓地级别最高。
4. 墓地西区在高等级墓葬旁边地表插入铜矛、空首斧或铜刀；墓地东区则是在高等级墓葬墓底插入铜矛。高等级墓葬随葬空首斧、铜矛、铜刀"三件套"。
5. 墓中发现木制葬具痕迹（桦树皮），且都有被焚烧的痕迹。墓内极少随葬陶器，却往往在地面上发现陶片。
6. 墓地分为东西两区，靠近河岸的墓地西区布局规划更加完整清晰，年代上也略早于墓地东区。

### （二）萨特加XVI墓地

1. 调查与发掘

萨特加XVI墓地位于俄罗斯秋明州汉特—曼西自治区奥克鲁格—乌格拉地

区（图 3.17），孔达河中游叶夫拉河汇入处——萨特加湖北岸。萨特加湖位于西西伯利亚低地西北部河谷，泰加林带中部地区，汛期湖泊会扩张，某些时候湖面会达到 20～30 公里宽度。萨特加湖湖面的面积随季节而变，春季面积较大，夏季面积较小。

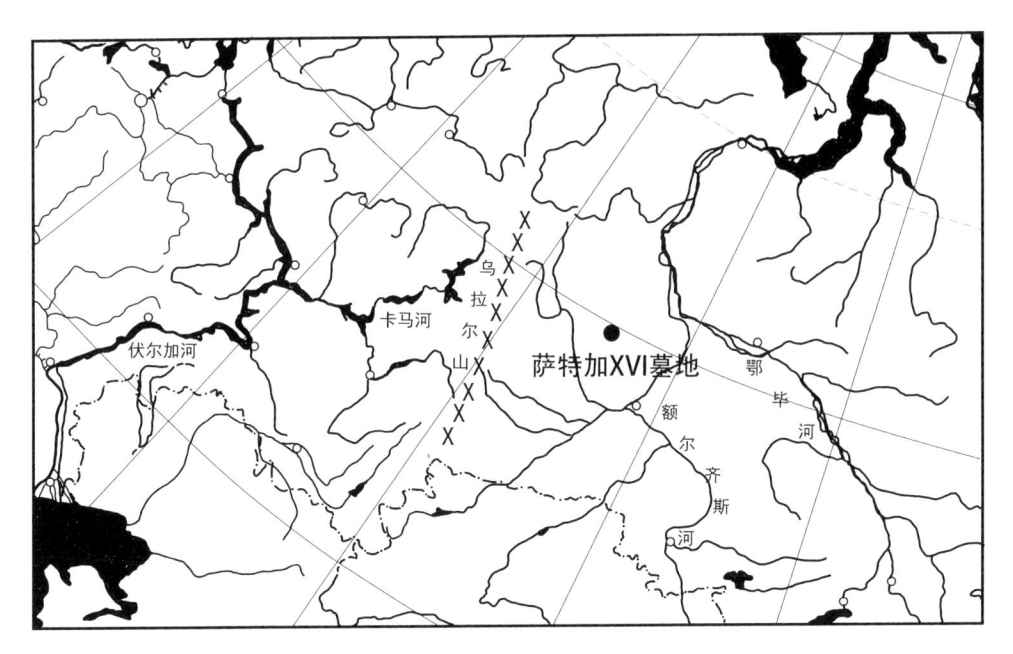

图 3.17　萨特加 XVI 墓地位置图

萨特加 XVI 墓地是一个堆积较厚、地层较多的遗址，位于湖边一个小山丘上，存在不同时期的遗存。这座小山丘平面为椭圆形，南北长 40～45 米，东西宽 20 米，山丘上长满针叶树和落叶树（松树、桦树）。山丘距离湖边大约 2.5～3 米，坡度较平缓。

1987 年，别斯普兹万内发现一片青铜时代墓地，并对该处墓地进行发掘（图 3.18、3.19），乌拉尔大学考古实验室的希罗科夫（V. N. Shirokov）与科克沙罗夫（S. F. Koksharov）也参与其中。发掘一共持续了两年，第一年对山顶上的遗迹进行发掘，发掘面积 104 平方米，共发掘 19 座墓葬，一些墓葬中还有人骨残留。

1988 年，乌拉尔大学考古队对该处墓地进行第二次发掘。别斯普兹万内充分考虑到遗址的复杂性，制定相应的发掘策略。别斯普兹万内在上年度发掘区

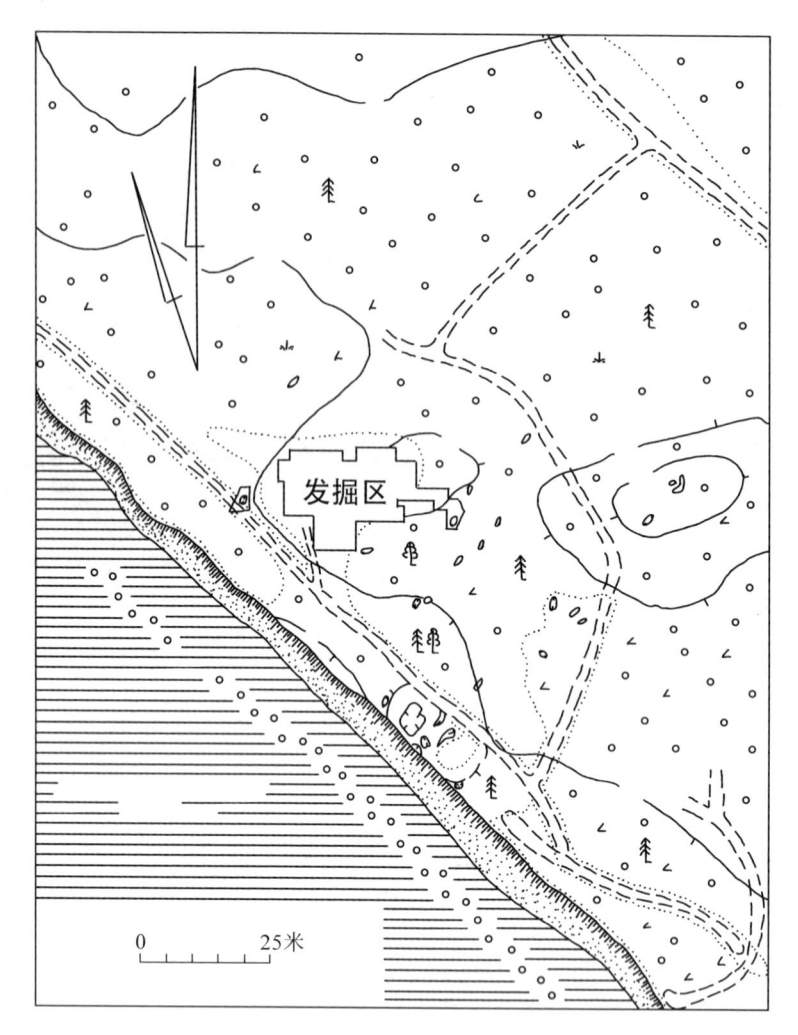

图 3.18 萨特加 XVI 墓地示意图

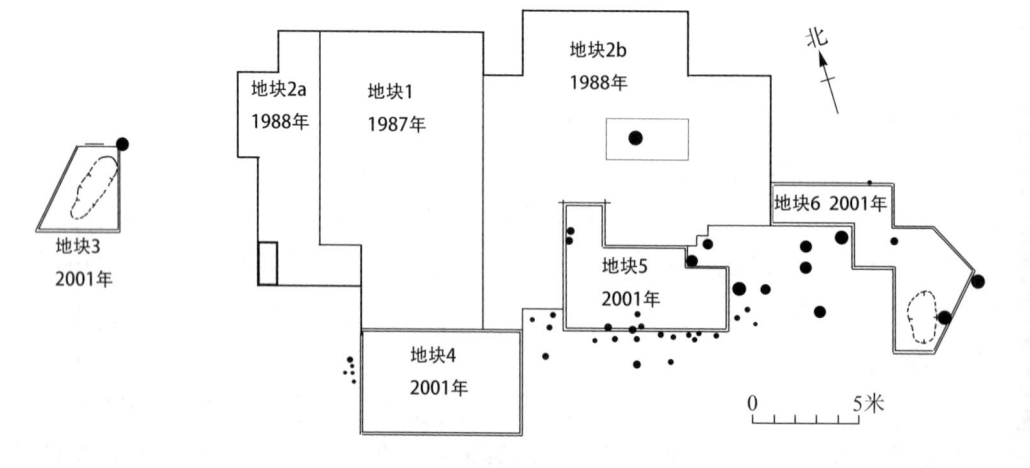

图 3.19 萨特加 XVI 墓地不同发掘区示意图

东部和西部进行发掘，发掘面积 173 平方米，共发掘了 14 座墓葬。

1987～1988 年，一共发掘了 277 平方米，共 33 座墓葬。

2001 年，克洛科娃（O. N. Korochkova）、斯捷凡诺夫（V. I. Stefanov）、波格丁（A. A. Pogodin）、别斯普兹万内通过 RSHF 的资助再次对萨特加 XVI 墓地进行发掘。此次发掘面积 252 平方米，共清理 9 座墓葬，出土物包括人骨和各种随葬品，并发现了超过 50 件中石器时代燧石器。

经过 1987 年、1988 年、2001 年的发掘，该墓地一共揭露 529 平方米，发现 42 座青铜时代墓葬。其中有 4 个土坑也可归为墓葬，即墓葬（可能存在的）43～46 号（图 3.20）。

2. 墓葬描述

1 号墓葬（图 3.21），圆角矩形，底部尺寸为长 1.8、宽 0.5 米，东西方向。墓葬底部较平坦，深度为 0.23 米。靠近墓坑东壁，发现几颗成年人牙齿；靠近墓坑北壁出土 2 枚石箭镞；墓葬西北部发现 1 块陶器碎片和石片。

2 号墓葬，圆角梯形，尺寸为长 2.35、宽 0.48 米，东西方向。墓坑西半部较东半部窄，墓葬东壁有些倾斜。墓葬深度为 0.26～0.32 米，墓坑底部不平，东部较浅，西部较深。墓坑东部发现几颗成年人牙齿（大约 20 岁）；牙齿西边、靠近墓葬中央，发现 1 把残留有木制刀鞘痕迹的青铜刀，铜刀下方发现 1 块人骨，铜刀上方 10 厘米处发现 3 件石箭镞；靠近墓葬北壁、距离墓底 15 厘米处，发现 1 件石箭镞；墓葬南边发现 1 件石片。

3 号墓葬（图 3.22），矩形，尺寸为长 0.87、宽 0.4 米，东南—西北方向。墓葬东南壁较直，西北壁倾斜，墓葬底部不平，深度为 0.18 米。靠近墓底的墓葬填土中夹杂大量炭屑。墓葬东北角发现 1 把铜刀，尖部朝西；墓坑中央发现一颗人头骨，经鉴定，墓主为男性，30～35 岁；头骨附近、距离墓底 15 厘米处，发现 1 枚石箭镞。

4 号墓葬，梯形，尺寸为长 1.79、宽 0.7～0.92 米，南北方向，南部较宽，北部较窄，深度为 0.3 米。墓底填土夹杂大量炭屑，厚 2～6 厘米。墓葬中央、距离墓葬底部 10～15 厘米处，发现一片长 31、宽 3～20 厘米的桦树皮；靠近墓葬西壁发现一条夹炭沙壤土条带，尺寸为长 0.8、宽 0.2 米，厚度为 8 厘米；靠近墓葬南壁、距离墓底 20～30 厘米处，发现颞骨、下颌骨和牙齿。经鉴定，墓主为女性，30～40 岁。头骨旁边、距离墓底 15 厘米处，发现 1 把石刀。墓葬填土中包含许多烧灼过的小骨头，以及一些石器，例如石核、石板等。别斯

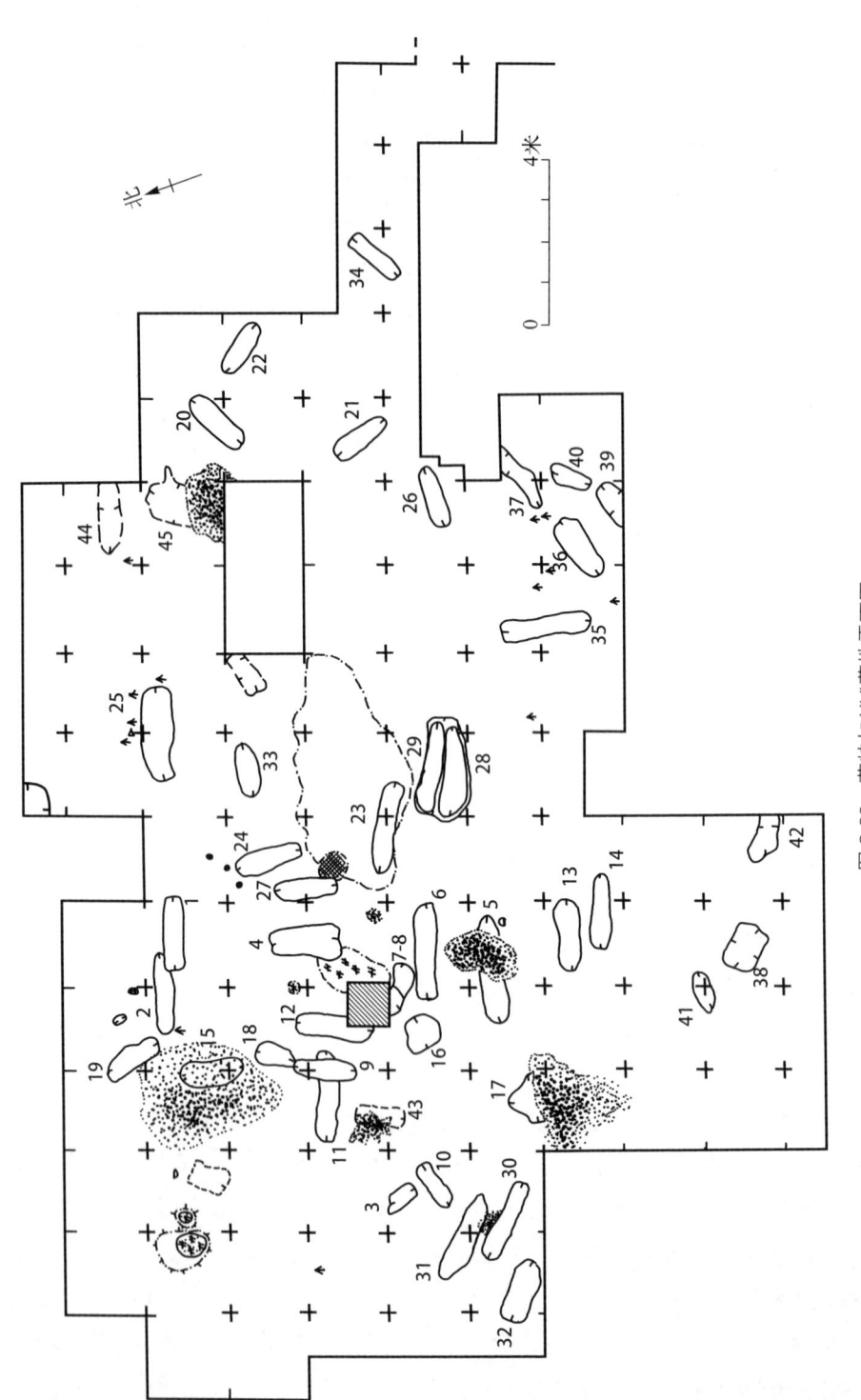

50　欧亚草原视野下的塞伊玛—图尔宾诺与中国

图 3.20　萨特加 XVI 墓地平面图

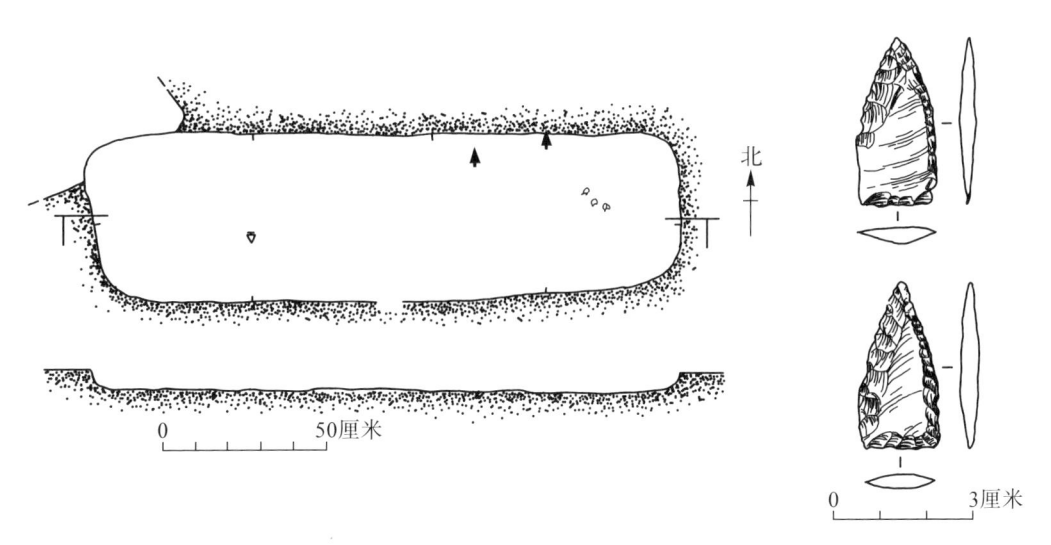

第三章 塞伊玛—图尔宾诺典型墓地和遗址分析与研究 51

图 3.21 萨特加 XVI 墓地 1 号墓示意图

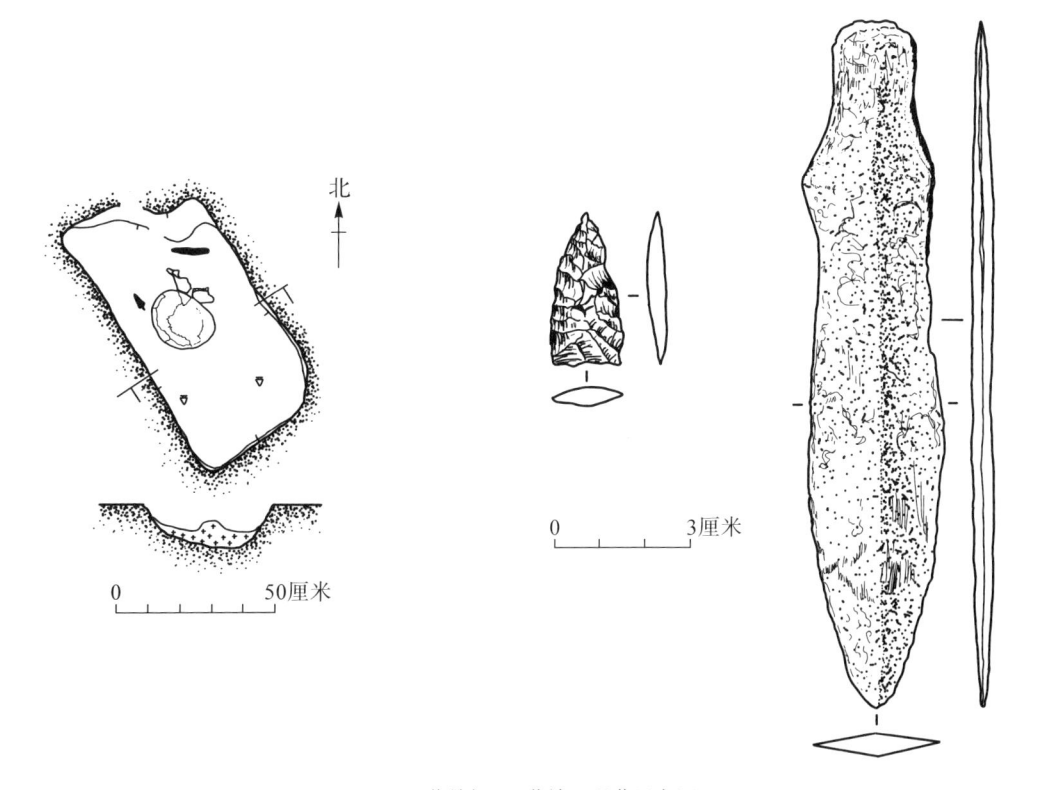

图 3.22 萨特加 XVI 墓地 3 号墓示意图

普兹万内认为，这些石器可能原先处在中石器时代地层中，被该墓葬打破后，随之混入填土中。墓葬南部发现 2 件陶器碎片，以及 1 件陶器的底部。

5 号墓葬（随葬石范的墓葬），墓葬部分被破坏，这也解释了在墓葬填土中和墓葬外发现大量遗物的原因（图 3.23）。墓葬外（墓葬东南角以南）20 厘米处发现头骨碎片，初步判断，墓主年龄为 20～30 岁。头骨碎片与古代地面深度相当（距现在地表 65 厘米）。墓坑呈椭圆形，东西方向，尺寸为长 2.35、宽 0.55 米，墓葬深度为 0.2～0.25 米，墓坑南半部比北半部深 7～8 厘米。距离墓底 20～22 厘米处，沿着墓葬中心轴线发现一条褐色的沙壤土条带。墓葬底部是一层棕色沙土，夹杂炭屑，上部是灰黄色沙土，厚度 2～8 厘米。这种复杂地层情况可能是由墓葬上方大树树根生长造成的。墓坑的西半部并未受到影响，但发现有烧焦的木头和陶器碎片。大部分遗物发现于墓葬的东半部，共发现 3 件铸范（由 50 个碎片拼成）及 1 件坩埚碎片。遗物分散在厚达 40 厘米的填土中；桦树皮中发现 1 件铜器、1 件石权杖头。此外，墓葬中还发现陶器底部碎片、石箭镞和石器（刮刀、石板等）。

6 号墓葬（图 3.24），圆角矩形，尺寸为长 2.2、宽 0.46 米，东西方向，深度为 0.1～0.18 米。墓坑东半部分比西半部分深 5～10 厘米。墓葬东部被一个直径 0.35 米的灰坑打破。墓葬填土为棕色沙壤土，墓葬底部是一层较薄（3～6 厘米）的夹杂炭屑和木屑的沙土。距离墓底 10～20 厘米发现两条彼此平行的夹杂炭屑的条带（长 1.34、宽 0.12、深 0.02～0.1 米）。墓葬上方发现 12 件陶器碎片。墓葬西壁靠近坑底处发现头骨和牙齿。经鉴定，墓主为男性，30～40 岁。头骨旁发现树皮刀鞘和铜刀。此外，在墓葬不同位置还发现有陶器碎片。

7 号墓葬和 8 号墓葬，发掘者别斯普兹万内认为此处有 2 座墓葬。1987 年的发掘报告指出：7 号墓葬打破了 8 号墓，该墓葬看起来像一条沟渠，东西方向，向北弯曲，墓坑深度为 55 厘米。7 号墓葬北部后期被毁坏。这些墓坑的填土颜色不尽相同，不幸的是，由于墓葬被毁严重，我们无法进行复原。保存下来的部分尺寸为长 1.45、宽 0.65 米，墓壁倾斜，深度大约 10 厘米，底部平坦。墓葬填土是棕色沙壤土，西半部填土颜色较深。距离底部 2～5 厘米处，发现 3 块被焚烧过的木头。墓葬的东南部发现 3 块骨头和 1 件石片（可能来自中石器时代地层）；墓葬底部上方 30～40 厘米处发现陶器碎片堆积。

9 号墓葬，打破 11 号墓葬和 18 号墓葬。墓葬呈椭圆形，尺寸为长 1.64、宽 0.5 米，南北方向，略微偏向东北。墓底较平，深度为 0.12 米，墓葬填土

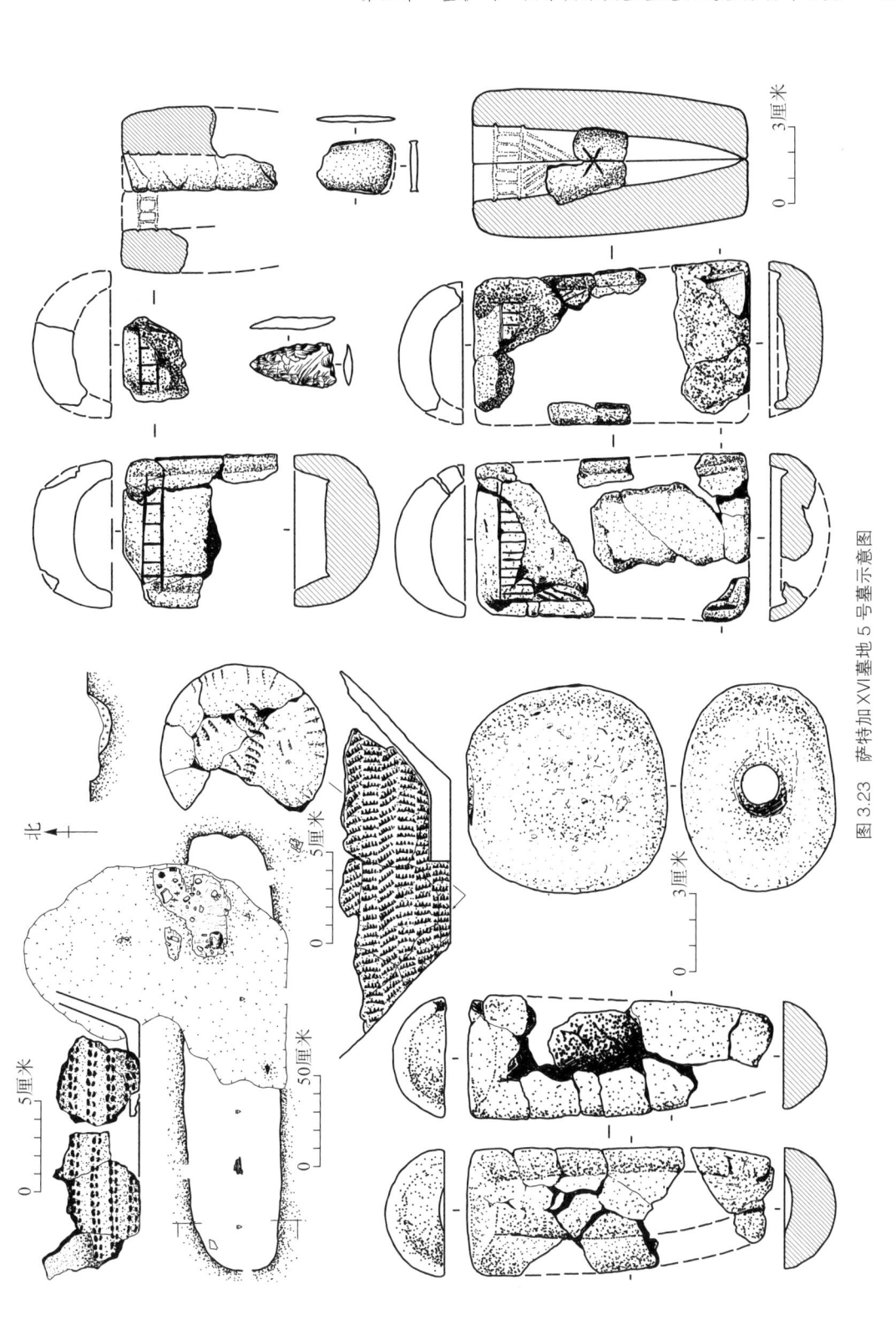

第三章 塞伊玛—图尔宾诺典型墓地和遗址分析与研究 53

图 3.23 萨特加 XVI 墓地 5 号墓示意图

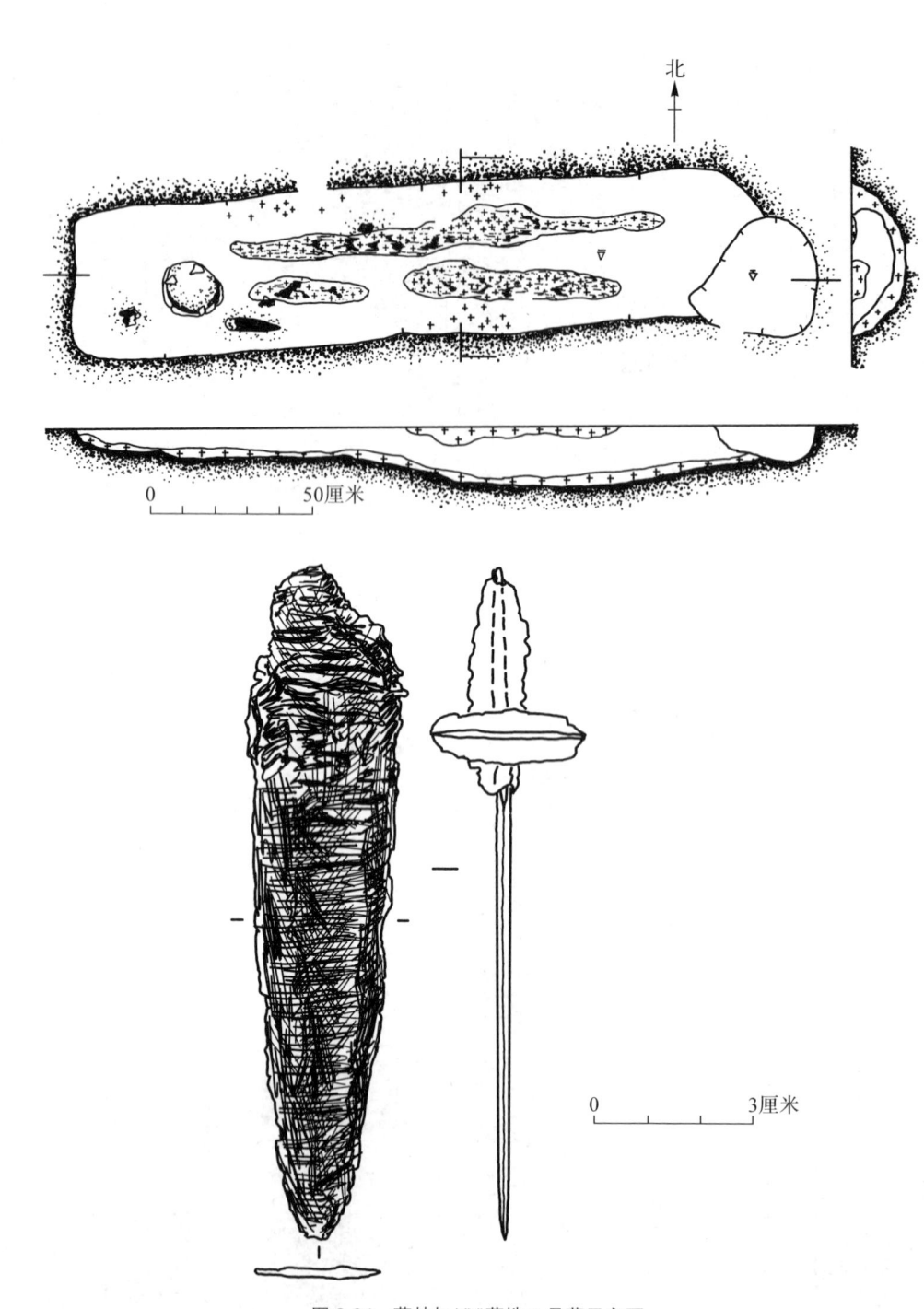

图 3.24　萨特加 XVI 墓地 6 号墓示意图

沿南北方向有一沙壤土条带，内含大量炭屑，厚10厘米。墓中发现白桦树皮，靠近墓壁；墓坑南部发现一颗被压碎的头骨（可能是一名35岁左右的女性），保存状况很差，放置于树皮之上；头骨东部发现陶器碎片，陶器碎片和头骨之间还发现桦树皮；墓葬中央还发现3块骨头和1块烧焦的木头。

10号墓葬，椭圆形，尺寸为长1.24、宽0.3米，深度为0.1米，东北—西南方向，底部较平坦。靠近墓葬西南壁、距离墓底处10厘米处，发现1把铜刀。墓葬上方、距离墓底15~17厘米处，发现陶器碎片。

11号墓葬，墓口呈椭圆形（近似矩形），尺寸为长2.13、宽0.56米，东西方向。该墓东半部分被9号墓打破。墓壁较直，深度为0.17米，墓坑东半部比西半部深5~7厘米。值得注意的是，墓葬底部铺有赭石，墓葬的西半部分赭石层厚2~3厘米。墓葬填土为棕色沙壤土，夹杂大量炭屑。该墓填土较9号墓填土颜色深。墓葬中央发现烧焦的桦树木块，木块高出墓壁；墓葬西部、距离墓底15厘米处，发现陶器碎片。

12号墓葬，圆角矩形，东南角被一灰坑打破，墓葬尺寸为长2.0、宽0.45米，南北方向，略微偏向东北，深度为0.2~0.25米。填土为深灰棕色沙壤土。沿墓葬长轴有一条深色沙壤土条带，夹杂大量炭屑。墓底铺有一层厚2~5厘米含炭沙土。墓葬南部发现一块长20、宽15厘米桦树皮，树皮下发现一颗头骨。经鉴定，墓主为20岁左右的女性。

13号墓葬，近似矩形，尺寸为长1.62、宽0.44米，东西方向，深度为0.06~0.09米。墓壁倾斜，墓葬底部填土为深褐色沙壤土，夹杂大量炭屑，厚达7厘米。墓中发现桦树皮和木制模具。墓葬西部发现1件薄石片和2块鹅卵石。

14号墓葬，斜角矩形，尺寸为长1.78、宽0.4米，东西方向，深度为0.11~0.16米。墓壁较直，墓底较平坦。墓坑西部发现2块烧焦的木头，墓葬中部发现1块陶器碎片和1片桦树皮；墓葬东部距离墓底20~30厘米处，发现1件椭圆形陶碗。

15号墓葬，墓口被破坏，墓葬西壁破坏较严重。墓底形状为椭圆形，墓葬尺寸为长1.58、宽0.6米，东南—西北方向，深度为0.15米，底部较平坦。靠近墓葬西南壁发现3块小骨头；墓坑中还发现可能与墓葬有关的陶器碎片。

16号墓葬，墓葬填土中发现陶器碎片，这个墓葬可能与红铜时代相关，器物描述将在后文给出。

17号墓葬，可能存在两个墓葬，两者之间有打破关系。墓葬保存状况很差，原先的形状和尺寸无法获知。两个墓葬的朝向完全不同，呈"十"字形，墓坑中发现一颗头骨，靠近墓葬东壁发现另一颗头骨。显然，这个地方最初修建了1座墓葬（17a），东北—西南方向；经鉴定，墓主为男性，25～30岁。后来在这个墓葬之上修建了另1座墓葬（17b），东南—西北方向，大约0.5米宽；经鉴定，墓主为女性，35岁，该墓深度为0.2米。在打破墓葬的土坑中发现1件青铜刮刀、1件带骨柄的青铜凿、1件石箭镞；墓葬上方发现一堆陶器碎片，另一堆陶器碎片发现于墓葬东壁附近，第三堆陶器碎片发现于墓葬南边。

18号墓葬（图3.25），被南边的9号墓葬打破，形状为梯形，尺寸为长1.0、宽0.5～0.55米，深度为0.08～0.12米，东北—西南方向，墓壁倾斜，底部较平坦。墓葬填土为深色沙壤土，夹杂大量炭屑，墓中发现2块陶器碎片和2块烧焦的木头。

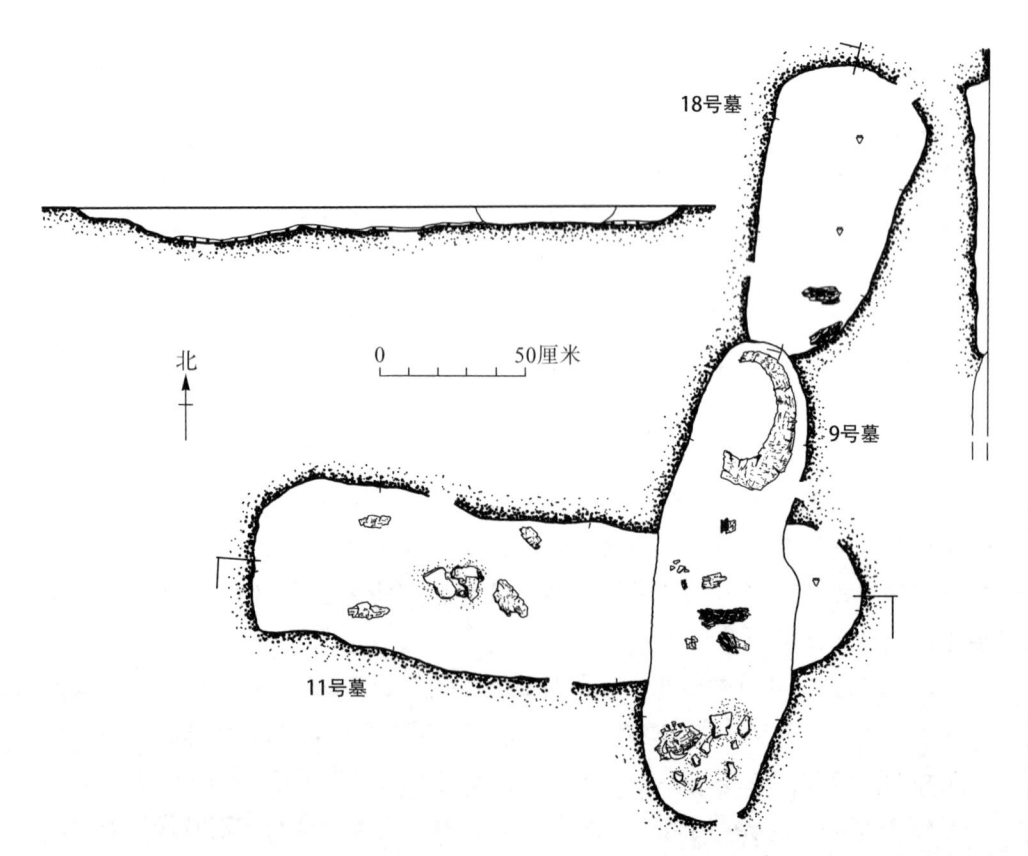

图3.25 萨特加XVI墓地9号墓、11号墓与18号墓示意图

第三章　塞伊玛—图尔宾诺典型墓地和遗址分析与研究　57

19 号墓葬，不规则形状，尺寸为长 1.5、宽 0.53 米，深度为 0.2 米，东南—西北方向。墓坑中央发现两条长 0.4~0.5 米，宽 0.1 米，含大量炭屑的沙壤土条带。墓坑北部发现一个圆形的痕迹，里面有大量炭屑；在填土上部靠近墓葬西北部边缘、距离现代地表 7~47 厘米之间，发现 20 多件陶器碎片。

20 号墓葬，椭圆形，尺寸为长 1.72、宽 0.57 米，西南—东北方向，深度为 0.3~0.35 米。墓葬填土为深褐色沙壤土，夹杂大量炭屑。墓壁较倾斜，墓底较平坦。墓坑西南部，发现一堆鹅卵石围成椭圆形，尺寸为长 0.37、宽 0.3 米，厚为 1~2 厘米；在鹅卵石中央发现人骨和牙齿。经鉴定，墓主年龄为 14~16 岁。

21 号墓葬，椭圆形，尺寸为长 1.46、宽 0.42 米，东南—西北方向，深度为 0.15~0.18 米。墓壁倾斜，墓底较平坦，墓葬填土为深色沙壤土，夹杂大量炭屑。墓坑西北部发现人类牙齿。经鉴定，墓主年龄大约 30 岁。墓葬东南部发现大量烧焦的木头。

22 号墓葬，椭圆形，尺寸为长 1.38、宽 0.42 米，东南—西北方向。墓壁较直，墓底较平坦，深度为 0.12~0.14 米。靠近墓葬西北壁发现人类牙齿，经鉴定，墓主年龄为 30~40 岁。墓葬东南部发现一块长 24、宽 9 厘米的桦树皮。

23 号墓葬（图 3.26），近似细长的椭圆形。墓葬北壁有凹进去的壁龛，壁

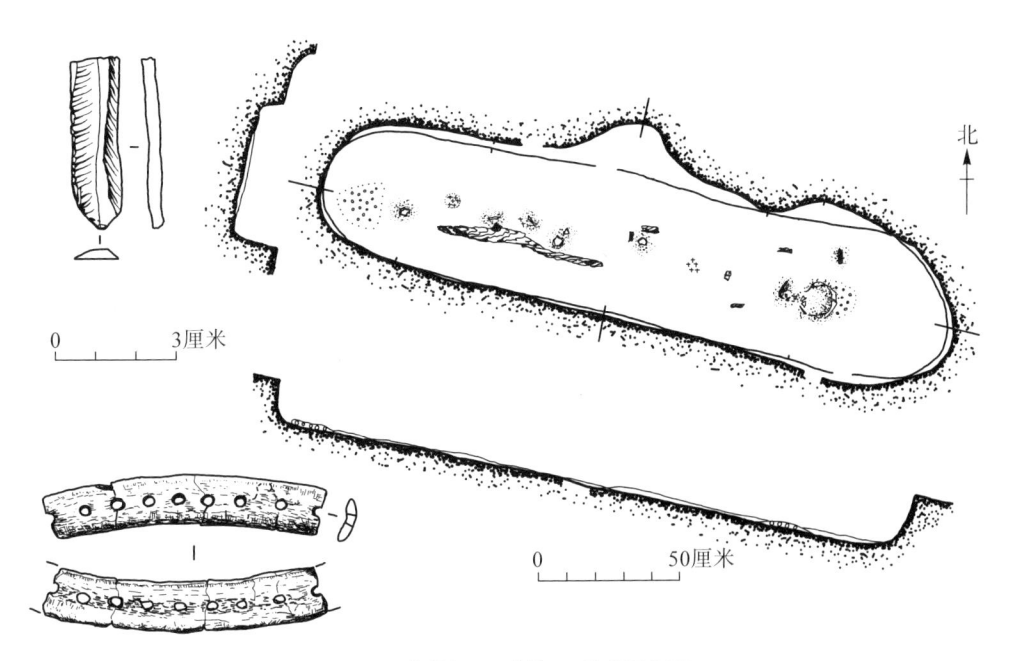

图 3.26　萨特加 XVI 墓地 23 号墓示意图

龛宽30厘米、深13厘米。墓葬底部是东南—西北方向的椭圆形，尺寸长2.3、宽0.4米，深度为0.13~0.18米，底部较平。坑底铺有灰色的沙子，厚1~2厘米。靠近墓葬西部和东部各发现直径15厘米和10厘米的赭石痕迹，厚度为1~2厘米。墓葬东部赭石痕迹上方发现女性头骨碎片和牙齿，头骨附近发现玉片。墓坑西部有一块长60、宽5厘米被烧焦的木板。墓葬填土中还发现烧焦的木头、树皮、炭屑和带有穿孔的骨片。

24号墓葬（图3.27），椭圆形，墓口尺寸为长1.82、宽0.56米，底部尺寸为长1.68、宽0.5米，东南—西北方向。墓壁倾斜，深度为0.25~0.3米，底部较平坦。靠近墓葬西北壁发现人类牙齿，墓主年龄大约为6岁。在墓坑中央靠近西壁处发现2件铜器，铜器被包裹在桦树皮中；靠近东墓壁发现1枚石箭镞和几块烧焦的木头。

25号墓葬，近似细长椭圆形，尺寸为长2.38、宽0.78米，东西方向，略微偏南，墓葬南壁向外凸出。墓壁较倾斜，墓底较平坦，深度为0.2~0.3米。

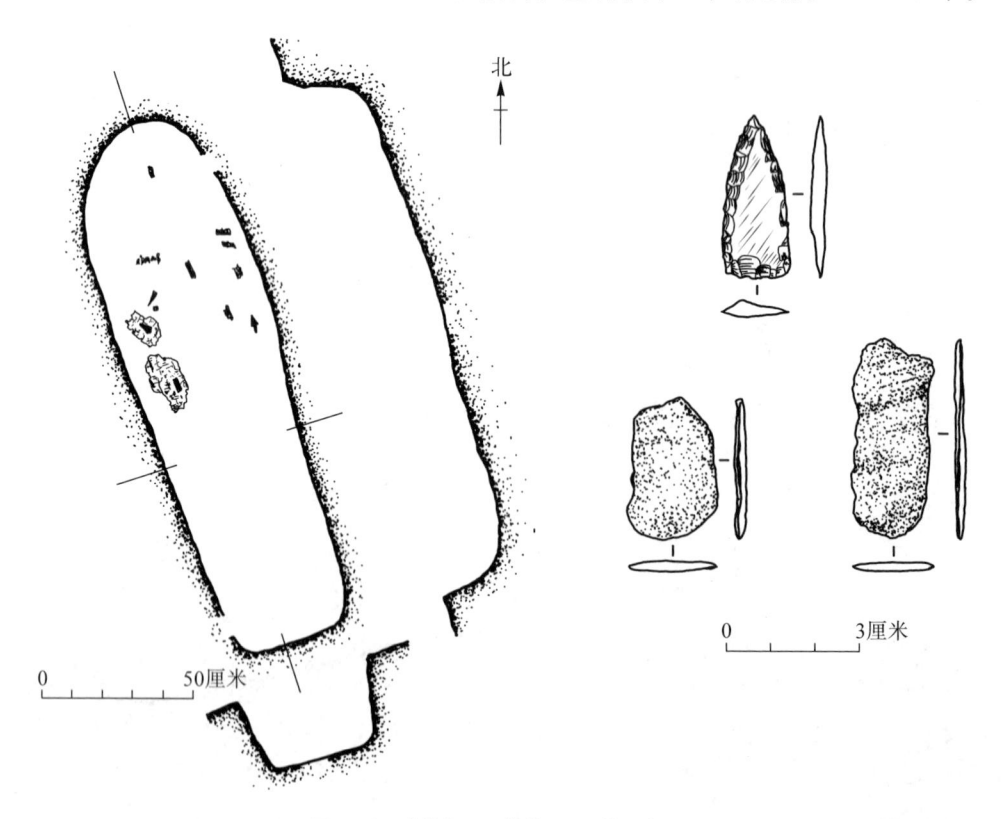

图3.27 萨特加XVI墓地24号墓示意图

墓坑东部填土中发现 2 枚石箭镞；墓葬中央填土中发现石片和石刀，墓底发现石刀尖部；墓葬西部距离墓底 10～20 厘米处发现牙齿和骨头碎片（性别年龄未鉴定）、陶器碎片和 2 件铜器碎片。填土中还发现烧焦的木头、树皮等。墓葬外，北部和西南部各发现 1 件铜刀；墓葬北部和东部发现 3 件石箭镞；原始地面上还发现陶器碎片。

26 号墓葬，圆角矩形，尺寸为长 1.5、宽 0.43～0.46 米，东北—西南方向，深度为 0.15 米。填土中夹杂大量炭屑和烧焦的木头。

27 号墓葬，椭圆形，尺寸为长 1.62、宽 0.5 米，南北方向，深度为 0.2～0.3 米。墓壁较直，底部不平坦，墓坑北部最浅处深度约 10 厘米。墓中发现一块尺寸为长 47、宽 40 厘米被焚烧过的痕迹，厚度为 8 厘米。靠近墓葬南壁发现头骨和人类牙齿（18 岁）。头骨旁发现 1 把铜刀，还残留有木鞘痕迹；墓底北部有一条长方形含炭屑的条带，尺寸为长 23、宽 13 厘米。此外，墓葬填土中还发现桦树皮。

28 号墓葬和 29 号墓葬，发掘前从平面来看是一个巨大的遗迹，尺寸为长 2.10、宽 1.08 米，东西方向。沿着墓葬长轴，有一条长 1.5、宽 0.3 米条带状沙壤土，含大量炭屑。墓葬西边，发现尺寸为长 40、宽 20 厘米的斑迹，有焚烧过的痕迹，厚度为 1～2 厘米。该处还出土陶器碎片。清理墓葬上部填土时发现骨制品碎片和陶器碎片。墓葬西部发现多层桦树皮（最大尺寸为长 35、宽 21 厘米）；墓葬西部和中部距离墓底 10～15 厘米处，发现堆积的炭和树皮。大墓坑中发现两个小墓坑，两个墓葬之间土梁宽 10～14 厘米，高 6～8 厘米。南部墓葬为 28 号，北部墓葬为 29 号。

28 号墓葬，长椭圆形，墓葬长度为 2.1 米，西部宽 0.55 米，中间宽 0.37 米，东部宽 0.3 米。墓葬南壁弯折，东部变窄，墓壁较直，底部较平，深度为 0.11 米。靠近墓葬西壁发现人类牙齿（18～20 岁）。头骨附近距离墓底 1～2 厘米处，发现带有穿孔的骨板、2 件石刀、1 件石箭镞。在墓坑中央发现 1 把铜刀，残留木制刀鞘痕迹，此外，还发现烧焦的木头。

29 号墓葬，圆角长方形，尺寸为长 1.95、宽 0.46 米，深度为 0.05 米，墓底较平坦。墓葬西南角发现 1 颗牙齿和 1 片头骨碎片。

30 号墓葬，长椭圆形，东南—西北方向，尺寸长 2.06、宽 0.48 米，墓壁较直，墓坑深度为 0.2～0.4 米。墓坑西北部墓底发现一个凹坑，尺寸长 0.57、宽 0.37 米，深度为 0.2 米。坑底和坑壁残留桦树皮，厚度为 1～2 厘米。桦树皮下铺垫一层夹杂炭屑的土层；墓坑东南部烧土中发现颅骨碎片和牙齿（经鉴定，可能属于一名20~40岁的女性）。颅骨碎片上方发现石箭镞、骨板碎片、陶范碎片（不能确定该器物具体类别，但其表面较光滑）。墓葬西半部发现腿骨腐烂的痕迹；盆骨（？）附近发现骨板、石刀、石箭镞及一块被焚烧过的黏土；靠近墓葬西壁、距离墓底7厘米处，发现另一件石箭镞。距离墓底7~12厘米处发现桦树皮，桦树皮顶部与烧焦的木头混杂在一起。在墓葬东南部、桦树皮下方靠近墓壁的地方，发现烧土痕迹（尺寸为长0.5、宽0.15米和长0.25、宽0.13米），厚度为4~10厘米。所有的遗物都位于两块桦树皮之间。墓葬以南0.2米处，及西北0.6米处，发现陶器碎片堆积。

31号墓葬，椭圆形，尺寸为长2.25、宽0.55米，东南—西北方向，墓葬北部被一个现代坑打破，墓葬深度为0.2~0.25米。靠近墓葬东南壁，发现人类牙齿（年龄大约18岁）；同一地点、距离墓底10~12厘米处，发现被桦树皮包裹的陶器碎片。根据原始报告描述，桦树皮直径为15厘米，高26厘米。墓葬西北部、距离墓底16~20厘米处，发现被焚烧过的骨板碎片；同一位置还发现长35、宽20，长11、宽7和长10、宽8厘米的桦树皮，距离墓底10~26厘米。墓葬北部及东北部发现2件铜器碎片。

32号墓葬，椭圆形，尺寸为长1.65、宽0.65米，东南—西北方向，墓壁倾斜，底部较平坦，深度为0.15米。墓葬中央发现一块含有大量炭屑的痕迹，其中发现骨头。此外，填土中还发现烧焦的木头。

33号墓葬，椭圆形，尺寸为长1.2、宽0.5米，东南—西北方向，墓壁较直，深度为0.2米。墓坑上方发现陶器碎片，墓葬填土中也发现一些陶器碎片。

34号墓葬，圆角梯形，东北—西南方向，填土为棕色和灰棕色沙壤土。向下发掘5~8厘米发现了较为明显的墓口，矩形，东北—西南方向，尺寸为长1.47、宽0.4米，深度为0.11米。墓壁倾斜，底部不平坦，东北部尤其严重。沿着墓葬长边发现白桦树皮；墓葬中央和东北部发现烧焦的木头。墓中未出土任何遗物。

35号墓葬，矩形，南北方向。墓葬长度为2.22米，墓葬北部较宽，为0.57米，南部较窄，为0.43米。墓壁较倾斜，墓底凹凸不平，深度为0.1~0.17米。在墓葬南半部、靠近墓壁地方，发现含有大量炭屑的褐色土条带，在相同地方还发现人类牙齿。墓葬中央出土3件陶器碎片和铜器，这些陶器碎片很可能是铸铜模范。但遗憾的是，这些碎片尺寸太小，很难做深入研究。但我们应该注意到的是，在靠近墓葬西北部发现的黏土块堆积。这些黏土块是该墓葬的随葬品，根据深度判断，这些黏土块最初是被放置在墓底的。此外，墓葬外还发现陶器碎片，但距离墓葬较远。

36号墓葬，矩形，尺寸为长1.7、宽0.7米，东北—西南方向。填土为棕色沙壤土，沿着坑边周围一圈分布灰褐色沙壤土。墓葬东北部发现1块刀状石板。随着进一步清理，墓坑西南部几乎消失，因为其深度仅1~1.5厘米。剩下的遗迹尺寸为长0.8、宽0.75米，深度为0.15米，墓壁倾斜，墓葬东壁发现一个壁龛。墓葬中发现石器碎片和铜刀。墓葬东北部较深，约0.3米。

37号墓葬，墓坑较狭窄且有些弯曲（0.5~0.8米），墓葬北部被树根破坏。残留部分长度为1.5米，深度为0.4米，东北—西南方向，墓壁倾斜，墓底凹凸不平。沿着墓坑东壁边缘5~10厘米处发现桦树皮，桦树皮几乎与墓底垂直。靠近东壁、桦树皮下，发现1把铜刀；靠近墓葬西壁、距离墓底10厘米处，发现刀形石板；墓葬北部树根周围发现陶器碎片。

38号墓葬，圆角梯形，尺寸为长1.25、宽1米，墓葬北壁中间向外凸出。向下清理20厘米后，墓葬轮廓非常清晰，呈矩形，尺寸为长1.17、宽0.9米，东南—西北方向，墓壁较倾斜，深度为0.25~0.28米。墓底发现1片陶器碎片；墓葬周围的原始地面上发现几片陶器碎片，位于墓葬西南部、东部。

39号墓葬，并未完全揭露，因为墓葬南部被破坏。矩形墓坑，尺寸为长1、宽0.6米，深度为0.4~0.45米，东北—西南方向。墓葬中心有一个小坑。距离墓葬北壁4~5厘米处发现一块长37厘米的骨头，这是一块成年人的胫骨。

40号墓葬，墓坑不规则，近似椭圆形，尺寸为长1.12、宽0.55米，东北—西南方向，北部较宽，南部较窄。墓壁倾斜，底部不平坦，深度为8~16厘米，南部较北部深。靠近墓葬西壁发现桦树皮残留，还有炭块和木灰。墓中出土2件器物，包括1件燧石刀和1件铜刀，铜刀柄处有桦树皮残留。

41号墓葬，椭圆形，尺寸为长0.9、宽0.4米，东西方向，深度为0.5米。墓葬北壁和南壁有一些木结构遗存，残存烧焦的木头。墓葬中央距离墓底20~25厘米处发现一片椭圆形痕迹，其中夹杂大量炭屑，尺寸为长35、宽17厘米；当中发现颅骨痕迹，人类学家认为这是一个儿童墓葬。继续清理该墓，发现一个皮制袋子，袋中发现1个小石片和1件铜刀，袋子外还有一层桦树皮包裹。

42号墓葬，并未完全发掘，墓葬东部被破坏，西北—东南方向，墓葬深度为40厘米。墓坑南壁较倾斜，北壁较直。墓葬北部发现一堆炭块；墓葬北部上层堆积中发现一块陶器碎片。

43号墓葬，最初在墓葬上部发现一个土坑，被破坏。继续向下发掘，发现矩形墓坑，尺寸为长1.3、宽0.4米，南北方向。墓坑中央发现陶器碎片堆积。

44号墓葬，因为墓葬东部被破坏，并未完全发掘。墓葬呈长椭圆形，东西方向，发掘部分尺寸为长1.6、宽0.5米。从东部断墙上的剖面看，墓葬深度为0.1米，墓壁倾斜，底部较平。靠近墓坑北壁发现陶器碎片堆积；距离墓葬西壁30厘米处发现1件石箭镞。

45号墓葬，墓坑的南半部被一个大坑打破，南北方向，墓坑表面为不规则形，残存部分尺寸为长1~1.1、宽1米，深度大约为0.15~0.17米，墓壁较直。填土上部发现含炭和烧焦木头的沙壤土条带。从截面上看，这层土厚1~2厘米。墓坑附近发现很多陶器碎片，距离墓底50~60厘米。

46号墓葬，墓葬东角被打破，圆角方形，尺寸为长1.08、宽0.48米，东北—西南方向，西南部较东北部宽，深度为0.12米，墓壁较直，墓底较平。靠近墓葬西北边缘，距离墓底25~30厘米处发现20多件陶器碎片。

值得注意的是，我们还发现了4座可能是墓葬的土坑，这些土坑都具备以下特征：有赭石痕迹、单人葬、随葬穿孔骨器等。还有一些在墓葬周围地表的小坑被忽略了，例如24号墓北边的3座小坑，它们可能专门用于放置陶器，直径为10厘米，深度为6~10厘米，呈链状排列。

3. 墓地形制布局及相关讨论

萨特加XVI墓地是西西伯利亚森林带深处唯一一处塞伊玛—图尔宾诺墓地，虽然该墓地墓葬数量不少，但随葬品种类及数量与其他塞伊玛—图尔宾诺类型墓地相比较少。该墓地发现1座随葬塞伊玛—图尔宾诺石范的墓葬，但并未发现随葬铜矛、空首斧、铜刀"三件套"的墓葬。我们根据该墓地墓葬出土遗物，将该墓地墓葬分为四类（表3.2）。

表3.2　萨特加XVI墓地墓葬分类表

| 墓葬类型 | 墓葬编号 | 数量 | 占比 |
| --- | --- | --- | --- |
| 随葬石范墓 | M5 | 1 | 2.2% |
| 随葬铜刀墓 | M2、M3、M6、M10、M17、M25、M27、M28、M31、M35、M36、M37、M40 | 13 | 28.3% |

续　表

| 墓葬类型 | 墓　葬　编　号 | 数量 | 占比 |
| --- | --- | --- | --- |
| 无铜器随葬墓 | M1、M4、M7、M8、M9、M11、M12、M13、M14、M15、M16、M18、M19、M20、M21、M22、M23、M26、M29、M30、M32、M33、M34、M38、M39、M42、M43、M44、M45、M46 | 30 | 65.2% |
| 儿童墓 | M24、M41 | 2 | 4.3% |

萨特加XVI墓地中仅有1座随葬石范的墓葬，占所有墓葬总数的2.2%；13座随葬铜刀的墓葬，占比28.3%；30座无铜器随葬的墓葬，占比65.2%；2座儿童墓葬，占比4.3%。

从墓地的平面分布图来看，萨特加XVI墓地并无明显的墓区划分（可能由于整个墓地未完全揭露），随葬石范的墓葬位于墓地的中心区域，随葬铜刀的墓葬位于随葬石范的墓葬的西部、北部和东部，随葬石范的墓葬南部并无随葬铜刀的墓葬。

萨特加XVI墓地墓葬的朝向比较复杂。15座墓葬为东西方向，占比33.3%；12座墓葬为东北—西南方向，占比26.7%；9座墓葬为西北—东南方向，占比20%；9座墓葬南北方向，占比20%。其中有一组打破关系非常重要，9号墓葬打破11号墓葬，9号墓葬为南北方向，11号墓葬为东西方向。由此我们可以推测，南北向墓葬的年代略晚于东西向墓葬。南北向的墓葬，除了35号墓，其余8座墓葬皆集中分布在墓地中部。

除了南北向的墓葬之外，其余墓葬可以分为两个部分。一部分墓葬位于墓地中央的墓葬，都是东西向，包括5号随葬石范的墓葬；另一部分墓葬，环状排列，围绕在5号墓葬周围。

萨特加XVI墓地中有2座儿童墓葬。41号墓葬位于墓地最南部，与罗斯托夫卡墓地中儿童墓葬位置相似；24号墓葬南北方向，与其他南北向墓葬一起位于墓地中部。

4. 随葬品与葬俗研究

萨特加XVI墓地共发现46座墓葬，其中21座墓葬未发现人骨，其余发现人骨的墓葬绝大多数发现的都是人骨碎片。这个现象是塞伊玛—图尔宾诺类型墓地的典型特征之一，一方面可能与丧葬仪式相关（比如火葬），另一方面可能和沙质土壤有关。

根据残留的人骨来看，该墓地死者葬式应该是仰身直肢葬，但在一些墓葬中，死者头骨距离墓壁较远，所以不能排除有扰乱葬现象存在。3号墓与41号墓墓坑尺寸很小，坑内仅发现头骨。

根据墓葬中头骨位置判断，我们可以确定死者头向的墓葬共21例：5例墓葬头向东（23.8%）、2例墓葬头向东南（9.5%）、5例墓葬头向南（23.8%）、1例墓葬头向西南（4.8%）、4例墓葬头向西（19%）、3例墓葬头向西北（14.2%）、1例墓葬头向北（4.8%）。头向东、南、西占据主流（与墓葬朝向相关）。即便距离很近的墓葬，头向也不尽相同（如24和27号墓葬，23和29号墓葬，20和22号墓葬）。头向南或北的墓葬大多位于墓地边缘地区，大约15座墓葬头向都朝向随葬石范的5号墓葬。

该墓地中，发现用火痕迹的墓葬超过30座（约70%），用火痕迹主要体现在填土中发现焚烧的木头、烧焦的树皮以及夹炭层。

萨特加XVI墓地共计16座墓葬发现铜器，占总数的三分之一。铜器多放置于墓葬中央，靠近死者盆骨附近。值得注意的是，大件的铜刀往往发现于靠近墓地中央的墓葬中。

5号墓葬位于整个墓地中央，其余墓葬都围绕5号墓分布。该墓不但出土了塞伊玛—图尔宾诺类型铸范，还出土了1件石制权杖头。权杖头是一种昭示身份、象征权威的特殊器具，使用者绝非一般人物[①]。所以，这座墓葬很可能是萨特加XVI墓地中等级最高的墓葬。权杖头与铸铜石范伴出的现象说明，该人群中的首领拥有铸铜石范资源，掌握铜器铸造技术。

该墓地未发现墓葬中随葬陶器，相反，陶器往往放置于墓葬周围。墓葬填土中发现的陶器碎片，很可能是由于死者被放置于墓穴之后并不立即填土，而是在墓葬上方搭建桦树皮等遮盖物，遮盖物坍塌后将旁边的陶器打碎，陶器碎片掉入墓坑中。通常墓葬旁边会放置一到两件陶盆，有时是三件（4、38号墓葬）。大部分陶器碎片发现于墓地中部和南部边缘，墓地东部边缘也曾发现陶器碎片。

---

① 李水城：《权杖头：古丝绸之路早期文化交流的重要见证》，《中国社会科学院古代文明研究中心通讯》2002年第4期，页54~57。

20座墓葬中发现了桦树皮残留，大多数都只是碎片，但几个墓葬中保留了较为大块的树皮，覆盖了墓葬的底部和墓壁，构成了封闭空间。也许死者就是被包裹在桦树皮中下葬的。还有一些墓葬中发现用桦树皮包裹铜器的现象。

11号墓葬和23号墓葬中发现墓底铺赭石，这种现象在罗斯托夫卡墓地和索普卡-2/4B墓地中都有发现。

萨特加XVI墓地中发现很多较窄且带有穿孔的骨板，其中4座墓葬中都有发现，分别是30号墓、31号墓、23号墓、28号墓。

综上所述，萨特加XVI墓地葬俗特征可以归纳如下：

1. 墓地选址在河流沿岸高丘上。
2. 大部分墓葬为单人仰身直肢葬，存在扰乱葬，大多数墓葬有火葬痕迹。大部分墓葬没有发现人骨；发现人骨的墓葬都只发现人骨碎片，一些墓葬仅埋葬头骨。
3. 东西向墓葬时代较早，南北向墓葬时代稍晚；南北向墓葬集中分布在墓地中部。
4. 存在随葬石范的墓葬，该墓出土权杖头，等级较高。整个墓地布局以随葬石范的墓葬为中心，其余墓葬围绕该墓分布。儿童墓葬位于墓地最南部，且墓中随葬铜刀。
5. 墓中未见陶器随葬，陶器放置于墓外，墓外发现较多陶器碎片。
6. 发现桦树皮包裹随葬品或人骨的现象。

### （三）索普卡-2/4B、V墓地

1. 调查与发掘

索普卡墓地位于俄罗斯新西伯利亚州西部，鄂木河沿岸，海拔105米，高于洪泛区4米，在巴拉巴森林草原地带非常突出（图3.28）。索普卡墓地东北部最高，向西南海拔逐渐降低，形成了一个较高的平台，非常有利于建设居址。索普卡东北边为洪泛区，距离平台大约10公里。在雨水充足的季节，索普卡会变成塔塔斯河和鄂木河交汇处的一个水中岛屿。

1979年，苏联科学院西西伯利亚历史、语言、哲学研究所（现俄罗斯科学院西比利亚分院考古学与人类学研究所）组织考察队在巴拉巴森林草原地区进行调查。此次调查最重要的成果是对西伯利亚巴拉巴森林草原中心地带文格罗

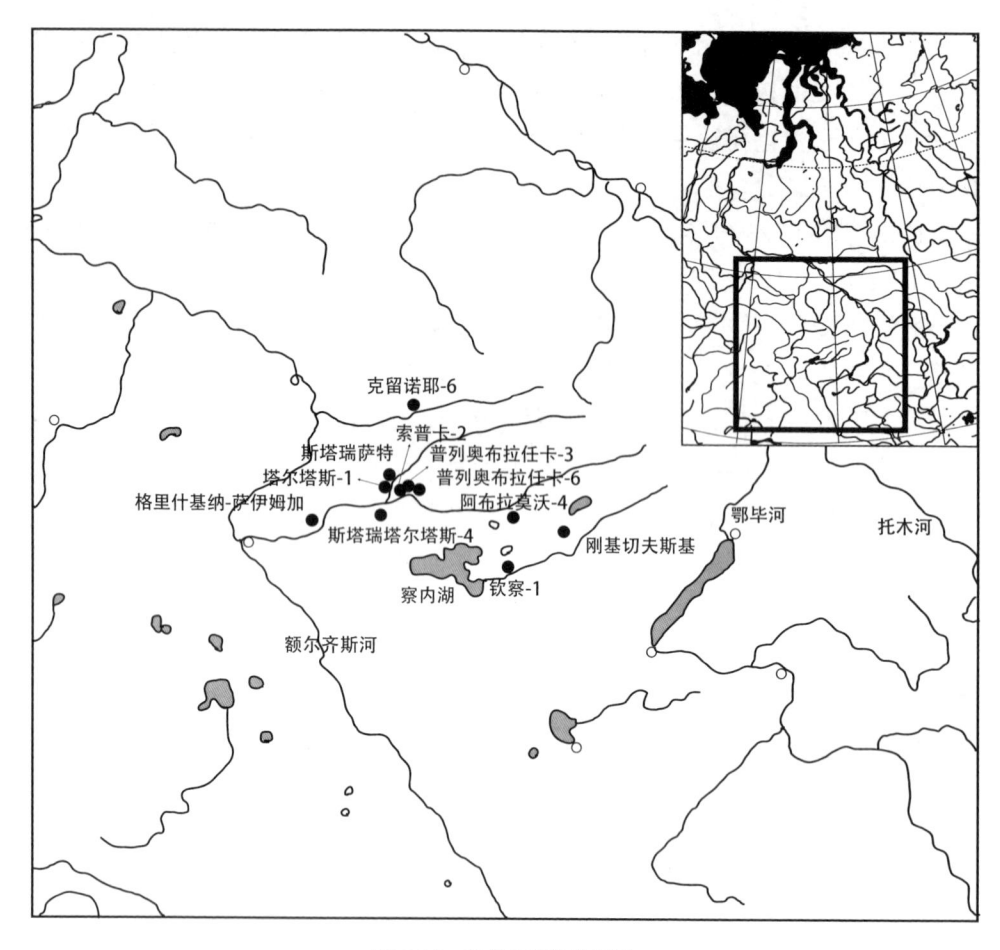

图 3.28　索普卡墓地位置图

沃区域的调查[①]。

1979 年，莫洛金（V. I. Molodin）开始对索普卡-2 墓地进行发掘。他在遗址不同区域选择了 8 个土墩进行发掘，这也是发掘墓地的一般方法。在对第一个土墩发掘后，莫洛金发现并非所有的墓葬都埋葬在土墩之下，有些土墩下完全没有墓葬的痕迹，所以有必要对该墓地进行更加全面的调查。

索普卡-2 墓地的发掘持续了 14 年，在此期间，一共发掘 24 555 平方米，

---

[①] Молодин. В. И. *Памятник Сопка-2 на реке Оми (кульутрно-хронологический анализ погребальных комплексов эпохи неолита и раннего металла)*. Новосибирск: Издательство Института археологии и этнографии СО РАН. 2001.

包括689座墓葬，70座土墩墓及46个祭祀遗迹，其中墓葬时期不尽相同。

墓地不同区域分布不同时期的墓葬，具体分布情况如下表：

表3.3 索普卡墓地分区表

| 墓地分区 | 所 属 时 期 |
|---|---|
| 索普卡-2/1 | 新石器时代 |
| 索普卡-2/2 | 铜石并用时期 |
| 索普卡-2/3 | 乌斯季—塔塔斯文化（青铜时代早期） |
| 索普卡-2/4A | 奥迪诺文化 |
| 索普卡-2/4B、V | 克罗托沃文化 |
| 索普卡-2/5 | 后克罗托沃时期（安德罗诺沃文化） |
| 索普卡-2/11～13 | 中世纪时期 |

该墓地的考古发掘报告和研究已经出版了五卷：第一卷介绍了新石器时代和青铜时代早期的考古学文化（乌斯季—塔塔斯文化）；第二卷介绍了中世纪突厥及其之后时代的墓葬；第三卷介绍了奥迪诺文化墓葬；第四卷介绍了克罗托沃文化的墓葬；第五卷介绍了后克罗托沃文化（包括安德罗诺沃文化）的墓葬。

我们之所以会将索普卡-2/4B、V墓地归属于塞伊玛—图尔宾诺相关遗址，是因为该墓地发现了随葬塞伊玛—图尔宾诺铸范及铜器的墓葬。其中，282号墓最为典型，不仅出土一批塞伊玛—图尔宾诺铸范及冶炼工具，还出土1件塞伊玛—图尔宾诺空首斧；594号墓和427号墓也发现了随葬的铸范。另外，一些学者认为420号墓、425号墓及443号墓出土的带柄铜剑也属于塞伊玛—图尔宾诺类型[1]。

2. 墓葬描述

（1）随葬铸范的墓葬

282号墓葬（图3.29），墓葬平面为矩形，尺寸为长180、宽86厘米，东北—西南方向，深度为62厘米，墓壁垂直，底部平坦。墓主为男性，年龄在

---

[1] Молодин. В. И. *Памятник Сопка-2 на реке Оми (Том 4)*. Новосибирск: Издательство Института археологии и этнографии СО РАН. 2016.

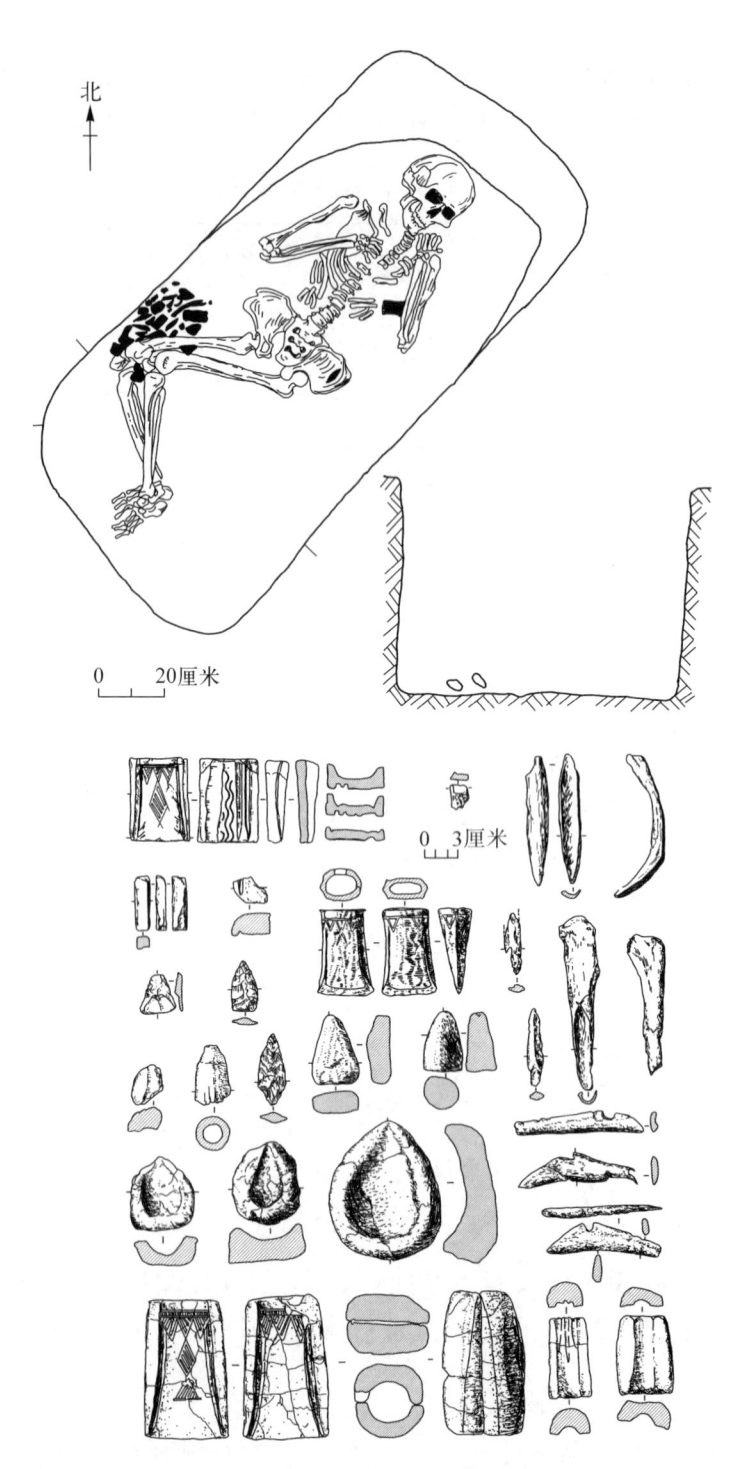

图 3.29　索普卡-2/4 墓地 282 号墓葬示意图

第三章　塞伊玛—图尔宾诺典型墓地和遗址分析与研究　69

30～35 岁之间，仰身屈肢葬，头向东北，膝盖弯曲朝上，双手放在胸前。左手骨和胸骨之间发现一件空首斧，盆骨处发现骨箭镞，墓葬中其他随葬品均放置于右腿膝盖处，发掘者推测这些遗物当时可能都放在一件有机容器中，但有机容器未保存下来。该墓中共发现 4 件坩埚，其上有金属熔化的痕迹；4 件用野猪骨头制成的骨刀。墓中还发现 3 件铸造空首斧的陶范；1 件复合范，用于铸造叉形矛；1 件页岩石管，可能用于吹气或浇注金属液。此外，还出土 2 件磨制骨器、石箭镞、骨箭镞和动物牙齿等。

　　427 号墓葬（图 3.30），墓葬平面为圆角矩形，尺寸为长 192、宽 86、深 40 厘米，东北—西南方向，墓壁垂直，墓底平坦，墓葬中人骨被扰乱。在骨堆中发现一件铸矛陶范，用于铸造所谓的叉形矛。

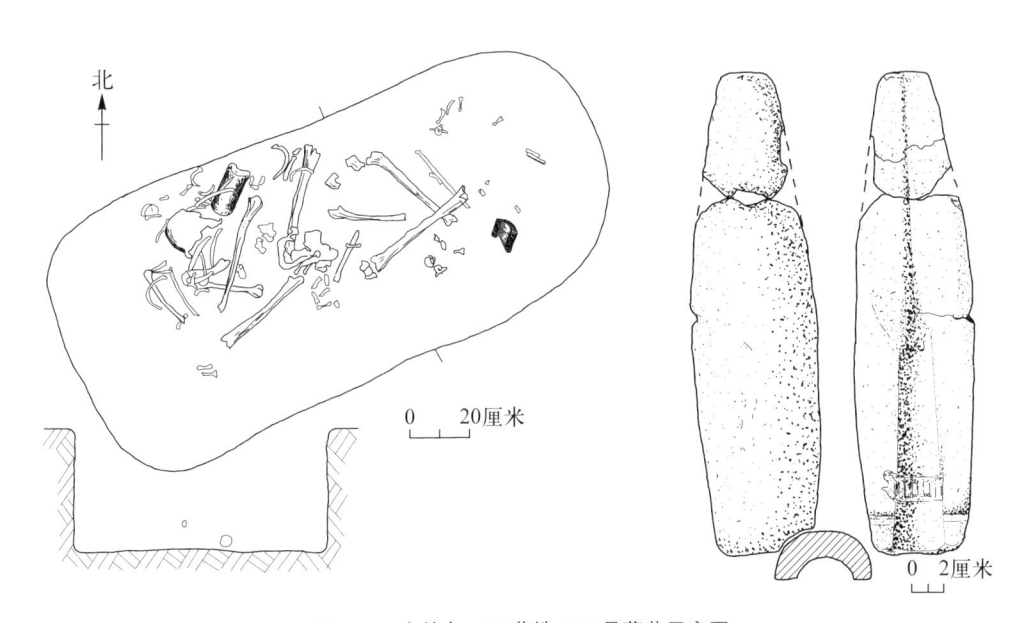

图 3.30　索普卡-2/4 墓地 427 号墓葬示意图

　　594 号墓葬（图 3.31），墓葬平面为矩形，尺寸为长 156、宽 67 厘米，东北—西南方向，深度为 45～52 厘米。经鉴定，墓主为男性，55～60 岁，仰身屈肢葬，膝盖向上，脚跟靠近盆骨。盆骨旁发现 2 件骨镞和 6 件石镞，盆骨左侧还发现保存很差的木制遗物。墓葬的西南角，发现 1 块很小的铸造空首斧的石范碎片，属于塞伊玛—图尔宾诺类型，石范碎片主要部分发现于 282 号墓葬。

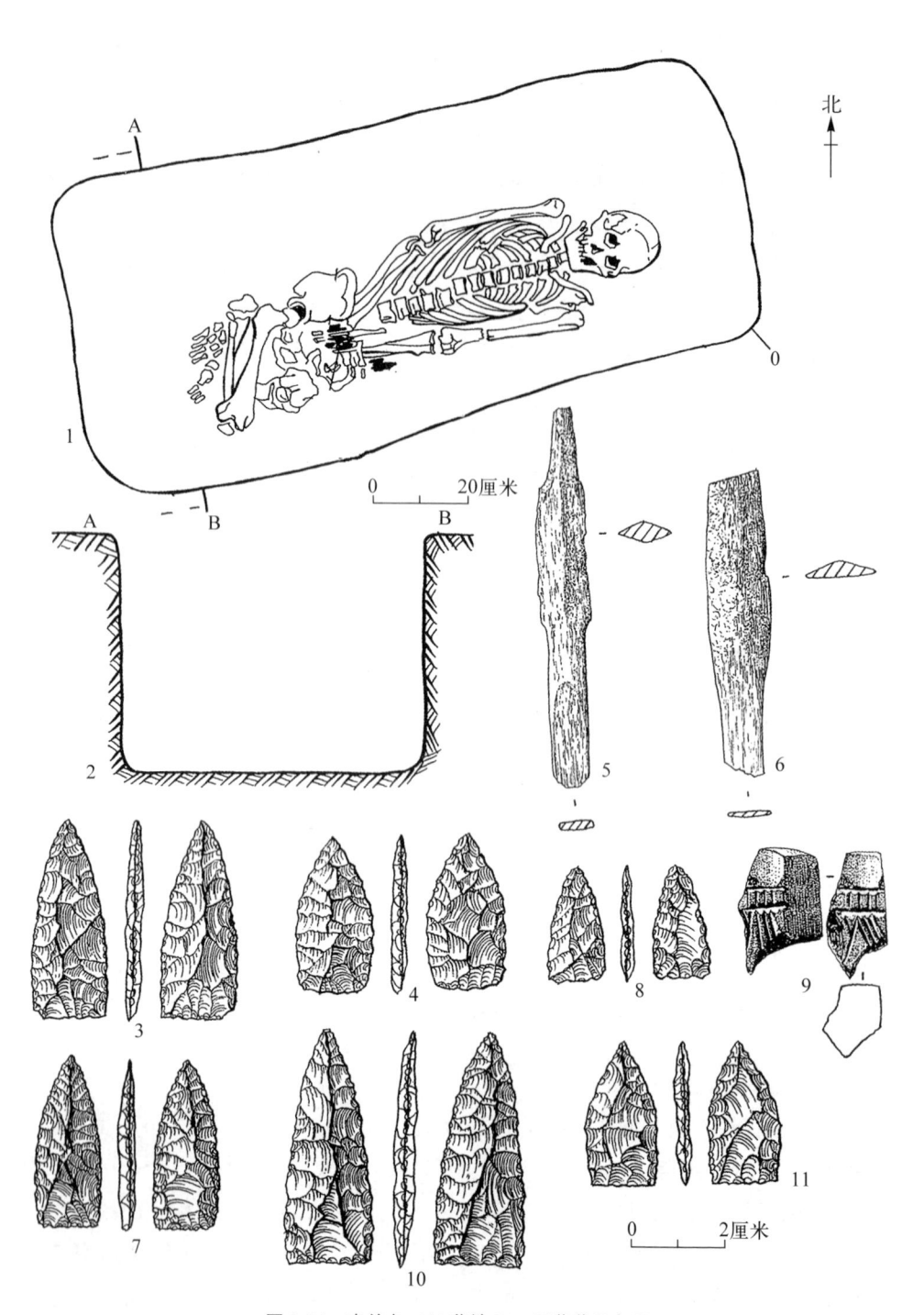

图 3.31 索普卡-2/4 墓地 594 号墓葬示意图

## （2）随葬塞伊玛—图尔宾诺铜器墓葬

420号墓葬（图3.32），长椭圆形，尺寸为长200、宽65～71、深69厘米，东北—西南方向，墓壁垂直，底部较平坦。墓葬被扰乱。经鉴定，死者为男性，20～25岁。墓中残存墓主上半身人骨，下半身人骨缺失，墓主可能是白骨化之前被放置在墓室中的。墓主为仰身葬，头向东北。背部下方发现1件较大带柄铜剑；左手和墓壁之间发现38件箭镞聚集在一起，有石制与骨制两种，其中1枚箭镞由碧玉制成，箭镞没有箭杆，聚集在一起放置于一个未保存下来的有机容器中。墓中还出土2件玉石片、1件铜锥及几块赭石；墓葬西南部发现5枚骨箭镞和1块石头。

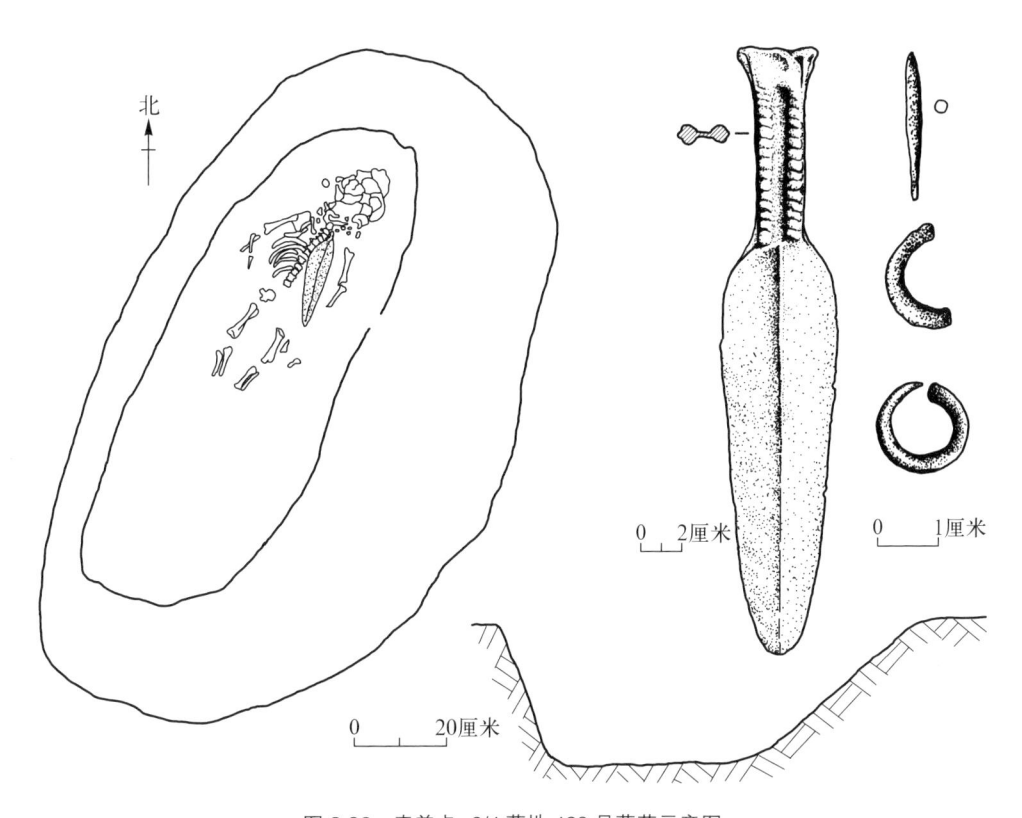

图3.32　索普卡-2/4墓地420号墓葬示意图

425号墓葬（图3.33），墓葬平面为椭圆形，尺寸为长157、宽95厘米，东北—西南方向，墓坑到底部变窄，尺寸为长117、宽43厘米，墓坑深度为30～42厘米。经鉴定，墓主为一名6个月大的婴儿，头向东北。死者背部下

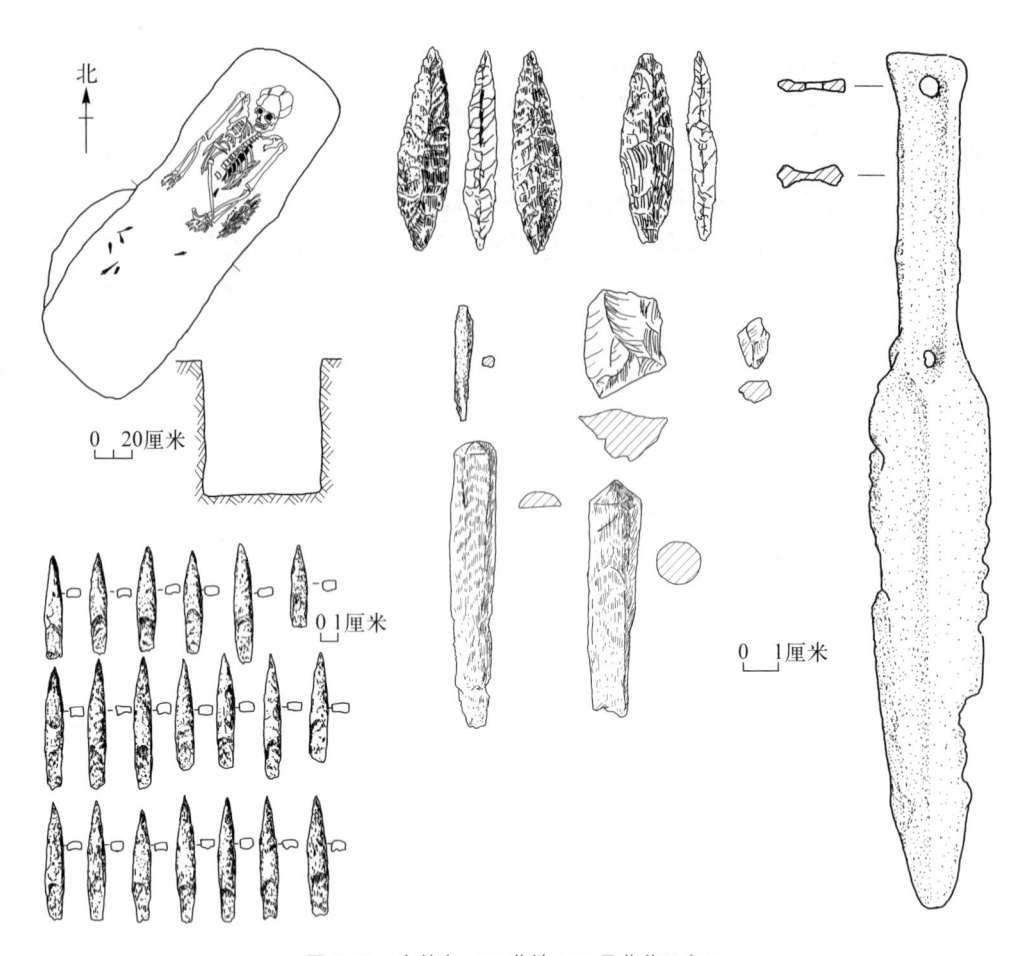

图 3.33　索普卡-2/4 墓地 425 号墓葬示意图

方发现一件较大的铜剑，保留有皮革剑鞘碎片。在颞骨处发现 2 件银耳环，右手下发现 1 件铜锥，颈部发现 2 颗狍齿。

443 号墓葬（图 3.34），墓葬平面为细长椭圆形，尺寸为长 200、宽 95 厘米，深度为 37 厘米，东北—西南方向。死者为仰身葬，头向东北。墓坑中仅剩头骨和左尺骨。经鉴定，墓主年龄在 14～15 岁。在颞骨两边发现 2 件铜耳环，左手处发现 1 把铜剑，位于躯干与左手之间。铜刀切断的部分与尺骨被切断的断面位于一条直线上，显然是将墓葬挖开过程中被金属工具切断的。

473 号墓葬（图 3.35），墓葬平面为细长椭圆形，尺寸为长 262、宽 71～100 厘米，墓葬深度为 68 厘米，东北—西南方向，墓底较平坦。墓坑东部较高，形成类似二层台结构。墓葬被扰乱，大多数骨骼缺失，只发现成年人右胫

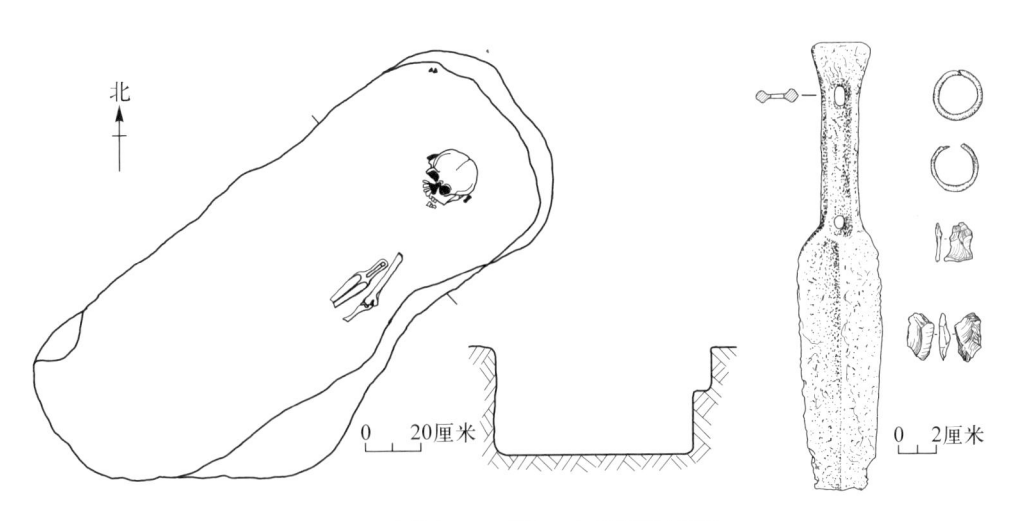

第三章　塞伊玛—图尔宾诺典型墓地和遗址分析与研究　73

图 3.34　索普卡-2/4 墓地 443 号墓葬示意图

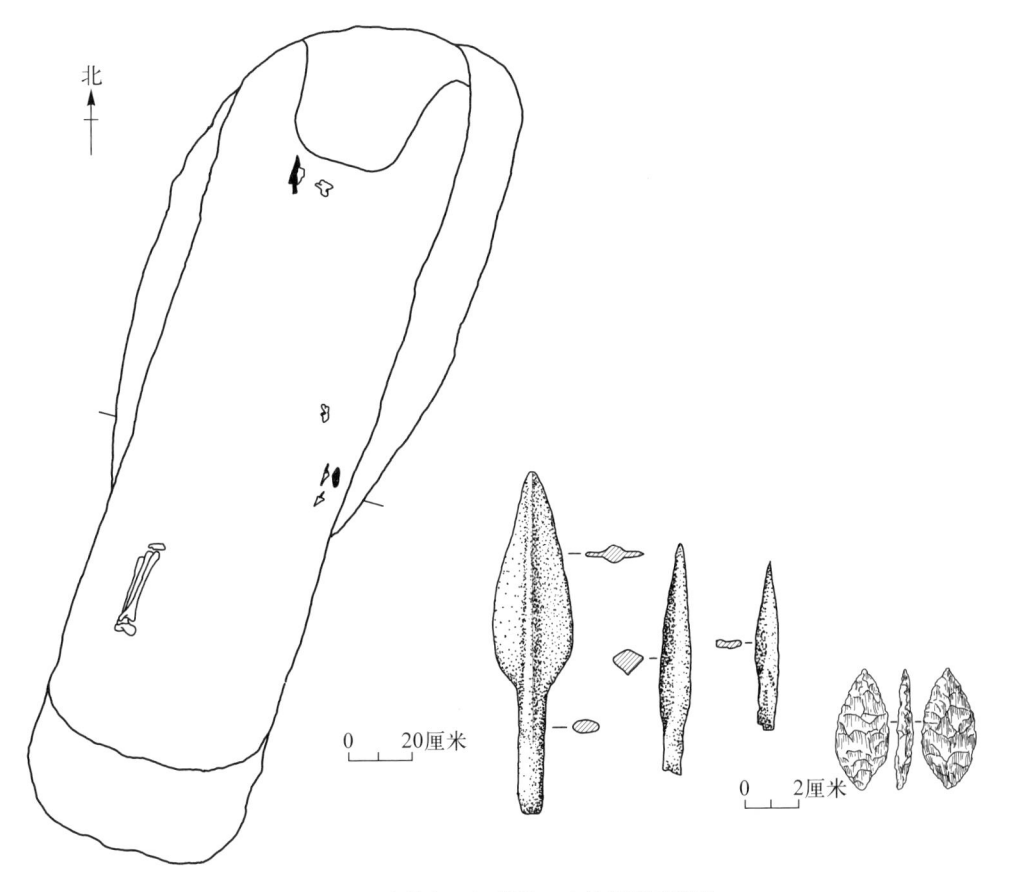

图 3.35　索普卡-2/4 墓地 473 号墓葬示意图

骨与腓骨，墓主为仰身直肢葬，头向东北。显然，头部位于二层台上。墓中发现 1 块石头和 2 块骨镞、1 件石镞；头部右侧发现 1 件铜矛。

以上我们列出的墓葬或多或少与塞伊玛—图尔宾诺相关，但不容忽视的是，索普卡-2/4B、V 墓地一共发掘了 416 座墓葬，墓地主体属于克罗托沃文化。所以，我在这里也列出一些典型的克罗托沃文化墓葬，与随葬塞伊玛—图尔宾诺器物的墓葬进行对比。

（3）克罗托沃文化典型墓葬

62 号墓葬（图 3.36），墓葬平面为近椭圆形，墓葬尺寸为长 210、宽 86、深 120 厘米，东北—西南方向，墓壁垂直，底部平坦，西南墓角较圆滑。经鉴定，墓主为男性，40~45 岁，仰身直肢葬。在墓葬的东北部，靠近头部的区

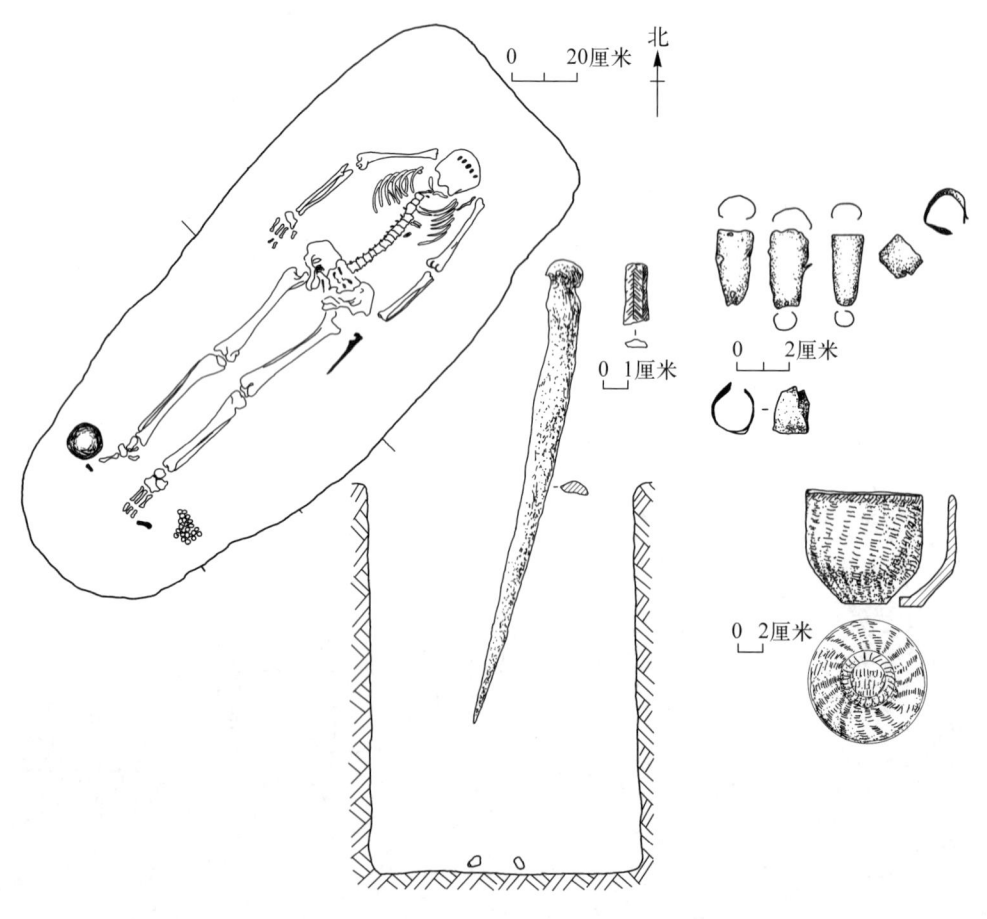

图 3.36　索普卡-2/4 墓地 62 号墓葬示意图

域发现5件铜器，铜片里面发现带有皮肤痕迹残留的别针，有可能是直接缝在墓主头上的。墓主左手附近发现1件骨锥，西北墓壁和脚骨之间发现一件克罗托沃类型陶器，陶器旁边是硅石刀片。墓葬东壁靠近脚骨的地方发现64件贝壳，贝壳的摆放位置表明，其很可能是作为袋子的装饰被缝合在一起的；墓主胸骨旁发现铜箭镞，保存状况较差。

155号墓葬，墓葬平面为近椭圆形，位于22号坟冢下，被150和153号墓葬打破，东北—西南方向，尺寸为长250、宽120厘米，在深度38厘米处，墓坑缩小到长150、宽102厘米，此时墓坑深度为120厘米，底部平坦。墓中一共发现三具人骨，一具人骨是5~10岁的儿童，一具是5~20岁的女性，最底部一具为女性的腿骨。根据位置判断，原始埋葬位置在墓坑的一侧，以便头部和背部靠在墓坑上。墓葬的西南角发现90件排列紧密的穿孔海贝，原本可能作为装饰缀连在一起；墓葬底部、胫骨左侧，发现12件聚集在一起的骨箭镞。

298号墓葬（图3.37），墓葬平面为近椭圆形，东北—西南方向，尺寸为长236、宽86~105厘米，深度为39~45厘米。墓底发现一块尺寸为长160、宽55厘米桦树皮，墓中埋葬两具人骨：经鉴定，其中一具人骨为女性，30~35岁，仰身直肢葬，头向东北。头部上方发现一把角质梳子，下方发现鸟骨，骨头上有切割痕迹。右手处发现11个带有穿孔的小骨头，很可能是缝

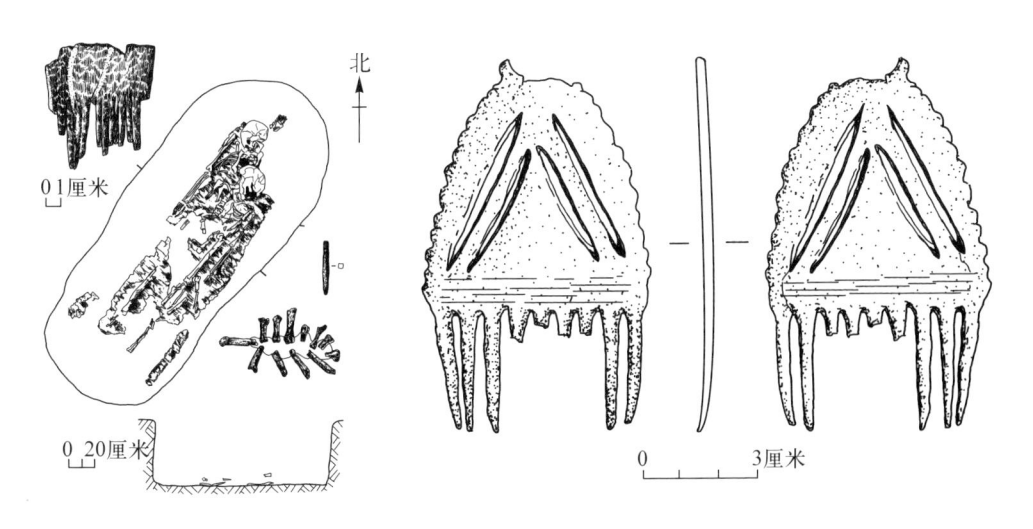

图3.37 索普卡-2/4墓地298号墓葬示意图

在衣服上的装饰，其中发现1件铜锥。另一具人骨可能是女性，仰身直肢葬，头部发现角质梳子。我们推测，死者被放入墓坑后可能被有意焚烧，焚烧痕迹被完好地保存下来：骨头破碎，坑底和坑壁发现烧土，但同时不能排除二次葬的可能（墓主死后并未被立即埋葬，而是待其白骨化后才下葬）。

3. 墓地形制布局及相关研究

索普卡-2墓地位于塔塔斯河与鄂木河之间的狭长地带，西北—东南走向。索普卡-2/4B墓地处于整个墓地东北边缘，墓葬排列非常紧密，索普卡-2/4B墓地南部是索普卡2/5墓地，属于后克罗托沃时期；索普卡-2/4B墓地西部是索普卡-2/4V墓地与索普卡-2/3墓地，两处墓地相对独立。

索普卡2/4V墓地位于墓地西部，共有5座墓葬，分别是282号墓葬、290号墓葬、594号墓葬、623号墓葬和652号墓葬。282号墓葬是一座随葬塞伊玛—图尔宾诺铸范的墓葬，靠近282号墓葬的594号墓葬也发现了铸范碎片。

索普卡2/4B墓地占据了整个墓地西北部，共发现411座墓葬，墓葬成排分布，属于克罗托沃文化。出土铸矛石范的427号墓葬位于索普卡2/4B西北部，出土带柄铜刀墓葬420号墓葬、425号墓葬、443号墓葬位于墓地中部，与其他克罗托沃文化墓葬埋葬在一起。

4. 随葬品和葬俗研究

282号随葬石范的墓葬，墓主为仰身屈肢葬，双手抱在胸前，左臂与躯干之间随葬1件空首斧；右侧膝盖处发现一堆铸铜工具，包括坩埚、吹气管、铜矛铸范、空首斧铸范等，其中空首斧铸范为石范，铜矛铸范为陶范。594号墓葬墓主为仰身屈肢葬，盆骨附近发现大量燧石箭镞，墓葬西南角发现一件铸造空首斧的石范碎片，虽然594号墓葬与282号墓葬都是仰身屈肢葬，但594号墓葬屈肢幅度更大，脚骨更紧贴盆骨，双手也未收在胸前，而是放在盆骨处。这2座墓葬旁的623号墓葬，葬式与594号墓葬一致。427号墓葬为扰乱葬，人骨完全被打乱，墓中出土一件铸造叉形铜矛的陶范，属于典型塞伊玛—图尔宾诺类型铜矛。这3座随葬铸范的墓葬，墓主皆为男性，282号墓主年龄为30～35岁，594号墓主为55～60岁，427号墓主为25～30岁。这些随葬铸范的墓葬墓主均为屈肢葬，与克罗托沃文化墓葬的直肢葬有所区别，且墓主都为男性，很可能在生前都是铸铜工匠，掌握金属冶炼及铸造技术。

420号墓葬出土1件带柄铜剑，墓主为仰身葬，仅残留上半部分人骨，下半部分人骨缺失，铜剑出土于左侧肋骨下方；墓主左手边随葬一堆骨箭镞。425号墓葬是一座儿童的墓葬，铜剑发现于儿童椎骨下方。443号墓葬只发现墓主头骨与左侧肱骨、尺骨，铜剑出土位置表明，该铜剑埋葬位置与上述两座墓葬相似，位于左侧肋骨下方。

443号墓葬墓主尺骨和铜剑皆被切断，切口处于一条直线上，表明该墓葬很可能被二次挖开过，且开挖工具为金属工具；墓葬被重新挖开后，人骨被移出墓外，只剩下头骨和左侧肱骨和尺骨。

这3座随葬铜剑的墓葬，420号墓葬和443号墓葬都是扰乱葬，420号墓葬墓主下半身人骨被扰乱，443号墓葬除了头骨和左肱骨、左尺骨外皆被扰乱。425号墓葬墓主是一名儿童，虽然没有被扰乱，但是与墓主同是儿童的23号墓、58号墓、82号墓、306号墓、307号墓、308号墓、412号墓、496号墓丧葬习俗不同，这些儿童墓葬一般无随葬品，只有23号墓、58号墓、307号墓随葬羊距骨。

虽然420和443号墓葬被扰乱，但根据残存骨头位置分析，这两座墓葬墓主葬式为仰身直肢葬；425号墓葬（儿童墓）墓主葬式也是仰身直肢葬，该特征与克罗托沃文化墓葬相似。据此可以推断，这些随葬带柄铜剑的墓葬应该属于克罗托沃文化墓葬。

为了对该墓地中包含塞伊玛—图尔宾诺器物的墓葬进行对比讨论，我们有必要概括出克罗托沃文化的典型葬俗特征：

1. 仰身直肢葬，头向东北，某些葬式继承奥迪诺文化特征。
2. 墓葬有等级划分，体现在随葬品种类和多寡上，例如62号墓葬、63号墓葬、65号墓葬、155号墓葬、298号墓葬、366号墓葬等，墓中随葬品较多，头饰和项饰多为青铜制品。
3. 大部分为单人葬，但同时存在双人葬或多人葬。
4. 桦树皮被广泛应用于墓葬之中，用于包裹尸体及随葬品。但由于火葬现象存在，墓中随葬器物与桦树皮混合在一起，较难区分。
5. 在一些墓葬中还发现用赭石染色的现象，有的女性墓葬中，在脚部发现赭石碎块。在男性墓葬中，赭石和工具分开放置。
6. 扰乱葬在该文化墓葬中较常见。

结合该墓地的碳-14测年数据，随葬铸范的墓葬测年数据为公元前2300~前2000年；随葬铸范的墓葬与随葬带柄铜剑墓葬相比，主体年代相当，但年代上限略晚，测年数据为公元前 2400～前 2100 年。克罗托沃文化随葬品丰富的墓葬测年数据集中在公元前 3000～前 2500 年。

综上所述，我们可以简单概括随葬塞伊玛—图尔宾诺铸范和器物的墓葬与克罗托沃文化墓葬的差异：

1. 墓地分区不同。随葬塞伊玛—图尔宾诺类型器物墓葬分布在克罗托沃文化墓葬南边，位置相对独立。

2. 随葬塞伊玛—图尔宾诺类型器物墓葬葬式一般为仰身屈肢葬或完全扰乱葬，克罗托沃文化墓葬则是仰身直肢葬。

3. 克罗托沃文化墓葬通常随葬陶器，随葬塞伊玛—图尔宾诺类型器物墓葬未见或基本不见陶器。

4. 随葬铜剑墓葬属于克罗托沃文化，其与塞伊玛—图尔宾诺之间的关系并不确定。

5. 随葬品较丰富的克罗托沃文化墓葬完全不见与塞伊玛—图尔宾诺类型相似器物，应与塞伊玛—图尔宾诺无关。

根据上文分析可知，随葬铸范的墓葬皆为塞伊玛—图尔宾诺类型墓葬，仰身屈肢葬；而随葬铜剑的墓葬为克罗托沃文化墓葬，仰身直肢葬；两者在葬式葬俗上具有较大差异，且两者在墓地中的位置也有规律可循。造成这种现象出现的原因有两种可能：一是这两类墓葬分属不同的人群，克罗托沃人群是当地的土著人群，而塞伊玛—图尔宾诺人群则是外来者，他们掌握冶铜铸铜技术，并将该技术传入该地区，但死后仍按照其原本习俗进行埋葬；第二种可能，则是随葬铸范这类人群因为掌握金属冶炼和铸造技术，而在当时拥有较高的社会地位，死后通过采用屈肢葬彰显其与众不同的身份。究竟是哪一种可能，根据目前所掌握的材料还难以判断，通过古 DNA 分析或许能够揭开此谜题。

### （四）普列奥布拉任卡-6 墓地

普列奥布拉任卡-6 墓地位于西伯利亚低地东南部（鄂毕—额尔齐斯盆地巴拉巴森里草原中部）。如今巴拉巴森林草原地区分布有很多大大小小的淡水湖或咸水湖。由于地势原因，该地河流都是从东北流向西南，包括鄂木河、塔塔斯河、卡尔加特河、楚里木河。普列奥布拉任卡-6 墓地地处鄂木河右岸洪泛区第一级台地上，沿鄂木河从北到南呈线状排列①。

2003~2009年，俄罗斯科学院新西伯利亚分院考古学与民族学研究所对该墓地所处区域进行地质、遥感研究，探查面积超过33720平方米（图3.38），除此之外，艾波夫（M. I. Epov）等学者利用地磁学方法对该地进行研究，发现了该墓葬的存在②。

这处墓地包含青铜时代早期、青铜时代中期、铁器时代早期及中世纪的墓葬。2004~2010年，莫洛金主持了该墓地青铜时代中期墓葬的发掘和研究工作③。

普列奥布拉任卡-6墓地共包含青铜时代中期墓葬63座，墓中出土奥迪诺文化陶器④。墓葬形状为椭圆形，死者为仰身直肢葬。一些墓葬中有火烧的痕迹（人骨有被烧灼的痕迹），随葬骨锥、角梳、铜耳环、陶器等⑤。从葬式葬俗看，这批墓葬与索普卡-2/4B、V墓地非常相似，应属奥迪诺文化或克罗托沃文化。

其中最引人瞩目的是该墓地24号墓葬（图3.39），该墓葬位于整个墓地中部。墓主为男性，仰身直肢葬，下半身人骨保存完好，上半身人骨被扰乱。墓主左臂处发现一件塞伊玛—图尔宾诺叉形铜矛⑥，头部位置发现骨镞和石镞。

---

① Эпов. М. И., М. А. Чемякина. *Археолого-геофизические исследования памятника Преображенка-6. Геофизические исследования археологических памятников Западной Сибири и Алтая*. Итоговый отчет по проекту за 2003–2005 гг. 2005.

② Эпов. М. И., М. А. Чемякина. *Исследования памятника Преображенка-6 в Новосибирской области и проверка данных геофизического мониторинга археологическими раскопками. Археология Западной Сибири и Алтая*. Фундаментальных исследований СО РАН № 109. 2008; Epov. M. I. Chemyakina. Geophysical methods in the research of archaeological sites in Western Siberia and Altai: results and perspectives. *Archaeometry*, No. 1, 2009, pp. 271–274; Молодин. В. И., Чемякина. М. А., Позднякова. О. А., Гаркуша. Ю. Н. Результаты археологических исследований памятника Преображенка-6. *Проблемы археологии, этнографии, антропологии Сибири и сопредельных территорий*. Т. XI. Ч. I. Новосибирск: Изд-во ИАЭТ СО РАН. 2005. С. 418–423.

③ Marchenko. Z. V. et al. Paleodiet, Radiocarbon Chronology, and the Possibility of Freshwater Reservoir Effect for Preobrazhenka 6 Burial Ground, Western Siberia: Preliminary Results. *Radiocarbon*, 57, 2015, pp. 595–610.

④ Молодин. В. И. *Памятник Сопка-2 на реке Оми (Том 3)*. Новосибирск: Издательство Института археологии и этнографии СО РАН. 2012.

⑤ Marchenko. Z. V. et al. Paleodiet, Radiocarbon Chronology, and the Possibility of Freshwater Reservoir Effect for Preobrazhenka 6 Burial Ground, Western Siberia: Preliminary Results. *Radiocarbon*, 57, 2015, pp. 595–610.

⑥ Молодин. В. И., М. А. Чемякина, О. А. Позднякова. Археологогеофизические исследования памятника преображенка в барабинской лесостепи. *Проблемы археологии, этнографии, антропологии Сибири и сопредельных территорий*. Т. XIII. Новосибирск. 2007. С. 339–344.

墓葬

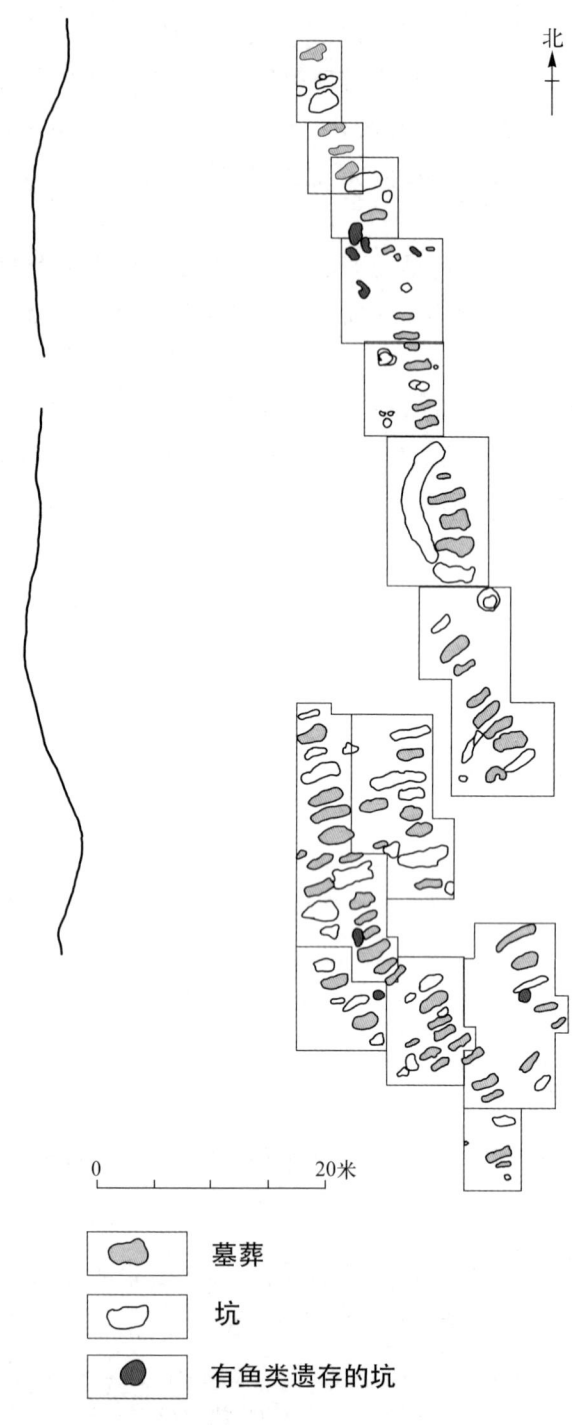

坑

有鱼类遗存的坑

图 3.38　普列奥布拉任卡-6 墓地平面图

第三章　塞伊玛—图尔宾诺典型墓地和遗址分析与研究　81

该墓从所处位置及葬式葬俗看，无疑属于克罗托沃文化。但塞伊玛—图尔宾诺铜矛的出土表明，该时期，塞伊玛—图尔宾诺类型器物已被克罗托沃文化人群接受，并随葬于墓葬中。该墓的碳-14测年样本为人骨，年代在公元前2310~前2130年。

除了上述我们重点分析的两处克罗托沃文化墓地外，克罗托沃文化居址中也出土了塞伊玛—图尔宾诺器物（图3.40），其中包括：文格罗沃-2居址7号房址①、斯塔瑞塔塔斯-1居址②及阿布拉莫沃-10遗址③。

阿布拉莫沃-10遗址位于古比雪夫市（Куйбышев）西南5公里、鄂木河左岸二级阶地，发掘面积2 422平方米，清理房屋5座、生产活动区域4处、青铜铸造区域3处。

其中第一处青铜铸造区域位于室外，火膛为矩形，长2.0、宽0.89、深0.47米，坑壁和坑底覆盖一层

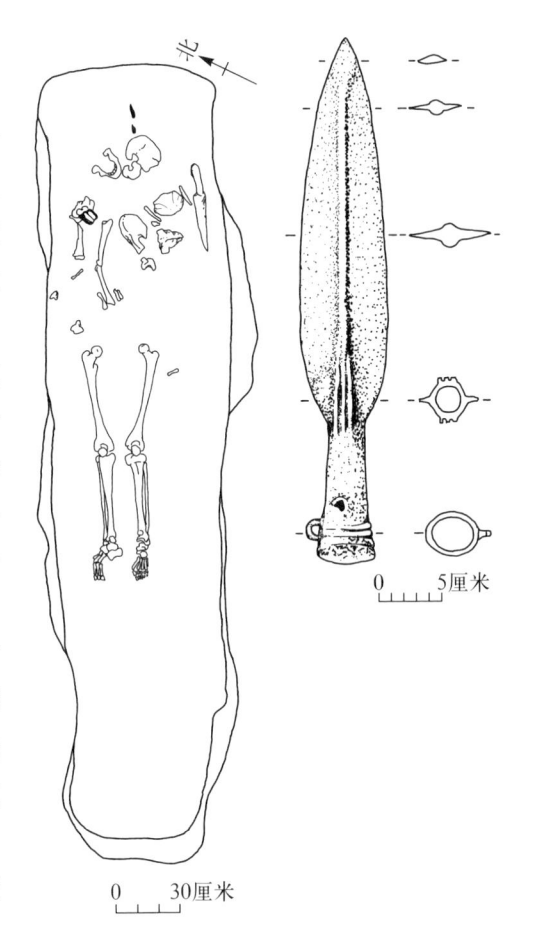

图3.39　普列奥布拉任卡-6墓地24号墓示意图

0.14米厚的陶土，填土包含灰烬、烧土，火膛内和火膛周围发现坩埚、铸范残片和烧骨，铸范残片中有两件属于空首斧范。

---

① Молодин. В. И., Мыльникова. Л. Н., Дураков. И. А., Борзых. К. А., Селин. Д. В., Нестерова. М. С., Ковыршина. Ю. Н. Проявление сейминско-турбинского феномена на поселении кротовской культуры Венгерово-2 (Барабинская лесостепь). *Проблемы археологии, этнографии, антропологии Сибири и сопредельных территорий*. Том XXI. Новосибирск: Изд-во Института археологии и этнографии СО РАН. 2015.

② Молодин. В. И., Дураков. И. А., Софейков. О. В., Ненахов. Д. А. Бронзовый кельт турбинского типа из центральной Барабы. *Проблемы археологии, этнографии, антропологии Сибири и сопредельных территорий*. Материалы итоговой сессии ИАЭТ СО РАН 2012 г. Том XVIII. Новосибирск. 2012.

③ Дураков. И. А., Мыльникова. Л. Н. *На заре металлургии: Бронзолитейное производство населения Оби-Иртышской лесостепи в эпоху ранней бронзы*. Новосибирск. 2021.

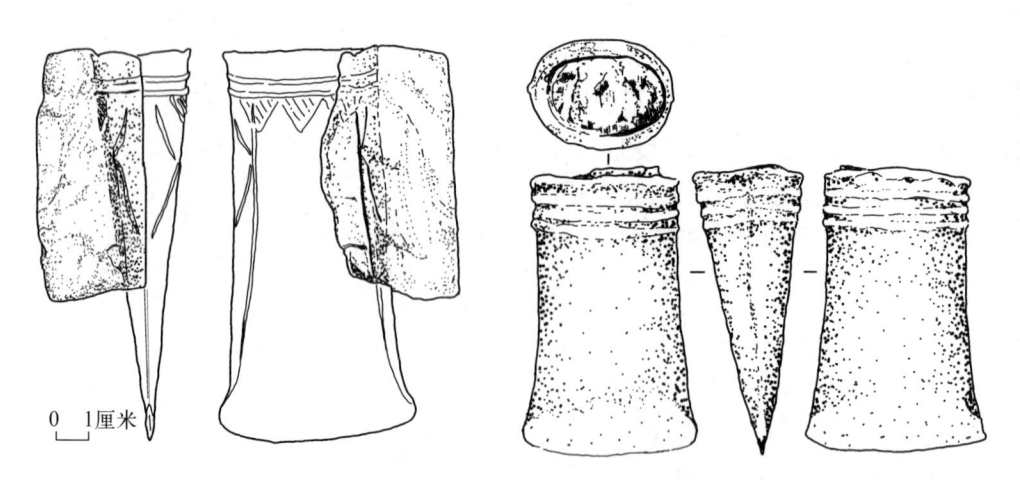

图 3.40　文格罗沃-2 居址铸范碎片及塔塔斯-1 居址空首斧

文格罗沃-2 遗址位于新西伯利亚州文格罗沃区同名村庄东南 2 公里处，靠近塔塔斯河左岸。截至 2017 年，文格罗沃-2 遗址发掘面积共 2 064 平方米，清理房屋 10 座，是克罗托沃文化发掘内容最丰富、公布资料最多的一处居址。

2015 年发掘的 7 号房址面积为 51.6 平方米，深 0.1～0.22 米，沿着墙壁是直径 0.15～0.45、深 0.08～0.42 米的柱状坑，大部分地面覆盖着陶片，7 号居址活动面出土一件残碎的空首斧石范，明显属于塞伊玛—图尔宾诺类型。

在斯塔瑞塔塔斯-1 居址包含奥迪诺文化和克罗托沃陶器的文化层中，发现了两件空首斧，属于塞伊玛—图尔宾诺类型。根据切尔内赫和库兹明内赫的分类，属于 K-4 或 K-6 类，其中一件空首斧銎中保留了一块木头。2017 年发现的另一件空首斧属于同一类别。

### （五）叶鲁尼诺 I 墓地

叶鲁尼诺 I 墓地位于阿尔泰边疆区帕甫罗夫斯克县。1978 年，阿尔泰大学考察队开始在阿尔泰共和国森林草原地带进行调查，在帕甫罗夫斯克地区，鄂毕河左岸高地上，发现叶鲁尼诺遗址，其中包括 3 座墓葬、7 处居址和 1 处祭祀遗址。基留申（Yu. F. Kiryushin）主持发掘了其中的 3 座墓葬，1 座墓葬被现代沟渠完全破坏[①]。

---

① Кирюшин. Ю. Ф. Итоги и перспективы изучения памятников энеолита и бронзы Алтая. *Проблемы древних культур Сибири*. Новосибирск. 1985. С. 46–53.

（转下页）

第三章　塞伊玛—图尔宾诺典型墓地和遗址分析与研究　　83

　　1 号墓葬（图 3.41），死者为侧身屈肢葬，股骨被从中间切断，上半身人骨也有缺失。死者左臂附近随葬一把饰有马形象的铜刀，铜刀旁还发现平底陶器和砺石。该铜刀属于塞伊玛—图尔宾诺类型。

　　3 号墓葬（图 3.42），人骨较为散乱，但从残存的头骨、盆骨及股骨看，死者同样是侧身屈肢葬，在墓主腿骨处发现一件平底陶器。该墓地碳-14 测年为

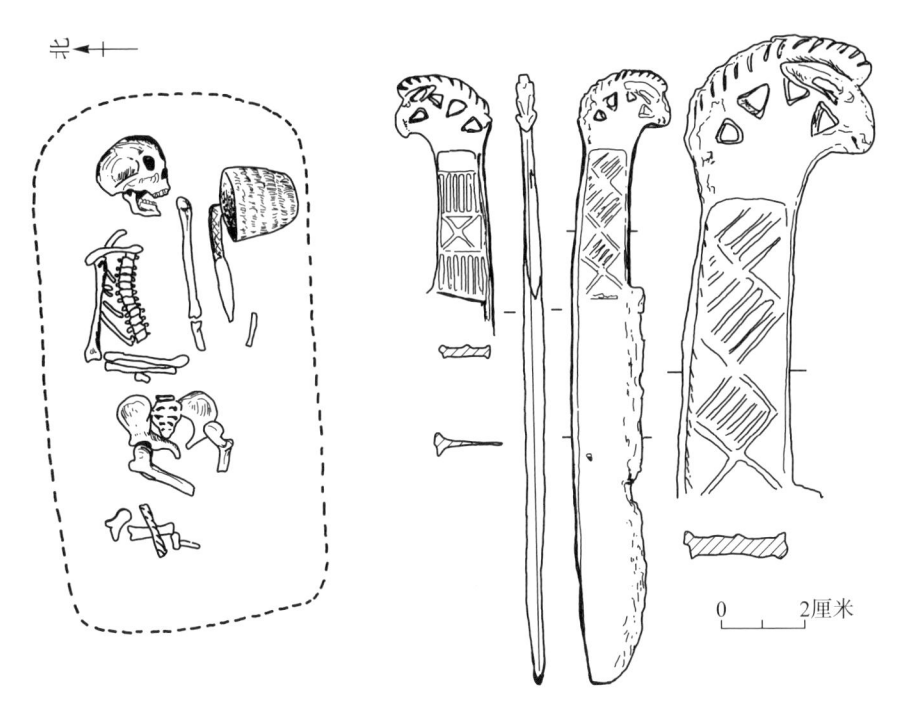

图 3.41　叶鲁尼诺 I 墓地 1 号墓葬示意图

---

（接上页）

Кирюшин. Ю. Ф. Работы Алтайской экспедиции. *Археологические открытия 1978 га*. Москва. 1979. С. 228–229.

Кирюшин. Ю. Ф. Работы Алтайской экспедиции. *Археологические открытия 1979 г*. Москва. 1980. С. 208–209.

Кирюшин. Ю. Ф. О феномене сейминско-турбинских бронз и времени формирования культур ранней бронзы в Западной Сибири. *Северная Евразия от древности до средневековья*. СПб. 1992. С. 66–69.

Кирюшин. Ю. Ф. О культурах бронзового века в лесостепном Алтае. *Сибирь в прошлом, настоящем и будущем*. Новосибирск. 1981. С. 51–54.

Кирюшин. Ю. Ф. Алтай в эпоху энеолита и бронзы (Ш тыс. УП в. до н. э.). *История Алтая: Учебное пособие*. Барнаул. 1983. С. 15–28.

Кирюшин. Ю. Ф. О культурной принадлежности памятников преднадроновской бронзы лесостепного Алтая. *Урало-Алтаистика. Археология. Этнография. Язык*. Новосибирск. 1985. С. 72–77.

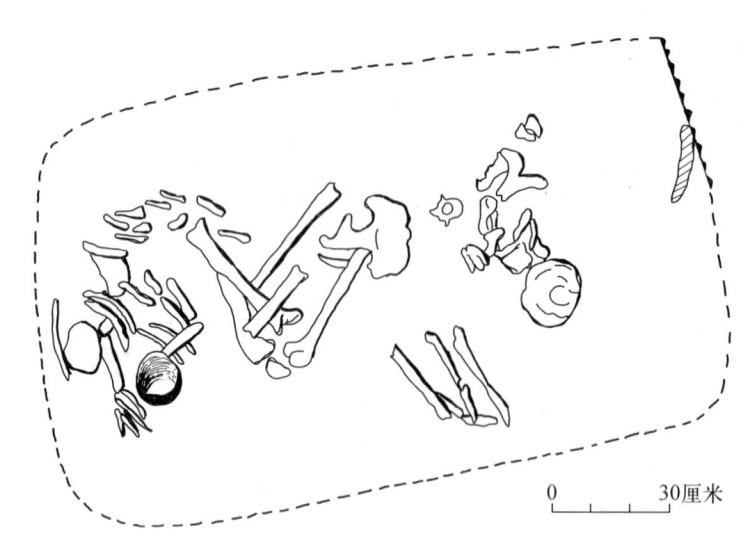

图 3.42　叶鲁尼诺 I 墓地 3 号墓葬示意图

公元前 1610 ± 30 年①，但这个年代显然没有经过校正，所以不可作为参考。

近年来随着更多遗址被发掘，叶鲁尼诺文化的基本特征及文化面貌逐渐明朗。捷列乌特斯基—乌斯沃斯 I 墓地②与别雷索瓦亚—卢卡遗址③的发掘，使我们对该文化有了更加全面的认识。特别是在别雷索瓦亚—卢卡遗址中发现了大量铸铜碎片，其中包括塞伊玛—图尔宾诺叉形铜矛碎片④。该遗址碳-14 测

---

① Кирюшин. Ю. Ф. О культурной принадлежности памятников предандроновской бронзы лесостепного Алтая. *Урало-Алтаистика. Археология. Этнография. Язык.* Новосибирск. 1985. С. 72–77.

② Грушин. С. П., Ю. Ф. Кирюшин. А. А. Тишкин., и др. Елунинский археологический комплекс Телеутский Взвоз-I в Верхнем Приобье: опыт междисциплинарного изучения. *Коллективная монография. Отв. ред. А. П. Деревянко.* Барнаул: Алтайский государственный университет. 2016; Кирюшин. Ю. Ф. и др. *Погребальный обряд населения эпохи ранней бронзы Верхнего Приобья (по материалам грунтового могильника Телеутский Взвоз-I).* Монография. Барнаул. 2003; Кирюшин. Ю. Ф., А. А., Тишкин. С. П. Грушин. Археологическое изучение памятников эпохи ранней бронзы Березовая Лука и Телеутский Взвоз-1 (2001–2002 гг.). *Северная Евразия в эпоху бронзы.* Барнаул. 2002.

③ Кирюшин. Ю. Ф., С. П. Грушин., А. А. Тишкин. *Березовая Лука – поселение эпохи бронзы в Алейской степи.* Том 2. Монография. Барнаул: Алтайский государственный университет. 2011; Грушин. С. П. Поселение эпохи бронзы Березовая Лука: реконструкция системы жизнеобеспечения. *Известия Алтайского государственного университета.* № 4/2. 2008. С. 22–35.

④ Ковтун. И. В. Проблема соотношения елунинских и сейминско-турбинских бронз. *Отечественная история.* Номер: 3. Страницы. 2005. С. 126–131.

年数据集中在公元前 2300～前 1900 年[①]；捷列乌特斯基—乌斯沃斯Ⅰ墓地 29 号墓葬出土 1 件铜箭镞。该箭镞样式独特，镞叶处饰羽毛纹样，与罗斯托夫卡墓地出土箭镞铸范形制几无区别（图 3.43）。该遗址测年数据集中在公元前 2200～前 1900 年[②]。

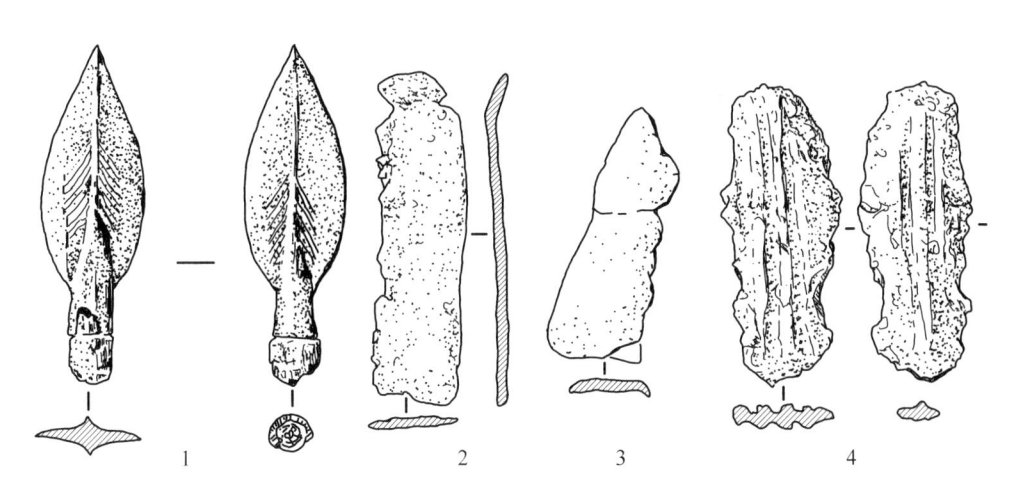

图 3.43　叶鲁尼诺文化出土铜器
1. 捷列乌特斯基—乌斯沃斯Ⅰ墓地 29 号墓葬出土铜箭镞　2～4. 别雷索瓦亚—卢卡遗址出土铸铜碎片

塞伊玛—图尔宾诺东区遗址，包括两处典型的塞伊玛—图尔宾诺墓地——罗斯托夫卡墓地与萨特加ⅩⅥ墓地。除了这两处典型墓地之外，还有一些包含塞伊玛—图尔宾诺铜器或铸范的墓葬和遗址。索普卡-2B、Ⅴ墓地发现了随葬塞伊玛—图尔宾诺类型石范的墓葬，这些墓与其他克罗托沃文化墓葬的分布位置和葬俗皆不相同，可能是生活在克罗托沃文化群体中的塞伊玛—图尔宾诺铸铜工匠。普列奥布拉任卡-6 墓地属于奥迪诺文化与克罗托沃文化，仅有 24 号墓葬随葬塞伊玛—图尔宾诺叉形铜矛，这是塞伊玛—图尔宾诺铜器被克罗托沃文化人群接受的结果。克罗托沃文化居址——文格罗沃-2 遗址中出土 1 件塞伊玛—图尔宾诺空首斧铸范碎片，斯塔瑞塔塔斯-1 居址中出土 2 件空首斧，

---

[①] Кирюшин. Ю. Ф., С. П. Грушин., А. А. Тишкин. *Березовая Лука — поселение эпохи бронзы в Алейской степи*. Том 2. Монография. Барнаул: Алтайский государственный университет. 2011.

[②] Грушин. С. П., Ю. Ф. Кирюшин., А. А. Тишкин. и др. Елунинский археологический комплекс Телеутский Взвоз-I в Верхнем Приобье: опыт междисциплинарного изучения. *Коллективная монография*. Отв. ред. А. П. Деревянко. Барнаул: Алтайский государственный университет. 2016.

阿布拉莫沃-10遗址出土2件空首斧铸范碎片。叶鲁尼诺Ⅰ墓地仅发现2座墓葬，其中1号墓中随葬塞伊玛—图尔宾诺铜刀；叶鲁尼诺文化别雷索瓦亚—卢卡遗址出土塞伊玛—图尔宾诺叉形铜矛碎片；捷列乌特斯基—乌斯沃斯Ⅰ墓地29号墓葬出土1件塞伊玛—图尔宾诺铜镞。

关于塞伊玛—图尔宾诺与克罗托沃文化、叶鲁尼诺文化之间的关系，我们会在后文进行讨论。

## 三、中区（乌拉尔山地区）

该区塞伊玛—图尔宾诺遗址集中分布于乌拉尔山地区。卡宁山洞遗址分布于北部泰加林带区，北乌拉尔前山地带；峡坦亚湖-2遗址则处于乌拉尔山区山地森林地带。

### （一）卡宁山洞遗址

卡宁山洞位于伯朝拉（Pechora）乌拉尔西坡，是乌拉尔山脉北部的一部分，面向伯朝拉河右岸的峭壁，靠近卡宁山角。峭壁之上有一个平台，就是我们将要讨论的卡宁山洞。

卡宁山洞自19世纪就吸引乌拉尔地区研究者展开调查，这处遗址是当地非常重要的一处祭祀地点，是曼西人与汉蒂人的朝拜圣地。在曼西人的语言中，卡宁的意思是"祭祀的地方"。

卡宁山洞洞口位于河流边缘上方11米，岩壁非常陡峭，河流上方20米处山体走势开始和缓，其上覆盖针叶林，人们可以沿着山崖上的小路进入洞穴。

洞穴入口处是一条狭窄蜿蜒的小路（图3.44），一直通向洞穴内部。洞穴总长度63米，进入洞穴时朝向西北，之后转向东北。洞穴的地面由夹杂砾石的土壤构成，有时还有一层薄薄的苔藓。

洞穴内部，从入口进到石灰岩地带，地势不断上升，一开始坡度较缓，转向东北之后，坡度突然抬高；入口到洞穴内部，高差13米。

1959年下半年和1960年上半年，卡尼韦茨（V. I. Kanivec）对卡宁山洞遗址进行了科学的考古发掘工作。发掘工作从洞穴入口处的斜坡开始，南部的斜坡上都是石头，只有在靠近悬崖很窄的一部分可以进行发掘。对内部进行发掘，发现靠近洞口沉积物深度大约0.7米。从地貌学角度来讲，完全清理洞穴

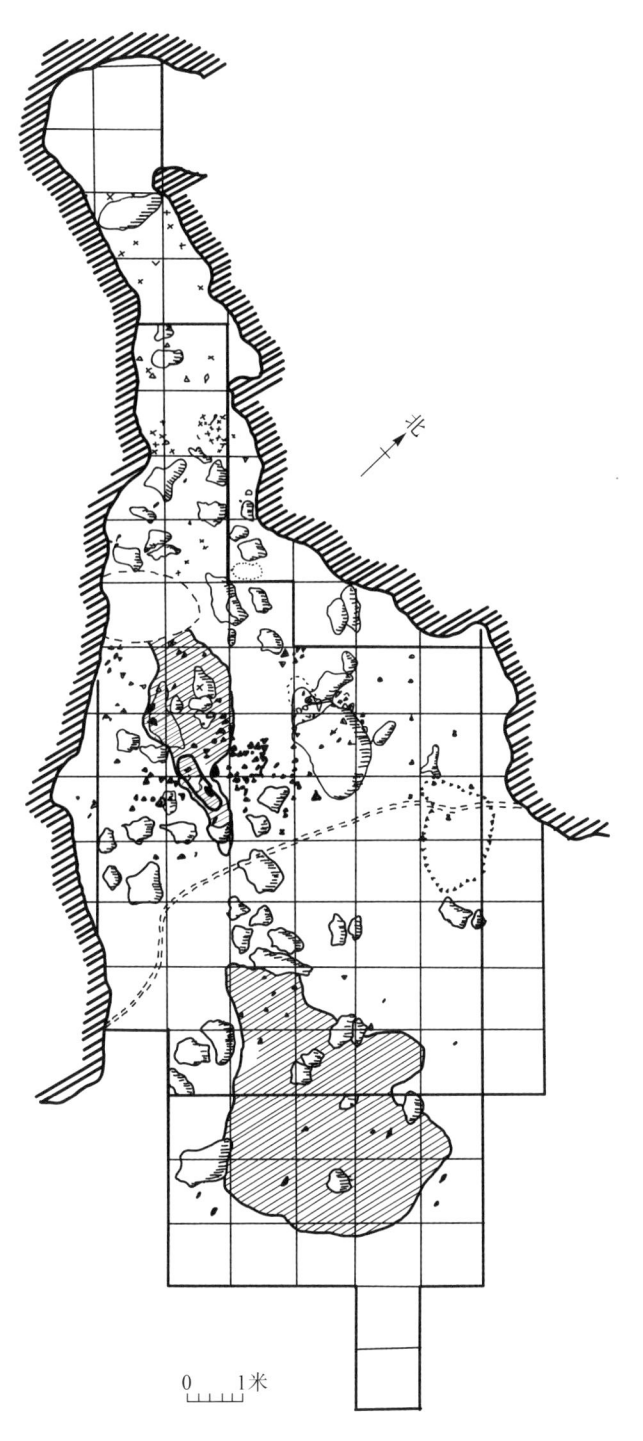

图 3.44 卡宁山洞遗址平面图

的这一部分，需要耗费很大的资源和精力，但是对于考古工作来讲并无太大意义。1960 年，萨维里耶娃（E. A. Savelyeva）对洞穴内部进行了清理。为方便进入清理地点，发掘者们在洞穴最陡峭的地方修建了木制楼梯，并且设置了灯和蜡烛。

此次发掘洞穴总长 21 米，宽 8 米，总面积近 82 平方米。1959 年发掘了 47 平方米，1960 年发掘了 35 平方米。

地层堆积状况如下（图 3.45）：

1. 沙壤土，深褐色，土中夹杂大量有机物和植物残留——深度为地表至 0.46 米。
2. 钙质土壤，夹杂碎石，灰色、深灰色——深度为 0.46～0.76 米。
3. 含钙石灰岩土壤，夹杂大量炭屑、烧土，深灰色、浓黑色——深度为 0.76～0.94 米。
4. 钙质土壤，含有沙砾，还有砾石和鹅卵石，棕褐色——深度为 0.94～1.2 米。

卡宁山洞中的沉积物由两个四元矿床组成：

1. 全新世。三层：深棕色土层、深灰色土层和被燃烧过的地层，还包括祭祀物品（从公元前 2 千纪开始）。
2. 更新世。棕色的沙土层、棕色土壤层、红褐色砾石层，还包括一些动物化石。

在卡宁山洞的文化层中共发现 2 954 件遗物（箭镞 780 件），包括燧石器 401 件，骨器 498 件（图 3.46），铜器 358 件，银器 368 件，还有铁器、陶器碎片等。

通过对这些出土物的研究，研究者认为从公元前 2 千纪开始，古代居民多次到达这里，一直到公元 13 世纪。其中，青铜时代和中世纪的遗物最为引人瞩目，这些出土物地层分界不明显，但往往在第一层和第二层。

中世纪时代的遗物只在洞穴的入口处发现，并未深入到洞穴内部。洞穴内部除了两件铁片和一件铜碎片外，并没有其他遗物。中世纪时代的遗物主要集中于地层上部，距离地表 0.3 米。青铜时代的遗物几乎遍布整个发掘区域，但大多数都集中在内部通道区域和内室的左半部分。从遗物的分布来看，青铜时代祭祀地点靠近内部通道口。

在卡宁山洞一共发现 43 件铜器（图 3.47），这些铜器都属于青铜时代。考虑到该遗址的位置，这批铜器更显得非常重要。尽管多数铜器都是损坏的工具，且大都为铜器碎片，但是这批材料对于研究乌拉尔地区金属冶铸非常有意义。

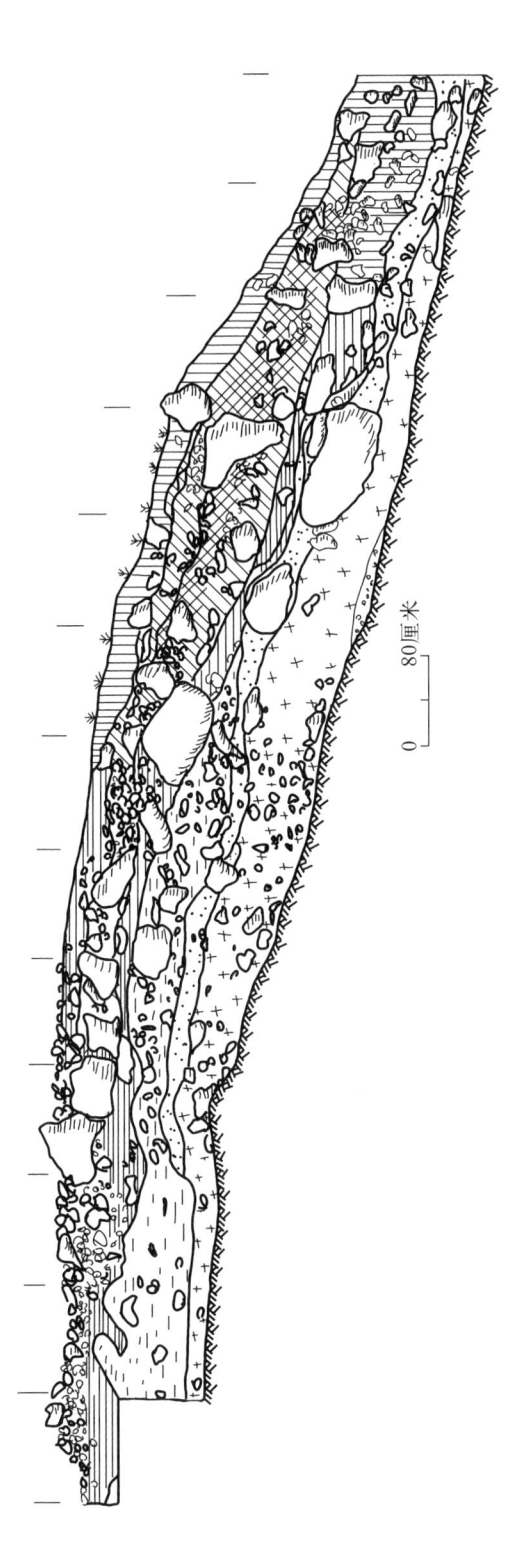

第三章 塞伊玛—图尔宾诺典型墓地和遗址分析与研究 89

图 3.45 卡宁山洞遗址剖面图

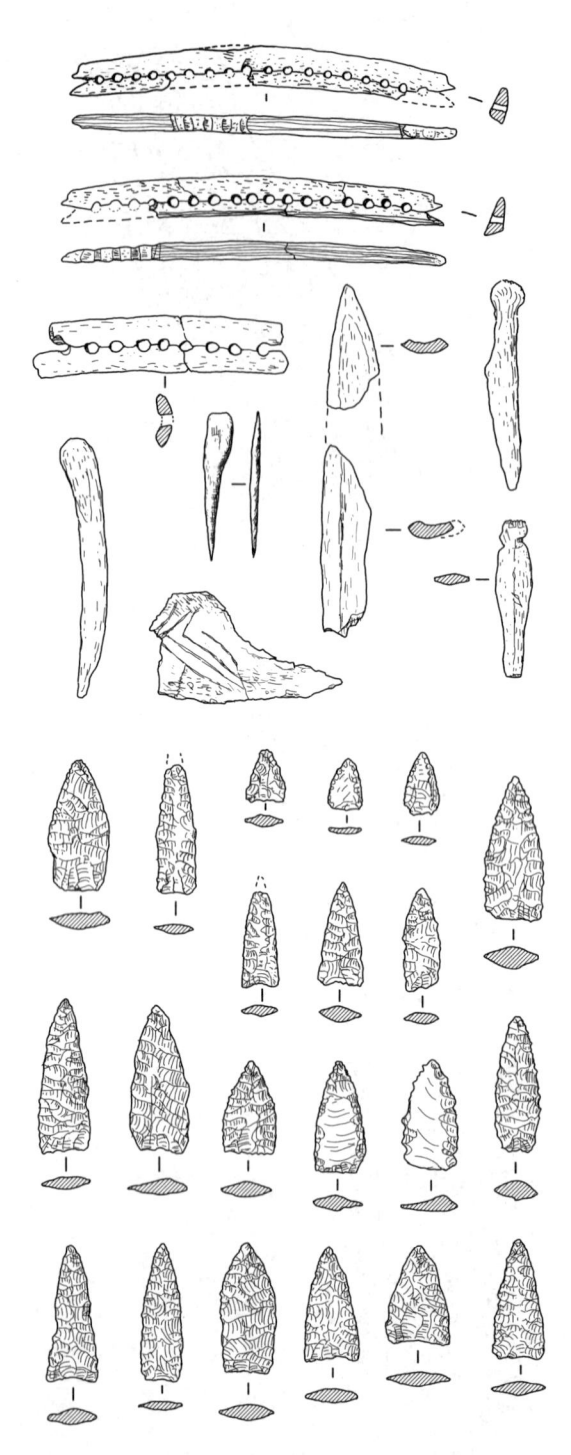

图 3.46 卡宁山洞遗址出土骨器与石器

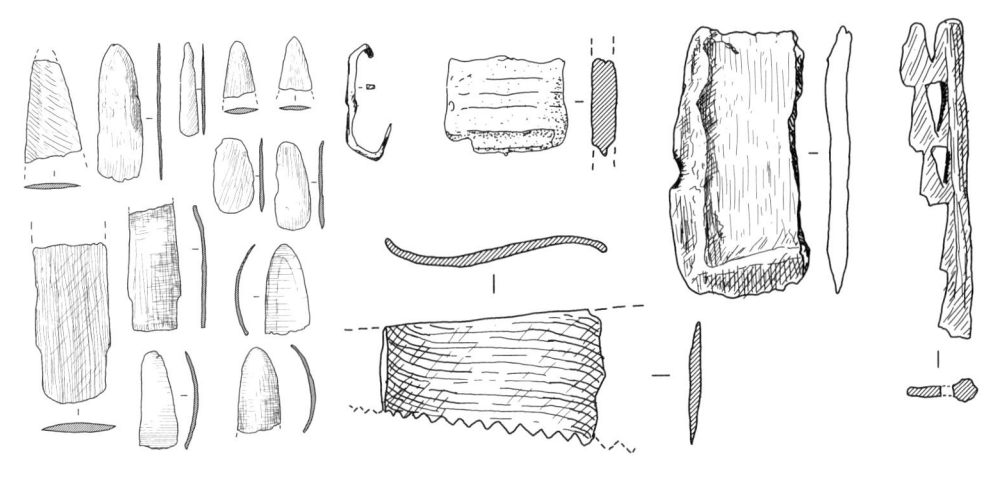

第三章　塞伊玛—图尔宾诺典型墓地和遗址分析与研究　91

图 3.47　卡宁山洞遗址出土铜器

青铜刀和短剑。刀片一共发现 13 件，其中有 7 件属于青铜时代铜器。虽然这些都被称为铜刀，但某些片状铜器可能是铜矛的尖部。在这些发现中，我们注意到一件较大的铜刀碎片，带有手柄，砷青铜质地。另一件略微弯曲的铜刀，较窄，刀柄较宽，锡青铜质地，锡含量较低。此外还发现 5 件刀背弯曲的铜刀，目前尚不能解释刀具弯曲的目的，可能和祭祀相关。根据民族学调查，研究者认为毁器习俗可能和祖先崇拜的祭祀活动有关。

为了确定卡宁山洞的类型，研究者对出土铜器进行了研究，认为这批铜刀属于塞伊玛—图尔宾诺类型，在乌拉尔及其东西相邻的地区（塞伊玛墓地、图尔宾诺墓地等）都有发现。

卡宁山洞发现的铜剑片，在图尔宾诺墓地也有发现。此外，还发现 2 件铜刀手柄碎片，第一件碎片是镂空的手柄；第二件手柄碎片，手柄正反面有三条平行的刻划凹槽。该器物由含少量铅（1%）的锡青铜制成，类似的器物在加利奇宝藏、塞伊玛墓地皆有发现。

卡宁山洞发现的铜锭也证明了当地冶金生产很发达。在我们研究的 10 件样本中，2 件为纯铜，8 件为锡青铜。留在祭祀地点的这些铜锭，可能是向冶金地点供应的原料。

我们检测的这批铜器和铜锭由三种合金组成：锡青铜（17 件），锑—锡—铜（3 件），砷—锡—铜（3 件）。

## （二）峡坦亚湖-2 遗址

峡坦亚湖-2 遗址位于俄罗斯斯维尔德洛夫斯克省基洛夫格勒，乌拉尔山森林地带峡坦亚湖沿岸[①]。

高级实验员利特亚卡（A. S. Litvyak）于 1990 年在湖的西侧进行了调查。他发现了 5 处遗址（峡坦亚湖Ⅰ、Ⅱ、Ⅳ、Ⅴ和圣母玛利亚岛），并对伊万诺夫（V. Ivanov）于 1985 年发现的遗址（峡坦亚湖-Ⅲ）进行了调查。通常，初次调查并不能完全揭示古代遗迹，所以后来峡坦亚湖的编号被利特亚卡进行了修改。计数从发现大量遗物的主要祭祀中心开始。也就是说，最早在 1985 年发现的是峡坦亚湖-Ⅲ，后来被重新定义为峡坦亚湖Ⅰ，其他几个遗址的编号也相应调整，峡坦亚湖-Ⅳ改为Ⅱ，峡坦亚湖-Ⅴ改为Ⅲ，峡坦亚湖-Ⅰ改为Ⅶ，峡坦亚湖-Ⅱ改为Ⅷ。

1996 年 5 月~6 月，NTGPI 人文学院的毕业生米什申科（O. P. Mishchenko）对峡坦亚湖-1 遗址进行了考察。她在湖边堤坝上共收集了约 6 500 件遗物。

同年，沙曼奈伊（A. V. Shamanay）在峡坦亚湖Ⅰ遗址的滨水树林进行了小规模发掘（V. T. Kovalyova 也参与了这项工作）。这次发掘总共揭露了 80 平方米，发现了数千件遗物。1998 年，沙曼奈伊继续在峡坦亚湖进行发掘，同样是小规模的。他的发掘材料没有发表，仅发表了两篇小文章。1998 年，沙曼奈伊在峡坦亚湖Ⅱ遗址倒下的白桦树根部发现了一堆用于制作工具的板状和片状铝质粉岩的原材料，他认为这是个器物群。在随后的几年里，考古研究小组每年 5 月都会前往该地进行考察。每次考察都会增添一些有趣和罕见的发现。

2000~2004 年，赛里科夫（J. B. Serikov）开始主持该地发掘工作，长达 60 米的堤岸地带被清理出来。一些小规模发掘也在沼泽地区的沿岸开展。总共发掘的面积略多于 500 平方米。

2004 年，在 1 号发掘地点毗邻倒塌白桦树的空地上，设置 3 个 5 米 × 5 米的探方进行发掘。发掘区被绘制为一个坐标网格，设置了 25 个 1 米 × 1 米的方格。每个方格被从 1 到 25 编上了序号。发掘表面每隔 1 米进行水平调整。

---

[①] Serikov. Y. B., O. N. Korochkova, S. V. Kuzminykh, and V. I. Stefanov. Shaitanskoye Ozero II: New Aspects of the Uralian Bronze Age. *Archaeology, Ethnology & Anthropology of Eurasia*, 37 (2), 2009. pp. 67–68; Сериков. Ю. Б. Скальные культовые памятники Шайтанского озера. *Проблемы археологии: Урал и Западная Сибирь (к 70-летию Т. М. Потемкиной)*. Курган: Изд-во Курган. гос. ун-та. 2007. С. 42–49.

用一块平坦的大石头表面作为高度标志，该石头位于湖边礁石的边缘，表面用油漆做了标记。

按照以下方法进行发掘：使用手铲进行发掘，除没有纹饰的陶片外，几乎所有的遗物均进行编号。每个发现的深度用水准仪测量，每件遗物都用纸袋封包，并注明所处位置和埋藏深度。在工作期间，对所有的遗物进行清理和编号。在发掘过程中，包括石头、礁石的位置，以及地面的上下深度都做了标记。还在发掘区域内进行了精细筛选。在发掘的中心区域发现了一个大型的冶炼遗迹，尺寸为长 2.8、宽 1.8 米。

该冶炼遗迹表面为不均匀的颜色。在特定位置，燃烧痕迹的厚度可以达到 33 厘米。考虑到在该区域附近发现了一个用于熔炼铜的坩埚和两块铜块，可以推测这个遗迹与铜冶炼生产有关。在 16 和 17 号区域，燃烧痕迹的西南方紧邻着一块石板。它呈椭圆形，长 0.75 米，宽 0.5 米。石头被移开后，下面发现了略呈橄榄色的燃烧痕迹。该痕迹尺寸略大于石板——长 0.78、宽 0.54 米。剖面显示它是一个浅坑（深约 8 厘米），底部非常平坦。

在遗址北部发现独特的祭祀遗迹促使研究者们在南部边缘寻找类似的迹象。在 2006 年，在峡坦亚湖-2 的南边寻找遗迹遗物时使用了金属探测器。这导致了一系列完全出乎预料的结果——发现了几个包含青铜制品的器物群，研究者们临时将它们命名为"祭祀器物群"。

"1 号器物群"由空首斧和一把铜剑组成。这把 17.3 厘米长的铜剑位于空首斧下面，剑尖朝向西北。空首斧几乎与剑垂直摆放。这是所有遗物中最大的空首斧，长度为 18 厘米。空首斧的刃部朝向西南。两件遗物的深度为现代地表以下 15~17 厘米。在铜制品的发现点周围，发掘了一个 2 米 × 2 米的探坑。在其中发现了 3 件石制品碎片、3 件口沿陶片和 4 件陶容器碎片。这些石制品碎片由燧石、石英岩和玛瑙制成。其中一块玛瑙碎片上有火烧痕迹。所有口沿和器壁碎片都装饰有梳状图案，并属于青铜时代的科普特亚文化。

在"1 号器物群"东北 6.5 米处，发现了第二个器群——"2 号器物群"。首先，在 12 厘米深处发现了 1 根长 9 厘米的铜针，旁边是 1 把铜斧。在东南方向半米远的地方发现了带有凸柄的铜剑（长度为 15.6 厘米），它靠在 1 件断裂的矛上。剑旁边发现一些陶器碎片，它们可以拼合在一起，属于科普特亚文化陶器。在其以北 20、深度 15~16 厘米的地方，发现了 1 把铜剑、2 个带纹饰的手柄、1 个铜钩和一些科普特亚文化陶器的碎片。在"器物群"范围内还发现 12 个石制箭镞。总共从这个直径约 1.5 米的器群中发现了 59 件铜器、16 个石制箭镞和 62 片青铜时代陶器碎片（来自 4 个陶容器）。其中，2 件陶器分别有 32 片和 19 片碎片。陶器的壁厚度在 3～6 毫米。此外，还发现相当数量的碎滑石。陶器装饰有水平排列的齿状纹、直线纹和梳状花纹。在铜器中，还发现 1 把完整的剑、3 个空首斧碎片、1 块矛的碎片、3 把剑的碎片、1 个铜凿、2 个完整的凹槽手镯、6 个手镯碎片和 2 个铜块。同时，还在器物群中发现了 3 件铜针以及 32 件铜块和铜片。

在"1 号器物群"的北部 9 米和"2 号器物群"的西南部 5 米处，利用金属探测器发现了 1 件长 13.5 厘米的铜凿。在向南 25 厘米处发现了 1 种带銎铜锥，长 14 厘米，这些发现被暂时视为"3 号器物群"。后来，在铜锥北边 35 厘米处发现了 1 把只有 9 厘米长的小型铜矛。这个铜矛可能也是"3 号器物群"的一部分。这些遗物的深度是 20～23 厘米。

"4 号器物群"包括 1 件 13 厘米长的空首斧，銎内插有 1 件长 12.4 厘米的铜锥，类似于"3 号器物群"中的铜锥。铜锥中插有 1 个弯钩。空首斧垂直插入地面。铜锥上部所在的深度只有 10 厘米。"4 号器物群"位于"1 号器物群"西北 8.7 米和"2 号器物群"西 7.7 米处。

"5 号器物群"，由 2 件工具组成：1 把空首斧和 1 把铜剑。这是最南部的铜器群。它位于"1 号器物群"南部 11 米处。铜剑和空首斧相距 5 厘米，剑尖和空首斧刃指向不同的方向，剑向东，空首斧向西。有趣的是，空首斧的刃在古代被折断，并放入了空首斧内部，于是保存下来自然铜的金黄色。剑刃的尖端折过两次，但未断裂。空首斧的长度为 14.8 厘米，剑的长度为 15.6 厘米。另一个能观察到的现象是，在清理铜器后发现，它们位于石头的两侧，并被一些半圆形散落的石头环绕。另一侧的器物群是由类似煤状层勾勒出来的。仍然不清楚这是否是人工建造的，或者是自然形成的湖岸部分。需要注意的是，河岸阶地由各种大小的花岗岩卵石组成。器物坑的深度是 17～20 厘米。除了铜器，还发现了另外的 23 件器物。

2007 年的发掘（南部编号 2）位于第一个发掘区的南部。由于周围树木的影响，它无法按照正方位进行定位。它的长边（11 米）从东北向西南方向延伸，短边（4 米）从东北向东南方向延伸。发掘总面积为 44 平方米。因为没有金属探测器，所以没有对发掘区域及其周边进行探测。

由于靠近湖岸边缘，发掘区域充满了大量的大型和中型花岗岩。发现的遗址位于石头之间。在某些情况下，石头和发现物之间的布局似乎是故意安排的。在第 9 区域，发现了一种用石头围起来形成的石室。

通过对发掘区域平面图进行分析，可以看到 3 个铜器和石制箭镞的集中区域。相比北部发掘区的器物群，这些器物群的尺寸和发现的物品数量较少。最有趣的器物群发现于第 6、16 和 17 区域。在第 6 区域发现了一个被称为 "6 号祭祀遗址" 的地方，它包括一个没有刃部的空首斧，以及空首斧旁边的两个石制品：一个大的斑点燧石刮削器（长 5、宽 3.4 厘米）和一个未经修整的玛瑙碎片，形状类似于动物雕像。在 "第 6 区域" 东边约 0.8 米处，即第 16 区域，清理出一把带有柄的铜剑，长度为 33 厘米。剑置于地面，剑尖指向东南方。附近有一块玄武岩碎片，和一个阿雅特文化的陶器碎片。这证明，在这把剑被掩埋时，此处已形成文化层了。但同样，没有发现任何坑的存在。在相邻的 17 区域，发现了 2 片带沟槽的手镯碎片。旁边还有一个来自同一手镯的碎片。在这个器物群里并未发现箭镞。

第二个集群（14 区域）包含 3 个青铜制品（2 个铜片和 1 个铜短条）和 3 个箭镞。第三个集群的尺寸最大，它靠近发掘区的东南，并且长达将近 3 米。在这里发现了 13 件青铜制品（主要是手镯碎片、铸块、铜片、铜块）和 3 个箭镞。在发掘的边缘处发现了一把青铜剑，长度为 17.4 厘米，具有整体铸成的手柄。它位于距离发掘区 10 厘米处的一块石头下面，离现代地表 27 厘米。

典型遗物包括：

空首斧。所有的空首斧皆为铸造。最大的空首斧来自 "1 号器物群"，长度为 18 厘米，刃宽度为 7.3 厘米，銎口宽 5.5 厘米，中间部分厚度为 2.1 厘米，銎口处厚度为 3.6 厘米。空首斧的横截面为六边形，凸出的边缘上有磨损的棱角。空首斧的銎口部由交错的阴影三角形装饰。銎口两侧都有假耳。两个侧边都用銎口处两行阴影三角形装饰。在銎口处，有一串由两个阴影三角形和三个阴影菱形组成的链状图案。从空首斧的侧边延伸出来的四个阴影三角形以尖角相对。

其他空首斧的长度相当标准，介于 13~15 厘米之间。来自 "5 号器物群"（带破损刃部）的空首斧长 14.8 厘米，刃部宽 7.3 厘米，中部宽 5.1 厘米，厚 2.3 厘米。它也有六边形截面和两个假耳。空首斧由 "梯子纹" 条带和阴影三角形装饰。条带下方下垂的有由三个阴影菱形和一个三角形组成的链状图案。

"3号器物群"中的空首斧长13.5厘米,刃部宽6.8厘米,中部宽4.6厘米,厚2.4厘米。条带状"梯子纹"下由两个阴影菱形和一个三角形组成的链形图案。菱形和上面的三角形的阴影与所有其他菱形和三角形的阴影不同。通常,形状由斜线表现阴影,而这些菱形由交叉的斜线表现阴影。

矛头。在2006~2007年的发掘中,没有发现完整矛头。只在"2号器物群"中发现了两个带銎、无叉的铜矛碎片。并在"3号器物群"的附近发现了一个长度为9厘米的小型带銎长矛。銎部还有一个小耳,结构类似空首斧的耳,这可以归类为祭祀器物。

短剑。有一件长度为33厘米、作者将其归类为剑的遗物。它是一个具有双面刃的兵器。带有一个铸造的手柄,及饰有浮雕线条的蘑菇形顶部。长度为15.2厘米,在顶部留有一个圆形小孔。另一件短剑被垂直地插入地面。它同样有中脊、一个完整的手柄和一个蘑菇形的顶部。与第一把短剑不同的是,它的尺寸较小(长度为19厘米),没有装饰图案。双刃板状短剑及其完整的手柄也很有意思。短剑刃部的长度为9.6厘米,柄的长度为7.7厘米。短剑的手柄由连在一起的三角形构成的菱形装饰图案。一面的柄上装饰了菱形,另一面上装饰满了三角形。在短剑柄的顶端有断裂痕迹,可能是上部还有装饰结构。这种有装饰的三角形在柄上的短剑,在帕拉特基Ⅰ(Palatki I)遗址(叶卡捷琳堡市周边地区)也有发现。至于短剑的柄部,在"2号器物群"中发现了两个在乌拉尔地区前所未见的带有刻花形状的柄,长度分别为11.5和8厘米。较长的柄带有"θ"形顶部。在侧面上有三角形和矩形镂孔。第二个柄的顶端看上去像一个十字。镂孔处被许多刻线所装饰。两个柄都是由失蜡法铸造,可能是为了祭祀。

铜料。铸造过程中,在铸范的浇口上会留下过多的金属,当这些金属冷却凝固后,会形成类似圆锥或圆台形状的铸块。铸铜工匠称之为"溢余"。此次的发现中有五个这样的铸块。只有一个铸块呈较规则的圆锥形,高2.9厘米,底部直径为2.7厘米。其余的铸块不仅横向被削减,而且还有纵向被削减。可以猜测,在第一种情况下,金属是在垂直摆放的铸范中冷却的,而在其余的情况下,铸范则处于水平位置。

研究收集了30多件炼渣和铸造废渣,它们是铸造生产的废弃物。它们的大小不一,形状为圆形或不规则形。

南北两处发掘区的不同时代的遗物比例颇为接近。如果将两处的百分比数据相加，那么总体的情况将如下：中石器时代为 1%，新石器时代为 0.9%，红铜时代为 2.2%，青铜时代为 93.1%，早期铁器时代为 2.7%，中世纪为 0.1%。

之后，乌拉尔联邦大学克洛科娃与斯捷法诺夫开始主持峡坦亚湖-2 遗址项目，该项目一直持续到 2016 年。发掘地点位于峡坦亚湖西岸（图 3.48）。

发掘工作集中在 2006 年和 2007 年完成，2006 年赛里科夫带领考古队发掘了 52 平方米，2007 年发掘了 44 平方米。到 2016 年，该遗址一共发掘 240 平方米。

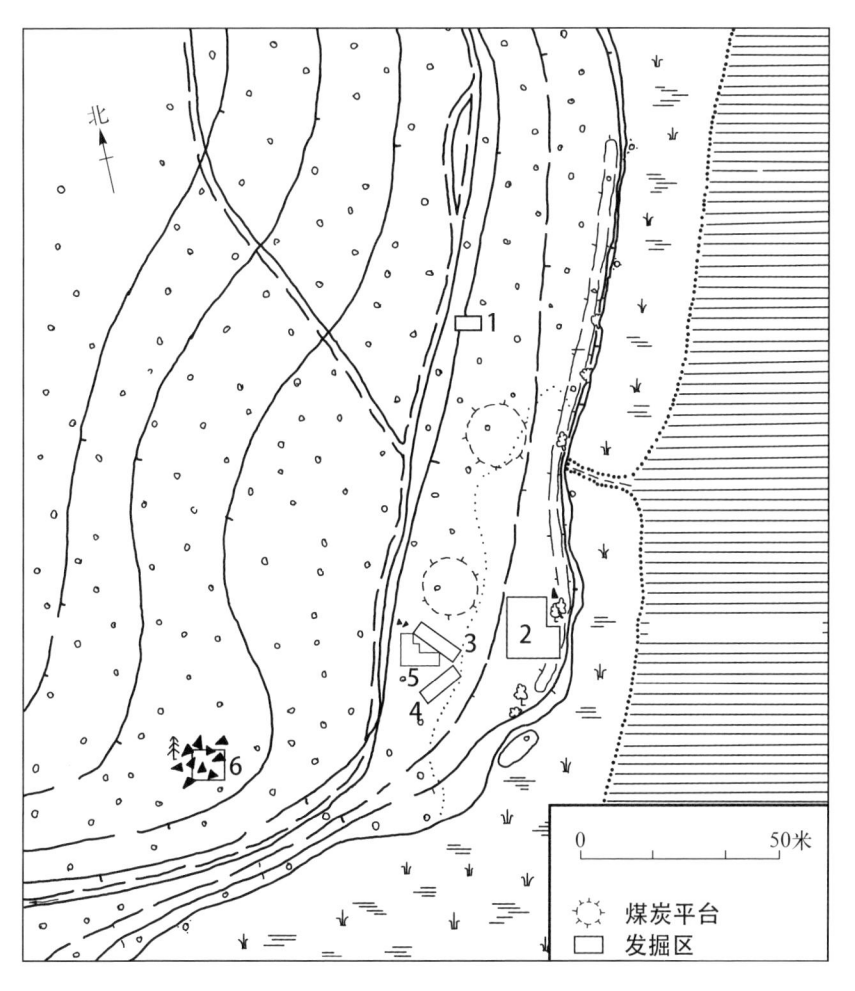

图 3.48　峡坦亚湖-2 遗址位置示意图

峡坦亚湖-2 遗址共出土 160 余件铜制品——大多是工具和兵器，其中包括 8 件完整的空首斧、2 件空首斧残片、19 件刀和匕首、5 件铜锛、3 件战斧、1 件铜矛、2 件镂空的器柄、1 件锻造的凿、鱼钩、穿孔器和小凿子、及刀、斧、矛的残片（共 15 件）。

该遗址遗物埋藏深度很浅（距地表 10～45 厘米），出土器物地层的土色呈浅褐色，土质为黏土（图 3.49）。遗物有的分开放置，有的成对放置，有的成堆放置。最大的一处遗物堆积占地 7 平方米，包括 3 件铜刀、2 件镂空的器柄、1 件残空首斧、2 件残矛头、1 只钩子、2 件呈四面体的小镖头和手镯残片。在此堆积东北方向 1.2～2 米处，有一处小堆积，出土了 4 件铜刀。在这两处铜

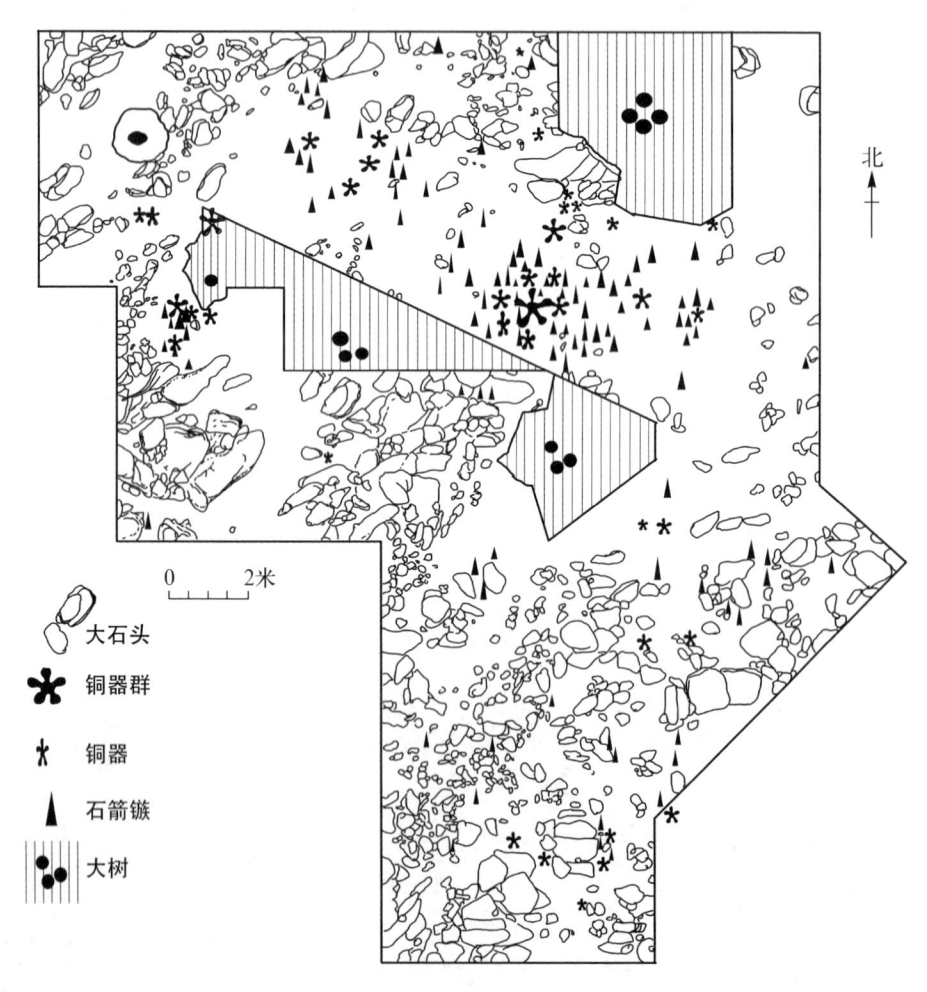

图 3.49　峡坦亚湖-2 遗址平面图

器堆积之上，发现了大量炼渣和人工制品残片（也可能是废料），包括斧、钩、手镯残片等，此外还有大约70枚三角形的石镞。

在堆积东部，有一组由1件空首斧、1件铜刀、6枚石镞和1件断成两截的铜矛组成的器物群。在堆积的西北部，有一组由1件空首斧、1件战斧和1件铜矛组成的器物群。其附近发现1件插入地面的匕首。在离铜器堆积1.2~1.5米的地方发现有18枚燧石箭镞，构成一组更小的器物群。

值得注意的是，在峡坦亚湖-2遗址中发现大量将铜器垂直插入地面的现象：

1. "4号器物群"包括1件13厘米长的空首斧，銎内插有1件长12.4厘米的带銎铜锥。铜锥中插有一个弯钩。空首斧垂直插入地面。

2. 39号区域发现一把带柄铜剑，长19厘米，垂直插入土中，剑尖向下。值得注意的是，除了剑之外，3件石箭镞也插入土中。

3. 堆积中最东部有一根长5.3厘米的铜针被垂直地插入土中。

4. 在堆积物内发现的2把铜剑（分别在11和18区域）严重倾斜插入土中，剑尖向下。

在已发掘的堆积中，各种遗物混杂在一起放置，距地表的深度也不一致。金属器或被平放，或被倾斜一定角度插入土中，甚或竖直插入土中。这些遗物最初并不是直接放在地面上的，而是被平放或插入事先挖好的小坑里。湖岸由沉积土构成，土质疏松，散布着大石头。这些小坑位于大石头之间。大量陶片和石器的发现（图3.50），说明古代居民会在遗址上进行活动[1]。

俄罗斯科学院考古研究所科技考古实验室（莫斯科）对峡坦亚湖-2地点出土的88件标本进行了化学成分分析，检测了几乎所有工具和武器（除了刀的小碎片）以及许多铜片和炼渣[2]。

这批铜器样品中，大部分器物（68件，占样品总数77%）是锡青铜，锡含量从0.8%~1.0%到10%不等；不过，大多数合金器物的锡含量为3%~8%。大约有一半铜器标本（30件）检测出其他元素，其中含锌的21件，含铅的4件，含砷的1件。在一些铜器标本中，锑元素与上述几种元素被同时测

---

[1] Сериков. Ю. Б. *Шайтанское озеро-священное озеро древности. Ниж.* Тагил: НТГСПА. 2013; Корочкова. О. Н., И. А. Спиридонов. Степные знаки в металлическом собрании святилища Шайтанское озеро II. Бейсенов. А. З., Ломан. В. Г. (отв. ред.) *Археологическое наследие Центрального Казахстана: изучение и сохранение.* Том 2. Алматы. 2017. С. 182-185.

[2] Korochkova. O. N, Kuzminykh. S. V., Serikov. Yu. B., Stefanov. V. I. Metals from the ritual site of Shaitanskoye Ozero II (Sverdlovsk Oblast, Pussia). *Trabajos de Prehistoria*. № 67 (2), 2010. pp. 485-495.

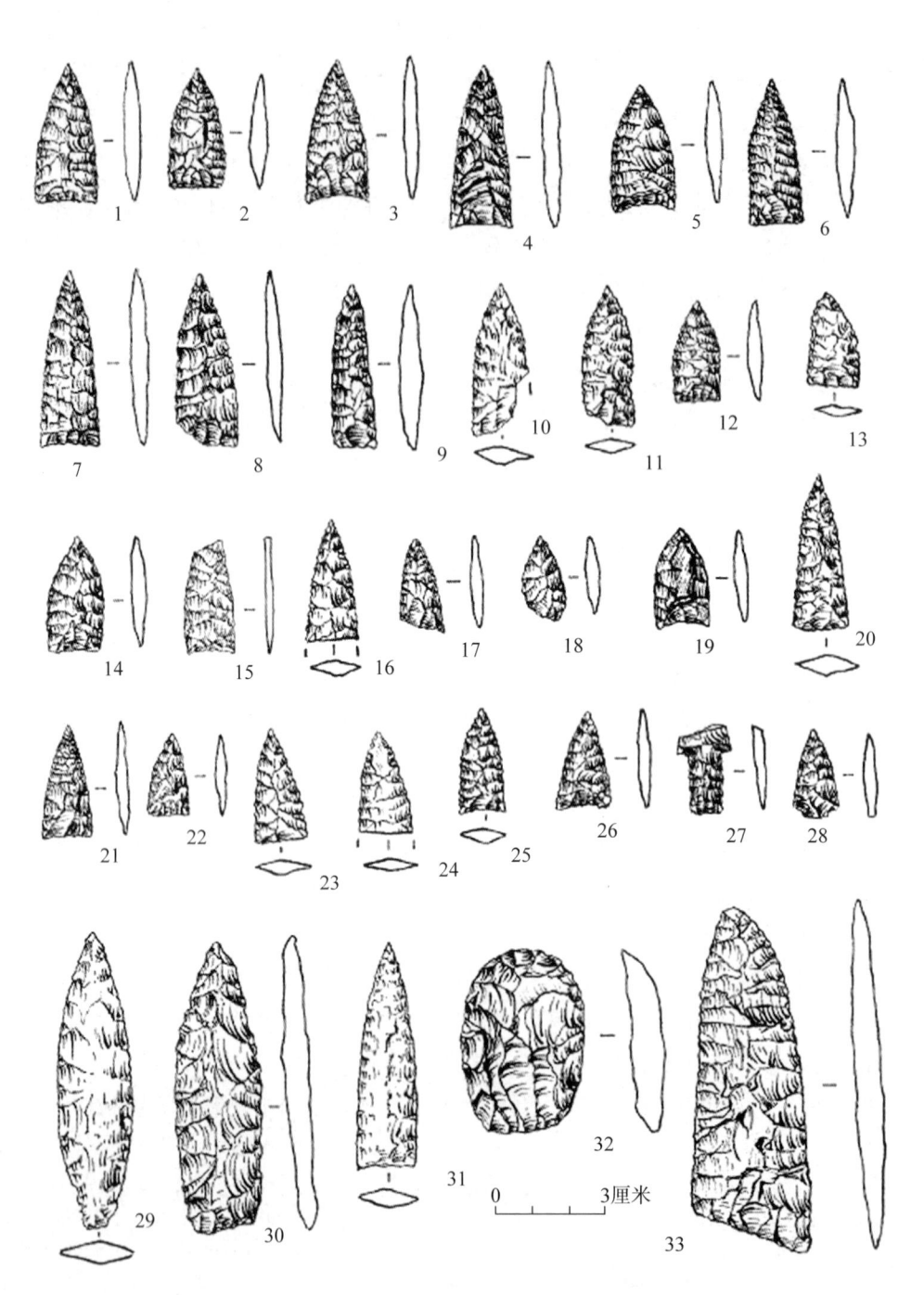

图 3.50 峡坦亚湖-2 遗址出土石器和陶器

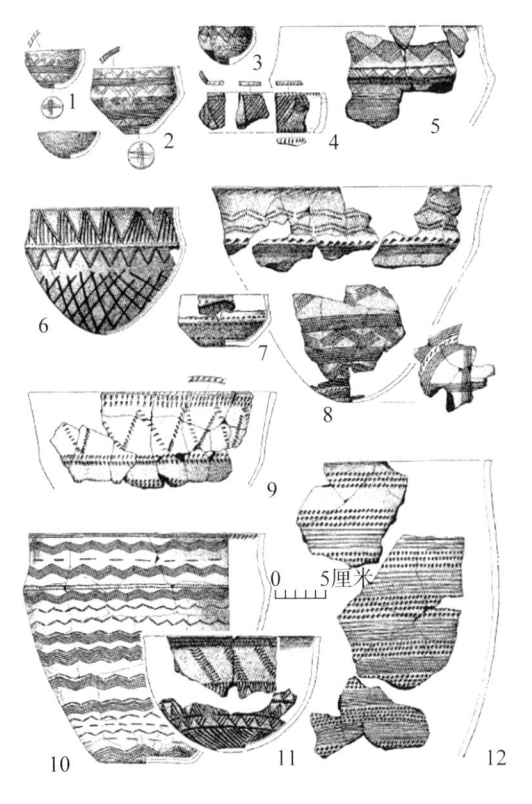

第三章 塞伊玛—图尔宾诺典型墓地和遗址分析与研究　101

图 3.50（续）

出，不同器物间各元素比例亦有区别。此外，峡坦亚湖-2 地点还出土了部分纯铜制造的器物，共 17 件，占样品总数的 19%。总之，在峡坦亚湖-2 地点，铜器与铜锭都以锡青铜为主体（图 3.51）。

峡坦亚湖-2 地点一共检测了 15 件样本的碳-14 测年数据，3 件样本因为年代远远晚于青铜时代，所以不予采纳。其余 12 件样本，碳-14 测年数据的年代集中在公元前 20~前 14 世纪，大部分数据落在公元前 20~前 17 世纪[1]。

学者们对该遗址进行了广泛研究，在湖的岸边及其周围发现了 20 个考古遗址，并证明了其中至少 15 个具有祭祀性质。对峡坦亚湖-2 的多年研究确定了这个遗址是一个在不同历史时期都在运作的祭祀中心，确定了新类型祭祀地点的特征。在峡坦亚湖-2 遗址上，发现并研究了 2 个青铜时代的祭祀场所。

---

[1] Fricke F. *The Metallurgy of the Seima-Turbino Phenomenon*. Masterthesis. Goethe Universität Frankfurt am Main, 2017, p. 123.

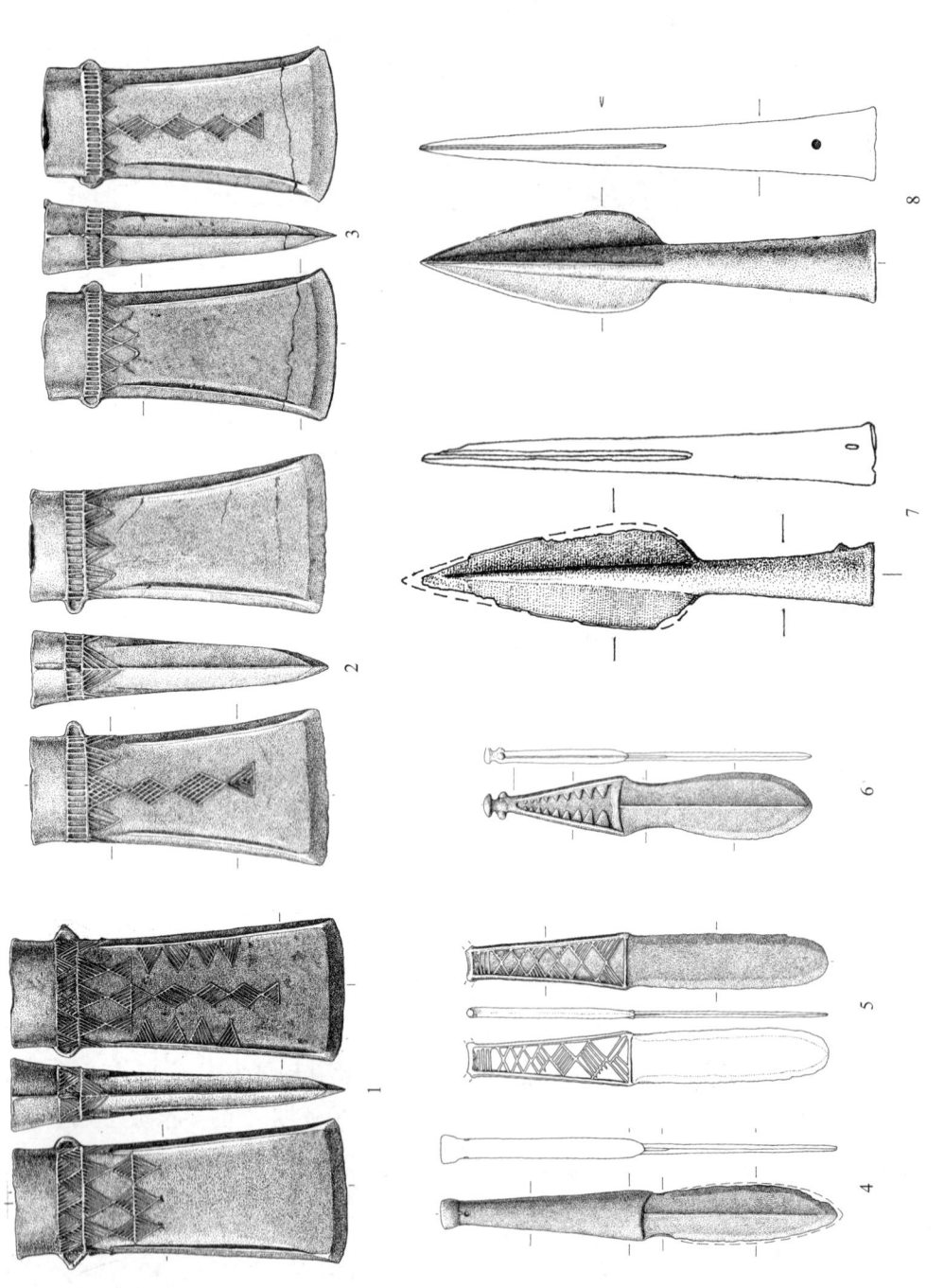

102　欧亚草原视野下的塞伊玛—图尔宾诺与中国

图 3.51　峡坦亚湖-2 遗址出土铜器
1~3 空首斧　4~6 铜剑　7~8 铜矛

在科普特亚文化的祭祀地点发现了大约 200 件铜器，这不仅证明了中乌拉尔地区曾经存在的铜器制造中心，而且重新评估了铜器的发现地点，尤其是那些经常被无根据地归类为墓地的地点。

## 四、西区（乌拉尔山以西）

塞伊玛—图尔宾诺西区，主要可以分为卡马河中游区、奥卡河下游区和伏尔加河中游区。图尔宾诺墓地与乌斯季—盖瓦墓地位于乌拉尔山西侧卡马河中游区；塞伊玛墓地、列什诺耶墓地位于奥卡河下游区；乌斯季—维特鲁加墓地位于伏尔加河中游区。

### （一）图尔宾诺墓地

1. 调查与发掘

图尔宾诺墓地位于彼尔姆州市区内卡马河右岸、舒斯托夫山的缓坡上，东边是卡马河河岸，北边是舒斯托夫山峡谷，西边正对图尔宾诺村，高于卡马河水面 30~50 米（图 3.52）。

1889 年，克拉斯诺博尔斯基（A. A. Krasnopolsky）在《俄罗斯通用地图》中对图尔宾诺村进行了介绍，并且提到在该村发现了一件非常精美的铜斧。

1891 年，彼尔姆博物馆考古部负责人谢尔盖耶夫（S. I. Sergeev）与格卢什科夫（I. N. Grushkov）根据《俄罗斯通用地图》的记载，在图尔宾诺村收集了舒斯托夫山的青铜制品，包括一件铜矛，但没有记录出土地点。在该年度第二次调查

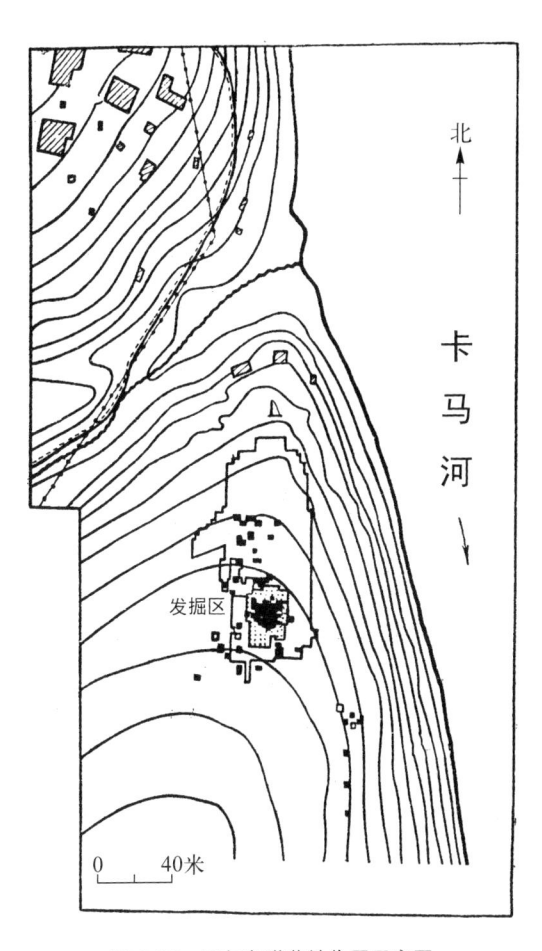

图 3.52　图尔宾诺墓地位置示意图

图尔宾诺村过程中，格卢什科夫从当地村民手中购得一把铜刀，刀柄上饰山羊纹样，据村民描述，该铜刀发现于舒斯托夫山。施密特（A. V. Schmidt）在后来的著作中提到，与铜刀一起发现的还有一件空首斧，他推测它们很有可能出自同一座墓葬。

谢尔盖耶夫与捷普楼霍夫（S. A. Teplouhov）共同发表了以上发现的成果，并确定了墓地位置。

1915年，塔尔格伦（A. M. Tallgren）调查了该地，但仍然无法确定遗址具体位置。他本来还打算发掘图尔宾诺墓地，但是由于第一次世界大战的爆发，此计划最终流产。

1923年，在塔尔格伦的建议下，施密特对此地进行了调查，并且采集了陶器碎片。

1924年，施密特首次对图尔宾诺墓地进行发掘，发掘总面积160平方米。揭掉表层草皮后，下方是一层黑色的沙质文化层，深度为25～40厘米，有些地方可达55厘米；再往下是75～85厘米的纯沙层。考古遗迹发现在深度13～55厘米的黑沙层和纯沙层上部，所有的发掘出土物都收藏在苏联科学院人类学与人种学博物馆，共计发现1件空首斧、2把铜刀、80件石制品、2枚玉环和60件燧石片。

施密特基于发现的燧石片和铜器处于同等深度，而且发现较多陶片，最开始得出了错误的结论，认为这些发现属于同一文化遗存，年代是公元前15～前13世纪。但是，之后，随着塔尔格伦对舒斯托夫山及居址发现的陶片、石片、箭镞，以及墓地中发现的铜器和石片进行整理，他解释了墓葬中没有发现骨头的原因，认为墓地可能和居址重合。施密特通过将其与塞伊玛墓地出土的铜器和石器进行比较，将图尔宾诺铜器的年代定在公元前14世纪，但并没有排除年代稍晚的可能性。

1925年，施密特在彼尔姆博物馆协助下完成了对图尔宾诺村的第二次发掘。这次发掘发现了另一件空首斧，但属于不同类型。此外，还发现了1件石环、8件石箭镞、2把铜矛、4把铜刀和15件石刀。

1926～1927年，第三次发掘工作主要集中在舒斯托夫山的空地上，连同1924年的发掘，共计发掘面积417平方米，共计出土铜器15件。

1931年，施密特与普罗科舍夫（O. N. Prokoshev）一起对该墓地进行了又一次调查，并在原先的发掘地点东部边缘进行了试掘，1米×2米的探沟内仅出土一些陶片和 1 枚图尔宾诺类型箭镞。

1932 年，施密特再次调查该处墓地，并在他去世前不久，制定了新的研究计划。

1934～1935 年，普罗科舍夫按照施密特的研究计划，再次对图尔宾诺墓地进行发掘。发掘面积共计 434 平方米，他还将图尔宾诺墓地与早先发现的塞伊玛墓地联系在一起，将其年代定在公元前两千纪下半叶。

1939 年，普罗科舍夫再次调查图尔宾诺墓地，并且采集到一些遗物。

二战之前，该墓地共发掘 867 平方米。

1947～1960 年，彼尔姆大学探险队对卡马河中游流域进行了调查。除了调查到相关遗址外，还发现了大约 80 处青铜时代居址，大部分居址被认为可能与图尔宾诺墓地相关。1950 年，该调查队对彼尔姆的乌斯季—盖瓦村附近墓葬进行了发掘，发掘者认为这些墓葬属于图尔宾诺类型。

战后，巴德尔（O. N. Bader）在 1948 年、1951 年、1952 年分别对图尔宾诺墓地进行了调查。1957 年，巴德尔确定了图尔宾诺墓地的具体位置。

1958～1960 年，苏联科学院考古研究所博特金考古队在巴德尔带领下，对图尔宾诺 I 墓地进行了发掘，同时发掘了部分图尔宾诺 II 墓地。

2. 墓葬描述

遗址堆积状况：

遗址总面积 5 118 平方米，其中图尔宾诺墓地占地 4 887 平方米。墓地一直分布到发掘地点的西边，但可能性并不是很大，因为发掘地点西部边缘仅仅发掘出土了一些很小的石片。墓地北部边缘也不会延伸很远。

因此，根据发掘情况可知，墓地的宽度不小于 80 米，如果考虑到卡马河河岸的水土流失，墓地宽度可能更大，墓地从北到南长度不小于 110 米，实际上可能会更长，因为在发掘区的南侧，特别是西南方向，很可能还有墓地分布。

综合不同年份发掘的资料，除了十几座确定的墓葬和 101 座可能的墓葬外，根据埋葬物品判断，可能有 80～90 座较贫穷的墓葬（图 3.53）。特别要注意的是，在发掘区北部，墓地很可能延续到发掘区之外，因为在发掘区之外采集到了大量石镞、石刀、石片等遗物。

П-118，P-118，P-119 探方中的发现比较密集，但因处于现代用地内，故层位不是很清楚。在其他很多探方中都发现了石器，但未发现铜器。由于很

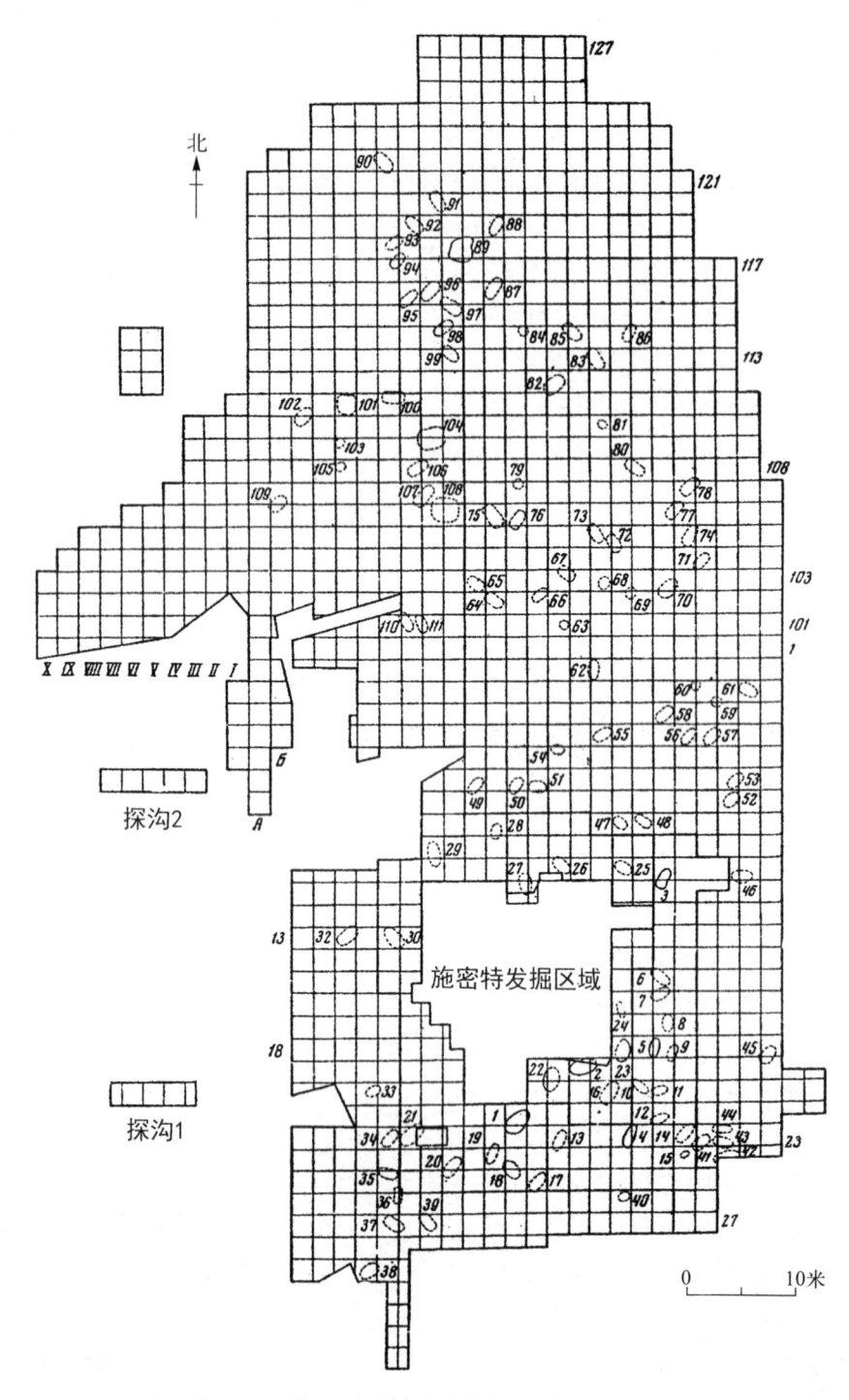

106　欧亚草原视野下的塞伊玛—图尔宾诺与中国

图 3.53　图尔宾诺墓地平面图

第三章 塞伊玛—图尔宾诺典型墓地和遗址分析与研究　　107

多器物埋藏都非常浅，所以很难进行层位判断。

毫无疑问的是，20世纪30年代建造的庄园和菜园对遗址造成了很大的破坏。

图尔宾诺墓地的发掘报告相当简略，大部分墓葬只是描述了所处位置和出土物，所以这里只列举出一些描述较为详细的墓葬，其余描述较为简略的墓葬以表格形式列出。

1号墓葬（图3.54）。1934年由普罗科舍夫发掘，位于3、4、7号探方。在距离地表50厘米深度处

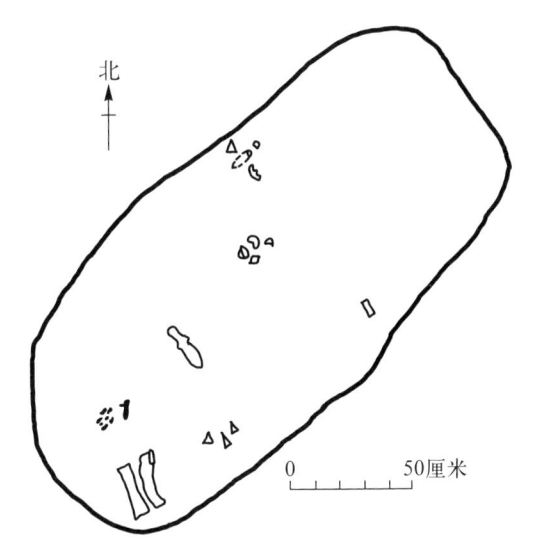

图3.54　图尔宾诺墓地1号墓示意图

发现墓葬开口，东北—西南方向，长2.05、宽0.9米。在墓葬西南部距离地表70厘米处，发现人类牙齿，头向西南，彼得罗夫（G. I. Petrov）鉴定此牙属于一名年轻人。墓葬西南角牙齿旁边，即颅骨附近，放置一把铜斧，其外被一块羊毛织物包裹，铜斧下方还发现木头腐朽的痕迹。从残存的朽木来看，斧柄末端还有锥形加厚的痕迹，并在另一侧用楔子固定，防止斧头从柄上滑落。斧头旁边还有皮革痕迹。死者胸部附近，发现1把青铜刀，刀柄处有朽木痕迹。铜刀右侧，放置1枚小小的青铜锛或凿；此外，还发现2个青铜小件，可能是带扣。死者右肩附近发现3枚石箭镞；左侧盆骨附近发现2枚石箭镞；右侧盆骨附近发现5件石片；墓葬填土中，还发现几枚石箭镞。所有出土器物都发现于相同深度，距离地表65～75厘米。

2号墓葬。1934年由普罗科舍夫发掘，位于19、20号探方。墓葬南部近似圆角矩形，北部被施密特发掘时破坏，西南—东北方向，深度为60厘米。在墓葬中部深度40厘米处，发现1件青铜锥；在墓葬西南部深度50厘米处，发现6枚银环；在墓葬东北部，发现1枚玉环。根据普罗科舍夫描绘的墓葬图判断，墓葬中还有一些燧石器。

3号墓葬，1958年由巴德尔发掘，位于F-11、F-12探方。墓口较明显，墓葬填土浅灰色，但是墓口轮廓不太清晰。墓葬长1.96、宽0.87米，呈圆角长方形，西南—东北方向。在墓葬东北部接近中央部分、距离地表59厘米处，

发现 1 件铜空首斧，其旁还发现 1 件较大玉环和 1 枚石箭镞。墓葬西南部、相同深度处，发现 1 件青铜刀，保存状况较差，原始形状不详。墓葬中央靠近西南墓壁、深度 58 厘米处，出土 1 件尺寸较小玉环。靠近东南墓壁、深度 59 厘米处，出土 1 件石箭镞，1 把小刀；墓葬填土中还发现石箭镞。从墓葬形状和尺寸来看，该墓为单人直肢葬，头向不明。

4 号墓葬，1958 年由巴德尔发掘，位于 TU-23 探方。墓口较明显，墓葬填土浅灰色，呈不规则的细长四边形，墓角较圆，长 2.2、宽 0.82 米，深度为 60 厘米，西南—东北方向。墓葬底部靠近中央位置发现 1 件空首斧；墓葬西南部出土 2 把铜刀和燧石；墓葬东北部靠近西北墓壁发现 2 件燧石片；在墓葬中部还发现 4 块很小的骨头碎片。墓葬填土中发现燧石箭镞、石刮刀。墓葬形状和尺寸表明死者是一名成年人，为直肢葬，头向不明。

5 号墓葬，1958 年由巴德尔发掘，位于 TU-19 探方。墓口较明显，墓葬填土为浅灰色，呈细长的矩形，长 1.94、宽 0.86 米，深度为 40 厘米，南北方向。墓葬底部靠近墓壁发现 1 件空首斧以及 1 枚石箭镞，墓葬填土中发现 3 件燧石片。

16 号墓葬，位于探方 16、22、24 中，南北方向，深度 35 厘米处发现 1 件垂直插入土中的青铜匕首；深度 20 厘米和 40 厘米处各发现 1 件玉环，35 厘米处发现箭镞，20 厘米处发现 3 件燧石工具。

31 号墓葬，1924 年由施密特发掘，位于探方 37 中。在深度 35～40 厘米处发现了 1 件铜匕首，铜匕首东边 70 厘米处发现另 1 件铜匕首和 1 把铜斧；在墓葬深度 27～30 厘米处，发现 2 件石工具。

44 号墓葬（图 3.55），位于探方 O-23 和 CH-23 中，长 1.1 米，东西方向。在深度 50 厘米处发现 1 件铜环；58 厘米处发现 3 件玉环和 1 把铜刀；铜刀旁有皮革痕迹。此外，还发现 1 件铜环或银环。

62 号墓葬（图 3.56），位于探方 C-2 中，长 1.5、宽 0.7 米，西南—东北方向。在深度 53 厘米处发现石刀，同样的深度发现铜刀，铜刀有木柄痕迹和皮革刀鞘的痕迹。铜刀旁是 1 件空首斧。经过

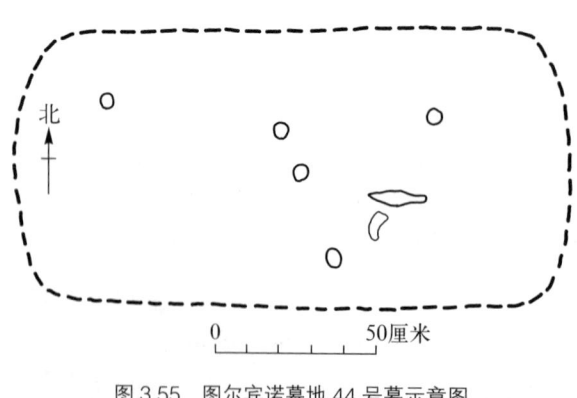

图 3.55　图尔宾诺墓地 44 号墓示意图

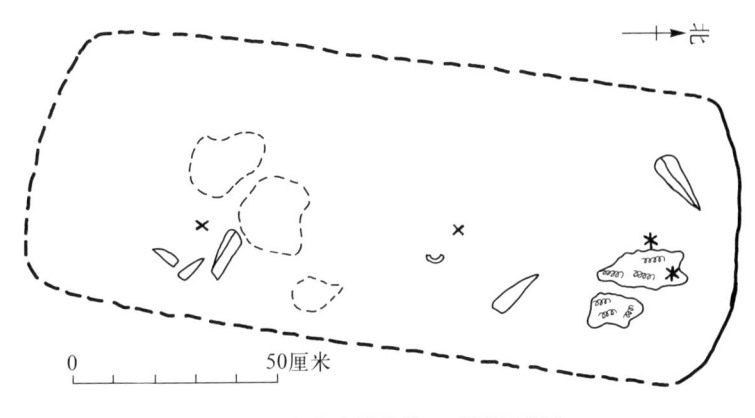

图 3.56　图尔宾诺墓地 62 号墓示意图

室内处理后发现，空首斧表面有羊毛织物痕迹。在深度 60 厘米处发现一半破碎的玉环和 1 件石刀，65 厘米处发现 1 把铜刀，69 厘米处发现 1 件有机物痕迹，周围有很多小铜管，小铜管表面有螺旋纹。墓葬东北方向发现 3 件石刮刀，深度 69 厘米处发现 1 把空首斧，空首斧内发现有机物残留。

63 号墓葬，位于探方 P-101 中，在腐殖层下的沙层中发现 1 件空首斧，深度为 42 厘米，刃部朝下垂直插入土中，墓葬方向尺寸不明。

70 号墓葬，位于探方 X-102 和 X-103 中，深度为 38~40 厘米。在深度 40 厘米处发现 3 件空首斧，其中 2 件平放于墓底，1 件垂直插入墓底；墓葬西半部分相同深度发现 3 枚玉环；墓葬中部发现 1 把铜刀和 1 件铜块，深度为 38 厘米。

78 号墓葬，位于探方 Ц-107 中，长 1.67 米，西南—东北方向。在深度 21 厘米处发现 1 件石箭镞，深度 20 厘米处发现另外一件石箭镞。在深度 26 厘米处发现 1 把铜刀，深度 24 厘米处发现 1 件尖部被破坏的铜刀，深度 18 厘米处发现 1 件空首斧，垂直插入墓底。

89 号墓葬（图 3.57），位于探方 K-118 和 L-118 中，距地表 46 厘米处发现墓口，填土灰黑色，长、宽均为 2.04 米，坑中未发现人骨。在深度 50~85 厘米处

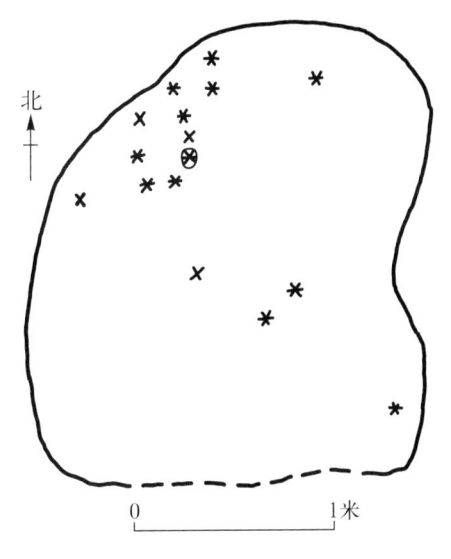

图 3.57　图尔宾诺墓地 89 号墓示意图

发现 16 件遗物，都是典型的塞伊玛—图尔宾诺类型遗物。在深度 65 厘米处发现 1 把图尔宾诺类型铜刀，垂直插入土中。深度 50~80 厘米处发现 6 枚石箭镞，深度 64 厘米处发现石刀。深度 52 和 64 厘米处发现石片，深度 67 厘米和 57 厘米处发现石片。在墓葬东半部分、深度 78 厘米处，发现 2 枚石箭镞；深度 85 厘米处发现石刀和箭镞。

100 号墓葬，位于探方 Ж-111 和 Ж-112 中。墓中发现一群石器，石器中发现 1 件铜矛，矛尖指向西方，属于图尔宾诺类型；深度 30 厘米处发现另一件铜矛，水平放置，铜矛下发现皮革痕迹；深度 42 厘米处发现石片。此外，还有相当数量的石片、石刀在不同深度被发现。

101 号墓葬（图 3.58），位于探方 D-111 中，长、宽均为 1.5 米，在深度 11~40 厘米处出土较多石器和铜器。墓葬西南部发现 1 件空首斧，刃部朝向东方；距离空首斧西南 23 厘米处发现 1 件石刀；距离空首斧西边 25 厘米处发现石片。在墓葬西北部分、深度 33 厘米处，发现 4 件石片，深度 40 厘米处发现空首斧和石片；墓葬东南部分、深度 20 厘米处，发现 1 件叉形铜矛垂直插入墓底。在墓葬的东北部分、深度 11 厘米处，发现 1 件横放的空首斧，空首斧下方发现 1 件铜刀，铜刀尖部指向空首斧。深度 15 厘米处发现石箭镞，深度 12 厘米处发现石片，在深度 27 厘米、靠近墓壁处发现 1 件空首斧和 2 枚石片。

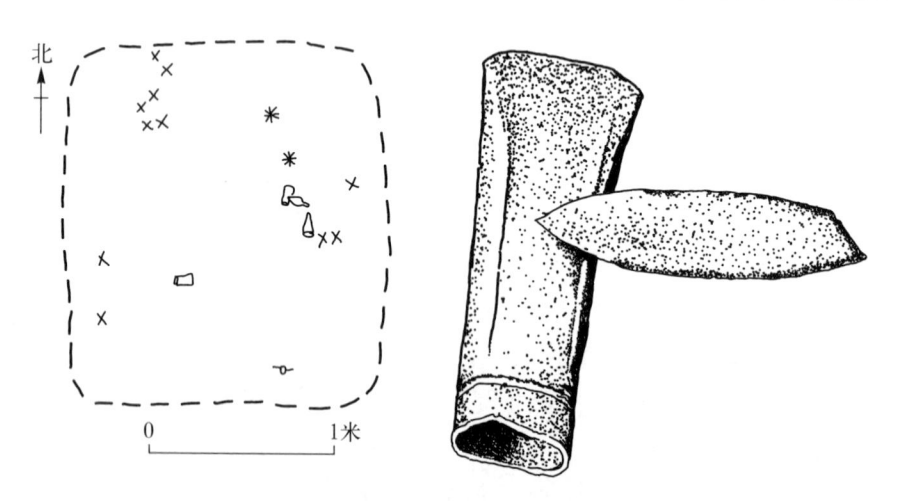

图 3.58　图尔宾诺墓地 101 号墓示意图

104 号墓葬，位于探方 I-109 和 I-110 中，长 2.05 米，东西方向。在深度 43~66 厘米处发现较多遗物，包括 1 件叉形铜矛，矛尖朝向西北方向。根据铜矛的方向判断该墓葬方向为东南—西北。深度 59 厘米处发现另一件铜矛和 9 件石片；铜矛东南部发现 10 件石片。墓葬东部发现 1 把铜刀，深度为 68 厘米，旁边还随葬 1 把石刀。

105 号墓葬，位于探方 D-108 中，在墓葬东半部分深度 24 厘米处，发现 1 件平空首斧，呈 30 度夹角插入墓底。

108 号墓葬（图 3.59），位于探方 K-106 和 K-107 中，尺寸为长 2.27、宽 2.10 米。深度 68 厘米处发现 1 件叉形铜矛，铜矛放置在一片桦树皮之上，铜矛旁边发现 1 件石刀；在长矛东北 30、深度 70 厘米处，发现 2 件空首斧，彼此平行，刃部朝向北方，旁边有 3 枚石箭镞，深度为 68~70 厘米。在空首斧北部 30 厘米处发现另一件空首斧，刃部朝向北方，深度为 75 厘米。墓葬中央深度 70 厘米处发现 1 把铜刀，斜插入土中，东部还发现石刀，墓葬东南角发现石片。

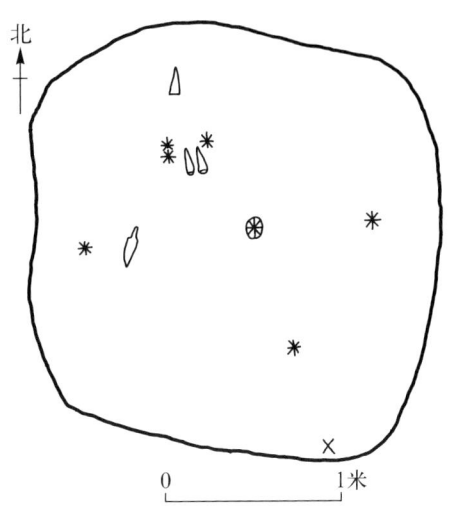

图 3.59 图尔宾诺墓地 108 号墓示意图

3. 墓地形制布局及相关讨论

图尔宾诺墓地在所有塞伊玛—图尔宾诺类型墓地中规模最大，不但墓葬数量多，出土遗物也很丰富。之前在讨论罗斯托夫卡墓地时，我们将墓葬按照随葬品种类和数量分为六类。对于图尔宾诺墓地的研究，我们也采用类似分类标准，但由于具体情况有别，在进行分类时会稍作调整（表 3.4）。

表 3.4 图尔宾诺墓地墓葬分类表

| 墓葬分类 | 墓 葬 编 号 | 数量 | 占比 |
| --- | --- | --- | --- |
| 随葬铜矛、空首斧铜刀"三件套" | M101、M108 | 2 | 1.8% |
| 随葬空首斧、铜矛或 3 件以上空首斧 | M70、M104、M110 | 3 | 2.7% |
| 随葬空首斧和铜刀（2 件空首斧或铜矛） | M1、M3、M4、M31、M58、M62、M67、M78、M100 | 9 | 8.1% |

续 表

| 墓葬分类 | 墓 葬 编 号 | 数量 | 占比 |
| --- | --- | --- | --- |
| 随葬1件空首斧或铜矛墓 | M5、M22、M23、M32、M37、M38、M45、M46、M60、M63、M64、M72、M74、M65、M79、M80、M82、M84、M85、M99、M102、M105 | 22 | 19.8% |
| 随葬1件或2件铜刀墓 | M10、M16、M27、M44、M66、M69、M81、M87、M89、M90、M96、M103 | 12 | 10.8% |
| 仅随葬铜环或玉环墓 | M2、M6、M7、M17、M18、M19、M21、M24、M42、M47、M53、M54、M61、M95 | 14 | 12.6% |
| 无铜器随葬墓 | M8、M9、M11、M12、M13、M14、M15、M20、M25、M26、M28、M29、M30、M33、M34、M35、M36、M39、M40、M41、M43、M48、M49、M50、M51、M52、M55、M56、M57、M59、M68、M71、M73、M75、M76、M77、M83、M86、M88、M91、M92、M93、M94、M97、M98、M106、M107、M109、M111 | 49 | 44.2% |

根据图尔宾诺墓葬中随葬品的出土情况，我们将已发掘的111座墓葬分为了七类：一、随葬空首斧、铜矛、铜刀"三件套"的墓葬，共计2座，占比1.8%；二、随葬空首斧、铜矛或3件以上空首斧的墓葬，共计3座，占比2.7%；三、随葬空首斧和铜刀（或随葬2件空首斧或铜矛）的墓葬，共计9座，占比8.1%；四、随葬1件空首斧或铜矛的墓葬，共计22座，占比19.8%；五、随葬1件或2件铜刀的墓葬，共计12座，占比10.8%；六、仅随葬铜环或玉环的墓葬，共计14座，占比12.6%；七、无铜器随葬墓葬，共计49座，占比44.2%。

根据重新绘制的墓葬平面分布图可以看出，整个墓地从北到南大致可以分为三个部分（31号墓葬除外，其具体位置不详）。北部墓区共有墓葬50座，一类墓葬2座，二类墓葬3座，三类墓葬4座，四类墓葬12座，五类墓葬8座，无六类墓葬，七类墓葬21座；中部有墓葬24座，无一类和二类墓葬，三类墓葬2座，四类墓葬3座，无五类墓葬，六类墓葬4座，七类墓葬15座；南部有墓葬36座，无一类和二类墓葬，三类墓葬2座，四类墓葬6座，五类墓葬3座，六类墓葬9座，七类墓葬16座。由此可见，一类和二类这些随葬品较多的墓葬只分布在北部墓区，中部墓区和南部墓区不见，显然北部墓区的等级较高，构成结构也较复杂。

北部墓区还可再细分为两个部分，西南部的墓葬随葬品较多，等级较高；东北部墓葬随葬品较少，等级较低，一般只随葬一件铜器或无铜器随葬。

图尔宾诺墓地与罗斯托夫卡墓地类似，存在将兵器或工具垂直插入墓底的现象。图尔宾诺16号墓葬、63号墓葬、70号墓葬、78号墓葬、89号墓葬、101号墓葬、105号墓葬、108号墓葬都发现此类现象。

16号墓葬，位于探方16、22、24中，南北方向，在深度35厘米处发现1件垂直插入土中的青铜匕首。

63号墓葬，位于探方P-101中，在腐殖层下的沙层中发现1件空首斧，深度为42厘米，刃部朝下垂直插入土中。

70号墓葬，位于探方X-102和X-103中，深度为38～40厘米。在深度40厘米处发现3件空首斧，其中2件平放于墓底，1件直插入墓底。

78号墓葬，位于探方Ц-107中，长1.67米，西南—东北方向。在深度18厘米处发现1件空首斧，直插入墓底。

89号墓葬，位于探方K-118和L-118中，距地表46厘米处发现墓口，填土为灰黑色，坑中未发现人骨。在深度65厘米处发现1把图尔宾诺类型铜刀，垂直插入土中。

101号墓葬，位于探方D-111中，在深度11～40厘米处出土较多石器和铜器。在墓葬东南部分、深度20厘米处，发现1件叉形铜矛垂直插入墓底。

105号墓葬，位于探方D-108中，在墓葬东半部分深度24厘米处发现1件平空首斧，呈30度夹角插入墓底。

108号墓葬，位于探方K-106和K-107中，在墓葬中央深度70厘米处发现1把铜刀，斜插入土中。

除了16号墓葬位于南部墓区外，其余7座墓葬皆位于北部墓区。北部墓区中，随葬品最丰富、等级最高的101号墓葬和108号墓葬都存在这个现象，其中101号墓葬将一件叉形铜矛插入墓底，108号墓葬将一把铜刀插入墓底。其余5座墓葬中，包括1座二类墓葬、1座三类墓葬、2座四类墓葬和1座五类墓葬。南部墓区存在此现象的16号墓葬属于五类墓葬。综上，北部墓区将兵器或工具直插入墓底的行为与墓葬等级（或随葬品数量）相关，南部墓区两者之间关系不明显。

值得注意的是，随葬器物最多的 101 号、105 号、108 号墓葬，它们的形状皆呈近正方形，随葬器物较少的 63 号、70 号、89 号墓葬同样也是近正方形，与塞伊玛—图尔宾诺类型矩形墓坑相区别。但是 105 号、63 号墓葬墓坑非常小，很难埋葬一名成年个体，所以这些近方形的遗迹很可能并不是墓葬，而是墓葬周围的祭祀遗迹，类似峡坦亚湖-2 遗址发现的祭祀遗迹。在墓葬周围将铜器直插入地面或遗迹中的现象，在罗斯托夫卡墓地及列什诺耶墓地中皆有发现。

4. 随葬品与葬俗研究

图尔宾诺墓地是所有塞伊玛—图尔宾诺类型墓地中规模最大、墓葬数量最多的，墓地共发现 111 座墓葬。根据巴德尔的研究，考虑到卡马河河岸的水土流失，墓地规模可能更大，发掘区的南侧，特别是西南方向，可能还有未发掘的墓葬。

图尔宾诺墓地中大多数墓葬都没有人骨残留，根据已经发掘的墓葬，我们可以对墓葬的整体情况进行判断。墓葬大多为单人葬，葬式为仰身直肢（墓坑长度基本在 1.94~2.2 米，宽 0.82~1.13 米）。北部墓区埋藏较浅，大多只有 20 厘米；中部墓区埋藏稍深，深度为 30~40 厘米；南部墓区埋藏最深，超过 50 厘米。大部分墓葬为东北—西南方向，根据随葬品（尤其是铜器）及墓中头骨残留的位置判断，死者头向东北。

根据仅有的几座墓葬的平面图，以及墓葬描述，我们发现随葬的铜矛及空首斧多集中在墓葬的东北部，即靠近死者头部的位置；铜刀多发现于墓葬中部，即死者的盆骨附近。这种现象的产生可能与死者生前的装束与装备相关，铜刀一般别在腰部附近，铜斧与铜矛则握在手上，所以在墓葬中放置于头部附近。

值得注意的是，该墓地墓葬发现焚烧痕迹，尤其是墓葬中出土的石块，几乎都被焚烧过，虽然并没有发现被焚烧的骨头，但可以肯定的是该墓地墓葬与火葬相关。

108 号墓葬发现铜矛放置于桦树皮上。虽然其他墓葬中没有发现类似桦树皮的痕迹，但是很多墓葬中都发现焚烧木头的痕迹，所以我们不能排除其他墓葬中也有用桦树皮包裹尸体或铜器的可能。

巴德尔在图尔宾诺发掘报告中提到，随葬空首斧、铜矛、铜斧、铜刀的墓葬可能与男性相关，而随葬铜环、银环等可能与女性墓葬相关。金属环或玉环与燧石箭镞从未在同一座墓葬中被发现，这也间接证明金属环或玉环归属于女性墓葬，而燧石箭镞则只出现在男性墓葬中。但是因为有人骨残留的墓葬很少，所以判断墓主性别和年龄非常困难。

罗斯托夫卡墓地发现了将兵器或工具垂直插入古代地面或墓底的现象。图尔宾诺墓地并未发现将工具或兵器垂直插入地面的现象，只发现将兵器垂直插入墓底的墓葬。

综上所述，我们将图尔宾诺墓地葬俗特征概况如下：

1. 墓地选址在河流沿岸高丘上。

2. 大部分墓葬为单人仰身直肢葬，头向东北。绝大多数墓葬都未发现人骨；可能与火葬现象有关。

3. 北部墓区墓葬随葬品较多，等级较高；中部墓区和南部墓区墓葬随葬品较少，等级较低。

4. 高等级墓葬随葬空首斧、铜矛、铜刀三件套，8座墓葬发现将兵器垂直插入墓底的现象，但不能排除一些近方形的墓葬可能是祭祀遗迹。随葬铜环和玉环的墓葬数量不少，可能与女性墓葬相关。

5. 发现桦树皮包裹随葬品的现象。

6. 墓中未见陶器随葬。

## （二）塞伊玛墓地

### 1. 调查与发掘

塞伊玛墓地位于俄罗斯下诺夫哥德州、奥卡河左岸，接近奥卡河与伏尔加河交汇处。墓地距离河床4～5公里，位于奥卡河洪泛平原沙地边缘一座小丘的沼泽上方3～4米处的松树林地带。现今的沼泽地带，可能是古代墓地或居址。

沙丘从西南向东北延伸（图3.60），底部长度达225米。西北坡较东南坡更加陡峭，因为被奥卡河冲刷，东南部下方最为陡峭。沙丘顶部有一个长58、宽16米的平台，西南—东北方向。1912年发掘时，该平台非常平坦，只有三个凹坑位于其上，这里可能是古代居址。

塞伊玛墓地在18年间（1912～1929年）被发掘了10次，吸引了各种业余爱好者和研究人员关注。大多数发掘报告都已遗失，只有巴利斯基（S. M. Pariysky）将1914年7月5日～7月6日的发掘简报刊登在当地报刊上，其余的只剩零散的信息。但值得庆幸的是，苏联时期曾经两次对该墓地进行过系统整理与研究，因此使我们能够一窥塞伊玛墓地的总体情况。

该遗址于1912年6月23日开始发掘，叶卡捷琳堡步兵团指挥官科涅夫

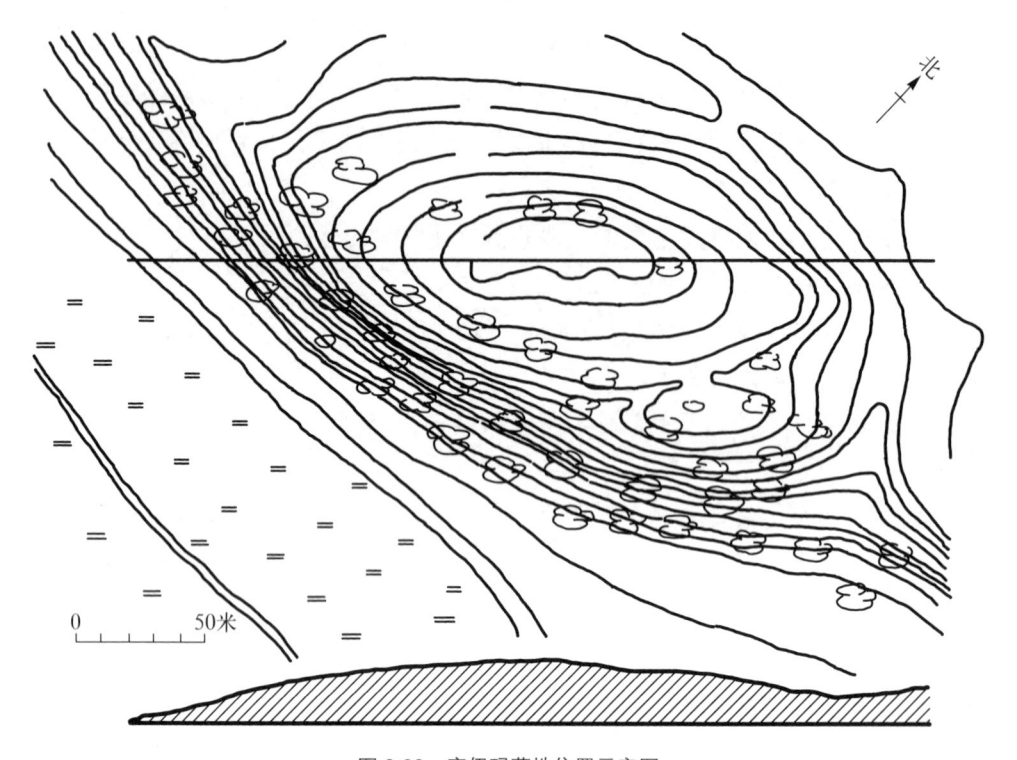

图 3.60　塞伊玛墓地位置示意图

（A. M. Konev）上尉意外发现了一把铜斧，位于沟槽下部边缘大约 1 米深的地方。很快，在这个地方又发现 3 件铜器，1 把铜矛和 2 把铜刀，都是类似器物。在同一地点还发现几枚石箭镞，1 件扁平的石刀，其长度大约相当于成年人的手掌。因为要建造一座防御工事，所以该遗址遭到了严重破坏。

1912 年 7 月 4 日，第十步兵师和下诺夫哥德科学档案委员会成员萨多夫斯基（A. Y. Sadovsky）和马里尼（F. N. Malini）负责建造防御工程。他们在山北修建了沟渠，在许多发掘的沟渠边缘都可以看到文化层。该委员会得出的结论是：有必要在遗址区建立一个大型发掘现场，并采取措施保护现场。

从高尔基博物馆的收藏来看，在 1912 年 7 月 4 日采集到陶器、石器、铜器。但这些显然是 6 月份发现的，包括 6 把铜刀、2 把空首斧、1 件铜矛。

1912 年 7 月 5 日、6 日和 9 日，队长科涅夫对该遗址进行了发掘工作，发掘出土石箭镞、石刀、石环，石环为绿色和灰褐色，这些器物集中分布在一起，距地表 30 厘米。

7 月 16～22 日，科涅夫再次发掘了该遗址，发现 1 把空首斧、2 件铜矛、

2件铜刀、1把锉刀（凹面上有锯齿）、10件石箭镞、5件石片。此外，还发现煤、骨头等残留，并在一个土坑中发现1件陶器。

令人遗憾的是，上述发掘的参与者都是业余人士，并没有考古学家参与其中。根据巴利斯基的说法，这是在皇家考古委员会许可下进行的发掘工作。委员会的目标是将所有发掘出土的塞伊玛遗物收藏在历史博物馆中，但十月革命前国家科学组织无力，也无法有效地对发掘出土文物进行保护，因此一些文物落入私人手中。

1913年5月10日，哥罗德索夫（V. A. Gorodtsov）在莫斯科考古学会上报告了此遗址的发掘。在展示发现的遗物时，他提到发现的铜矛不止1件。此外，还发现了石刀、石棒以及玉环等。同时，哥罗德索夫也指出该遗址还发现了人类的牙齿和骨头，有的骨头甚至被铜器沁染成绿色。不幸的是，莫斯科考古学会并未对此遗址进行科学发掘，哥罗德索夫提出的科学发掘方法也没有被重视。

1914年6月1日，下诺夫哥罗德科学档案委员会开始对塞伊玛墓地进行发掘。参与此次发掘的包括上百名士兵，此外还有专业人员负责提取遗物。发掘工作持续了两天，遗址大面积被揭露，包括人类骨头和其他动物骨头、铜器、石器、陶器碎片出土。铜器包括空首斧、铜矛、短剑、铜刀、铜锥。

根据萨多夫斯基和巴利斯基的描述，塞伊玛墓地的发掘非常不科学，这是俄国十月革命前的考古发掘史中最可怕的事件之一。

1914年7月，下诺夫哥德科学档案委员会成员科涅夫、巴利斯基等对塞伊玛墓地进行了新的发掘，由巴利斯基记录了发掘信息，梅尔尼科夫（A. P. Melnikov）描绘了遗址的平面图，但该资料已经丢失。此次发掘出土遗物收藏在高尔基博物馆，包括5件空首斧、2件铜矛、3件短剑。

在1914年发掘后，塞伊玛遗址在十月革命前又被发掘了3次，但是发掘信息非常简短，甚至没有任何记录。

塞伊玛遗址在十月革命前发掘水平非常低，没有任何完整的考古报告出版。苏维埃时期对此墓地的研究报告都藏于莫斯科大学人类研究所，虽然没有墓地的新材料，但仍然能从中提取到一些有用的信息。

1922年9月1日~6日，在莫斯科大学讲师茹科夫（S. Zhukov）领导下，俄罗斯物质文化历史学院和下诺夫哥德考古和民族学委员会共同参与塞伊玛墓地发掘。根据茹科夫的报告，此次发掘的目的是：1. 对沙丘地形进行研究；

2. 搞清楚遗址的性质：是否是墓地，是否有居址，以及文化层相关问题。考古队在沙丘顶部早期未发掘的区域开辟了一条探沟，但是茹科夫认为，该地点属于早期青铜时代文化居址，与塞伊玛墓地无关。

1928 年，茹科夫和下诺夫哥德博物馆研究员茨万采夫（M. P. Zvantsev）对塞伊玛遗址进行调查，但并未进行发掘。在遗址西北 4 公里处，奥卡河边缘，发现陶器碎片和燧石片。调查材料存入下诺夫哥德博物馆。

1929 年 6 月 27 日～7 月 2 日，莫斯科大学人类学探险队在茹科夫带领下对塞伊玛遗址进行了最后一次发掘，这是该遗址自发现以来第十次发掘。在发掘的几个地点中，发现了大量陶器碎片，根据陶器碎片数量判断，这里很可能是居住遗址。此外，在发掘区发现了一些堆积的陶器碎片，可能与之前的工作相关。此次发掘，平均深度为 50 厘米，最深处达到 85 厘米，发现少量炭屑和烧焦的骨头。

1933 年，高尔基博物馆茨万采夫对该遗址进行了调查，仅在地表就发现 20 多件陶器碎片。

1950 年，莫斯科国家历史博物馆馆员茨维科娃（I. K. Tsvetkova）对塞伊玛墓地进行了调查，此次调查未发现任何遗物。

2. 墓葬描述

塞伊玛墓地的发掘工作大多在十月革命之前进行，且大多数的发掘都是不科学的，不但没有出版发掘报告，很多发掘出土的器物也丢失不见。巴德尔利用零散的资料，对塞伊玛墓地的葬式葬俗、器物描述等内容进行了重建[1]。

墓地位于沙丘上部平台上，主要分布于平台西南部边缘斜坡上。但是，人骨和青铜工具不仅在西南部和西部有发现，在遗址东北、东南部也都有发现。

发掘墓葬的数量无法确定（显然所有墓葬都已经被发掘），仔细梳理有关发掘的零散记录，我们可以确定至少存在 20 座墓葬。但是，如果考虑到铜器数量，那么可能存在更多墓葬。同样，确定铜器的总量也很困难。1915 年哥罗德索夫记录了 10 件塞伊玛空首斧，现在有 19 件藏于高尔基州博物馆，但馆藏记录却是 25 件，所以空首斧数量不会少于 25 件。他记录的铜矛有 15 件，铜刀和短剑 46 件。铜刀和短剑的形制皆不相同，所以很难根据这些遗物判断墓葬数量。空首斧不仅是武器，也是工具，不仅出现在男性墓葬中，也出现在女

---

[1] Бадер. О. Н. *Бассейн Оки в эпоху Бронзы*. Москва. 1970.

第三章 塞伊玛—图尔宾诺典型墓地和遗址分析与研究 119

性墓葬中。但是铜矛作为兵器，通常随葬于武士墓中，所以从铜矛数量估计，男性墓葬应该多于女性墓葬。那么墓葬总数大约是 30 座，且不包括儿童墓葬。但是，实际上这个数量可能更大，原因是：1. 并非所有墓葬都随葬铜矛或青铜兵器；2. 墓葬中埋葬铜器的数量不能确定，所以保守估计，塞伊玛墓地有大约 50 座墓葬（图 3.61）。

墓葬上部没有封土堆，墓葬深度取决于发现人骨和铜器的深度，通常是 0.54～0.9 米。

根据科涅夫 1915 年对发掘工作的记录，发掘探沟时，发现小型陶器、青铜手镯、耳环、兵器、工具。"将沙层移除之后，在 11 英寸深度处，发现一个不规则形状遗迹，从西北向东南延伸，没有发现炭屑。在 12 英寸深度处，发现 1 把保存状况很差的铜刀。除此之外，还发现 3 把相似铜刀，位于不同位置，其中 1 把距离其他铜刀较远，位于西南部；发现 1 把铜矛和 1 件木柄刮刀，铜矛位于西北部，铜矛旁边发现 1 件和铜矛形状类似的铜刀。当深度达到 13 英寸时，黑色地层消失，开始变为黄褐色"[①]。该遗迹，毫无疑问是一座墓葬，我们称它为 1 号墓，通过描述我们可以确定墓葬的深度，但是无法确定它的尺寸和形状。

"在同一个探沟中，距离 1 号墓 3.5 码的地方，发现 1 件保存完好的空首

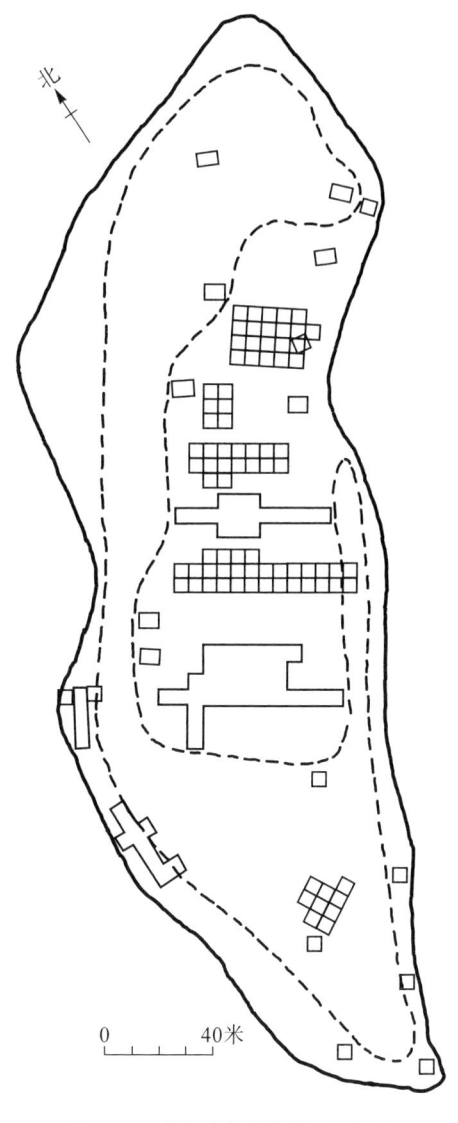

图 3.61 塞伊玛墓地发掘区示意图

---

① Бадер. О. Н. Бассейн Оки в эпоху Бронзы. Москва. 1970. 巴德尔引用的科涅夫的手写记录（档案），下文引文内容同此，不再另注。

斧和 1 件铜矛，深度相同。除了遗物周围的土略显黑色外，并未确定该遗迹形状，空首斧与铜矛相距 11 英寸（西北—东南），该处还发现 1 把铜刀，保存状况较好"，该遗迹为 2 号墓。

靠近探沟南部，在相同深度发现 1 件空首斧和 1 件铜矛，保存状况较好，显然是 3 号墓葬。这些遗物埋藏顺序不固定，探沟中没有发现炭屑、石块。

第二条探沟与第一条探沟情况类似，最上一层没有任何东西，在深度 6 英寸处，发现了一个长约 6~8 英寸的土色较黑的遗迹。出土 1 件空首斧，3 件较大的石刀和 8 件较小的石刀。此外，还发现四对臼齿，但未发现下颌骨及其他骨头。该遗迹为 4 号墓葬。

同一探沟不同地点还发现燧石箭镞，2 件燧石刀；还发现 1 件空首斧和 1 件铜刀，保存状况很差。没有发现碎石片、炭屑和骨头。在 14 英寸深处，黑色土消失。该遗迹为 5 号墓葬。

4 号墓葬墓坑深度为 14 英寸，随葬空首斧和铜刀、11 件燧石箭镞和 2 把石刀；5 号墓葬出土 1 把空首斧、2 件或 3 件铜刀，以及人类牙齿。

在探沟西南部、深度 11 英寸处发现土色较黑的遗迹，位于探沟边缘。清理掉最上层的沙子后发现一个 12 英寸 × 16 英寸的椭圆形遗迹，西南—东北方向。在深度 12 英寸深处发现 1 颗人头骨，该头骨保存状况较差。头骨的西南方 10 英寸处发现脚骨和下颌骨，还发现胫骨，胫骨上有铜锈痕迹，骨头上还放置一把铜刀，保存很差；左下腭骨及四颗臼齿与头骨分开，所有的骨头都位于一个平面上。骨头周围，没有发现石片、炭屑等。这毫无疑问也是一座墓葬，墓葬底部发现人骨，编号为 6 号墓葬。根据头骨位置判断，墓主头向东北。

"在距离头骨大约 1.5 码处，发现了 1 件空首斧和 1 件铜刀，保存状况较好，紧贴在一起，东边 1 码处发现 1 件战斧，这些遗物深度均为 12 英寸"。该遗迹很可能是 7 号墓葬，这件铜刀手柄上有马的形象。

"在探沟北边，同一深度处，发现 1 件空首斧，有使用痕迹；还发现 1 件磨刀器、3 件石碎片、2 把石刀和 4 件铜钉。遗物排列毫无顺序。这些遗物都放置于墓葬底部。"该遗迹为 8 号墓葬。

第三个探沟，"在沙层中发现 3 件小型磨刀器，中间有凹槽，还发现 1 对铜环，彼此相距 3~4 英寸。铜环旁边发现 1 件空首斧和 1 件 11 厘米长铜刀，保存很好。没有发现骨头、碎片及其他残留"。该遗迹为 9 号墓葬。

在第四条探沟和第五条探沟中发现了 10 号墓葬。

在革命前最后一次发掘（1916 年）的报告中，科涅夫描述道：墓地中一共发现了 4 具人骨，这些墓葬尺寸为 8～12 英寸，土色为灰黑色，在墓葬附近相同深度处，还发现小型容器，装饰精美。

科涅夫还注意到，其中一座墓葬的青铜刀和短剑一起垂直插入墓底。

3. 塞伊玛墓地墓葬数量与等级讨论

塞伊玛墓地的发掘非常不科学，既无详细的发掘记录，也没有遗址平面图、遗迹图等，所以对该墓地的研究，主要以巴德尔重新整理的发掘记录为基础。但因在此前发掘过程中并无太多发掘信息保留，所以即使巴德尔将墓地资料进行了重新整理，仍然无法恢复墓地的全部面貌。因此，我们现在的研究同样受到了诸多限制。

巴德尔通过对塞伊玛墓地出土器物进行的统计，推测该墓地共有 50 座墓葬。但是，他的研究显然没有考虑塞伊玛—图尔宾诺类型墓地墓葬的构成比例，例如墓地中有相当一部分不随葬任何随葬品的墓葬。所以，笔者结合其他塞伊玛—图尔宾诺墓地墓葬数量和随葬品数量，重新估计了塞伊玛墓地的墓葬数量。

据本书估算（表 3.5），罗斯托夫卡墓地共有 38 座墓葬，随葬铜器的墓葬共 13 座，占比 34.2%；墓地共出土空首斧 3 件、铜矛 5 件、铜刀 13 件，总计出土铜器 21 件；铜器与随葬铜器墓葬比值为 1.61。图尔宾诺墓地共 111 座墓葬，随葬铜器的墓葬共 48 座，占比 43.2%；出土空首斧 34 件、铜矛 12 件、铜刀 27 件，总计出土铜器 73 件；铜器与随葬铜器墓葬比值为 1.52。萨特加 XVI 墓地共 46 座墓葬，随葬铜器的墓葬共 16 座，占比 32.6%；出土空首斧 1 件、铜刀 19 件，共出土铜器 20 件；铜器与随葬铜器墓葬比值为 1.25。萨特加 XVI 墓地显然与罗斯托夫卡墓地及图尔宾诺墓地有区别，该墓地并未发现铜矛，所以在推测塞伊玛墓地数量时，这座墓地不具备典型性。乌斯季—维特鲁加墓地共 16 座墓葬，出土空首斧 4 件、铜矛 2 件、铜刀 12 件，但该墓地墓葬没有全部发掘，所以不具备参考意义。塞伊玛墓地共出土空首斧 25 件、铜矛 15 件、铜刀 46 件，共计发现铜器 86 件。根据塞伊玛—图尔宾诺类型其他墓地铜器及随葬铜器墓葬之间关系推断，塞伊玛墓地大约有随葬铜器的墓葬 54～57 座，所有墓葬总数为 125～132 座。

表 3.5 塞伊玛墓地墓葬出土物表

| 墓葬编号 | 空首斧 | 铜 矛 | 铜 刀 | 战 斧 |
|---|---|---|---|---|
| 1 号墓 | 0 | 1 | 5 | 0 |
| 2 号墓 | 1 | 1 | 1 | 0 |
| 3 号墓 | 1 | 1 | 0 | 0 |
| 4 号墓 | 1 | 0 | 1 | 0 |
| 5 号墓 | 1 | 0 | 2 | 0 |
| 6 号墓 | 0 | 0 | 1 | 0 |
| 7 号墓 | 1 | 0 | 1 | 1 |
| 8 号墓 | 1 | 0 | 0 | 0 |
| 9 号墓 | 1 | 0 | 1 | 0 |
| 10 号墓 | 0 | 0 | 0 | 0 |

根据我们之前对塞伊玛—图尔宾诺类型墓地的研究，以及塞伊玛墓地仅有的 10 座墓的发掘记录来看，该墓地也可将墓葬分为随葬空首斧、铜矛、铜刀"三件套"的墓葬，随葬空首斧和铜矛的墓葬，随葬空首斧（或铜矛）和铜刀的墓葬，仅随葬空首斧的墓葬，仅随葬铜刀的墓葬，随葬铜环或玉环的墓葬和无随葬铜器的墓葬。虽然各级别墓葬的数量很难判断，但是该墓地墓葬的组成结构还是非常清晰的。

1915 年发掘的 10 座墓葬中，随葬空首斧、铜矛、铜刀"三件套"的墓葬 1 座，随葬空首斧和铜矛的墓葬 1 座，随葬空首斧和铜刀的墓葬 5 座，仅随葬空首斧的墓葬 1 座，仅随葬铜刀的墓葬 1 座，无随葬铜器的墓葬 1 座。总体来看，这几座墓葬级别很高，应位于该墓地中级别较高的墓区。

塞伊玛墓地与图尔宾诺墓地相比，不论从墓葬等级构成，还是从墓地规模、墓葬数量来看，非常相似。

4. 随葬品与葬俗研究

根据塞伊玛墓地已经发掘的残留有人骨的墓葬判断，墓主头向东北，葬式不能确定。在文化层中、墓葬中发现燃烧过的骨头、炭屑、烧土等，说明该墓地可能存在火葬现象。同时，在 1915 年发掘的 10 座墓葬中，有一座墓葬发现将铜刀和短剑垂直插入墓底的现象,该现象的发现,直接证明该墓地属于塞伊玛—图尔宾诺类型。

根据科涅夫的报告,墓地中还发现一些铸范,虽然报告中没有提到这些铸范是否与墓葬有关。但根据上文对塞伊玛—图尔宾诺类型墓地的研究,我们有理由相信,该墓地很可能存在随葬石范的墓葬。

塞伊玛墓地中墓葬可分为随葬空首斧、铜矛、铜刀"三件套"的墓葬,随葬空首斧和铜矛的墓葬,随葬空首斧(或铜矛)和铜刀的墓葬,仅随葬空首斧的墓葬、仅随葬铜刀的墓葬、随葬铜环或玉环的墓葬和无随葬铜器的墓葬。根据10座有发掘记录的墓葬判断,该墓地可能存在分区,高等级墓葬分布相对集中。

综上,我们将塞伊玛墓地葬俗特征概况如下:

1. 墓地选址在河流沿岸高丘上。
2. 大部分墓葬为单人葬,头向东北。
3. 绝大多数墓葬都未发现人骨,巴德尔推测可能与火葬有关。
4. 墓地可能存在分区。高等级墓葬随葬空首斧、铜矛、铜刀三件套。一座墓葬发现将兵器垂直插入墓底的现象;墓地中可能存在随葬石范的墓葬。
5. 陶器多发现于墓葬周围灰坑中或文化层中。

### (三)乌斯季—维特鲁加墓地

1. 调查与发掘

乌斯季—维特鲁加墓地位于马里埃尔共和国尤里诺地区洪泛区的小山顶上,距离尤里诺村东北4公里。该小丘海拔高度80米,处在伏尔加河左岸与维特鲁加河右岸之间,距离伏尔加河约300米。该遗址的一部分被切博克萨里水库淹没。

2000年春天,沙拉霍夫(E. G. Shalakhov)从当地居民处获知该地曾经出土空首斧和铜环的信息。同年秋天,他来此地进行考察,采集到一些铜器和燧石器。

2001~2006年,索罗维耶夫(B. C. Soloviev)与沙拉霍夫开始对此墓地进行发掘(图3.62),发掘面积934平方米,共发现16座墓葬[①]。

2001~2004年,在靠近水库附近地区发掘12座墓葬;2004~2006年,在该墓地东北60米处的山顶上发现了4座墓葬(图3.63)。若想确定整个墓地

---

① 可能存在的墓葬:墓口不是很清楚,但从发掘出土物及墓葬描述来看,属于墓葬无疑。

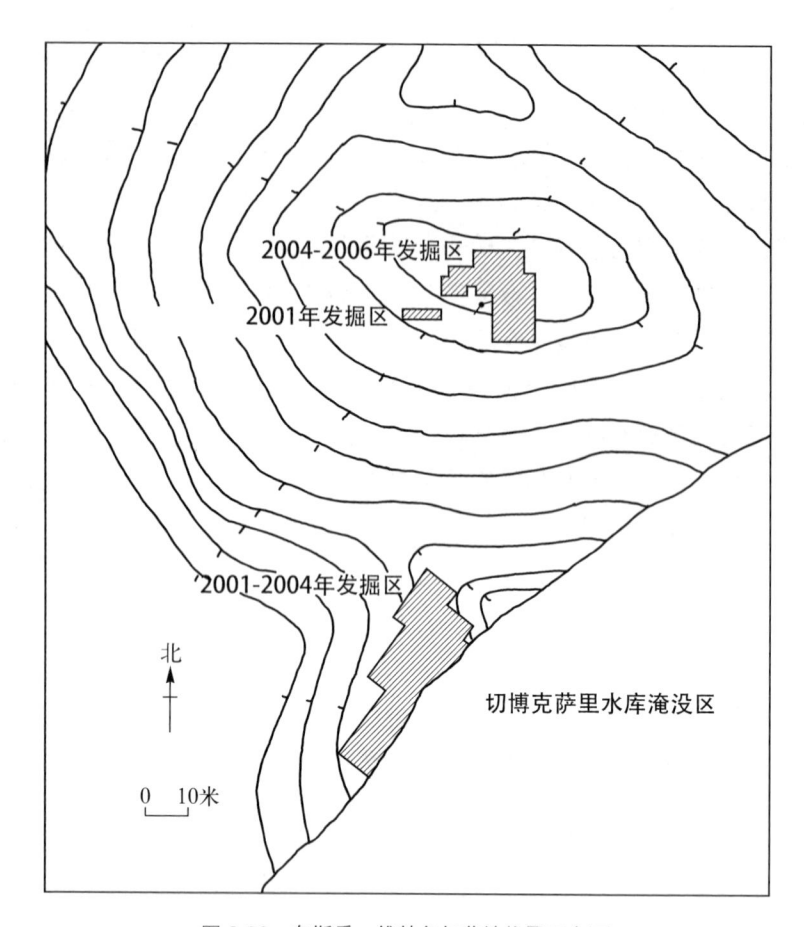

图 3.62　乌斯季—维特鲁加墓地位置示意图

的规模还需进一步研究[①]。

2. 墓葬描述

2001～2004 年共发掘 13 座墓葬，其中 6 座为确定的墓葬；其余 7 座可能

---

[①] Соловьев. Б. С. Юринский (Усть-Ветлужский) могильник (по раскопкам 2001 г.). *Новые археологические исследования в Поволжье*. Чебоксары. 2003. С. 110–115; Соловьев. Б. С. Юринский (Усть-Ветлужский) могильник (итоги раскопок 2001–2004 гг.). *Археология России* № 4. 2005. С. 103–111; Соловьев. Б. С., Е. Г. Шалахов. Воинское погребение Юринского могильника. *Исследования по древней и средневековой археологии Поволжья*. Чебоксары. 2006; Соловьев. Б. С. Хронологические рамки балановской культуры в Волго-Камье. *Проблемы первобытной и средневековой археологии Волго-Камья*. АЭМК. Вып. 30. Йошкар-Ола. 2007; Соловьев. Б. С. К вопросу о социально-значимых погребениях сейминско-турбинского типа. *Материалы и исследования по археологии Поволжья*. Вып. 5. Йошкар-Ола. 2010.

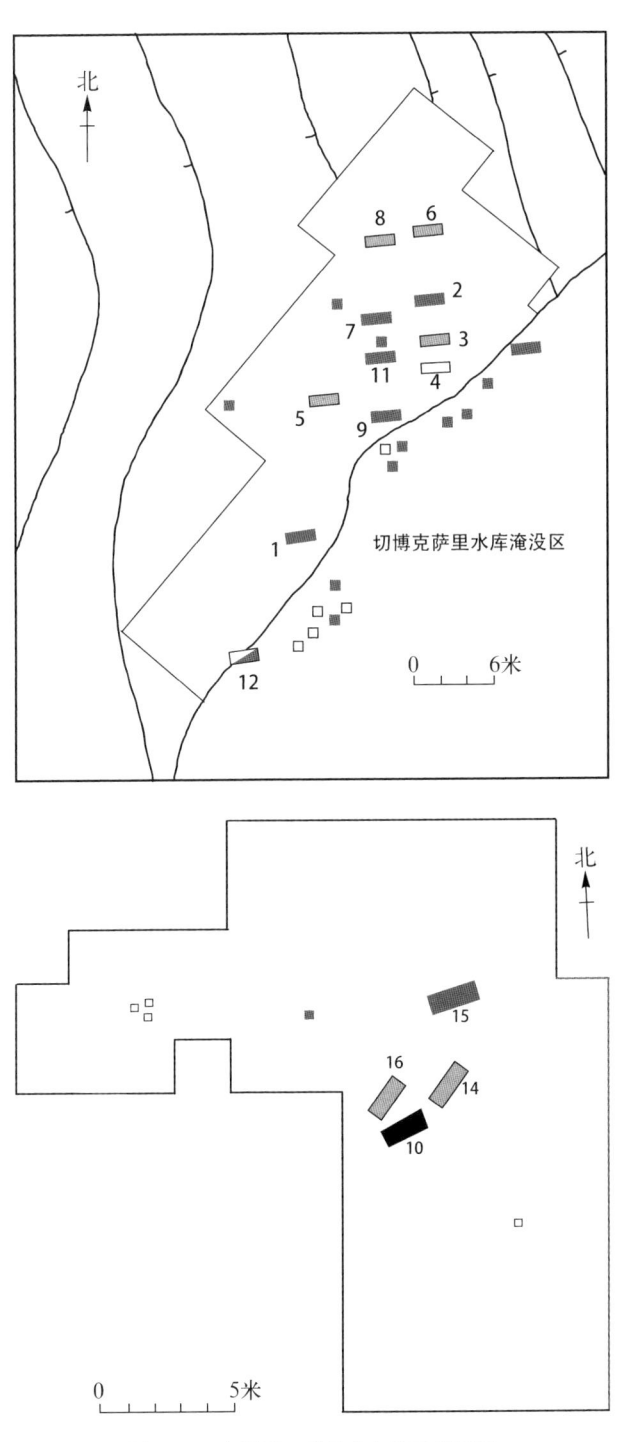

第三章　塞伊玛—图尔宾诺典型墓地和遗址分析与研究　125

图 3.63　乌斯季—维特鲁加墓地平面图

是墓葬，但在文化层中墓口不是很清晰。此外，在地层中还发现1件铜锥、1把铜刀和1件铜手镯碎片，可能出自被破坏的墓葬。在2003年的发掘过程中，在1区和35区的古代地面上（深棕色沙土）发现2件空首斧，可能是故意摆放于地面上的。35区发现的空首斧有争议，因为它出自一堆树皮和烧焦的木头中，年代不确定[①]。

1号墓葬（图3.64），位于2001年发掘地点的东北部（距离现代地表25~30厘米），在深棕色沙层上发现墓口（长250、宽200厘米）。在深度40~45厘米处，形成了一个梯形的坑，尺寸为长200、宽160~190厘米，填土中发现一条5~15厘米宽的炭屑带。墓葬的东南部墓底发现牙齿，死者左臂向前弯曲，指骨放在1把塞伊玛—图尔宾诺铜刀上；墓葬中央发现盆骨和股骨，盆骨偏西。在铜刀周围包裹一片被焚烧过的桦树皮，尺寸为长20、宽6厘米。骨头下方有一层黑色土层，里面含有大量炭屑。在墓葬西北部深度

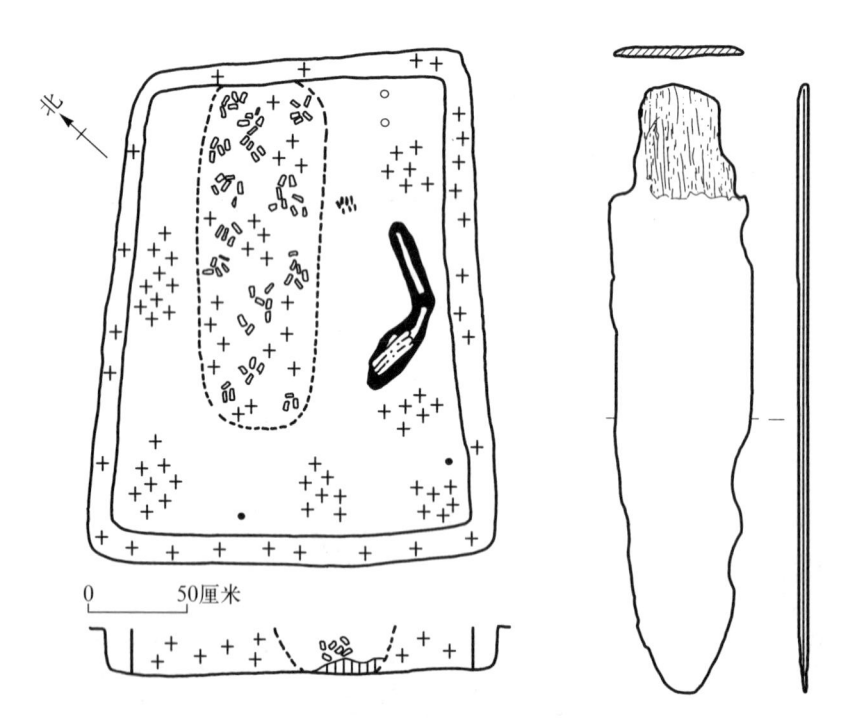

图3.64 乌斯季—维特鲁加墓地1号墓示意图

---

① Соловьев. Б. С. Культурные компоненты Усть-Ветлужского могильника. *Поволжская Археология*. No. 2 (4). 2014.

40~45厘米处，发现一片被焚烧过的土层（长150、宽55厘米），里面夹杂大量炭屑和小石头。填土中发现石片和沃洛索沃文化晚期的陶片。死者头向东北，为仰身葬。

2号墓葬（图3.65），位于2002年发掘地点北部，东北—西南方向，墓葬位于深棕色沙层。距离现代地表35厘米处发现墓口，墓口为矩形，尺寸为长170、宽60厘米，墓葬上层填土为浅灰色，厚度为3~4厘米，在墓葬西南部腐殖质中发现1件塞伊玛—图尔宾诺铜刀，未发现人骨。

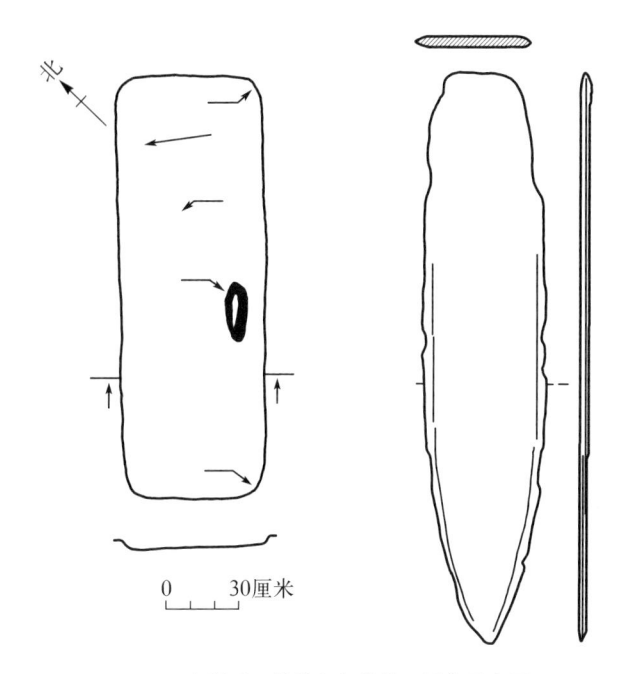

图3.65 乌斯季—维特鲁加墓地2号墓示意图

3号墓葬，位于2号墓葬以南2.5米处，东北—西南方向。在黄色沙土层中发现矩形墓坑，尺寸为长190、宽76厘米，浅灰色填土，墓坑填土厚度为5厘米。在墓葬西南墓壁30厘米处，发现一片黑色的斑迹；墓葬西北部发现1把铜刀。未发现人骨。

4号墓葬，位于3号墓葬以南1.8米处，东北—西南方向。矩形，尺寸为长164、宽60厘米，厚度为3厘米，浅灰色填土。

5号墓葬（？），位于2002年发掘区37区，距离地表40厘米处发现1把铜刀，刀尖朝西。

6号墓葬，东北—西南方向，平面呈矩形，尺寸为长380、宽154厘米，深度为40~45厘米。墓坑深度为15厘米，浅灰色填土。靠近墓葬西壁发现2件青铜手镯，两者相距15厘米，填土中发现新石器时代陶片。

7号墓葬（？），位于2003年发掘区33区，深度为45厘米，在东北边缘灰色腐殖质中发现1件铜刀。

8号墓葬（？），位于2003年发掘区23区，即距离6号墓葬西南2米处，在深棕色沙层中发现1把铜刀，深度为47厘米，刀尖朝西。

9号墓葬（？），位于2002年发掘区18区，在深度50厘米的文化层中，发现一片黑色斑迹，出土一把铜刀。

10号墓葬（图3.66），位于2004年发掘区第二地点，东北—西南方向。在黄色沙层上部发现墓口（距离现代地表22厘米），呈矩形，尺寸为长240、宽96厘米。墓葬深度为21厘米。在深度22厘米、靠近东北墓壁处，发现1件与墓壁平行的空首斧，斜插入墓底，刃部朝向西北；靠近墓葬西南壁发现1件铜矛，斜插入墓底。在铜矛下方，发现厚度为1厘米的深色有机物痕迹。在墓葬底部中央（深度为43~46厘米）发现1把铜刀，铜刀周围是黑色的腐殖质斑迹，刀尖朝向西南。墓葬的西南部分发现赭石铺在墓底，细长形状，尺寸为长153、宽51厘米。墓中未发现人骨。

11号墓葬（？），位于2002年发掘区30号地点，在一个树桩下60厘米处，发现1件空首斧，刃部朝上，空首斧周围有黑色腐殖质。

12号墓葬（？），2001年沙拉霍夫采集到1件空首斧、1件战斧、1件铜锛、2件铜刀。根据他的描述，这是一座120厘米宽，60厘米深的墓葬，于断崖处发现剖面。

13号墓葬（？），2003年沙拉霍夫在岸边发现1把铜刀和2件燧石箭镞，这些遗物聚集在一起，坑直径为30厘米。

2005~2006年发掘的14号墓、15号墓、16号墓资料至今仍然没有发表，但我们可以根据一些零散发表的研究文章一窥这3座墓葬的形制及墓中出土器物。

14号墓葬，东北—西南方向，出土1件铜刀，铜刀靠近西北墓壁中部，且与西北墓壁平行。

15号墓葬（图3.67），东北—西南方向，出土1件铜刀、1件铜矛、1件空首斧。铜刀位于墓葬中部；铜矛靠近墓葬东南壁中部，斜插入墓底；空首斧位于墓葬东北方向；墓葬西墓角发现2件石箭镞。

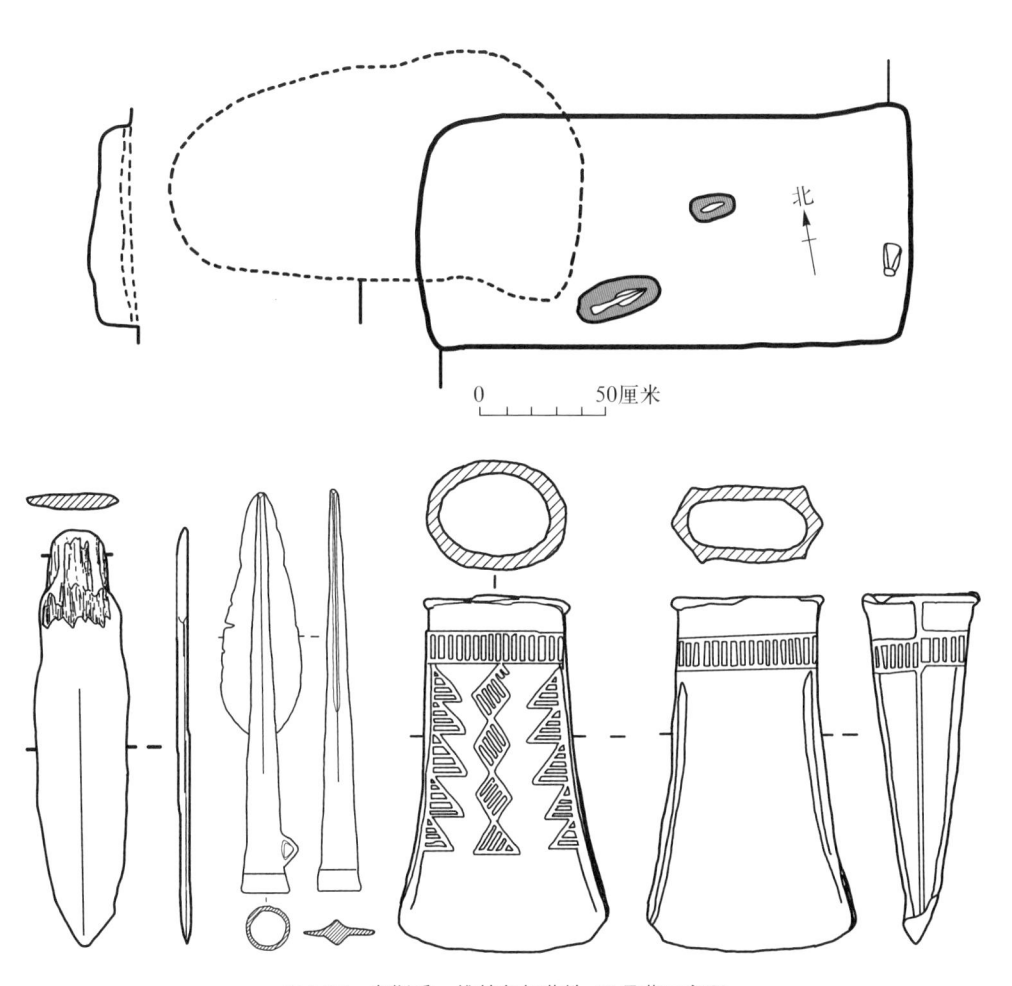

第三章 塞伊玛—图尔宾诺典型墓地和遗址分析与研究 129

图 3.66 乌斯季—维特鲁加墓地 10 号墓示意图

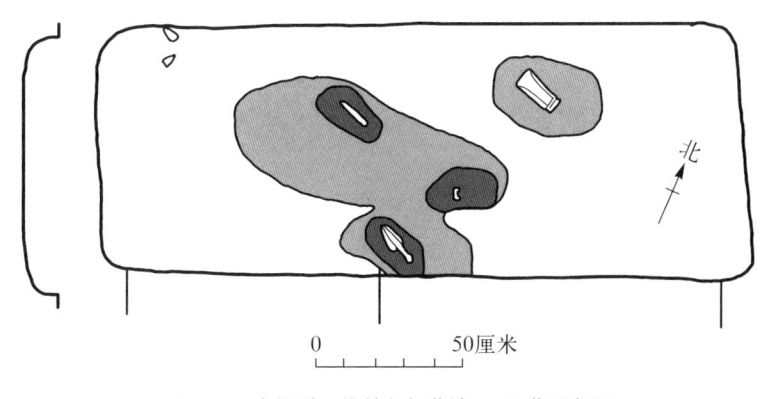

图 3.67 乌斯季—维特鲁加墓地 15 号墓示意图

16号墓葬，东北—西南方向，仅出土1件石器。

3. 墓地形制布局及相关讨论

乌斯季—维特鲁加墓地一共发掘了16座墓葬，但整个墓地并未完全揭露，再加上修建水库淹没了一些墓葬，墓地的整体规模现在已不得而知，我们只能对这16座墓葬的布局进行简单分析。

根据各墓葬出土铜器种类和数量，我们将墓葬进行分类（表3.6）：

表3.6 乌斯季—维特鲁加墓地墓葬分类表

| 墓 葬 分 类 | 墓 葬 编 号 |
| --- | --- |
| 随葬空首斧、铜矛、铜刀"三件套"墓 | M10、M15 |
| 随葬空首斧与铜刀墓 | M12 |
| 仅随葬空首斧墓 | M11 |
| 仅随葬铜刀墓 | M1、M2、M3、M5、M7、M8、M9、M14 |
| 无铜器随葬墓 | M4、M6、M16、M13 |

乌斯季—维特鲁加墓地中，随葬空首斧、铜矛、铜刀"三件套"的墓葬2座、随葬空首斧与铜刀的墓葬1座、仅随葬空首斧的墓葬1座、仅随葬铜刀的墓葬8座、无铜器随葬的墓葬4座。

从该墓地平面分布图来看，墓地可分为南北两区，北部墓区2004~2006年发掘，共计4座墓葬，包括随葬空首斧、铜矛、铜刀"三件套"的10号墓和15号墓；南部墓区2001~2004年发掘，共12座墓葬，包括1座随葬空首斧和铜刀的墓葬、1座仅随葬空首斧的墓葬、7座仅随葬铜刀的墓葬和3座无铜器随葬的墓葬。北部墓区的等级较南部墓区高。

北部墓区随葬"三件套"的2座墓葬中皆发现将铜器垂直插入墓底的现象，其余墓葬不见。

北部墓区墓葬皆为东北—西南方向，南部墓区墓葬虽也是东北—西南方向，但明显角度更大，更接近东西方向。

4. 随葬品与葬俗研究

乌斯季—维特鲁加墓地中墓葬出土人骨非常少，只有1号墓葬发现人骨的数量较多。根据墓坑尺寸判断，除了10号墓葬外，其余墓葬皆为单人葬。10

号墓葬尺寸为长 240、宽 96 厘米，远大于其他墓葬，所以该墓可能是一座合葬墓。人骨放置于墓坑底部（有的墓底还铺有赭石），可能有木制框架结构，并在人骨之上覆盖燃烧过的炭。当然，这也是存在火葬现象的证据。根据 1 号墓中残存的人骨分析，墓主头向东北。此外，还发现用桦树皮包裹人骨的现象。

根据随葬品的种类和数量，我们可以将乌斯季—维特鲁加墓地划分为随葬空首斧、铜矛、铜刀"三件套"的墓葬、随葬空首斧与铜刀的墓葬、仅随葬空首斧的墓葬、仅随葬铜刀的墓葬及无铜器随葬的墓葬，其中 6 号墓比较特殊，仅随葬 2 枚铜环，与塞伊玛墓地及图尔宾诺墓地中的一些墓葬类似。

10 号墓葬与 15 号墓葬中都发现铜器垂直插入墓底的现象，这两座墓葬都是随葬"三件套"的高等级墓葬，可见墓底插入铜器现象与墓葬等级相关。

在 1 区和 35 区的地面上发现空首斧，这个现象可能与祭祀活动相关。

乌斯季—维特鲁加墓地提取了三件随葬塞伊玛—图尔宾诺铜器墓葬的样本进行碳-14 测年[①]：

NEA-928：距今 3400±50/ 前 1760～前 1620 Cal（68.2%），12 号墓葬空首斧中木头残留。

NEA-929：距今 3545±50/ 前 1950～前 1860 Cal（40.6%），前 1850～前 1770 Cal BC（27.6%），8 号墓葬铜刀刀柄。

NEA-966：距今 3395±35/ 前 1740～前 1630 Cal（68.2%），10 号墓葬铜矛銎中木头残留。

综上所述，乌斯季—维特鲁加墓地葬俗特征如下：

1. 墓地选址在河流沿岸高丘上。
2. 墓地可能存在分区。高等级墓葬随葬"空首斧、铜矛、铜刀"三件套，且两座高等级墓葬都发现将铜器垂直插入墓底现象。
3. 大部分墓葬为单人葬，头向东北；可能存在合葬墓，墓葬等级较高。
4. 绝大多数墓葬都未发现人骨，很可能与火葬相关。
5. 陶器多发现于晚期地层中。
6. 该墓地存在用桦树皮包裹人骨或铜器的现象，墓葬中可能有木制框架，墓底铺有赭石。

---

① Юнгнер. Х., К. О. Карпелан. радиоуглеродных датах Усть-Ветлужского могильника. *Российская археология*. № 4. 2005.

## （四）列什诺耶墓地

### 1. 调查与发掘

列什诺耶墓地位于高尔基州（现下诺夫哥德州）维克萨县，奥卡河右岸列什诺耶村对面小山上，高于奥卡河11～12米。该小山上无植被，地表破坏较严重。

1974年9月，高尔基历史建筑博物馆收到了多斯察托（Doschatoe）区一名乡村教师的来信，科腾科娃（R. I. Kotenkova）和她的学生阿斯塔夫耶夫（A. Astafyev）、佩里科夫（M. Pylykov）、戈雷洛夫（M. Gorelov）在奥卡河岸边发现了铜器。

1974～1975年，高尔基历史建筑博物馆研究员切尔尼科夫（V. F. Chernikov）对该区进行了调查，并推测这里存在墓葬。

切尔尼科夫调查期间，在距离奥卡河河岸3～3.5公里处的沙丘上发现了1把铜刀。遗址的主要部分被村庄的建筑物占据，只有一小部分没有建筑物。

1975～1976年，巴德尔开始发掘列什诺耶墓地，共发掘墓葬18座。

### 2. 墓葬描述

列什诺耶墓地的发掘报告并未出版，我们只能根据零散报道的材料来推测列什诺耶墓地的基本情况。

墓葬沿着奥卡河排成三列，靠近奥卡河河岸的墓葬被破坏，墓葬方向与河流平行。

第一列墓葬不少于12座，2座或3座墓葬形成小的组群。西边为第二列墓葬，与第一列平行，相距6～12米，总共有3座墓葬。第三列墓葬位于第一列墓葬东边，包括3座墓葬，距离第一列墓葬9～12米。

1号墓发现1件铜矛，2号墓发现1件空首斧，3号墓发现1把铜刀、1件铜锥，4号墓发现1把铜刀，5号墓发现1把铜刀，8号墓发现1件空首斧，12号墓发现1件空首斧，17号墓发现1件铜矛，18号墓发现1件铜刀。

中间一列墓葬，靠近1号墓、2号墓、4号墓周围，地面上插着铜矛，有的墓葬中随葬玉环。巴德尔推测，该墓地可能共有30座墓葬。

### 3. 墓地形制与葬俗分析

该墓地位于奥卡河右岸的小山丘上，形制布局规划有序，一共三列，与河流平行。墓葬中很少发现人骨，也未发现陶器随葬，墓葬周围还发现垂直插入地面的铜矛，这种在墓葬周围地面插入兵器或工具的做法，很可能是塞伊玛—图尔宾诺人群的祭祀行为。此外，一些墓葬只随葬玉环，可能与女性墓葬相关。

### （五）乌斯季—盖瓦墓地

乌斯季—盖瓦墓地位于彼尔姆市盖瓦村博特金水电站的泄洪区，盖瓦河与卡马河交汇处高丘之上。

墓地正式发掘于1949年，在发掘到深度为1.5~2米的沙土层时发现铜刀，不幸的是，这件铜刀已下落不明。从埋葬深度和文化层缺失现象来看，该地点应是一处墓葬，但并没有发现人骨。此后又发现了一座墓葬，出土带有三角形和菱形纹饰的空首斧以及一件铜矛。

第二座墓葬中的铜矛和空首斧被彼尔姆地区历史博物馆收藏，该馆负责人米利锡纳（A. G. Militsyna）调查了发现地点。与此同时，又发现一件没有纹饰的空首斧，很可能属于第三座墓葬。

之后，巴德尔在米利锡纳陪同下再次调查了该墓地，巴德尔通过对之前发掘材料的研究，认为乌斯季—盖瓦墓地是一处塞伊玛—图尔宾诺类型墓地。

在这里有必要强调乌斯季—盖瓦遗址发现这些器物的位置，无论在哪个方面，这些发现都与塞伊玛—图尔宾诺类型墓地非常类似，特别是与塞伊玛墓地的情况相似，发现的遗物都位于相同的深度。此外，该墓地发现器物集群现象，且都未发现人骨。

1950年，彼尔姆州立大学卡马考古队在巴德尔的带领下再次对该墓地进行调查，不幸的是，之前发现铜器的地点已无法再进行发掘。因此，考古队只能在靠近河岸的空地上进行试掘。

卡马考古队共发掘了两个探沟，这两个探沟的地层都非常简单。探沟中发现一件权杖头的上半部分，有钻孔，表面抛光。

乌斯季—盖瓦墓地一共发现7件铜器，沙福林副教授（A. M. Shavrin）在彼尔姆 AG Popova 的光谱分析实验室对这些铜器进行了光谱分析，除了一件带装饰的空首斧锡含量为6%~8%之外，其他铜器的锡含量不超过0.2%。

附表 3.1 罗斯托夫卡墓葬登记表

| 墓葬 | 尺寸（长） | 尺寸（宽） | 墓向 | 头向 | 焚烧痕迹 | 人骨残留 | 墓主性别 | 墓主年龄 | 随葬石范 | 随葬铜器 | 随葬金器 | 骨甲 | 埋葬人数 | 扰乱 | 葬式 |
|---|---|---|---|---|---|---|---|---|---|---|---|---|---|---|---|
| 1 | 95 | 45 | 西北—东南 | 不详 | 有 | 有 | 不详 | 不详 | 无 | 1空首斧 | 无 | 无 | 单人葬 | 是 | 不详 |
| 2 | 105 | 85 | 西北—东南 | 不详 | 有 | 有 | 不详 | 9～10岁 | 无 | 1鸟形铜雕1铜珠手镯1铜刀 | 无 | 无 | 单人葬 | 是 | 不详 |
| 3 | 130 | 50 | 东—西 | 东 | 有 | 无 | 不详 | 不详 | 无 | 无 | 无 | 1套 | 单人葬 | 否 | 不详 |
| 4 | 160 | 60 | 东—西 | 不详 | 有 | 无 | 不详 | 不详 | 1件 | 1骨柄铜刀 | 无 | 无 | 单人葬 | 否 | 不详 |
| 5 | 150 | 65 | 东—西 | 东北 | 有 | 有 | 男 | 25岁 | 无 | 1铜矛 | 无 | 无 | 单人葬 | 是 | 仰身直肢 |
| 6 | 120 | 90 | 西北—东南 | 不详 | 有 | 无 | 不详 | 不详 | 无 | 无 | 无 | 1小片 | 单人葬 | 无 | 不详 |
| 7 | 220 | 70 | 西北—东南 | 西北 | 有 | 有 | 男 | 40岁 | 无 | 无 | 无 | 无 | 单人葬 | 是 | 侧身屈肢 |
| 8 | 200 | 90 | 东北—西南 | 东 | 有 | 有 | 4具人骨，可辨1女，1男 | 40～45岁 | 无 | 2铜矛1空首斧2铜刀1铜锥 | 无 | 无 | 多人葬 | 是 | 仰身屈肢 |
| 9 | 200 | 85 | 西北—东南 | 西北 | 有 | 有 | 不详 | 不详 | 无 | 1铜锥 | 无 | 无 | 单人葬 | 是 | 不详 |
| 10 | 200 | 70 | 东—西 | 东 | 有 | 有 | 女 | 20岁 | 无 | 无 | 无 | 无 | 单人葬 | 是 | 不详 |
| 11 | 200 | 65 | 东—西 | 不详 | 有 | 有 | 不详 | 不详 | 无 | 无 | 无 | 无 | 单人葬 | 是 | 不详 |

第三章　塞伊玛—图尔宾诺典型墓地和遗址分析与研究　　135

续　表

| 墓葬 | 尺寸（长） | 尺寸（宽） | 墓向 | 头向 | 焚烧痕迹 | 人骨残留 | 墓主性别 | 墓主年龄 | 随葬石范 | 随葬铜器 | 随葬金器 | 骨甲 | 埋葬人数 | 扰乱 | 葬式 |
|---|---|---|---|---|---|---|---|---|---|---|---|---|---|---|---|
| 12 | 50 | 50 | 不详 | 不详 | 有 | 头骨 | 不详 | 不详 | 无 | 无 | 无 | 无 | 单人葬 | 头骨 | 不详 |
| 13 | 240 | 105 | 东—西 | 东 | 有 | 有 | 不详 | 不详 | 无 | 无 | 无 | 无 | 单人葬 | 否 | 仰身直肢 |
| 14 | 170 | 85 | 南—北 | 不详 | 有 | 有 | 女 | 25~30岁 | 无 | 1铜刀 | 无 | 无 | 单人葬 | 是 | 不详 |
| 15 | 150 | 60 | 东—西 | 不详 | 有 | 有 | 不详 | 不详 | 无 | 2铜饰 | 无 | 无 | 单人葬 | 是 | 不详 |
| 16 | 140 | 60 | 东—西 | 不详 | 有 | 有 | 女 | 25岁 | 无 | 无 | 无 | 无 | 单人葬 | 是 | 不详 |
| 17 | 240 | 70 | 西北—东南 | 不详 | 有 | 有 | 男 | 35~40岁 | 无 | 无 | 无 | 无 | 单人葬 | 是 | 不详 |
| 18 | 180 | 60 | 东—西 | 东 | 有 | 有 | 男 | 30岁 | 无 | 无 | 无 | 无 | 单人葬 | 是 | 仰身直肢 |
| 19 | 150 | 60 | 西北—东南 | 不详 | 有 | 有 | 不详 | 不详 | 无 | 无 | 无 | 无 | 单人葬 | 是 | 不详 |
| 20 | 150 | 90 | 东—西 | 西 | 有 | 有 | 男性 | 成年 | 无 | 1铜刀 | 无 | 无 | 单人葬 | 是 | 不详 |
| 21 | 200 | 140 | 西北—东南 | 东 | 有 | 有 | 不详 | 不详 | 4件 | 无 | 1件 | 无 | 双人葬 | 是 | 不详 |
| 22 | 90 | 65 | 东—西 | 东 | 有 | 有 | 不详 | 不详 | 无 | 无 | 无 | 无 | 单人葬 | 是 | 不详 |
| 23 | 195 | 100 | 东—西 | 不详 | 有 | 有 | 男 | 30~40岁 | 无 | 1铜剑 | 无 | 无 | 单人葬 | 是 | 不详 |

续表

| 墓葬 | 尺寸(长) | 尺寸(宽) | 墓向 | 头向 | 焚烧痕迹 | 人骨残留 | 墓主性别 | 墓主年龄 | 随葬石范 | 随葬铜器 | 随葬金器 | 骨甲 | 埋葬人数 | 扰乱 | 葬式 |
|---|---|---|---|---|---|---|---|---|---|---|---|---|---|---|---|
| 24 | 200 | 70 | 西北—东南 | 不详 | 有 | 有 | 女 | 40岁 | 1件 | 1铜剑 1铜锥 | 无 | 无 | 单人葬 | 是 | 不详 |
| 25 | 220 | 70 | 东—西 | 不详 | 有 | 有 | 男 | 30岁 | 无 | 无 | 无 | 无 | 单人葬 | 是 | 不详 |
| 26 | 180 | 65 | 东—西 | 不详 | 有 | 有 | 男 | 35岁 | 无 | 无 | 无 | 无 | 单人葬 | 是 | 不详 |
| 27 | 140 | 85 | 东—西 | 东 | 有 | 有 | 不详 | 不详 | 无 | | 无 | 无 | 单人葬 | 是 | 不详 |
| 28 | 180 | 80 | 东—西 | 东 | 有 | 有 | 男 | 30~35岁 | 无 | 1铜刀 | 无 | 无 | 单人葬 | 否 | 侧身 |
| 29 | 225 | 60 | 西北—东南 | 东 | 有 | 有 | 不详 | 不详 | 无 | 无 | 无 | 无 | 单人葬 | 否 | 仰身直肢 |
| 30 | 180 | 70 | 西北—东南 | 东 | 有 | 有 | 不详 | 不详 | 无 | 无 | 无 | 无 | 单人葬 | 是 | 不详 |
| 31 | 195 | 70 | 西北—东南 | 不详 | 有 | 有 | 不详 | 不详 | 无 | 无 | 1件 | 无 | 单人葬 | 是 | 仰身 |
| 32 | 135 | 80 | 南—北 | 东南 | 有 | 有 | 不详 | 儿童 | 无 | 无 | 2件 | 1套 | 单人葬 | 是 | 不详 |
| 33 | 200 | 120 | 西北—东南 | 东南 | 有 | 有 | 女 | 20~25岁 | 2件 | 1铜矛 | 1件 | 无 | 单人葬 | 否 | 仰身直肢 |
| 34 | 280 | 90 | 西北—东南 | 东南 | 有 | 有 | 男 | 25~30岁 | 无 | 2铜刀 1空首斧 1铜矛 2铜锥 | 无 | 无 | 单人葬 | 否 | 仰身直肢 |
| 35 | 160 | 80 | 东—西 | 不详 | 有 | 有 | 不详 | 不详 | 无 | 无 | 无 | 无 | 单人葬 | 是 | 不详 |

第三章　塞伊玛—图尔宾诺典型墓地和遗址分析与研究　　137

续表

| 墓葬 | 尺寸(长) | 尺寸(宽) | 墓向 | 头向 | 焚烧痕迹 | 人骨残留 | 墓主性别 | 墓主年龄 | 随葬石范 | 随葬铜器 | 随葬金器 | 骨甲 | 埋葬人数 | 扰乱 | 葬式 |
|---|---|---|---|---|---|---|---|---|---|---|---|---|---|---|---|
| 36 | 80 | 40 | 东—西 | 不详 | 有 | 有 | 不详 | 不详 | 无 | 无 | 无 | 无 | 单人葬 | 是 | 不详 |
| 37 | 200 | 80 | 东—西 | 不详 | 有 | 有 | 不详 | 不详 | 无 | 1铜刀1铜饰 | 无 | 无 | 单人葬 | 是 | 不详 |
| 38 | 195 | 110 | 东北—西南 | 不详 | 有 | 无 | 不详 | 不详 | 无 | 无 | 无 | 无 | 单人葬 | 无 | 不详 |

附表3.2　萨特加ⅩⅥ墓地墓葬登记表

| 墓葬编号 | 长 | 宽 | 方向 | 深度 | 人骨 | 年龄 | 性别 | 焚烧痕迹 | 桦树皮痕迹 | 烧焦木头 | 赭石痕迹 | 铜器 | 陶片 | 石镞 | 权杖头 | 穿孔骨片 |
|---|---|---|---|---|---|---|---|---|---|---|---|---|---|---|---|---|
| 1 | 1.8 | 0.5 | 东—西 | 0.23 | — | — | — | — | — | — | — | 无 | 有 | 有 | — | — |
| 2 | 2.35 | 0.48 | 东—西 | 0.26~0.32 | 少量 | 20 | — | — | 有 | — | — | 1铜刀 | 无 | 有 | — | — |
| 3 | 0.87 | 0.4 | 东南—西北 | 0.18 | 头骨 | 30~35 | 男 | 有 | — | — | — | 1铜刀 | 无 | 有 | — | — |
| 4 | 1.79 | 0.7~0.92 | 南—北 | 0.3 | 少量 | 30~40 | 女 | 有 | 有 | — | — | 无 | 无 | — | 有 | — |
| 5 | 2.35 | 0.55 | 东—西 | 0.2~0.25 | 头骨碎片 | 20~30 | — | 有 | 有 | 有 | 有 | 1空首斧 | 有 | 有 | — | — |
| 6 | 2.2 | 0.46 | 东—西 | 0.1~0.18 | 头骨 | 30~40 | 男 | 有 | 有 | — | — | 1铜刀 | 有 | — | — | — |

续 表

| 墓葬编号 | 长 | 宽 | 方向 | 深度 | 人骨 | 年龄 | 性别 | 焚烧痕迹 | 桦树皮痕迹 | 烧焦木头 | 赭石痕迹 | 铜器 | 陶片 | 石镞 | 权杖头 | 穿孔骨片 |
|---|---|---|---|---|---|---|---|---|---|---|---|---|---|---|---|---|
| 7、8 | 1.45 | 0.65 | 东—西 | 0.1 | 少量 | — | — | 有 | — | 有 | — | 无 | 有 | — | — | — |
| 9 | 1.64 | 0.5 | 南—北 | 0.12 | 头骨 | 35 | 女 | 有 | 有 | 有 | — | 无 | 有 | — | — | — |
| 10 | 1.24 | 0.3 | 东北—西南 | 0.1 | — | — | — | — | 有 | — | — | 1铜刀 | 有 | — | — | — |
| 11 | 2.13 | 0.56 | 东—西 | 0.17 | — | — | — | 有 | 有 | — | 有 | 无 | 有 | — | — | — |
| 12 | 2.0 | 0.45 | 南—北 | 0.2~0.25 | 头骨 | 20 | 女 | 有 | 有 | — | — | 无 | 无 | — | — | — |
| 13 | 1.62 | 0.44 | 东—西 | 0.06~0.09 | — | — | — | 有 | 有 | — | — | 无 | 无 | — | — | — |
| 14 | 1.78 | 0.4 | 东—西 | 0.11~0.16 | — | — | — | 有 | 有 | 有 | — | 无 | 有 | — | — | — |
| 15 | 1.58 | 0.6 | 东南—西北 | 0.15 | 少量 | — | — | — | — | — | — | 无 | 有 | — | — | — |
| 16 | — | — | — | — | — | — | — | 有 | — | — | — | — | 有 | — | — | — |
| 17b | — | 0.5 | 东南—西北 | 0.2 | 头骨 | 35 | 女 | 有 | — | — | 有 | 1铜刀<br>1铜镞 | 有 | 有 | — | — |
| 18 | 1 | 0.5~0.55 | 东北—西南 | 0.08~0.12 | — | — | — | 有 | — | 有 | — | 无 | 有 | — | — | — |

第三章　塞伊玛—图尔宾诺典型墓地和遗址分析与研究　139

续　表

| 墓葬编号 | 长 | 宽 | 方向 | 深度 | 人骨 | 年龄 | 性别 | 焚烧痕迹 | 桦树皮痕迹 | 烧焦木头 | 赭石痕迹 | 铜器 | 陶片 | 石镞 | 权杖头 | 穿孔骨片 |
|---|---|---|---|---|---|---|---|---|---|---|---|---|---|---|---|---|
| 19 | 1.5 | 0.53 | 东南—西北 | 0.2 | — | — | — | 有 | — | — | — | 无 | 有 | — | — | — |
| 20 | 1.72 | 0.57 | 西南—东北 | 0.3~0.35 | 少量 | 14~16 | — | 有 | — | — | — | 无 | 无 | — | — | — |
| 21 | 1.46 | 0.42 | 东南—西北 | 0.15~0.18 | 少量 | 30 | — | 有 | 有 | 有 | — | 无 | 无 | — | — | — |
| 22 | 1.38 | 0.42 | 东南—西北 | 0.12~0.14 | 少量 | 30~40 | — | 有 | 有 | — | — | 无 | 无 | — | — | — |
| 23 | 2.3 | 0.4 | 东南—西北 | 0.13~0.18 | 头骨 | — | 女 | 有 | 有 | 有 | 有 | 无 | 无 | — | — | 有 |
| 24 | 1.82 | 0.56 | 东南—西北 | 0.25~0.3 | 骨头碎片 | 6 | — | 有 | — | 有 | — | 2铜片 | 无 | 有 | — | — |
| 25 | 2.38 | 0.78 | 东—西 | 0.2~0.3 | 头骨 | — | — | 有 | 有 | 有 | — | 2铜刀<br>2铜片 | 有 | 有 | — | — |
| 26 | 1.5 | 0.43~0.46 | 东北—西南 | 0.15 | — | — | — | 有 | — | 有 | — | 无 | 无 | — | — | — |
| 27 | 1.62 | 0.5 | 南—北 | 0.2~0.3 | 头骨 | 18 | — | 有 | 有 | — | — | 1铜刀 | 无 | — | — | — |

续 表

| 墓葬编号 | 长 | 宽 | 方向 | 深度 | 人骨 | 年龄 | 性别 | 焚烧痕迹 | 桦树皮痕迹 | 烧焦木头 | 赭石痕迹 | 铜器 | 陶片 | 石镞 | 权杖头 | 穿孔骨片 |
|---|---|---|---|---|---|---|---|---|---|---|---|---|---|---|---|---|
| 28 | 2.1 | 0.3~0.55 | 东—西 | 0.11 | 头骨 | 18~20 | — | 有 | 有 | 有 | — | 1铜刀 | 无 | 有 | — | 有 |
| 29 | 1.95 | 0.46 | 东—西 | 0.05 | 头骨碎片 | | — | 有 | 有 | — | — | 无 | 无 | — | — | — |
| 30 | 2.06 | 0.48 | 东南—西北 | 0.2~0.4 | 头骨 | 20~40 | 女 | 有 | 有 | 有 | — | 无 | 无 | 有 | — | 有 |
| 31 | 2.25 | 0.55 | 东南—西北 | 0.2~0.25 | 牙齿 | 18 | — | 有 | 有 | — | — | 2铜片 | 有 | — | — | 有 |
| 32 | 1.65 | 0.65 | 东南—西北 | 0.15 | 少量 | — | — | 有 | — | 有 | — | 无 | 无 | — | — | — |
| 33 | 1.2 | 0.5 | 东南—西北 | 0.2 | — | — | — | 有 | — | — | — | 无 | 无 | — | — | — |
| 34 | 1.47 | 0.4 | 东北—西南 | 0.11 | — | — | — | 有 | 有 | 有 | — | 无 | 无 | — | — | — |
| 35 | 2.22 | 0.43~0.57 | 南—北 | 0.1~0.17 | 牙齿 | — | — | 有 | — | — | — | 1铜刀 | 有 | — | — | — |
| 36 | 1.7 | 0.7 | 东北—西南 | 0.3 | — | — | — | 有 | — | — | — | 1铜刀 | 无 | — | — | — |

第三章 塞伊玛—图尔宾诺典型墓地和遗址分析与研究 141

续表

| 墓葬编号 | 长 | 宽 | 方向 | 深度 | 人骨 | 年龄 | 性别 | 焚烧痕迹 | 桦树皮痕迹 | 烧焦木头 | 赭石痕迹 | 铜器 | 陶片 | 石镞 | 权杖头 | 穿孔骨片 |
|---|---|---|---|---|---|---|---|---|---|---|---|---|---|---|---|---|
| 37 | 1.5 | 0.5~0.8 | 东北—西南 | 0.4 | — | — | — | 有 | 有 | — | — | 1铜刀 | 有 | — | — | — |
| 38 | 1.25 | 1 | 东南—西北 | 0.25~0.28 | — | — | — | — | — | — | — | 无 | 有 | — | — | — |
| 39 | 1 | 0.6 | 东北—西南 | 0.4~0.45 | 腿骨 | 成年 | — | — | — | — | — | 无 | 无 | — | — | — |
| 40 | 1.12 | 0.55 | 东北—西南 | 0.08~0.16 | — | — | — | 有 | 有 | — | — | 1铜刀 | 无 | — | — | — |
| 41 | 0.9 | 0.4 | 东—西 | 0.5 | 头骨 | 儿童 | — | 有 | — | 有 | — | 1铜刀 | 无 | — | — | — |
| 42 | — | — | 西北—东南 | 0.4 | — | — | — | 有 | — | — | — | 无 | 有 | — | — | — |
| 43 | 1.3 | 0.4 | 南—北 | — | — | — | — | — | — | — | — | 无 | 有 | — | — | — |
| 44 | 1.6 | 0.5 | 东—西 | 0.1 | — | — | — | — | — | 有 | — | 无 | 有 | 有 | — | — |
| 45 | 1~1.1 | 1 | 南—北 | 0.15~0.17 | — | — | — | 有 | — | — | — | 无 | 有 | — | — | — |
| 46 | 1.08 | 0.48 | 东北—西南 | 0.12 | — | — | — | — | — | — | — | 无 | 有 | — | — | — |

附表 3.3 图尔宾诺墓地墓葬登记表

| 墓葬编号 | 长度 | 方向 | 兵器插入墓底 | 空首斧 | 铜刀 | 铜矛 | 战斧 | 铜环 | 铜凿、锥 | 铜小件 | 玉环 | 银环 | 燧石箭镞 |
|---|---|---|---|---|---|---|---|---|---|---|---|---|---|
| 1 | 2.05 | 东北—西南 | — | 铜锛 | 1 | | 1 | | 1 | 2 | | | — |
| 2 | 不详 | 东北—西南 | — | | | | | | 1 | | 1 | 6 | — |
| 3 | 1.96 | 东北—西南 | — | 1 | 1 | | | | | | | | 有 |
| 4 | 2.2 | 东北—西南 | — | 1 | 2 | | | | | | 2 | | 有 |
| 5 | 1.94 | 南—北 | — | 1 | | | | | | | | | 有 |
| 6 | 1.4 | 西北—东南 | — | | | | | 1 | | | | | 有 |
| 7 | 0.85 | 不详 | — | | | | | 1 | | | | | 有 |
| 8 | 1.27 | 南—北 | — | | | | | | | 1 | | | — |
| 9 | 0.9 | 南—北 | — | | | | | | | | | | — |
| 10 | 1.3 | 西北—东南 | — | | 1 | | | | | | | | 有 |
| 11 | 1.5 | 东—西 | — | | | | | | | | | | — |
| 12 | 1.05 | 东北—西南 | — | | | | | | | | | | — |
| 13 | 不详 | 东北—西南 | — | | | | | | | | | | — |
| 14 | 2.07 | 东北—西南 | — | | | | | | | | | | — |
| 15 | 0.27 | 东—西 | — | | | | | | | | | | — |

续 表

| 墓葬编号 | 长度 | 方向 | 兵器插入墓底 | 空首斧 | 铜刀 | 铜矛 | 战斧 | 铜环 | 铜凿、锥 | 铜小件 | 玉环 | 银环 | 燧石箭镞 |
|---|---|---|---|---|---|---|---|---|---|---|---|---|---|
| 16 | 不详 | 南—北 | 是 | | 1 | | | | | | 1 | | 有 |
| 17 | 不详 | 西北—东南 | — | | | | | | | 1 | | | — |
| 18 | 不详 | 西北—东南 | — | | | | | | | | 1 | | — |
| 19 | 不详 | 南—北 | — | | | | | | | | 1 | | — |
| 20 | 不详 | 东北—西南 | — | | | | | | | | | | — |
| 21 | 不详 | 东北—西南 | — | | | | | | | 1 | | | — |
| 22 | 不详 | 东北—西南 | — | 1 | | | | | | | | | — |
| 23 | 不详 | 南—北 | — | 1 | | | | | | | | | — |
| 24 | 不详 | 西北—东南 | — | | | | | 1 | | | 1 | | — |
| 25 | 不详 | 西北—东南 | — | | | | | | | | | | — |
| 26 | 不详 | 不详 | — | | | | | | | | | | — |
| 27 | 不详 | 西北—东南 | — | | 1 | | | | | | | | — |
| 28 | 不详 | 不详 | — | | | | | | | | | | — |
| 29 | 不详 | 南—北 | — | | | | | | | | | | — |
| 30 | 不详 | 西北—东南 | — | 1 | 2 | | | | | | | | — |
| 31 | 不详 | 不详 | — | | | | | | | | | | — |

续 表

| 墓葬编号 | 长度 | 方向 | 兵器插入墓底 | 空首斧 | 铜刀 | 铜矛 | 战斧 | 铜环 | 铜凿、锥 | 铜小件 | 玉环 | 银环 | 燧石箭镞 |
|---|---|---|---|---|---|---|---|---|---|---|---|---|---|
| 32 | 1.85 | 东北—西南 | — | 1 | | | | | | | | | — |
| 33 | 1.05 | 东北—西南 | — | | | | | | | | | | — |
| 34 | 1.25 | 东北—西南 | — | | | | | | | | | | — |
| 35 | 不详 | 西北—东南 | — | | | | | | | | | | 有 |
| 36 | 2 | 南—北 | — | | | | | | | | | | — |
| 37 | 不详 | 西北—东南 | — | | | 1 | | | | | | | 有 |
| 38 | 1.76 | 东北—西南 | — | 1 | | | | | | | | | — |
| 39 | 1.18 | 西北—东南 | — | | | | | | | | | | — |
| 40 | 不详 | 不详 | — | | | | | | | | | | — |
| 41 | 不详 | 不详 | — | | | | | | | | 1 | | — |
| 42 | 不详 | 东北—西南 | — | | | | | 2 | | | | | — |
| 43 | 0.92 | 东—西 | — | 1 | | | | | | | | | — |
| 44 | 1.1 | 东—西 | — | | 1 | | | | | | 3 | | — |
| 45 | 1.2 | 不详 | — | 1 | | | | | | | | | — |
| 46 | 不详 | 东—西 | — | | | 1 | | | | | | | — |
| 47 | 1.27 | 西北—东南 | — | | | | | | | | 3 | | — |

第三章　塞伊玛—图尔宾诺典型墓地和遗址分析与研究　145

续　表

| 墓葬编号 | 长度 | 方　向 | 兵器插入墓底 | 空首斧 | 铜刀 | 铜矛 | 战斧 | 铜环 | 铜凿、锥 | 铜小件 | 玉环 | 银环 | 燧石箭镞 |
|---|---|---|---|---|---|---|---|---|---|---|---|---|---|
| 48 | 1 | 不详 | — | | | | | | | | | | — |
| 49 | 不详 | 东北—西南 | — | | | | | | | | | | — |
| 50 | 1 | 东北—西南 | — | | | | | | | | | | — |
| 51 | 1.12 | 东—西 | — | | | | | | | | | | — |
| 52 | 不详 | 东北—西南 | — | | | | | | | | 1 | | 有 |
| 53 | 0.78 | 东北—西南 | — | | | | | | | | 1 | | 有 |
| 54 | 0.79 | 东—西 | — | | | | | | | | | | 有 |
| 55 | 1.62 | 东北—西南 | — | | | | | | | | | | 有 |
| 56 | 1.18 | 东北—西南 | — | | | | | | | | | | — |
| 57 | 1.97 | 东北—西南 | — | 1 | 1 | | | | | | | | 有 |
| 58 | 1.66 | 东北—西南 | — | 1 | | | | | | 4 | | | 有 |
| 59 | 不详 | 不详 | — | | | | | | | | | | 有 |
| 60 | 不详 | 不详 | — | 1 | | | | | | | | | 有 |
| 61 | 1.21 | 西北—东南 | — | | | | | | | 1 | | | — |
| 62 | 1.5 | 东北—西南 | — | 2 | 2 | | | | | 若干 | 1 | | — |
| 63 | 不详 | 不详 | 是 | 1 | | | | | | | | | — |

续　表

| 墓葬编号 | 长度 | 方向 | 兵器插入墓底 | 空首斧 | 铜刀 | 铜矛 | 战斧 | 铜环 | 铜凿、锥 | 铜小件 | 玉环 | 银环 | 燧石箭镞 |
|---|---|---|---|---|---|---|---|---|---|---|---|---|---|
| 64 | 1.7 | 西北—东南 | — | | | 1 | | | | | | | — |
| 65 | 0.66 | 西北—东南 | — | 铜铧 | | | | | | | | | — |
| 66 | 不详 | 不详 | — | | 1 | | | | | | | | 有 |
| 67 | 0.7 | 西北—东南 | — | 1 | | | 1 | | | | | | — |
| 68 | 不详 | 不详 | — | | 1 | | | | | | | | 有 |
| 69 | 不详 | 不详 | — | | 1 | | | 1 | | | | | — |
| 70 | 不详 | 不详 | 是 | 3 | 1 | | | | | | | | 有 |
| 71 | 1 | 东北—西南 | — | | | 1 | | | | | | | 有 |
| 72 | 1 | 东北—西南 | — | | | 1 | | | | | | | 有 |
| 73 | 不详 | 西北—东南 | — | 1 | | | | | | | | | — |
| 74 | 1.75 | 东北—西南 | — | | | | | | | | | | — |
| 75 | 1.97 | 西北—西南 | — | | | | | | | | | | — |
| 76 | 1 | 东北—西南 | — | | | | | | | | | | — |
| 77 | 1.08 | 东北—西南 | — | 1 | | | | | | | | | 有 |
| 78 | 1.67 | 东北—西南 | 是 | | 2 | | | | | 1 | | | 有 |
| 79 | 不详 | 不详 | — | 铜铧 | | | | | | | | 1 | — |

续　表

| 墓葬编号 | 长度 | 方向 | 兵器插入墓底 | 空首斧 | 铜刀 | 铜矛 | 战斧 | 铜环 | 铜凿、锥 | 铜小件 | 玉环 | 银环 | 燧石箭镞 |
|---|---|---|---|---|---|---|---|---|---|---|---|---|---|
| 80 | 1.5 | 西北—东南 | — | 1 | | | | | | 1 | | | — |
| 81 | 不详 | 不详 | — | | 1 | | | | | | | | — |
| 82 | 不详 | 不详 | — | | | 1 | | | | | | | — |
| 83 | 1.94 | 西北—东南 | — | 1 | | | | | | | | | — |
| 84 | 不详 | 不详 | — | 1 | | | | | | | | | — |
| 85 | 1.5 | 西北—东南 | — | | | | | | | | | | — |
| 86 | 1.57 | 东北—西南 | — | | | | | | | | | | 有 |
| 87 | 2.1 | 东北—西南 | — | | 2 | | | | | | | | — |
| 88 | 1.17 | 东北—西南 | — | | 1 | | | | | | | | 有 |
| 89 | 2.04 | 方形 | 是 | | 1 | | | | 1 | 2 | | | — |
| 90 | 1.63 | 西北—东南 | — | | | | | | | | | | — |
| 91 | 1.4 | 西北—东南 | — | | | | | | | | | | — |
| 92 | 1.58 | 西北—东南 | — | | | | | | | | | | — |
| 93 | 1.16 | 东北—西南 | — | | | | | | | | 1 | | — |
| 94 | 0.98 | 东北—西南 | — | | | | | | | | | | — |
| 95 | 1.43 | 东北—西南 | — | | | | | | | | | | — |

续 表

| 墓葬编号 | 长度 | 方向 | 兵器插入墓底 | 空首斧 | 铜刀 | 铜矛 | 战斧 | 铜环 | 铜凿、锥 | 铜小件 | 玉环 | 银环 | 燧石箭镞 |
|---|---|---|---|---|---|---|---|---|---|---|---|---|---|
| 96 | 不详 | 西北—东南 | — | | 1 | | | | | | | | — |
| 97 | 1.88 | 西北—东南 | — | | | | | | | | | | 有 |
| 98 | 1.7 | 东北—西南 | — | | | | | | | | | | — |
| 99 | 0.94 | 西北—东南 | — | 1 | | | | | | | 4 | | — |
| 100 | 不详 | 东—西 | — | | | 2 | | | | | | | 有 |
| 101 | 1.5 | 方形 | 是 | 4 | 1 | 1 | | | | | | | — |
| 102 | 1.88 | 东北—西南 | — | 1 | | | | | | | | | — |
| 103 | 不详 | 不详 | — | | 1 | | | | | | | | — |
| 104 | 2.05 | 西北—东南 | — | | 1 | 2 | | | | | | | — |
| 105 | 不详 | 不详 | 是 | 1 | | | | | | | | | — |
| 106 | 1.68 | 东北—西南 | — | | | | | | | | | | — |
| 107 | 1.62 | 东北—西南 | — | | | | | | | | | | 有 |
| 108 | 2.27 | 东北—东南 | 是 | 3 | 1 | 1 | | | | | | | — |
| 109 | 1.52 | 东北—东南 | — | | | | | | | | | | — |
| 110 | 不详 | 西北—东南 | — | 1 | | 1 | | | | | | | — |
| 111 | 1.14 | 东北—西南 | — | | | | | | | | | | 有 |

附表 3.4 乌斯季—维特鲁加墓地墓葬登记表

| 墓葬编号 | 长 | 宽 | 方 向 | 人骨 | 焚烧痕迹 | 桦树皮 | 炭布 | 蒲石 | 空首斧 | 铜矛 | 铜刀 | 其他铜器 | 陶片 | 铜器插入墓底 | 有铜器被有机物包裹 |
|---|---|---|---|---|---|---|---|---|---|---|---|---|---|---|---|
| 1 | 2.5 | 2 | 东北—西南 | 有 | 有 | 有 | 有 | — | — | — | 1 | — | 有 | — | 是 |
| 2 | 1.7 | 0.6 | 东北—西南 | — | 有 | — | — | — | — | — | 1 | — | — | — | 是 |
| 3 | 1.9 | 0.76 | 东北—西南 | — | 有 | — | — | — | — | — | 1 | — | — | — | 是 |
| 4 | 1.64 | 0.6 | 东北—西南 | — | — | — | — | — | — | — | 1 | — | — | — | — |
| 5 | — | — | 东北—西南 | — | — | — | — | — | — | — | — | 2 铜环 | — | — | — |
| 6 | 3.8 | 1.54 | 东北—西南 | — | — | — | — | — | — | — | 1 | — | — | — | 是 |
| 7 | — | — | 东北—西南 | — | — | — | — | — | — | — | 1 | — | — | — | — |
| 8 | — | — | 东北—西南 | — | — | — | — | — | — | 1 | 1 | — | — | — | — |
| 9 | — | — | 东北—西南 | — | 有 | — | — | 有 | 1 | — | 1 | — | — | — | — |
| 10 | 2.4 | 0.96 | 东北—西南 | — | — | — | — | — | — | — | — | — | — | 插入墓底 | 是 |
| 11 | — | — | 东北—西南 | — | — | — | — | — | — | — | — | — | — | — | 是 |
| 12 | — | — | 东北—西南 | — | — | — | — | — | — | — | 2 | 1 铜锛 1 戈斧 | — | — | — |
| 13 | — | — | 东北—西南 | — | — | — | — | — | — | — | 1 | — | — | — | — |
| 14 | — | — | 东北—西南 | — | — | — | — | — | — | 1 | 1 | — | — | — | — |
| 15 | — | — | 东北—西南 | — | — | — | — | ? | 1 | — | 1 | — | — | 插入墓底 | — |
| 16 | — | — | 东北—西南 | — | — | — | — | — | — | — | — | — | — | — | — |

# 第四章
# 塞伊玛—图尔宾诺墓地年代、葬俗及随葬品分析

## 一、年代分析

1. 塞伊玛—图尔宾诺遗存年代研究现状

塞伊玛—图尔宾诺的年代问题，一直以来都是欧亚草原青铜时代讨论最为热烈的问题之一。自该类型遗址被发现以来，关于年代的争论一直没有停止。

1913年，哥罗德索夫（V. A. Gorodtsov）在莫斯科考古学会上报告了塞伊玛遗址的发掘工作，在没有论证的情况下，哥罗德索夫将塞伊玛墓地的年代划定在公元前1500～前1250年[1]。

塔尔格伦（A. M. Tallgren）对塞伊玛墓地进行发掘后，认为该墓地的年代范围是公元前1600～前1400年；有趣的是，他在1931年发表的《东欧地区青铜时代年代框架》一文中，将塞伊玛墓地的年代重新划定在公元前1300～前1100年[2]。

塞伊玛墓地的整理者及发掘者巴德尔（O. N. Bader），将塞伊玛墓地出土陶器与周围的沃洛索沃文化、巴拉诺沃文化、切尔科沃文化陶器进行对比后，将塞伊玛墓地的年代划定为公元前15～前14世纪[3]。

罗斯托夫卡墓地发掘者马丘申科（V. I. Matyushchenko），通过对罗斯托夫卡墓地、塞伊玛墓地、图尔宾诺墓地、萨穆西遗址及其他西西伯利亚地区青铜时代考古学文化进行比较研究，并根据复合石范的年代，将塞伊玛—图尔宾诺

---

[1] Городцова. В. А. Культуры бронзовой эпохи в Средней России. *Отчёт Российского исторического музея в Москве за 1914 г.* Москва. 1915. С. 121–124.

[2] Tallgren. A. M., Zur Chronologie der osteuropaischen Bronzezeit, *Mittelungen der antropologische Gesellschaft in Wien*. 1931. S. 81.

[3] Бадер. О. Н. *Новые раскопки Турбинского I могильника*. ОКВЗ, вып. 1. 1959.

的年代划定在公元前两千纪下半叶①。

1957 年，金布塔斯（M. Gimbutas）发表《博罗季诺、塞伊玛及其时代——东欧地区青铜时代关键遗址》一文，对塞伊玛—图尔宾诺的年代问题进行讨论，他将博罗季诺窖藏出土的器物与巴尔干—迈锡尼器物进行对比，将博罗季诺窖藏年代定在公元前 1450～前 1350 年；之后他又将目光放到高加索地区，将塞伊玛出土器物与鲁特卡遗址（Rutekha）、法思考遗址（Faskau）出土物进行比较分析，认为博罗季诺—塞伊玛与高加索之间也存在密切联系；接着又将博罗季诺—塞伊玛出土器物与中国商代遗物进行比较。他结合高加索地区及中国殷商时期定年，将塞伊玛墓地年代定在公元前 15 世纪～前 13 世纪。此外，他还提出了"塞伊玛时期"的概念，认为木椁墓文化中期、图尔宾诺等遗址与塞伊玛时期年代一致②。

罗越在《中国古代兵器》一书中将中国商代兵器（包括铜斧、铜矛、铜刀等）与俄罗斯境内发现的青铜时代铜器进行比较。他认为塞伊玛—图尔宾诺铜矛应该是商代铜矛的直接来源，所以塞伊玛—图尔宾诺遗存的年代应与中国商代相当③。

1968 年，萨夫罗诺夫（V. A. Safronov）和博赫卡耶夫（V. S. Bochkarev）发表论文，试图建立一个有根据的博罗季诺宝藏的绝对年代，但实际上他们建立的是整个塞伊玛—图尔宾诺遗存的年代序列。他们遵循金布塔斯提出的方法进行研究，但文章没有提到碳-14 测年（因为当时还没有关于塞伊玛—图尔宾诺的碳-14 测年数据）。值得注意的是，博赫卡耶夫完全修改了他原来为出版而准备的文章，因为他不同意萨夫罗诺夫的观点。然而，新的论点并没有解决此问题。萨夫罗诺夫的论文同样没有解决绝对年代的问题，他几乎遵循了十年前金布塔斯提出的所有建议，并把博罗季诺宝藏定在公元前 13 世纪。

切尔内赫（E. N. Chernykh）结合前人的研究，将塞伊玛—图尔宾诺类型遗存与巴尔干—迈锡尼遗存和中国殷商时期遗存结合在一起，给出了更为宽泛的年代范围——公元前 1500～前 1250 年④。

---

① Матющенкою. В. И. Древние культуры алтая и западной сибири. *Древние культуры Алтая и Западной Сибири.* 1978. С. 22–34.

② Gimbutas. M. Borodino, Seima and their Contemporaries. *The prehistoric society*, 1957, No. 9, pp. 143–172.

③ Loher. M. *Chinese Bronze Age Weapon*. University of Michigan Press, 1956, pp. 39–71.

④ Черных. Е. Н., С. В. Кузьминых. *Древняя металлургия Северной Евразии (сейминско-турбинский феномен)*. Москва: Наука. 1989.

奇列诺娃（N. L. Chelenova）在比较塞伊玛—图尔宾诺带柄铜刀与卡拉苏克文化铜刀后，认为两者之间非常相似，于是进一步确定塞伊玛—图尔宾诺遗存年代与卡拉苏克文化相近，并一直延伸到塔加尔文化初期，即公元前 11 世纪～前 8 世纪[1]。

随着碳-14 测年法的广泛应用，叶鲁尼诺 I 墓地成为第一个利用碳-14 测年技术测定包含塞伊玛—图尔宾诺遗物的遗址。1985 年，基留申（Y. F. Kiryushin）在他的文章中指出，叶鲁尼诺 I 墓地 2 号墓测年结果为公元前 1610±30 年（这个数据显然没有经过校正，校正后的结果为公元前 2016～前 1775）[2]。

萨特加 XVI 墓地也进行了碳-14 测年，其中 39 号墓葬人骨的测年结果为公元前 2140～前 1940 年[3]。

此外，与塞伊玛—图尔宾诺共存的阿巴舍沃文化、辛塔什塔文化进行了大量碳-14 测年。根据这两支考古学文化碳-14 测年结果，切尔内赫将塞伊玛—图尔宾诺遗存的年代定为公元前 22～前 18 或 17 世纪[4]。

近年来，随着新遗址的发掘和更多碳-14 测年数据的公布，塞伊玛—图尔宾诺遗存年代问题逐渐清晰（表 4.1）[5]。

---

[1] Челенова. С. В. *Хронология памятников Карасукской эпохи*. Москва: Наука. 1972.

[2] Кирюшин. Ю. Ф. О культурной принадлежности памятников предандроновской бронзы лесостепного Алтая. *Урало-Алтаистика. Археология. Этнография. Язык*. Новосибирск. 1985. С. 72–77.

[3] Hanks. B. K., A. V. Epimakhov, and A. C. Renfrew. Towards a Refined Chronology for the Bronze Age of the Southern Urals, Russia. *Antiquity*, 81 (312). Cambridge University Press, 2007, pp. 353–367.

[4] Черных. Е. Н. Формирование евразийского «степного пояса» скотоводческих культур: взгляд сквозь призму археометаллургии и радиоуглеродной хронологии. *Археология, этнография и антропология Евразии* 3 (35). 2008. С. 36–53.

[5] Hanks. B. K., A. V. Epimakhov, and A. C. Renfrew. Towards a Refined Chronology for the Bronze Age of the Southern Urals, Russia. *Antiquity*, 81 (312). Cambridge University Press, 2007, pp. 353–367; Черных. Е. Н., О. Н. Корочкова, Л. Б. Орловская. Проблемы календарной хронологии сейминско-турбинского транскультурного феномена. *Археология, этнография и антропология Евразии*, Том 45, № 2. 2017. С. 45–55; Соловьев. Б. С. Юринский (Усть-Ветлужский) могильник (итоги раскопок 2001–2004 гг.). *Археология России* № 4. 2005. С. 103–111; Кирюшин. Ю. Ф., С. П. Грушин., *А. А. Тишкин. Березовая Лука – поселение эпохи бронзы в Алейской степи*. Том 2. Монография. Барнаул: Алтайский государственный университет. 2011; Грушин. С. П., Кирюшин. Ю. Ф., Тишкин. А. А. и др. Елунинский археологический комплекс Телеутский Взвоз-I в Верхнем Приобье: опыт междисциплинарного изучения. *Коллективная монография. Отв. ред. А. П. Деревянко*. Барнаул: Алтайский государственный университет. 2016; Marchenko. Z. V. et al. Paleodiet, Radiocarbon Chronology, and the Possibility of Freshwater Reservoir Effect for Preobrazhenka 6 Burial Ground, Western Siberia: Preliminary Results. *Radiocarbon*, 57, 2015, pp. 595–610; Молодин. В. И. *Памятник Сопка-2 на реке Оми (Том 4)*. Новосибирск: Издательство Института археологии и этнографии СО РАН. 2016; Кирюшин. Ю. Ф. О культурной принадлежности памятников предандроновской（转下页）

表4.1 塞伊玛—图尔宾诺类型遗址碳-14测年数据

| 遗 址 | 样品 | 测年结果2δ（95.4%）（公元前） | 实验室编号 |
| --- | --- | --- | --- |
| 东 区 ||||
| 罗斯托夫卡 M5 | 人骨 | 1941～1698 | UBA-31379 |
| 罗斯托夫卡 M5 | 牙齿 | 2198～1947 | UBA-31396 |
| 罗斯托夫卡 M8 | 人骨 | 2202～1981 | UBA-31381 |
| 罗斯托夫卡 M8 | 牙齿 | 2201～2023 | UBA-31398 |
| 罗斯托夫卡 M23 | 人骨 | 2452～2144 | UBA-29311 |
| 罗斯托夫卡 M24 | 牙齿 | 2026～1772 | UBA-29313 |
| 罗斯托夫卡 M27 | 人骨 | 2191～1901 | UBA-31383 |
| 罗斯托夫卡 M27 | 牙齿 | 2135～1900 | UBA-31399 |
| 罗斯托夫卡 M33 | 人骨 | 2138～1901 | UBA-31382 |
| 罗斯托夫卡 M34 | 人骨 | 2138～1900 | UBA-31380 |
| 罗斯托夫卡 M34 | 牙齿 | 2863～2470 | UBA-31397 |
| 索普卡-2/4B M420 | 人骨 | 2564～2239 | UBA-27424 |
| 索普卡-2/4B M425 | 人骨 | 2397～2041 | UBA-25026 |
| 索普卡-2/4B M427 | 人骨 | 2340～2057 | UBA-25027 |
| 索普卡-2/4B M464 | 人骨 | 2280～1985 | SOAN-8269 |
| 索普卡-2/4B M464 | 人骨 | 2199～1830 | UBA-29748 |
| 索普卡-2/4V M282 | 人骨 | 2465～2036 | SOAN-7725 |
| 索普卡-2/4V M594 | 人骨 | 2617～1978 | SOAN-7718 |
| 索普卡-2/4V M594 | 人骨 | 2202～1984 | UBA-25028 |

（接上页）бронзы лесостепного Алтая. Урало-Алтаистика. Археология. Этнография. Язык. Новосибирск. 1985. C. 72–77; Marchenko Z. V., S. V. Svyatko, V. I. Molodin, A. E. Grishin and M. P. Rykun. Radiocarbon Chronology of Complexes With Seima-Turbino Type Objects (Bronze Age) in Southwestern Siberia. *Radiocarbon*, 59, 2017, pp. 1381–1397.

续　表

| 遗　　址 | 样品 | 测年结果 $2\delta$（95.4%）（公元前） | 实验室编号 |
| --- | --- | --- | --- |
| 索普卡-2/4V M623 | 人骨 | 2141～1939 | UBA-25029 |
| 普列奥布拉任卡-6 M24 | 人骨 | 1898～1700 | UBA-25804 |
| 文格罗沃-2 居址 | 木炭 | 1862～1510 | SOAN-9000 |
| 文格罗沃-2 居址 | 木炭 | 2126～1693 | SOAN-9001 |
| 文格罗沃-2 居址 | 木炭 | 2139～1689 | SOAN-9002 |
| 文格罗沃-2 居址 | 木炭 | 2021～1750 | SOAN-9003 |
| 塔尔塔斯-1 M487 | 人骨 | 2454～2151 | UBA-27417 |
| 萨特加 XVI M39 | 人骨 | 2137～1944 | OxA-12529 |
| 叶鲁尼诺 I M1 | 木炭 | 2020～1774 | SOAN-1893 |
| 捷列乌特斯基—乌斯沃斯 IM10 | 木炭 | 2200～1954 | SOAN-4153 |
| 捷列乌特斯基—乌斯沃斯 IM12 | 木炭 | 2281～1775 | SOAN-4154 |
| 捷列乌特斯基—乌斯沃斯 IM32 | 木炭 | 2127～1883 | SOAN-4369 |
| 捷列乌特斯基—乌斯沃斯 IM34 | 木炭 | 2196～1937 | SOAN-4370 |
| 别雷索瓦亚—卢卡 11 号灰坑 | 木炭 | 2276～1749 | SOAN-7472 |
| 别雷索瓦亚—卢卡 12 号灰坑 | 木炭 | 2874～2300 | SOAN-7473 |
| 别雷索瓦亚—卢卡 10 号灰坑 | 木炭 | 2025～1704 | Le-7426 |
| 西　区 ||||
| 乌斯季—维特鲁加 M8 | 木头 | 2026～1744 | Hela-929 |
| 乌斯季—维特鲁加 M10 | 木头 | 1876～1540 | Hela-966 |
| 乌斯季—维特鲁加 M12 | 木头 | 1870～1546 | Hela-928 |
| 中　区 ||||
| 峡坦亚湖-2 遗址 | 木头 | 2199～1985 | MAMS-23963 |
| 峡坦亚湖-2 遗址 | 木炭 | 2026～1779 | MAMS-23961 |
| 峡坦亚湖-2 遗址 | 木炭 | 2026～1779 | Poz-7112 |

续 表

| 遗　　　址 | 样品 | 测年结果2δ（95.4%）（公元前） | 实验室编号 |
| --- | --- | --- | --- |
| 峡坦亚湖-2遗址 | 桦树皮 | 2021～1773 | Poz-7113 |
| 峡坦亚湖-2遗址 | 木头 | 1882～1643 | OxA-26482 |
| 峡坦亚湖-2遗址 | 木头 | 2008～1747 | OxA-26596 |
| 峡坦亚湖-2遗址 | 木头 | 1931～1750 | OxA-26595 |
| 峡坦亚湖-2遗址 | 木头 | 1895～1692 | OxA-26481 |
| 峡坦亚湖-2遗址 | 木头 | 1882～1742 | MAMS-22662 |
| 峡坦亚湖-2遗址 | 木头 | 1866～1630 | MAMS-22665 |
| 峡坦亚湖-2遗址 | 木头 | 1621～1518 | MAMS-22663 |
| 峡坦亚湖-2遗址 | 木头 | 1424～1294 | MAMS-22664 |
| 中　国 |||| 
| 下王岗遗址H181 | 木炭 | 2580～2290 | BA090236 |
| 下王岗遗址H181 | 木炭 | 4450～4220 | BA0090237 |

2. 年代分析

罗斯托夫卡墓地碳-14测年数据集中在公元前2200～前1900年，发布该测年数据的作者提到罗斯托夫卡墓地碳-14测年数据可能受到碳库效应影响，但是影响程度不得而知，也没有学者进行过详细研究。在西西伯利亚地区塞伊玛—图尔宾诺遗存的测年结果中，利用人骨测出的年代往往比利用炭屑测出的年代早200～300年。此外，同一座墓葬中利用人骨和牙齿测出的数据也有差异，如5号墓葬利用牙齿测出的数据比人骨早200年、34号墓葬利用牙齿测出的数据比人骨早500年。但是，8号墓葬与27号墓葬牙齿的测年数据与人骨测年数据一致。

公元前三千纪鄂毕河—额尔齐斯河森林草原地带人群主要的食物之一是鱼，因此使用人类骨骼测年会受到碳库效应的影响。最新的数据表明，西南西伯利亚不同水源对碳库效应会产生不同的影响，例如鄂毕河、额尔齐斯河这些大型河流，还有塔拉河、塔塔斯河和鄂木河这些小型河流，以及众多不同时期大大小小的湖泊。碳库效应对人类骨骼的影响程度取决于鱼类消费的来源。如果人类个体的捕鱼水源发生变化，例如作为迁徙产生的结果，骨骼各部分间会产生不同程度碳库的偏移。但是，这些结果并没有揭示碳-14测年与骨骼不同部位的明确联系，尽管罗斯托夫卡5号墓和34号墓两组碳-14测年数据差异可能受到了碳库效应影响。

塞伊玛—图尔宾诺东区遗存发现数量较多，主要集中在西西伯利亚额尔齐斯河中上游地区，这个区域不但发现大型墓地，还发现相关遗址。墓地测年选取的样本通常是人骨，遗址测年所选取的样本通常是木炭，但不论是墓葬还是遗址，都发现了非常典型的塞伊玛—图尔宾诺类型铜器。从测年结果上来看，索普卡-2B墓地碳-14测年数据集中在公元前2300～前2000年，索普卡-2/4V墓地碳-14测年数据集中在公元前2200～前1900年，罗斯托夫卡墓地碳-14数据集中在公元前2200～前1900年，而萨特加XVI墓地碳-14测年数据也集中在公元前2200～前1900年。因此，额尔齐斯河中上游区域塞伊玛—图尔宾诺墓地或发现塞伊玛—图尔宾诺类型铜器的墓地测年数据相对来讲比较集中地落在公元前2200～前1900年。文格罗沃-2居址内发现大量与金属冶炼相关的遗迹遗物，其中发现的一块铸范，所造器型是典型的塞伊玛—图尔宾诺类型空首斧，通过对房屋内部采集的木炭进行测年，年代主要集中在公元前2100～前1700年。总的来讲，西西伯利亚—额尔齐斯河中上游区域塞伊玛—图尔宾诺相关遗存测年数据比较一致，年代范围集中在公元前2200～前1700年。

无独有偶，分布较上述遗址及墓地靠东的叶鲁尼诺文化遗存，也发现了不少塞伊玛—图尔宾诺类型铜器，其中叶鲁尼诺墓地1号墓葬测年数据为公元前2000～前1700年，捷列乌特斯基—乌斯沃斯Ⅰ墓地测年数据为公元前2200～前1800年，测年样本均为墓葬中发现的木炭。近些年来新发现的别雷索瓦亚—卢卡遗址属于叶鲁尼诺文化，该遗址中发现了大量与金属冶炼相关的遗迹遗物，其中发现的铸铜碎片很可能与塞伊玛—图尔宾诺叉形铜矛相关，该遗址碳-14测年数据集中在公元前2300～前1700年[①]。因此，叶鲁尼诺文化遗址及墓地的测年数据也集中在公元前2200～前1700年。

综上，塞伊玛—图尔宾诺东区遗存碳-14测年数据较为统一，不论是塞伊玛—图尔宾诺类型墓地，还是出土塞伊玛—图尔宾诺类型铜器的墓地及遗址，

---

① 别雷索瓦亚—卢卡遗址12号灰坑的测年结果明显偏早，故排除在外。

测年数据基本集中在公元前 2200~前 1700 年。

西区仅乌斯季—维特鲁加墓地经过测年，碳-14 数据为公元前 1900~前 1600 年；中区峡坦亚湖-2 遗址很可能是一处塞伊玛—图尔宾诺人群的冶金及祭祀地点，遗址内发现了大量塞伊玛—图尔宾诺类型铜器，包括空首斧、铜矛、铜剑等。除此之外，还发现了大量金属冶炼遗迹。该遗址的 12 个测年样本皆为木头或木炭，碳-14 测年数据集中在公元前 2000~前 1600 年。

结合遗址分区，可以推断乌拉尔山以东的塞伊玛—图尔宾诺遗存碳-14 测年数据集中在公元前 2200~前 1900 年；叶鲁尼诺文化年代下限稍晚，测年数据集中在公元前 2200~前 1700 年。乌拉尔山以西的塞伊玛—图尔宾诺遗存碳-14 测年数据集中在公元前 1900~前 1700 年；乌拉尔山地区峡坦亚湖-2 遗址年代为公元前 2000~前 1600 年。可以看出乌拉尔山及其东西两侧的塞伊玛—图尔宾诺类型遗存有一段并行期，但就整体年代而言，乌拉尔山以东塞伊玛—图尔宾诺遗址早于乌拉尔山以西塞伊玛—图尔宾诺遗址，乌拉尔山地区塞伊玛—图尔宾诺遗址则与乌拉尔山以西塞伊玛—图尔宾诺遗址年代相当（图 4.1）。

## 二、葬俗分析

前文按照不同分区对塞伊玛—图尔宾诺类型墓地与遗址的形制布局、葬式葬俗、随葬品组合等方面进行了初步讨论，勾勒出每一处墓地与遗址的基本面貌。下文通过将相关墓地、遗址进行横向比较，讨论不同区域之间墓地和遗址的关系问题。更重要的是，对塞伊玛—图尔宾诺类型墓地与遗址的文化属性进行研判。

### （一）墓地选址及布局

塞伊玛—图尔宾诺类型墓地选址非常一致，均位于河流边的一级台地上，且墓地都有明确的区域划分：

罗斯托夫卡墓地可划分为东西两区，西区墓地共 31 座墓葬，可以再划分为三列，从南到北呈链状分布；墓地东区共有 7 座墓葬，可分为两列。

图尔宾诺墓地可划分为三个区域，北区、中区及南区，北部墓区墓葬随葬品丰富，等级较高，结构较复杂；中区及南区墓葬随葬品较少，等级相对较低。

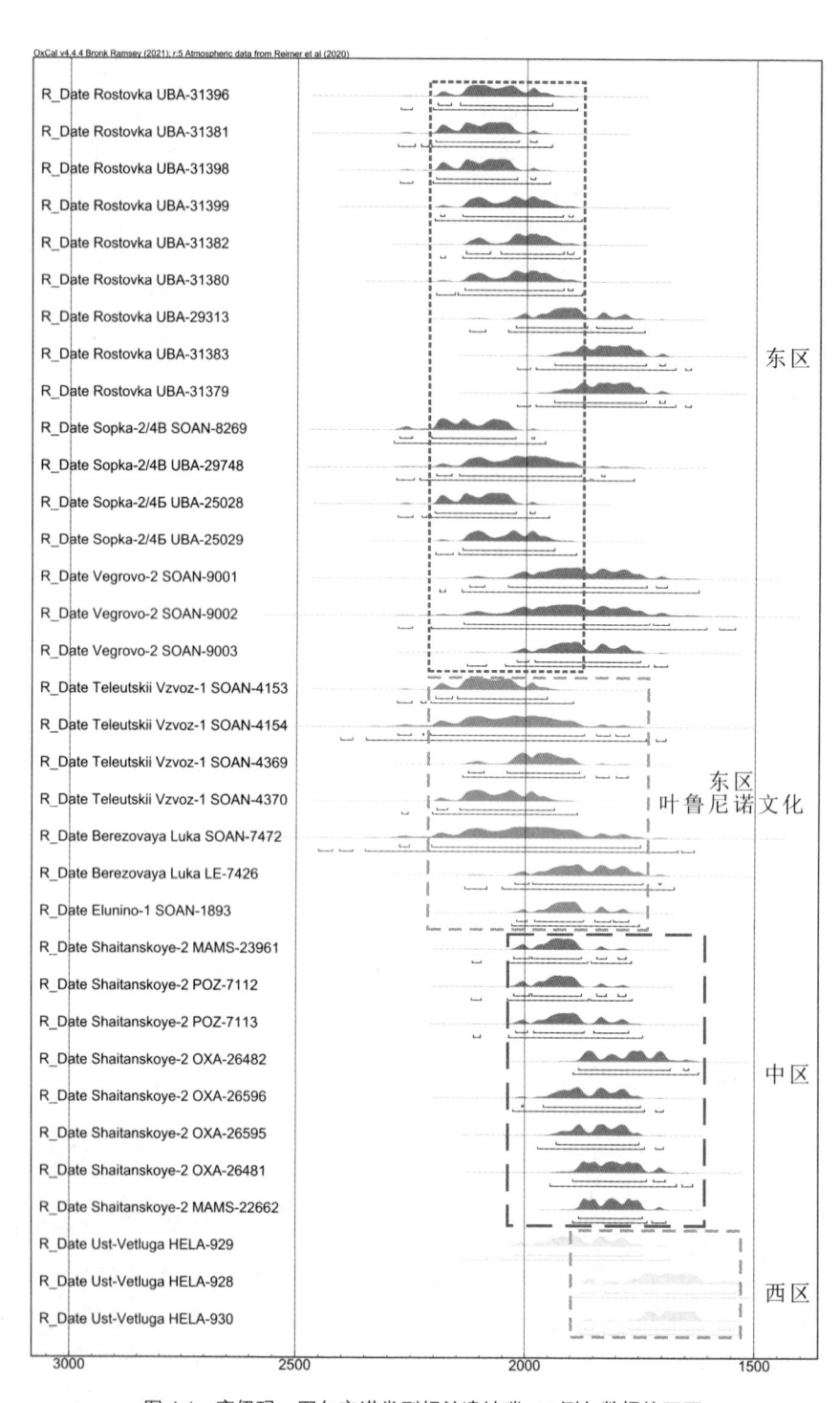

图 4.1 塞伊玛—图尔宾诺类型相关遗址碳-14测年数据校正图

萨特加XVI墓地中南北向墓葬的年代略晚于东西向墓葬。东西向墓葬位于墓地中部，而处在墓地边缘的墓葬则围绕墓地中央随葬石范的墓葬分布。

塞伊玛墓地，根据10座有发掘记录的墓葬判断，该墓地可能存在分区，高等级墓葬分布相对集中。

乌斯季—维特鲁加墓地可分为南北两区，北部墓区的等级较南部墓区高。

列什诺耶墓地形制布局规划有序，一共三列，与河流平行。

索普卡-2/4V墓地位于墓地西部，所处区域相对独立，共有5座墓葬，包括1座随葬塞伊玛—图尔宾诺类型石范及其他铸铜工具的墓葬。

### （二）葬式及葬俗分析

罗斯托夫卡墓地、萨特加XVI墓地、图尔宾诺墓地、塞伊玛墓地、乌斯季—维特鲁加墓地中皆有火葬现象存在，列什诺耶墓地因为发表的资料较少，无法判断是否存在火葬现象（表4.2）。以上这些墓地中的墓葬大多为单人葬，其中罗斯托夫卡墓地、萨特加XVI墓地、图尔宾诺墓地、塞伊玛墓地、乌斯季—维特鲁加墓地存在多人合葬墓，多人合葬墓往往随葬品丰富，等级较高（表4.2）。

表4.2 塞伊玛—图尔宾诺类型墓地葬俗分析表

| 墓　地 | 墓地选址河边高台 | 墓地规划及分区 | 火葬 | 多人合葬 | 屈肢葬 | 扰乱葬 | 头向东北 |
|---|---|---|---|---|---|---|---|
| 罗斯托夫卡 | √ | √ | √ | √ | √ | √ | √ |
| 萨特加XVI | √ | √ | √ | √ |  | √ | √ |
| 图尔宾诺 | √ | √ |  |  |  | √ | √ |
| 塞伊玛 | √ | √ |  |  |  | √ | √ |
| 列什诺耶 | √ | √ |  |  |  |  |  |
| 乌斯季—维特鲁加 | √ | √ | √ | √ |  | √ | √ |
| 索普卡-2/4B | √ | √ | √ |  | √ | √ | √ |
| 普列奥布拉任卡-6 | √ |  |  |  |  | √ | √ |
| 叶鲁尼诺I | √ |  |  |  | √ |  | √ |

根据墓葬中残存的人骨分析，大多数塞伊玛—图尔宾诺墓葬葬式为仰身直肢葬，头向东北，只有罗斯托夫卡墓地存在屈肢葬。该墓地的屈肢葬可能受到索普卡-4/2V墓地影响，索普卡-4/2V墓地随葬石范的墓葬葬式为仰身屈肢葬。总的来讲，塞伊玛—图尔宾诺类型墓地有人骨残留的墓葬很少，且扰乱葬非常流行，这个现象很可能与火葬相关，但也不排除与土壤环境相关。

除了塞伊玛墓地与列什诺耶墓地外，其他塞伊玛—图尔宾诺类型墓地中都发现用桦树皮包裹铜器或人骨的葬俗。塞伊玛墓地因为发掘年代比较早，缺乏科学发掘方法，所以很多遗迹现象不但没有保存下来，也没有科学的测绘记录；列什诺耶墓地的发掘报告至今没有出版，所以无法判断这两处墓地是否存在用桦树皮包裹铜器或人骨的现象。萨特加XVI墓地和乌斯季—维特鲁加墓地个别墓葬还发现用赭石铺设墓底的现象，索普卡-2/4B、V墓地也发现此类现象。

### （三）铜器垂直插入地面或墓底现象

将铜器垂直插入墓底（或墓葬周围祭祀坑中）的现象，是塞伊玛—图尔宾诺类型墓地最特殊的葬俗。这个葬俗是识别塞伊玛—图尔宾诺人群最重要的特征之一。

1. 罗斯托夫卡墓地

2号墓葬，头骨下方出土1件柄部带有纹饰的铜刀，铜刀垂直插入墓底。

探方Г-15发现1件铜矛垂直插入地面。

Z-16探方发现1件叉形铜矛，矛叶与柄部连接处有一倒钩，矛柄下方有四道凸弦纹，一侧有系环；1件铜空首斧，素面；1件铜矛，矛柄带有左右对称穿孔。这3件铜器放置在一起，垂直插入地面。

Ж-20探方发现3件铸造空首斧石范，还发现1件叉形矛，矛的銎部下方有对穿的孔；另1件铜矛长度较短，有明显的中脊，矛柄下方有穿孔；1件空首斧，带有三角形、平行线纹饰；1件四面体铜凿。这几件铜器堆成一堆，垂直插入地面。

Д-17探方发现1件空首斧，柄部末端饰条带纹，下方饰菱形阴影及三角纹；1件铜刀，刃部有破损，柄部有菱形纹装饰，末端有一圆形穿孔。这2件铜器紧贴在一起垂直插入地面。

Г-10探方出土铜斧碎片，垂直插入地面中。

33号墓葬，距离东南墓壁30厘米的地方发现1件铜矛，垂直插入墓底。

## 2. 图尔宾诺墓地

16 号墓葬，位于探方 16、22、24 中，南北方向，在深度 35 厘米处发现 1 件垂直插入土中的青铜匕首。

63 号墓葬，位于探方 P-101 中，在腐殖层下的沙层中发现 1 件空首斧，深度为 42 厘米，刃部朝下垂直插入土中。

70 号墓葬，位于探方 X-102 和 X-103 中，深度为 38～40 厘米。在深度 40 厘米处发现 3 件空首斧，其中 2 件平放于墓底，1 件垂直插入墓底。

78 号墓葬，位于探方 Ц-107 中，长 1.67 米，西南—东北方向。在深度 18 厘米处发现 1 件空首斧，垂直插入墓底。

89 号墓葬（图 2.55），位于探方 K-118 和 L-118 中，距地表 46 厘米处发现墓口，填土为灰黑色，长宽均为 2.04 米，坑中未发现人骨。在深度 65 厘米处发现 1 把图尔宾诺类型铜刀，垂直插入土中。

101 号墓葬（图 2.56），位于探方 D-111 中，长宽均为 1.5 米，在深度 11～40 厘米处出土较多石器和铜器。在墓葬东南部分深度 20 厘米处发现 1 件叉形铜矛，垂直插入墓底。

105 号墓葬，位于探方 D-108 中，在墓葬东半部分深度 24 厘米处发现 1 件平空首斧，呈 30 度夹角插入墓底。

108 号墓葬（图 2.57），位于探方 K-106 和 K-107 中，尺寸为长 2.27、宽 2.10 米。在墓葬中央深度 70 厘米处发现 1 把铜刀，斜插入土中。

## 3. 塞伊玛墓地

有发掘记录的 10 座墓葬中，有 1 座墓葬发现铜刀垂直插入墓底。

## 4. 乌斯季—维特鲁加墓地

10 号墓葬，靠近东北墓壁发现 1 件与墓壁平行的空首斧，斜插入墓底，刃部朝向西北；靠近墓葬西南壁发现 1 件铜矛，斜插入墓底。

15 号墓葬，发现 1 件铜矛靠近墓葬东南壁中部，斜插入墓底。

## 5. 列什诺耶墓地

靠近 1 号墓、2 号墓、4 号墓周围，地面上插着铜矛。

## 6. 峡坦亚湖-2 遗址

"4 号器物群"包括 1 件 13 厘米长的空首斧，銎内插有 1 件长 12.4 厘米的带銎铜锥。铜锥中插有一个弯钩。空首斧垂直插入地面。

39 号区域发现一把带柄铜剑，长 19 厘米，垂直插入土中，剑尖向下。值得注意的是，除了剑之外，3个石箭镞也插入土中放置。

堆积中最东部的发现是1根长5.3厘米的铜针，它垂直插入土中。

在堆积物内发现的2把铜剑（分别在11和18区域）严重倾斜，剑尖向下。

罗斯托夫卡墓地既发现将铜器垂直插入墓底的现象，也发现将铜器插入地面的现象。插入土中的铜器，器型包括铜刀、铜矛、空首斧；有时还将这"三件套"一起插入坑中。只有2号墓与33号墓发现将铜器插入墓底，而其余类似发现都是将铜器插入墓葬附近地面上，但这些插入地面的铜器都没有明确的遗迹归属。不论这些直插入土中的铜器是否属于某一个遗迹，这个现象可能与塞伊玛—图尔宾诺人群祭祀习俗相关，同时也是人群身份识别标志之一。

图尔宾诺墓地虽然在报告中描述将铜器插入墓底，但是101号、105号、108号墓葬的形状皆为近正方形，随葬器物较少的63号、70号、89号墓葬同样也是近正方形，与塞伊玛—图尔宾诺类型矩形墓坑相区别，且未发现人骨。105号、63号墓葬墓坑非常小，很难埋葬一名成年个体，所以这些近方形以及尺寸很小的遗迹可能并不是墓葬，而是墓葬周围的祭祀遗迹。图尔宾诺墓地的发现表明，塞伊玛—图尔宾诺类型墓地中的有些方形坑更可能是祭祀遗迹而非墓葬，这些祭祀遗迹是塞伊玛—图尔宾诺人群特殊的葬俗之一。

峡坦亚湖-2遗址是一处塞伊玛—图尔宾诺人群冶金及祭祀场所，在遗址内发现多个将铜矛、铜刀、空首斧直插入土中的遗迹，说明该现象并非只存在于塞伊玛—图尔宾诺类型墓地中，而在塞伊玛—图尔宾诺类型遗址中同样出现，所有这些垂直插入土中的铜器，都是非常典型的塞伊玛—图尔宾诺类型铜器。这种特殊的祭祀行为将塞伊玛—图尔宾诺类型墓地与峡坦亚湖-2遗址联系在一起，使得塞伊玛—图尔宾诺人群的文化面貌得以更加饱满地出现在我们面前。在墓地及冶金遗址这两个对塞伊玛—图尔宾诺人群最重要的地方同时出现这种祭祀行为，表明该人群很可能以金属冶炼铸造为业，将铸造的铜器及铸造技术传至欧亚草原各地，而铸工墓的发现也恰恰证明了这点。

虽然不同墓地铜器插入遗迹类型不同，但是所要表达的含义及概念都是类似的——塞伊玛—图尔宾诺人群的祭祀行为及身份识别标志。

## （四）随葬铸范

除了萨特加XVI墓地之外，其余塞伊玛—图尔宾诺类型墓地都发现将铜器直插入墓底或坑底的现象。但之所以将萨特加XVI墓地归入塞伊玛—图尔宾诺类型墓地，因为该墓地发现了随葬塞伊玛—图尔宾诺石范的墓葬。除了萨特加 XVI 墓地之外，罗斯托夫卡墓地、索普卡-2/4V 墓地也都发现随葬铸范的随葬石范的墓葬，塞伊玛墓地中也可能存在随葬石范的墓葬。

1. 罗斯托夫卡墓地

21 号墓葬，在墓葬东半部靠近墓壁的地方发现一堆石范。其中一组石范用于铸造空首斧，石范上面刻有三角纹、菱形纹纹饰；还发现一套组合石范，一面用于铸造铜凿，顶端刻有连续三角形纹饰，另一面用于铸造铜刀，两件铜刀形制不同；石范侧面用于铸造铜锥。墓中还出土一套铸造铜镞石范、一套铜锥石范、一块长方体石灰岩——用来制作石范的原材料。

34 号墓葬同样发现 2 件铸铜石范，铸造器物种类不确定。

2. 索普卡-2/4V 墓地

282 号墓葬发现 4 件坩埚，有金属熔化的痕迹；铸造空首斧的陶范；1 件复合范，用于铸造叉形矛；1 件页岩石管，可能用于吹气或浇注金属液。

427 号墓葬，人骨被扰乱，在骨堆中发现 1 件铸矛陶范，用于铸造叉形矛。

594 号墓葬，在墓葬的西南角发现 1 块很小的铸造空首斧的石范碎片，属于塞伊玛—图尔宾诺类型。

3. 萨特加 XVI 墓地

5 号墓葬，大部分遗物发现于墓葬的东半部，共发现 3 件铸范（由 50 个碎片拼成）。5 号墓不但位于墓地中心，且墓中还出土 1 件权杖头，说明墓主等级非常高。

这三处包含随葬石范墓葬的墓地中都发现铸造塞伊玛—图尔宾诺空首斧的范，罗斯托夫卡墓地发现的都是石范，而索普卡-2/4V 与萨特加 XVI 墓地发现的都是陶范。随葬铸范的墓葬往往在墓地中所处的位置都很特殊，罗斯托夫卡墓地 21 号与 34 号墓葬分别处在该墓地东区与西区的中心；萨特加 XVI 墓地 5 号墓葬处在整个墓地的中心，被其他墓葬围绕；在索普卡-2V 墓地发现的随葬铸范的 282 号与 594 号墓葬分布在一起，位于墓地南部一块独立区域，而 427 号墓葬则处于墓地北部，与其他克罗托沃文化墓葬分布在一起。

这类随葬铸范及铸造工具的墓葬往往都处于墓地的特殊区域，有的在墓葬中心区，有的在墓地的独立区域，表明这些铸铜工匠在塞伊玛—图尔宾诺人群中享有特殊地位。他们掌握金属冶炼及铸造技术，拥有金属制造资源，故在社会中具有较高等级。在墓葬中放置铸范及其他铸造工具，也是作为身份识别的工具，以此表明墓主职业。因此，随葬石范及铸造工具的墓葬处于墓地特殊区域，且随葬品也较丰富。

### （五）随葬品

塞伊玛—图尔宾诺类型墓地的另一个独特葬俗特征是，高等级墓葬中随葬空首斧、铜矛、铜刀"三件套"，这也是塞伊玛—图尔宾诺类型墓地独具特色的器物组合。罗斯托夫卡墓地发现 2 座随葬"三件套"墓葬；图尔宾诺墓地发现 2 座随葬"三件套"墓葬；塞伊玛墓地发现 1 座随葬"三件套"墓葬；乌斯季—维特鲁加墓地发现 2 座随葬"三件套"墓葬；列什诺耶墓地因为没有发表完整的发掘报告，是否存在随葬"三件套"墓葬暂不清楚，但根据该墓地与塞伊玛墓地之间密切的联系，以及铜器垂直插入地面的现象来看，此墓地也应该存在随葬"三件套"墓葬。

塞伊玛—图尔宾诺类型墓葬中未发现陶器随葬，这也是该类型墓葬独特的葬俗之一；但在墓葬填土或墓葬上方的文化层中发现陶器碎片。每个墓地的陶器都有自身的特征，东区、中区、西区的陶器类型皆不相同，具体的内容将会在后面的章节中进行讨论。

根据以上分析，塞伊玛—图尔宾诺类型墓地拥有自身独特的葬俗特征和人群身份识别标志。随葬石范墓葬的存在、墓底或墓葬周围地面插入铜器、高等级墓葬随葬空首斧、铜矛、铜刀，是塞伊玛—图尔宾诺区别其他族群最重要的三个特征。根据这三个特征，可以判断塞伊玛—图尔宾诺人群是一支独立的人群，掌握高超的冶金生产技术，在欧亚大陆森林草原地带从事金属冶炼生产。

在乌拉尔山东部的塞伊玛—图尔宾诺墓地发现随葬石范的墓葬，时代稍晚的乌拉尔山以西塞伊玛—图尔宾诺墓地则没有发现随葬石范的墓葬。乌拉尔山东西两侧塞伊玛—图尔宾诺遗址中都发现将铜器直插入墓底或周围地面的现象，这是塞伊玛—图尔宾诺人群向西发展过程中一直保留下来的特殊葬俗或祭祀习俗。

除了上述三点排他性的葬俗特征外，塞伊玛—图尔宾诺类型墓地还具有以下葬俗特征（表 4.3）：

1. 墓地选址于河流沿岸高丘上。墓地规划有序、分区明确；存在不同等级的墓葬，高等级墓葬集中分布。

2. 乌拉尔山东西两区墓地中多数墓葬为单人葬，头向东北，同时还有一小部分墓葬为多人合葬墓。所有墓地不但存在扰乱葬，而且人骨很少能保存下来，这一现象可能与火葬相关。

3. 很多塞伊玛—图尔宾诺类型墓地都发现用桦树皮包裹铜器或人骨的现象，有些墓地中还发现用赭石铺设墓底的行为。

4. 一般不随葬陶器，而是将陶器放置于周围地面上。

表 4.3　塞伊玛—图尔宾诺类型墓地出土遗物分析表

| 墓　地 | 随葬石范 | 墓底（地面）插入铜器 | 随葬"三件套" | 随葬陶器 | 桦树皮包裹铜器或人骨 | 墓底铺赭石 | 儿童墓葬 |
|---|---|---|---|---|---|---|---|
| 罗斯托夫卡 | √ | √ | √ | | √ | | √ |
| 萨特加 XVI | √ | | | | √ | √ | |
| 图尔宾诺 | | √ | √ | | | | |
| 塞伊玛 | | √ | | | | | |
| 列什诺耶 | | √ | | | | | |
| 乌斯季—维特鲁加 | | √ | √ | | √ | √ | |
| 索普卡-2/4B、V | √ | | | | √ | | √ |
| 普列奥布拉任卡-6 | | | | | | | |
| 叶鲁尼诺 I | | | | √ | | | |

## 三、塞伊玛—图尔宾诺空首斧再讨论

空首斧是塞伊玛—图尔宾诺遗存最典型的器物之一，也被称为直銎斧。塞伊玛—图尔宾诺空首斧与铜矛，是欧亚草原最早出现的利用型芯铸造技术生产的铜器。空首斧在塞伊玛—图尔宾诺类型遗址中皆有发现，是塞伊玛—图尔宾诺人群最常制造的一类器物。

关于塞伊玛—图尔宾诺空首斧的问题，国内外已有诸多学者进行过讨论。切尔内赫在《欧亚大陆北部的古代冶金——塞伊玛—图尔宾诺现象》一书中将塞伊玛—图尔宾诺空首斧分为 17 种类型，并记录了大部分空首斧的合金成分①。但是，这种分类显然太过细致，以至于很难归纳这批器物的传播与演变规律，故简化分类有助于进一步讨论空首斧的传播问题。

邵会秋与杨建华在2011年发表《塞伊玛—图尔宾诺遗存与空首斧的传布》一文中②，对塞伊玛—图尔宾诺时代及后塞伊玛—图尔宾诺时代的空首斧流传与演变进行讨论，这是中国学者首次对塞伊玛—图尔宾诺类型铜器所做的专题性研究。但文中误将一件发现于蒙古戈壁—阿尔泰的双系耳空首斧归为罗斯托夫卡墓地出土物，在一定程度上影响了对塞伊玛—图尔宾诺空首斧传播问题的研究。

本书讨论的塞伊玛—图尔宾诺空首斧，仅限于塞伊玛—图尔宾诺类型遗址的发掘品。根据形制不同，笔者将出土的空首斧分为五种类型（表4.4）。A型空首斧皆为锻造，将铜片打制弯曲而成；B型为铸造无系耳空首斧，根据空首斧上的纹样又可划分为5个亚型；C型为铸造单系耳空首斧；D型为铸造双系耳空首斧；E型为铸造铲形空首斧。

表4.4 塞伊玛—图尔宾诺空首斧分类表

| 空首斧类型 | 线　图 | 出　土　遗　址 |
| --- | --- | --- |
| A型 |  | 列什诺耶墓地、塞伊玛墓地、峡坦亚湖-2遗址各发现1件 |
| Ba型 |  | 图尔宾诺墓地发现6件；乌斯季—盖瓦墓地发现1件；博尔—梁瓦墓地发现1件 |

---

① 切尔内赫、库兹明内赫著，王博、李明华译：《欧亚大陆北部的古代冶金：塞伊玛—图尔宾诺现象》，北京：中华书局，2010年。

② 邵会秋、杨建华：《塞伊玛—图尔宾诺遗存与空首斧的传布》，《边疆考古研究（第10辑）》，北京：科学出版社，2011年，页73~92。

第四章 塞伊玛—图尔宾诺墓地年代、葬俗及随葬品分析　167

续　表

| 空首斧类型 | 线　图 | 出　土　遗　址 |
|---|---|---|
| Bb 型 | | 图尔宾诺墓地出土 31 件；塞伊玛墓地出土 4 件；列什诺耶墓地出土 2 件；乌斯季—维特鲁加墓地出土 3 件 |
| Bc 型 | | 图尔宾诺墓地发现 3 件 |
| Bd 型 | | 塞伊玛墓地共发现 10 件；列什诺耶墓地发现 2 件；峡坦亚湖-2 遗址发现 3 件；乌斯季—维特鲁加墓地发现 4 件 |
| Be 型 | | 索普卡-2/4V 墓地发现 3 件，其中 2 件为铸范，1 件为空首斧；罗斯托夫卡墓地出土 3 件；塞伊玛墓地出土 3 件；图尔宾诺墓地和乌斯季—盖瓦墓地各出土 1 件；列什诺耶墓地出土 1 件 |
| C 型 | | 罗斯托夫卡墓地出土 3 件空首斧和 1 件铸范；峡坦亚湖-2 遗址发现 4 件 |

续　表

| 空首斧类型 | 线　图 | 出 土 遗 址 |
|---|---|---|
| D 型 |  | 塞伊玛墓地发现 1 件；峡坦亚湖-2 遗址发现 2 件 |
| E 型 |  | 罗斯托夫卡墓地发现 3 件 |

A 型空首斧皆为锻造，仅在奥卡河流域的列什诺耶墓地和塞伊玛墓地出土，峡坦亚湖-2 遗址也发现 1 件。锻造技术流行于型芯铸造技术发明之前，也就是前塞伊玛—图尔宾诺时代，竖銎器物都是采用将铜片弯曲的方法锻造而成。根据切尔内赫的研究，这种锻造銎的技术源于阿巴舍沃文化。这两件空首斧皆为砷铜制品。

B 型空首斧，为铸造而成的无系耳空首斧。根据空首斧上的纹饰，又可分为 5 个亚型。

Ba 型空首斧，表面无纹饰。图尔宾诺墓地发现 6 件，乌斯季—盖瓦墓地发现 1 件，博尔—梁瓦墓地发现 1 件。图尔宾诺墓地的 4 件空首斧金属成分为砷铜，其余 2 件未经检测；博尔—梁瓦墓地出土的空首斧是锡青铜；乌斯季—盖瓦墓地发现的空首斧是纯铜制品。

Bb 型空首斧，仅在銎口部饰凸弦纹或梯子纹，共发现 40 件。图尔宾诺墓地出土 31 件，经检测的 22 件空首斧，其中 18 件为砷铜，1 件为锡青铜，3 件为铜银合金；塞伊玛墓地出土 4 件，其中 3 件为纯铜，1 件为锡青铜；列什诺耶墓地发现 2 件，皆为砷铜；乌斯季—维特鲁加墓地出土 3 件，金属成分不详。

Bc 型空首斧，在銎口部凸弦纹或梯子纹下方装饰连续三角纹，可能是 Bb 型向 Bd 型过渡类型。该类型空首斧装饰的三角纹尺寸较小，斧身上无装饰。这种类型空首斧仅在图尔宾诺墓地发现 3 件，皆为砷铜制品。

Bd 型空首斧，銎部仍然装饰梯子纹，下方装饰带阴影的三角纹或连续阴影菱形纹。这类空首斧一共发现 19 件。塞伊玛墓地共发现 10 件，其中 5 件为锡青铜，4 件为砷铜，1 件为纯铜；列什诺耶墓地发现 2 件，其中 1 件为锡青铜，1 件为纯铜；峡坦亚湖-2 遗址发现 3 件，皆为锡青铜；乌斯季—维特鲁加墓地发现 4 件，金属成分不详。

Be 型空首斧，斧身装饰复杂，梯子纹、阴影三角纹和连续阴影菱形纹皆出现在空首斧上，共发现 13 件。索普卡-2/4V 墓地发现 3 件，其中 2 件为铸范，1 件为空首斧，锡青铜；罗斯托夫卡墓地出土 3 件，皆为锡青铜；塞伊玛墓地出土 3 件，其中 2 件为锡青铜，1 件为砷铜；图尔宾诺墓地和乌斯季—盖瓦墓地各出土 1 件，均为锡青铜；列什诺耶墓地出土 1 件，为纯铜。

C 型空首斧，靠近銎部斧身侧面有单系耳，共发现 8 件，罗斯托夫卡墓地出土 3 件空首斧和 1 件铸范，3 件空首斧皆为锡青铜；峡坦亚湖-2 遗址发现 4 件，皆为锡青铜。

D 型空首斧，靠近銎部斧身两侧都有系耳，系耳与銎口部距离较远；斧身装饰极为复杂，饰有大量三角纹和菱形纹。共发现 3 件，塞伊玛墓地发现 1 件，锡青铜；峡坦亚湖-2 遗址发现 2 件，锡青铜。

E 型空首斧，铲形，罗斯托夫卡墓地发现 3 件，皆为锡青铜。

根据不同类型空首斧的分布来看，A 型空首斧皆发现于乌拉尔山及其西侧，共 2 件，均为砷铜；C 型、E 型空首斧发现于乌拉尔山及其东侧，共 11 件，皆为锡青铜（表 4.5）。B 型空首斧情况比较复杂，Ba 型、Bb 型、Bc 型、Bd 型空首斧发现于乌拉尔山及其西侧，共 68 件，其中经过金属检测的 31 件为砷铜，12 件为锡青铜，6 件为纯铜和 3 件为铜银合金；Be 型空首斧在乌拉尔山及其东西两侧都有发现，7 件为锡青铜，1 件为砷铜，1 件为纯铜。

仅在銎口部有装饰而斧身无装饰的 Ba 型、Bb 型和 Bc 型空首斧，共有 27 件砷铜制品，3 件锡青铜制品，4 件纯铜制品，3 件铜银合金制品，砷铜制品比例高达 73%；斧身有装饰的 Bd 型和 Be 型空首斧，共有 16 件锡青铜制品，5 件砷铜制品，3 件纯铜制品，锡青铜制品比例高达 66.6%。由此可见，B 型空首斧金属合金成分与装饰纹样有关。

表 4.5 塞伊玛—图尔宾诺空首斧合金成分表

| 类型 | 铜砷合金 | 铜锡合金 | 纯铜 | 铜银合金 |
|---|---|---|---|---|
| A 型 | 2 | 0 | 0 | 0 |
| Ba 型 | 4 | 1 | 1 | 0 |
| Bb 型 | 20 | 2 | 3 | 3 |
| Bc 型 | 3 | 0 | 0 | 0 |
| Bd 型 | 4 | 9 | 2 | 0 |
| Be 型 | 1 | 7 | 1 | 0 |
| C 型 | 0 | 7 | 0 | 0 |
| D 型 | 0 | 3 | 0 | 0 |
| E 型 | 0 | 3 | 0 | 0 |

根据上表分析可知，塞伊玛—图尔宾诺空首斧类型在乌拉尔山东西两侧有所区别，乌拉尔山西侧包含 A 型、Ba 型、Bb 型、Bc 型、Bd 型和 Be 型空首斧，这几种类型的空首斧皆无系耳，其中 Ba 型、Bb 型和 Bc 型空首斧装饰简单，仅在空首斧銎口部饰凸弦纹或梯子纹（或小型三角纹）。乌拉尔山东侧则流行 Be 型、C 型和 E 型空首斧。其中 Be 型空首斧装饰较复杂，包含梯子纹、阴影三角纹和阴影菱形纹三种元素。这种类型空首斧在乌拉尔山东西两侧皆有发现，乌拉尔山西侧发现 7 件，东侧发现 6 件。结合切尔内赫对塞伊玛—图尔宾诺铜器金属成分的研究，可以推断，斧身饰有复杂纹样的空首斧源于乌拉尔山以东地区（额尔齐斯流域），在向西传播的过程中，装饰纹样趋向简化，斧身装饰元素逐渐减少，最终消失。

D 型空首斧，带有双系耳，梯子形纹饰下方饰有两排阴影三角纹及连续阴影菱形纹。这类空首斧在萨穆西Ⅵ遗址常见，故不属于塞伊玛—图尔宾诺类型器物，而属于萨穆西—基日罗沃类型器物。峡坦亚湖-2 遗址中发现 2 件，塞伊玛墓地发现 1 件。乌拉尔山以西塞伊玛—图尔宾诺类型遗址除了塞伊玛墓地发现的 1 件该类型空首斧外，其余遗址皆未发现带系耳的空首斧。峡坦亚湖-2 遗址比较特殊，该遗址既发现属于阿巴舍沃文化系统的 A 型空首斧，同时也发现塞伊玛—图尔宾诺系统 Be 型空首斧，还发现了萨穆西—基日罗沃系统 D 型空首斧（图 4.2）。

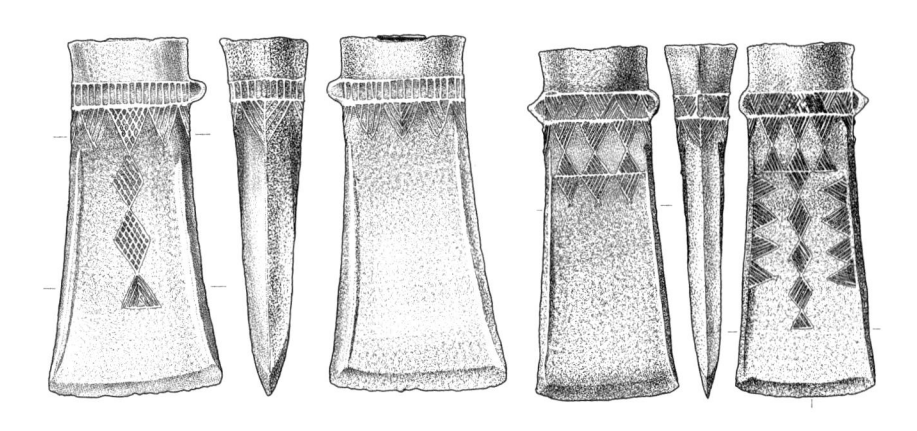

第四章　塞伊玛—图尔宾诺墓地年代、葬俗及随葬品分析　171

图 4.2　峡坦亚湖-2 遗址出土的 Be 型空首斧和 D 型空首斧

关于萨穆西—基日罗沃类型和塞伊玛—图尔宾诺类型之间的关系，俄罗斯学者多从器物的形制以及金属成分等方面进行讨论，总的来讲两者之间无论在形态上，还是从金属成分上都存在明显的继承关系[1]，但同时也不能忽视差异的存在。萨穆西—基日罗沃一直以来被认为是后塞伊玛青铜铸造技术的去向，俄罗斯学者将其年代定在公元前 17～前 13 世纪[2]。但是，峡坦亚湖-2 遗址的发现表明，在公元前 20～前 17 世纪，塞伊玛—图尔宾诺类型铜器与萨穆西—基日罗沃类型铜器有一段共存期。

值得注意的是，塞伊玛—图尔宾诺空首斧系环与萨穆西—基日罗沃空首斧系环铸造技术的相似性。罗斯托夫卡墓地出土了一件铸造空首斧的石范，该空首斧属于 C 型，单系环，在石范系环部分，刻了很多道小凹槽，凹槽之间彼此平行。这种形制的系环在罗斯托夫卡墓地及额尔齐斯地区发现的铜矛上也能见到。同样，萨穆西—基日罗沃类型空首斧上也能见到相同的系环。这个铸造细节特征非常独特，可以作为塞伊玛—图尔宾诺与萨穆西—基日罗沃铸造传统之间具有继承性的直接证据（图 4.3）。

根据切尔内赫的研究，萨穆西—基日罗沃类型空首斧可分为两类，即无系耳类型和双系耳类型，并未发现单系耳类型。峡坦亚湖-2 遗址发现一件空首斧，单系耳，但斧身上装饰的却是典型的萨穆西—基日罗沃风格——梯子纹、两排三角纹及连续菱形纹，很可能是塞伊玛—图尔宾诺类型空首斧与萨穆西—

---

[1] Матющенко. В. И. *Из Истории Сибири. Ч. 2. Самусьская Культура.* Томск. 1973.
[2] Есин. Ю. Н. Древнее искусство Сибири: Самусьская культура. Томск. 2009.

基日罗沃类型空首斧结合的产物。此外，峡坦亚湖-2遗址发现的另一件双系耳空首斧，其斧身上的纹饰与塞伊玛墓地出土双系耳空首斧如出一辙，且两件空首斧的系耳形制也出奇一致，一边为半圆形，一边为三角形（图4.4）。由此可以推测，塞伊玛—图尔宾诺铸造传统与萨穆西—基日罗沃铸造传统在峡坦亚湖-2遗址完成了融合，新的器型开始出现，并向周边地区传播。

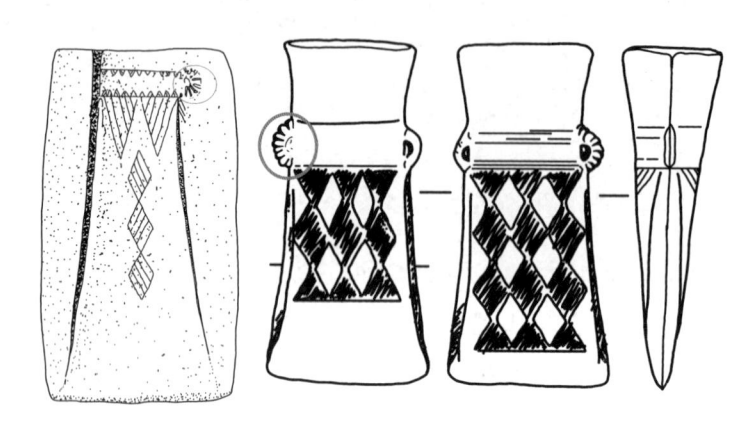

图4.3 罗斯托夫卡墓地出土空首斧石范和萨穆西遗址出土空首斧系环对比

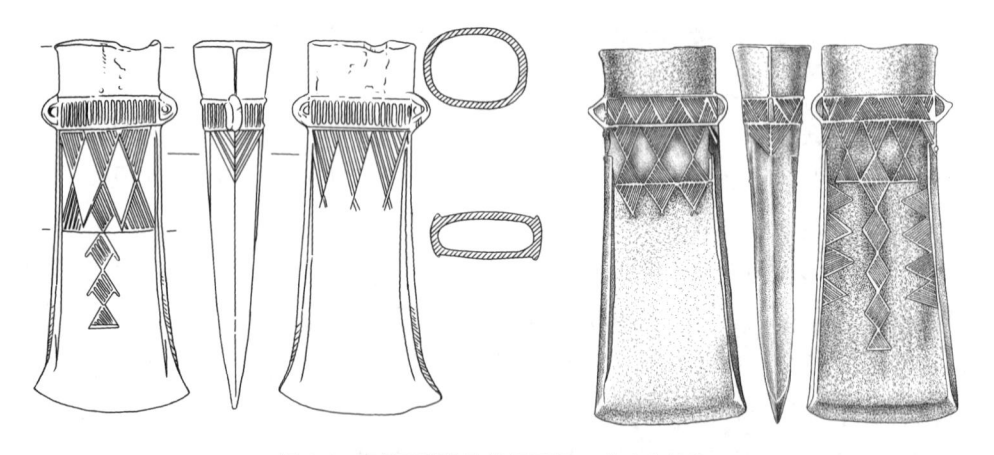

图4.4 塞伊玛墓地和峡坦亚湖-2出土空首斧

综上所述，可以得出以下结论：

1. 乌拉尔山东西两侧塞伊玛—图尔宾诺空首斧类型不同。乌拉尔山西侧流行斧身上没有纹饰的空首斧，且空首斧仅在銎口部装饰凸弦纹或梯子纹；乌拉尔山东侧流行斧身上饰有阴影三角纹和连续阴影菱形纹的空首斧。

2. 乌拉尔山西侧发现的斧身有装饰的空首斧，应该从乌拉尔山东侧传入，

第四章　塞伊玛—图尔宾诺墓地年代、葬俗及随葬品分析　173

在传播过程中纹饰元素发生变化，开始出现 Bd 型空首斧。

3. 塞伊玛—图尔宾诺时期，乌拉尔山西侧流行无系耳空首斧，乌拉尔山东侧流行无系耳或单系耳空首斧。双系耳空首斧的出现与萨穆西—基日罗沃冶金传统相关。萨穆西—基日罗沃类型与塞伊玛—图尔宾诺类型技术传统之间存在继承关系。

4. 峡坦亚湖-2 遗址的发掘表明，塞伊玛—图尔宾诺类型铜器与萨穆西—基日罗沃类型铜器存在一段共存期，塞伊玛墓地发现的萨穆西—基日罗沃类型双系耳空首斧与峡坦亚湖-2 遗址相关。

## 四、塞伊玛—图尔宾诺铜矛再讨论

### （一）塞伊玛—图尔宾诺遗址出土铜矛类型学研究

铸造而成的竖銎铜矛是塞伊玛—图尔宾诺人群独创的器型，与空首斧类似，采用了当时最为先进的型芯铸造技术——将两块外范和一块悬空的型芯组合制作有銎器。在塞伊玛—图尔宾诺人群发明型芯铸造技术之前，欧亚大陆已经出现了铜矛这种器型。至少在公元前四千纪末期，迈科普文化（Майкопская культура）就开始出现带铤的铜矛[①]，同时期的库罗—阿拉克斯文化（Kuro-Araks culture）也出现带铤的铜矛（图 4.5）。

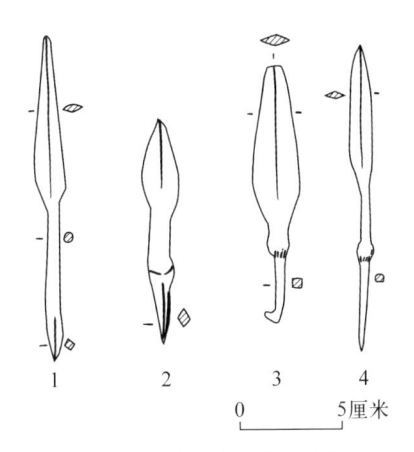

图 4.5　迈科普文化带铤铜矛
1. 普赛拜斯卡亚墓地（Psebaiskaya Kurgan）　2. 诺沃斯沃波德纳亚墓地（Novosvobodnaya Kurgan）
3. 采莫—阿夫察拉遗址（Zemo-Avchala）　4. 色万湖遗址（Lake Sevan）

---

① Mallory. J. P., Q. A. Douglas. *Encyclopedia of Indo-European Culture*. London and Chigago, 1997, p. 537.

公元前三千纪初期颜那亚文化出现锻造铜矛，即将金属片环绕锻打形成銎部；公元前三千纪中期，法提亚诺沃—巴拉诺沃文化（Фатьяновская-балановская культура）也发现锻造铜矛。此外，与塞伊玛—图尔宾诺同时期的辛塔什塔—阿巴舍沃文化共同体（Синташтинская-Абашевская культура）、奥库涅夫文化（Окуневская культура）遗址中出土的锻造铜矛，銎部的制作方式与前文所述锻造铜锛类似，即将金属片锻打环绕成銎（图4.6：1. 颜那亚文化 2~3. 法提雅诺沃—巴拉诺沃文化 4. 奥库涅夫文化 5~6. 辛塔什塔—阿巴舍沃文化共同体）。

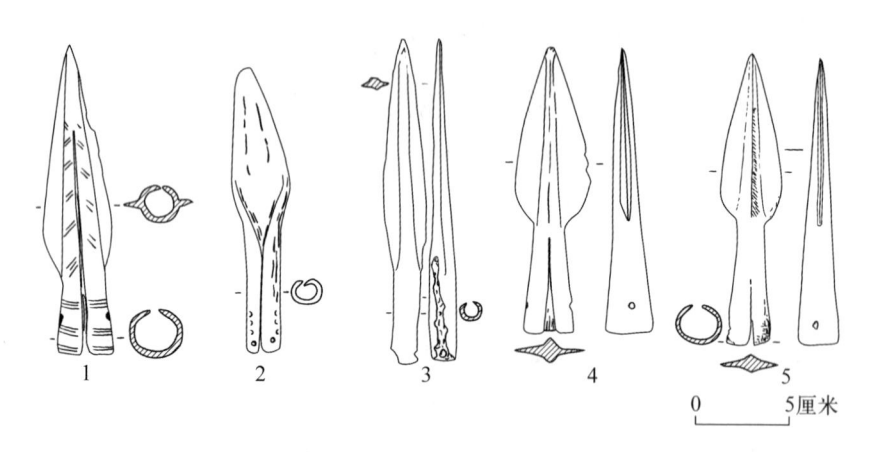

图4.6 欧亚草原青铜时代早期—中期锻造铜矛

1. 沃洛索沃—达尼洛沃墓地（Volosovo-Danilovo） 2. 奥什—潘多居址（Osh-Pando） 3. 莫伊塞卡墓地（Moiseikha Kurgan） 4. 辛塔什塔墓地（Sintashta） 5. 塞伊玛墓地（Seima）

塞伊玛—图尔宾诺类型遗址中既出土锻造铜矛，也出土铸造铜矛。切尔内赫已经对这批铜矛进行了整理，根据铜矛的铸造方式以及形制，将其划分为10种类型[①]。切尔内赫对铜矛的分类非常细致，其分类标准涵盖了多种因素，如铜矛的整体造型、倒钩、系耳等，但是，这样的分类方式略显繁复，并不能很好地体现各类铜矛的地域分布状况及年代差异，因此，本书对这批铜矛进行了重新分类（表4.6）。

A型铜矛，锻造，将金属片环绕锻打形成銎部。罗斯托夫卡墓地、图尔宾诺墓地、塞伊玛墓地、乌斯季—盖瓦墓地及乌斯季—维特鲁加墓地各出土1

---

① Черных. Е. Н., С. В. Кузьминых. *Древняя металлургия Северной Евразии (сейминско-турбинский феномен)*. Москва: Наука. 1989.

第四章 塞伊玛—图尔宾诺墓地年代、葬俗及随葬品分析 175

表 4.6 塞伊玛—图尔宾诺铜矛分类表

| 类型 | 罗斯托夫卡 | 图尔宾诺 | 塞伊玛 | 乌斯季—盖瓦 | 乌斯季—维特鲁加 | 塞米伊 |
|---|---|---|---|---|---|---|
| A 型 |  |  |  |  |  |  |
|  | Cu-As | Cu-As | Cu-As | 不详 | Cu-As | Cu-As |

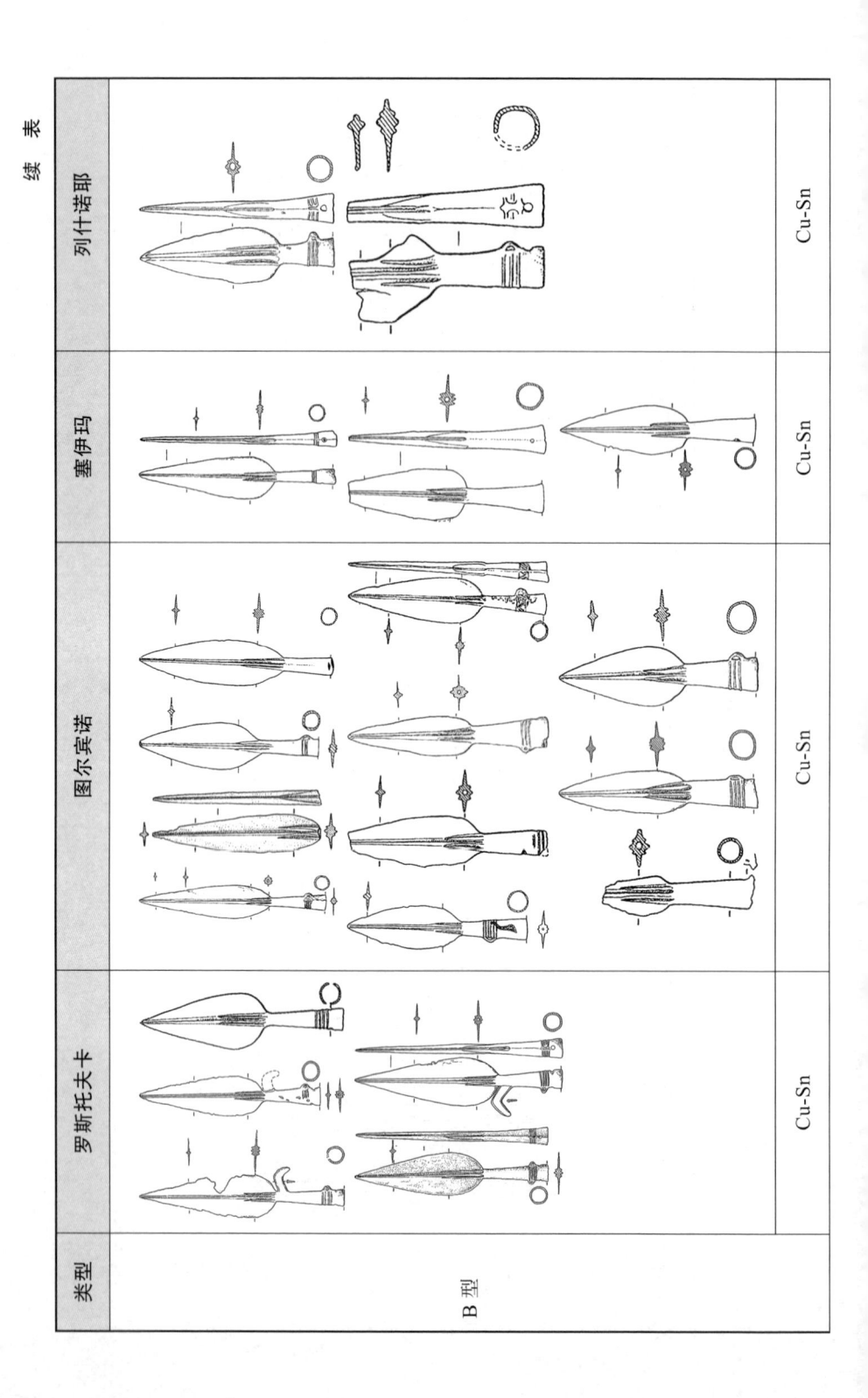

续表

| 类型 | 罗斯托夫卡 | 图尔宾诺 | 塞伊玛 | 列什诺耶 |
|---|---|---|---|---|
| B型 | Cu-Sn | Cu-Sn | Cu-Sn | Cu-Sn |

第四章　塞伊玛—图尔宾诺墓地年代、葬俗及随葬品分析　177

续表

| 类型 | 罗斯托夫卡 | 图尔宾诺 | 塞伊玛 | 乌斯季—维特鲁加 | 列什诺耶 | 峡坦亚湖-2 |
|---|---|---|---|---|---|---|
| C型 | Cu-Sn | Cu-As | Cu-As，1件Cu | 不详 | Cu-As | Cu-As |

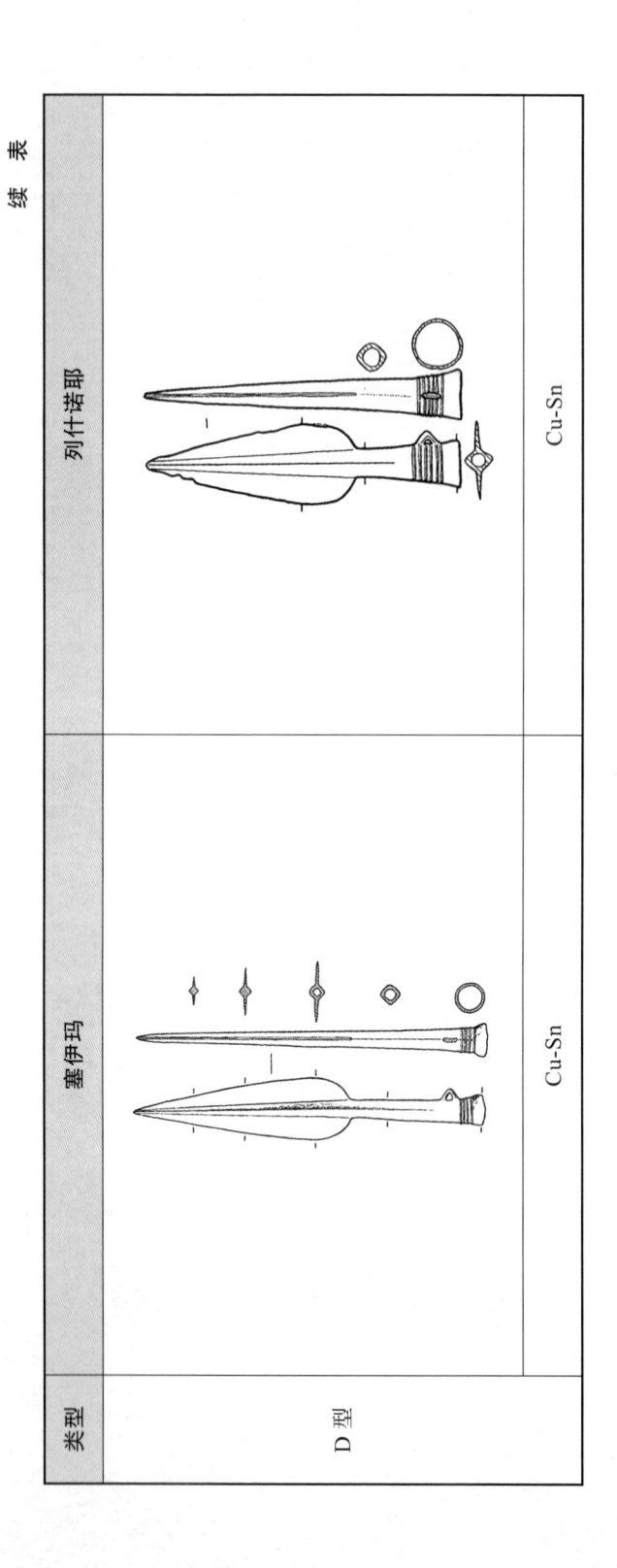

续表

| 类型 | 塞伊玛 | 列什诺耶 |
|---|---|---|
| D 型 | Cu-Sn | Cu-Sn |

件。锻造铜矛在欧亚大陆森林草原地带并不常见,也不属于塞伊玛—图尔宾诺冶金技术传统。塞伊玛—图尔宾诺类型遗址发现的这几件锻造铜矛皆为砷铜制品,銎部下方都有对穿的小孔。锻造的铜矛在阿巴舍沃文化、辛塔什塔文化及彼得罗夫卡文化中都能见到,应该是欧亚大陆草原地带的冶金系统的产物。

  B 型铜矛,铸造,塞伊玛—图尔宾诺典型的叉形铜矛。罗斯托夫卡墓地、图尔宾诺墓地、塞伊玛墓地、列什诺耶墓地、普列奥布拉任卡-6 墓地及索普卡 2/4B 墓地都有发现。其中只有罗斯托夫卡墓地出土的叉形铜矛銎部与矛叶之间带有倒钩,即所谓的塞伊玛—图尔宾诺倒钩铜矛。类似的倒钩铜矛在最新发表的额尔齐斯地区私人藏品中也发现一件[1]。这类带倒钩塞伊玛—图尔宾诺叉形铜矛是额尔齐斯中游地区特有的器型,其他地区塞伊玛—图尔宾诺类型遗址皆未发现该型铜矛。罗斯托夫卡墓地、列什诺耶墓地、塞伊玛墓地出土的叉形铜矛銎部下方有对穿的小孔,这种对穿的小孔皆是铸造时产生的。图尔宾诺墓地出土的铜矛銎部下方皆没有发现对穿的小孔(其中两件铜矛下方有孔,但小孔都是锯出的,而非铸造时形成)[2]。铜矛銎部下方是否存在对穿的小孔,与铜矛的铸造工艺密切相关,笔者将在下文详细分析。此外,在塞伊玛墓地和图尔宾墓地还发现了新类型的叉形铜矛——銎部下方为素面,无平行凸棱纹和系环。无论是乌拉尔山西侧塞伊玛—图尔宾诺类型墓地出土铜矛,还是乌拉尔山东侧塞伊玛—图尔宾诺类型墓地出土铜矛,无一例外都是锡青铜制品。根据俄罗斯学者的研究,在塞伊玛—图尔宾诺铸造体系中,锡青铜的使用属于东区铸造传统[3]。因此,B 型铜矛与乌拉尔山东侧冶金系统关系更加密切,而乌拉尔山西侧发现的叉形铜矛制作技术很可能由乌拉尔山东侧传入。

  C 型铜矛,铸造,矛叶脊部截面为菱形或圆形,与 A 型锻造铜矛形制相似,应该是塞伊玛—图尔宾诺冶金传统模仿锻造铜矛器型的产物。罗斯托夫卡墓地与峡坦亚湖-2 遗址出土铜矛銎部有对穿的小孔,且铜矛銎部都有一条凸起的中脊,俄罗斯学者称此中脊为"加强筋",用来加固铜矛,防止其从

---

[1] Молодин. В. И., А. В. Нескоров. Коллекция Сейминско-Турбинских Бронз из Прииртышья (трагедия уникального памятника последствия бугровщичества XXI века). *Археология, этнография и антропология Евразии*, 3 (43). 2010. С. 58–71.

[2] Черных. Е. Н., С. В. Кузьминых. *Древняя металлургия Северной Евразии (сейминско-турбинский феномен)*. Москва: Наука. 1989.

[3] Черных. Е. Н., С. В. Кузьминых. *Древняя металлургия Северной Евразии (сейминско-турбинский феномен)*. Москва: Наука. 1989.

中间断开（图 4.7）[①]。这两个典型特征表明，上述两处遗址在冶金传统上可能存在密切联系。乌斯季—维特鲁加墓地与塞伊玛墓地出土铜矛形制相似，铜矛銎部底端有一圈加厚的箍。除罗斯托夫卡墓地出土的铜矛是锡青铜制品外，其余遗址出土的该型铜矛则皆为砷铜制品。

D 型铜矛，铸造，形制与 C 型铜矛类似，矛叶脊部截面为菱形或圆形，銎部下方饰有多道平行的凸棱纹，带有三角形单系环，无对穿的小孔。该型铜矛仅在塞伊玛墓地与列什诺耶墓地各发现 1 件，是 B 型铜矛与 C 型铜矛结合的产物。该型铜矛皆为锡青铜制品（图 4.8）。

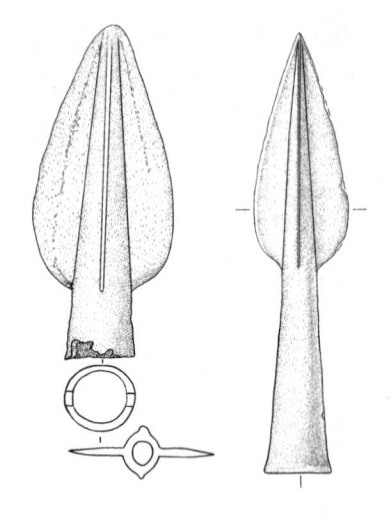

图 4.7 罗斯托夫卡墓地出土铜矛与峡坦亚湖-2 遗址出土铜矛"加强筋"比较

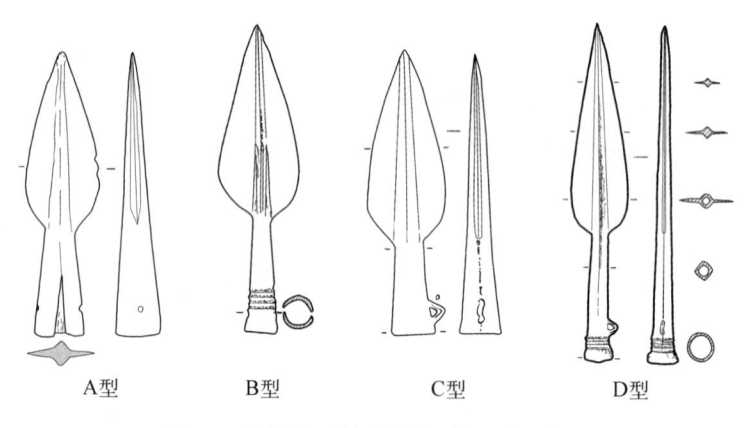

图 4.8 塞伊玛—图尔宾诺类型铜矛类示意图

随着近些年来新遗址的发掘与碳-14 测年数据的公布，塞伊玛—图尔宾诺类型铜矛年代问题逐渐清晰。截至目前，罗斯托夫卡墓地、索普卡墓地、普列奥布拉任卡-6 墓地、乌斯季—维特鲁加墓地、峡坦亚湖-2 遗址测年数据皆已公布，我们将随葬铜矛墓葬的测年数据单独列出（表 4.7）。

---

[①] Михайлов. Ю. И. Металлический инвентарь могильника у Д. Ростовка. *Вестник КемГУ*, 52(4), Т. 1. 2012.

表 4.7　塞伊玛—图尔宾诺铜矛出土遗址碳-14 测年结果[1]

| 遗　址 | 出土铜矛类型 | 测年结果（±2δ）（公元前） |
| --- | --- | --- |
| 罗斯托夫卡墓地 M5 | C 型 | 2197～1951 |
| 罗斯托夫卡墓地 M8 | B 型 | 2200～2023 |
| 罗斯托夫卡墓地 M33 | B 型 | 2133～1919 |
| 罗斯托夫卡墓地 M34 | B 型 | 2137～1919 |
| 索普卡-2 墓地 M427 | B 型 | 2335～2063 |
| 普列奥布拉任卡-6 墓地 M24 | B 型 | 2336～2138 |
| 乌斯季—维特鲁加墓地 M10 | C 型 | 1862～1614 |
| 峡坦亚湖-2 遗址 | C 型 | 2026～1782 |

　　根据已经公布的碳-14 数据，位于乌拉尔山以东的罗斯托夫卡墓地、索普卡墓地、普列奥布拉任卡-6 墓地，出土的 B 型及 C 型铜矛（或铸范）的墓葬碳-14 测年数据集中在公元前 2336～1919 年；位于乌拉尔山及乌拉尔山以西地区的峡坦亚湖-2 遗址及乌斯季—维特鲁加墓地出土 C 型铜矛的墓葬碳-14 测年数据集中在公元前 2026～1614 年。同时，依照前文研究结论，塞伊玛—图尔宾诺遗存可以划分为早晚两期，早期遗存主要分布于乌拉尔山以东，以额尔齐斯河中游地区为核心分布区（同时也是起源地）；晚期遗存主要分布于乌拉尔山以西，以卡马河—奥卡河流域为核心分布区。

　　因此，乌拉尔山以东塞伊玛—图尔宾诺遗址出土的铜矛，年代上早于乌拉尔山以西塞伊玛—图尔宾诺遗址出土的铜矛。

---

[1]　Молодин. В. И. *Памятник Сопка-2 на реке Оми (Том 4)*. Новосибирск: Издательство Института археологии и этнографии СО РАН. 2016; Marchenko. Z. V., S. V. Svyatko, V. I. Molodin, A. E. Grishin and M. P. Rykun. Radiocarbon Chronology of Complexes With Seima-Turbino Type Objects (Bronze Age) in Southwestern Siberia. *Radiocarbon*, 59, 2017, pp. 1381–1397; Marchenko. Z. V. et al. Paleodiet, Radiocarbon Chronology, and the Possibility of Freshwater Reservoir Effect for Preobrazhenka 6 Burial Ground, Western Siberia: Preliminary Results. *Radiocarbon*, 57, 2015, pp. 595–610; Черных. Е. Н., О. Н. Корочкова, Л. Б. Орловская. Проблемы календарной хронологии сейминско-турбинского транскультурного феномена. *Археология, этнография и антропология Евразии*, Том 45, № 2. 2017. С. 45–55; Соловьев. Б. С. Юринский (Усть-Ветлужский) могильник (итоги раскопок 2001–2004 гг.). *Археология России* № 4. 2005. С. 103–111.

## （二）塞伊玛—图尔宾诺铜矛铸造技术研究

### 1. 塞伊玛—图尔宾诺类型铜器铸造技术研究史

公元前三千纪末期，塞伊玛—图尔宾诺遗存开始在额尔齐斯河中游地区崛起，该文化因发达的金属铸造工艺及辨识度极高的金属兵器、工具闻名，其中最具代表性的是铜矛、空首斧等竖銎器（有銎器）。竖銎器，与横銎器銎部开放式的结构不同，是指利用型芯铸造技术制作銎部为闭合结构的铜器，如铜矛、空首斧、有銎镞等。前塞伊玛—图尔宾诺时期，整个欧亚草原都未出现铸造的竖銎类器物。

公元前5千纪后半期到公元前4千纪初，库库泰尼—特里波列耶文化（Cucuteni-Tripolye Culture）开始出现纯铜铸造的透銎斧[1]，但此类器物属于横銎器（图4.9：1~3）。横銎器的铸造，采用两范合一芯的铸造方式，但是芯的设置方式比较简单，直接固定在外范上，铸造出的铜器銎部并未闭合，而是开放式的结构。颜那亚—波尔塔夫卡文化（Ямная-Полтавкинская культура）遗存中出土铜锛，与空首斧这种带銎的器物形制较为类似，但此类铜锛的制作是将金属片环绕锻打成銎[2]，并非铸造而成（图4.9：4~6）。

以塞伊玛墓地、图尔宾诺墓地、罗斯托夫卡墓地等为代表的塞伊玛—图尔宾诺遗址出土了一大批铸造的铜矛、空首斧及铸造石范，这是欧亚草原首次集中发现如此大量的竖銎器物群。因此，很多学者将竖銎器铸造技术的来源归结于塞伊玛—图尔宾诺遗存。

1926年，哈里森发表《青铜空首斧起源》一文，首次提到空首斧采用型芯铸造工艺，但并未进一步讨论型芯设置问题[3]。柴尔德在论及塞伊玛—图尔宾诺有銎器物的发明时提到，这种有着不同称谓——内芯铸造或空心铸造的技术，使得制作薄壁、轻便的工具成为可能，使用该技术，可有效减少铸造一件有銎器物所耗费的铜料，但该技术产生的先决条件，是掌握并有效利用锡青

---

[1] Palaguta. I. V. *Tripolye Culture during the Beginning of the Middle Period*. BAR International Series 1666, 2007.

[2] Anthony. D. W. *The Horse, the Wheel, and Language: How Bronze-Age Riders from the Eurasian Steppes Shaped the Modern World*. Princeton University Press, 2007.

[3] Harrison. H. S. The origin of the socketed bronze celt. *Man*. Vol. 26. Royal Anthropological Institute of Great Britain and Ireland, 1926, pp. 216-220.

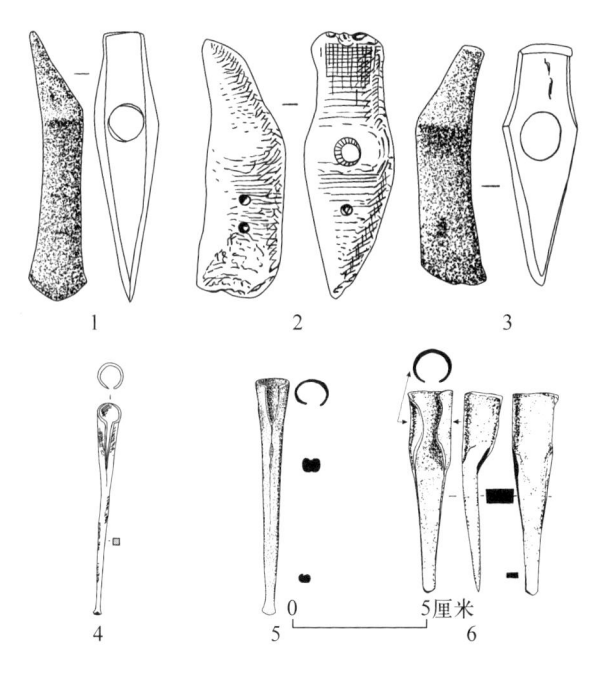

第四章　塞伊玛—图尔宾诺墓地年代、葬俗及随葬品分析　　183

图 4.9　透銎斧与锻造铜锛

1. 库库泰尼—西塔图伊亚（Cucuteni-Cetatuia）　2. 库索尼斯提—维切（Cuconestii-Vechi）
3. 贝雷佐夫斯卡亚（Berezovskaya GES）　4、5. 塔玛尔—乌特固Ⅶ 8/4（КМ Тамар-Уткуль Ⅶ 8/4）　6. КМ 穆斯塔Ⅴ（КМ Мустаево Ⅴ）

铜；一旦掌握该技术，铸造有銎类工具比锻造更容易且方便。相较之下，锻造铜器生产费力费时，且涉及退火及捶打过程。但是，铸造有銎类器物的难点之一，在于如何将型芯准确地定位于外范上，要解决这个难题，需要新的技术，例如使用金属垫片，这些垫片会被一起铸造到铜器之中；或是用蜡做成塞子使芯固定[1]。切尔内赫、克尔亚克娃、谢拉特在他们的研究中都提到这种两范合一芯铸造"銎"的技术，是世界冶金史上非常重要的发明[2]。库兹米娜将塞伊玛—图尔宾诺铜器群的特点归结为两点创新：锡青铜的使用和有銎器的

---

[1]　Childe. V. G. The Socketed Celt in Upper Eurasia. *Annual Report of the Institution of Archaeology of the University of London*, Vol. 10, 1954, pp. 11–25.

[2]　Chernykh. E. N. *Ancient metallurgy in the Eurasian steppes and China: problems of interactions, Metallurgy and Civilization*. London: Archetype Publications, 2009; Chernykh. E. H. *Ancient Metallurgy in the USSR*. Cambridge Universitiy Press, 1992. pp. 215–234; Koryakova. L. N., Epimakhov. A. V. *The Urals and Western Siberia in the Bronze and Iron Ages*. Cambridge University Press, 2007; Sherratt. A. L. *The Trans-Eurasian exchange: The prehistory of Chinese relations with the West, Contact and exchange in the ancient world*. Honolulu: University of Hawaii Press, 2006.

发明①。克洛科娃在研究峡坦亚湖-2 遗址出土的塞伊玛—图尔宾诺类型金属器时，提到了类似铜矛、空首斧之类有銎器铸造，是利用两块外范和一块泥质内芯组合铸造；在外范上通常会设置两个漏斗状小孔，一个用于浇注铜液，一个用于排气②。莫洛金则认为塞伊玛—图尔宾诺类型空首斧与铜矛的铸造采用了"贯穿式"的铸造方式，即浇口位于器物銎口部，排气孔则在空首斧刃部或铜矛尖部，铸造成型后还需进一步锻打加工③。

上述学者的研究，都或多或少提到塞伊玛—图尔宾诺时期欧亚草原青铜铸造技术取得了创造性的进步，尤其是型芯铸造技术的发明，使得竖銎器开始成为整个欧亚草原最为重要的器型之一。但是，以往学者对于塞伊玛—图尔宾诺竖銎器铸造技术的讨论，仅局限在猜想及假设中，并未真正揭示竖銎器铸造的关键——外范与内芯之间如何设置的问题。

本文将在整理欧亚草原出土竖銎器及石范、内芯的基础上，通过对铜矛、空首斧等竖銎器的分类与观察，出土石范及内芯结构的研究，讨论型芯铸造技术在欧亚草原的起源与传播，及其对中国青铜时代金属铸造技术的影响。

2. 型芯铸造技术研究

前文已反复提及，塞伊玛—图尔宾诺文化人群对于欧亚草原铜器铸造技术最大的贡献，就是发明了型芯铸造技术。自此，诸如铜矛、空首斧、有銎箭镞等竖銎器开始遍布欧亚草原。

通过对塞伊玛—图尔宾诺类型铜矛的细致观察，笔者发现铜矛銎部下方是否存在对穿的小孔，很可能与铜矛的铸造技术相关。因此，我们对 4 种类型铜矛銎部下方是否有对穿小孔统计如下（表 4.8）：

A 型铜矛，虽然銎部下方有对穿的小孔，但锻造铜矛不在此次讨论范围内。

B 型铜矛，罗斯托夫卡墓地、塞伊玛墓地、列什诺耶墓地出土的该型铜矛，銎部下方皆发现对穿的小孔；图尔宾诺墓地出土的该型铜矛銎部下方没有对穿的小孔。值得注意的是，图尔宾诺墓地中发现的 2 件铜矛銎部下方的小孔

---

① Kuzmina. E. E. Historical Perspectives on the Andronovo and Early Metal Use in Eastern Asia. *Metallurgy in the Ancient Eastern Eurasia from Ural to the Yellow River*. New York, 2004, pp. 37–84.

② Korochkova. O. N, Kuzminykh. S. V., Serikov. Yu. B, Stefanov. V. I. Metals from the ritual site of Shaitanskoye Ozero II (Sverdlovsk Oblast, Pussia). *Trabajos de Prehistoria*. № 67 (2), 2010, pp. 485–495.

③ Молодин. В. И., И. А. Дураков. Метод литья «на пролив» в сейминско-турбинской металлообрабатывающей традиции (по материалам кротовской культуры). *Уральский исторический вестник*, № 1 (62). 2019. C. 48–56.

第四章　塞伊玛—图尔宾诺墓地年代、葬俗及随葬品分析　　185

表 4.8　不同类型铜矛骹部穿孔情况与合金成分表[①]

| 铜矛类型 | 东区 ||  中区 || 西区 ||
|---|---|---|---|---|---|---|
| | 骹下方对穿小孔 | 合金成分 | 骹下方对穿小孔 | 合金成分 | 骹下方对穿小孔 | 合金成分 |
| A 型 | 有 | 砷铜 | —— | —— | 有 | 砷铜 |
| B 型 | 有 | 锡青铜 | —— | —— | 两种形制皆有 | 锡青铜 |
| C 型 | 有 | 锡青铜 | 两种形制皆有 | 两种合金成分皆有 | 无 | 砷铜 |
| D 型 | | | | | 无 | 锡青铜 |

都是锯出来的，而非铸造时形成[②]。

C 型铜矛（图 4.10），只有罗斯托夫卡墓地出土的 3 件铜矛和峡坦亚湖-2 遗址出土带有"加强筋"的铜矛骹部下方有对穿的小孔，且这 4 件铜矛皆为锡青铜制品。图尔宾诺墓地、塞伊玛墓地、乌斯季—维特鲁加墓地、列什诺耶墓地出土的该型铜矛，骹部下方皆没有对穿的小孔；此外，峡坦亚湖-2 遗址也发现 1 件没有对穿小孔的铜矛。没有对穿小孔的铜矛皆为砷铜制品。

D 型铜矛，骹部下方皆无对穿的小孔。卡兰特尔 XI 遗址、索普卡-2/4V 墓地出土的铜矛铸范使我们能够更加直接地对铜矛的铸造方式进行复原。卡兰特尔 XI 出土的石范铸造出来的铜矛，

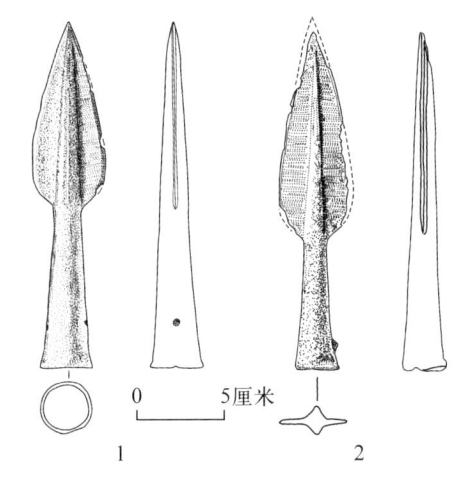

图 4.10　峡坦亚湖-2 遗址出土铜矛
1. 骹部下方带穿孔铜矛　2. 骹部下方不带穿孔铜矛

---

① Черных. Е. Н., С. В. Кузьминых. *Древняя металлургия Северной Евразии (сейминско-турбинский феномен)*. Москва: Наука. 1989.
② Черных. Е. Н., С. В. Кузьминых. *Древняя металлургия Северной Евразии (сейминско-турбинский феномен)*. Москва: Наука. 1989.

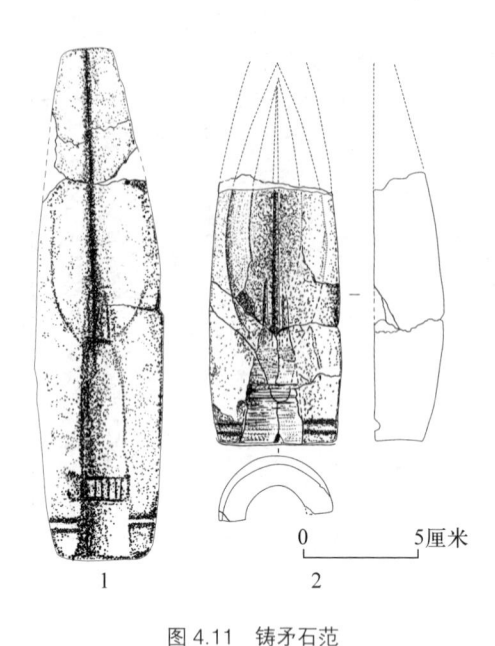

属于 B 型，即叉形铜矛，銎部饰有三道凸弦纹。该石范在銎部下方靠近底部发现两条对称的凹槽，凹槽直径大约为 0.5～0.7 厘米。无独有偶，索普卡-2/4V 墓地 427 号墓葬出土一件 B 型铜矛铸矛石范，该石范銎部下方靠近底部也有两条对称的凹槽，直径大约 0.5～0.6 厘米。这两件石范銎部下方靠近底部设置的凹槽，作用是定位型芯（图 4.11）。在铸造过程中，将带有泥芯撑的内芯卡在外范凹槽中，以此固定内芯，避免内芯在外范中位移[①]。利用这种型芯设置方法铸造出的铜矛，銎部截面较薄，厚度较均匀，但在銎部下方会产生因设置泥芯撑而形成的对穿小孔。关于小孔的作用，温成浩博士认为小孔可能只是铸造过程的副产品，并非有意为之[②]；但图尔宾诺墓地出土的 2 件铜矛銎部下方发现被锯出的小孔[③]，因此，对穿小孔很可能是有意为之，目的是将矛头更加牢固地固定在木杆上。

图 4.11　铸矛石范
1. 索普卡-2/4V 墓地出土铸矛石范　2. 卡拉特尔 XI 遗址出土铸矛石范

不论是第一种型芯设置方式，还是第二种型芯设置方式，都需要在型芯顶部设置两个豁口，一个用于浇铸铜液，一个用于排气。

此外，在塞伊玛—图尔宾诺类型铜矛中，还有一部分铜矛銎部没有对穿小孔，这类铜矛的铸造方法，笔者已在《中国境内塞伊玛—图尔宾诺式倒钩铜矛铸造技术初探》一文中详细论述[④]。具体的铸造方法是将一块上粗下细的内芯直接插入外范中，内芯的结构类似蘑菇。塞伊玛—图尔宾诺类型空首斧的铸造，

---

[①] 温成浩博士在其博士论文中也提到卡兰特尔 XI 遗址出土的铸范，同样认为凹槽的作用在于固定内芯。

[②] Wen Chenghao. *Bronze Age Economic and Social Practices in the Central Eurasian Borderlands of China (3000–1500 BC): An Archaeological Investigation.* University of California Los Angeles, 2018.

[③] Черных. Е. Н., С. В. Кузьминых. *Древняя металлургия Северной Евразии (сейминско-турбинский феномен).* Москва: Наука. 1989.

[④] 刘翔：《中国境内塞伊玛—图尔宾诺倒钩铜矛铸造技术初探》，《丝瓷之路（第 6 辑）》，北京：商务印书馆，2017 年，页 3～21。

第四章　塞伊玛—图尔宾诺墓地年代、葬俗及随葬品分析　　187

皆采用这种型芯设置方式。在萨穆西遗址中，出土了一批泥质内芯[①]，对于我们复原此类型芯铸造过程非常有启发（图4.12）。

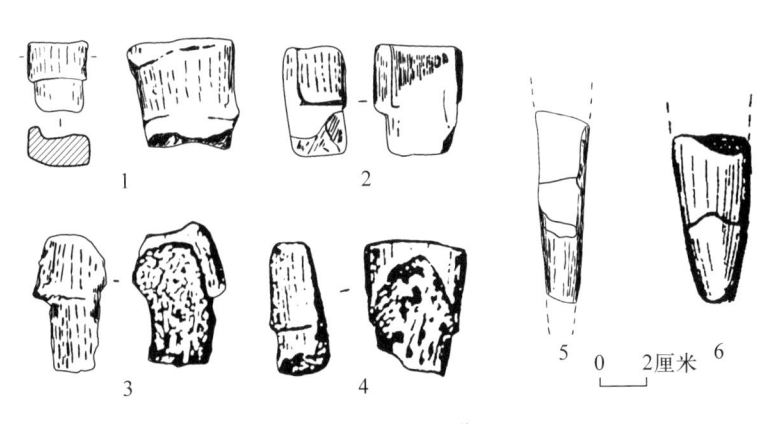

图4.12　出土型芯
1～6. 萨穆西Ⅳ遗址（Samus Ⅳ）出土型芯（改绘自 Матющенко В.И., 1973）

根据我们对铜矛与型芯设置方式的复原（图4.13），可知：

1. 乌拉尔山以东 B 型铜矛皆采用第一种型芯设置方式；乌拉尔山以西 B 型铜矛型芯设置则出现分化，列什诺耶墓地及塞伊玛墓地 B 型铜矛采用第一种

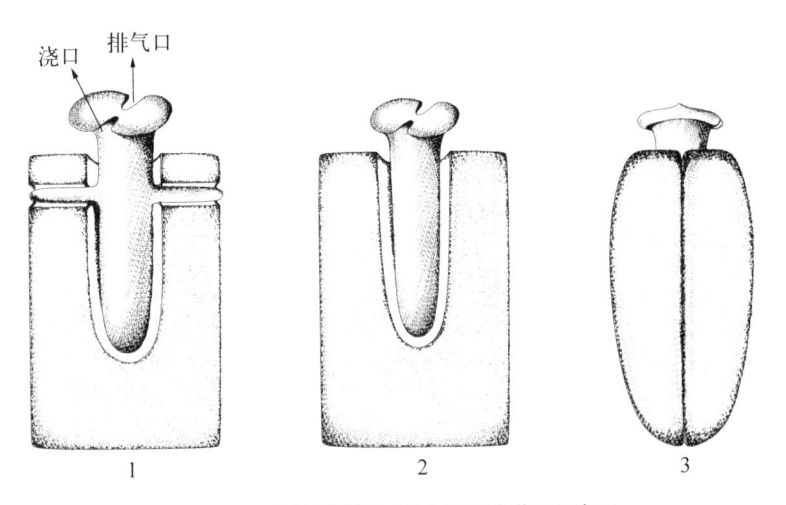

图4.13　型芯设置方式示意图与合范后示意图
1. 第一种型芯设置方式示意图　2. 第二种型芯设置方式示意图　3. 合范后示意图

---

① Матющенко. В. И. Древняя история населения лесного и лесостепного Приобья (неолит и бронзовый век). *Из истории Сибири*. Вып. 12. Томск: ТГУ. 1974.

型芯设置方式，图尔宾诺墓地 B 型铜矛则采用第二种型芯设置方式。所有的 B 型铜矛皆为锡青铜制品，与乌拉尔山东侧冶金系统关系更加密切，乌拉尔山西侧发现的 B 型铜矛制作技术很可能由乌拉尔山东侧传入。

2. 乌拉尔山以东 C 型铜矛皆采用第一种型芯设置方式，锡青铜制品；乌拉尔山以西 C 型铜矛皆采用第二种型芯设置方式，砷铜制品。

3. 峡坦亚湖-2 遗址比较特殊，该遗址出土的铜矛全部为 C 型铜矛，且利用两种型芯设置方式铸造的铜矛都有发现。采用第一种型芯设置方式铸造的铜矛为锡青铜制品，采用第二种型芯设置方式铸造的铜矛为砷铜制品。

4. D 型铜矛采用第二种型芯设置方式，砷铜制品。

综上所述，乌拉尔山以东地区出土的塞伊玛—图尔宾诺铜矛皆采用第一种型芯设置方式，乌拉尔山及其以西地区出土铜矛两种型芯设置方式都有。型芯设置方式的选择与合金成分密切相关，采用第一种型芯设置方式的铜矛，皆为锡青铜制品；采用第二种型芯设置方式的铜矛，皆为砷铜制品（表 4.9）。

表 4.9　不同类型铜矛型芯设置方式与合金成分分析表

| 铜矛类型 | 东　区 | 中　区 | 西　区 |
| --- | --- | --- | --- |
| A 型 | — | — | — |
| B 型 | ★ | — | ★ ☆ |
| C 型 | ★ | △★ | △ |
| D 型 | — | — | △ |

★采用第一种型芯设置方式 + 锡青铜制品　▲采用第一种型芯设置方式 + 砷铜制品
☆采用第二种型芯设置方式 + 锡青铜制品　△采用第二种型芯设置方式 + 砷铜制品

根据前文研究可知，乌拉尔山以东塞伊玛—图尔宾诺遗存年代早于乌拉尔山以西塞伊玛—图尔宾诺遗存，且额尔齐斯河中游地区是塞伊玛—图尔宾诺遗存的起源地[①]。罗斯托夫卡墓地与索普卡-2 墓地作为塞伊玛—图尔宾诺早期遗存的代表性遗址，这两处墓地出土的铜矛皆采用第一种铸造方式，但是伴出的空首斧却无一例外地采用第二种铸造方式。因此，在塞伊玛—图尔宾诺早期遗

---

[①] Черных. Е. Н., С. В. Кузьминых. *Древняя металлургия Северной Евразии (сейминско-турбинский феномен)*. Москва: Наука. 1989.

存中，两种型芯设置方式便都已存在，只不过在铸造不同器型时，会选择不同的型芯设置方式。塞伊玛—图尔宾诺晚期遗存集中在乌拉尔山以西，核心区域在奥卡河至卡马河流域。这个阶段，虽然利用两种型芯设置方式铸造的铜矛皆有发现，但型芯设置方式的选择与铜矛类型及合金成分密切相关，且利用第二种型芯设置方式铸造的铜矛占比较大。这种现象出现的原因，可能与乌拉尔山东西两侧不同的冶金加工传统相关，即乌拉尔山东侧因采用阿尔泰山铜矿，故以生产锡青铜制品为主，而乌拉尔山及其以西地区采用乌拉尔山铜矿，故以生产砷铜制品为主[1]。

此外，还有一个特殊的现象，即乌拉尔山以东出土的 C 型铜矛采用第一种型芯设置方式，而乌拉尔山以西出土的 C 型铜矛采用第二种型芯设置方式。可见 C 型铜矛在从东向西传播的过程中，型芯设置方式发生了彻底改变。

其中，型芯设置方式发生转变的关键性遗址就是峡坦亚湖-2 遗址，该遗址既出土利用第一种型芯设置方式铸造的铜矛，同时也出土利用第二种型芯设置方式铸造的铜矛。

峡坦亚湖-2 遗址位于俄罗斯斯维尔德洛夫斯克省基洛夫格勒，乌拉尔山森林地带峡坦亚湖沿岸地带[2]。1996 年，赛里科夫（J. B. Serikov）对该地进行调查，调查一直持续到 1999 年。之后，乌拉尔联邦大学克洛科娃与斯捷法诺夫开始主持峡坦亚湖-2 遗址项目，该项目一直持续到 2016 年。该遗址被认为是塞伊玛—图尔宾诺人群重要的祭祀和冶金场所，出土了 160 余件铜制品——大多是工具和兵器：8 件完整的空首斧、2 件空首斧残片、19 件刀和匕首、5 件铜锛、3 件战斧、1 件铜矛、2 件镂空的器柄、1 件锻造的凿等。

克洛科娃在其文章中提到，峡坦亚湖-2 遗址既发现塞伊玛—图尔宾诺类型铜器，又发现萨穆西—基日罗沃类型铜器[3]，这表明塞伊玛—图尔宾诺人群开

---

[1] Черных. Е. Н., С. В. Кузьминых. *Древняя металлургия Северной Евразии (сейминско-турбинский феномен)*. Москва: Наука. 1989.

[2] Serikov. Y. B., O. N. Korochkova, S. V. Kuzminykh, and V. I. Stefanov. Shaitanskoye Ozero II: New Aspects of the Uralian Bronze Age. *Archaeology, Ethnology & Anthropology of Eurasia*, 37 (2), 2009, pp. 67–68; Сериков. Ю. Б. *Скальные культовые памятники Шайтанского озера. Проблемы археологии: Урал и Западная Сибирь (к 70-летию Т.М. Потемкиной)*. Курган: Изд-во Курган. гос. ун-та. 2007. С. 42–49.

[3] 萨穆西—基日罗沃类型铜器：1954 年发现及发掘的萨穆西Ⅳ居址，其中出土了大量在形态上与塞伊玛—图尔宾诺铜器非常相似的铸范及铜器，切尔内赫等学者将这批铸范及铜器划分为萨穆西—基日罗沃类型。萨穆西—基日罗沃类型铜器年代与塞伊玛—图尔宾诺遗存晚期相当，大约为公元前 18～前 16 世纪，分布范围在西西伯利亚。

始接受萨穆西—基日罗沃冶金传统[①]。青铜时代晚期，冶铸业在乌拉尔山、西西伯利亚的北部森林—草原地带和针叶林地带崛起，塞伊玛—图尔宾诺冶金传统在此过程中发挥了关键作用。同时，最新的考古发现表明，中乌拉尔地区和西西伯利亚的考古学文化，影响了萨穆西—基日罗沃金属制造传统的形成[②]。

## 五、塞伊玛—图尔宾诺带柄铜刀再讨论

带柄铜刀是塞伊玛—图尔宾诺遗存最具代表性的器物之一，每一件带柄铜刀的造型都非常独特，其独特性体现在刀柄的造型上。切尔内赫甚至提到，塞伊玛—图尔宾诺带柄铜刀的手柄是青铜时代艺术创造力的模板。

按照带柄铜刀的不同形制，笔者将这批铜刀划分为两型，A 型铜刀，刀柄末端饰动物或人的形象；B 型铜刀，刀柄末端无装饰或带环首。

A 型（图 4.14），刀柄末端饰有动物或人的形象。塞伊玛墓地出土 1 件，刀身较厚重，刀柄装饰网格状镂孔，刀柄末端装饰两匹马的形象，刀身宽度大于刀柄。切尔内赫提到，这些马的雕塑可能是后来加铸于刀柄之上的[③]。图尔宾诺 II 墓地出土 1 件，该铜刀刀背加厚，刃部较薄，截面呈一侧加厚的三角形，转角处之上，柄部两侧保留铸造时留下的铸缝，刀身宽度大于刀柄。柄部饰有十道凸弦纹，凸弦纹上方有三个三角形镂孔。手柄末端装饰三只公羊的形象。罗斯托夫卡墓地出土 1 件，刀背加厚，刃部较薄，截面呈一侧加厚的三角形，刀身宽度大于刀柄；柄部上方饰多道凸弦纹，柄部下方两侧加厚，截面呈"工"字形；柄部末端有人牵马的雕塑，雕塑可能是加铸到铜刀上的。叶鲁尼诺 I 墓地出土 1 件，刀柄长方形，刀身宽度大于刀柄，刀柄两侧较厚，截面呈"工"字形；刀背加厚，刃部较薄，截面呈一侧加厚的三角形，刀身宽度大于刀柄；刀柄一面装饰菱形纹和三角纹，类似塞伊玛—图尔宾诺空首斧上的装饰纹样，另一面为正方形装饰，两个正方形之间装饰"十"字纹。该类铜刀皆为

---

[①] Korochkova. O. N, S. V. Kuzminykh., Y. B. Serikov., V. I. Stefanov. Metals from the ritual site of Shaitanskoye Ozero II (Sverdlovsk Oblast, Pussia). *Trabajos de Prehistoria*. № 67 (2), 2010, pp. 485–495.

[②] Корочкова. О. Н., И. А. Спиридонов. Степные знаки в металлическом собрании святилища Шайтанское озеро II. Бейсенов А. З., Ломан В. Г. (отв. ред.) *Археологическое наследие Центрального Казахстана: изучение и сохранение*. Том 2. Алматы. 2017. С. 182–185.

[③] Черных. Е. Н., С. В. Кузьминых. *Древняя металлургия Северной Евразии (сейминско-турбинский феномен)*. Москва: Наука. 1989.

锡青铜制品，合范铸造，刀背加厚处可以看到铸缝。

　　B 型（图 4.15），皆为锡青铜制品，单刃，弧背，合范铸造。罗斯托夫卡墓地出土 2 件铜刀、1 件铸范。2 件铜刀总体形制相似，刀柄两侧加厚，截面

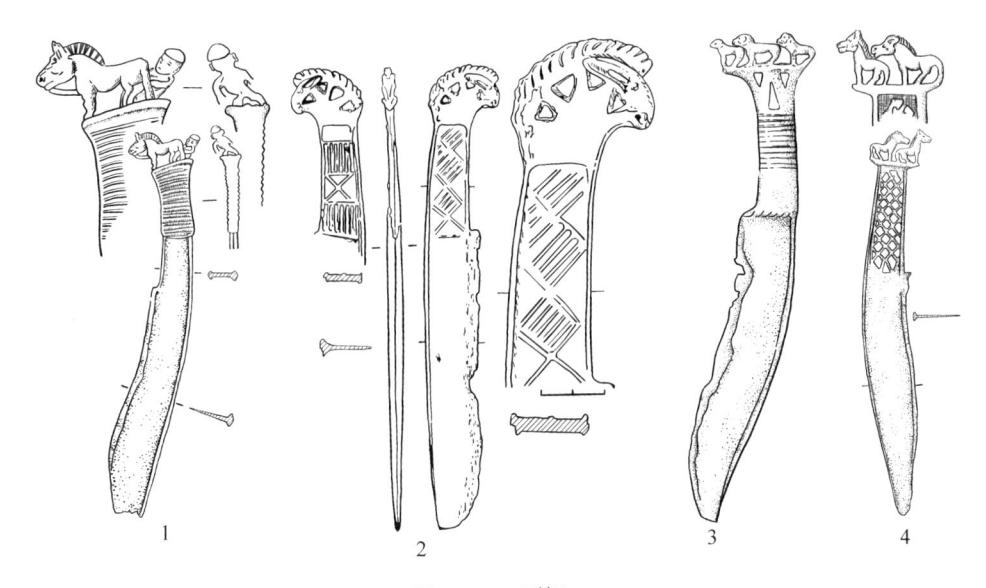

图 4.14　A 型铜刀

1. 罗斯托夫卡墓地　2. 叶鲁尼诺 I 墓地　3. 图尔宾诺墓地　4. 塞伊玛墓地

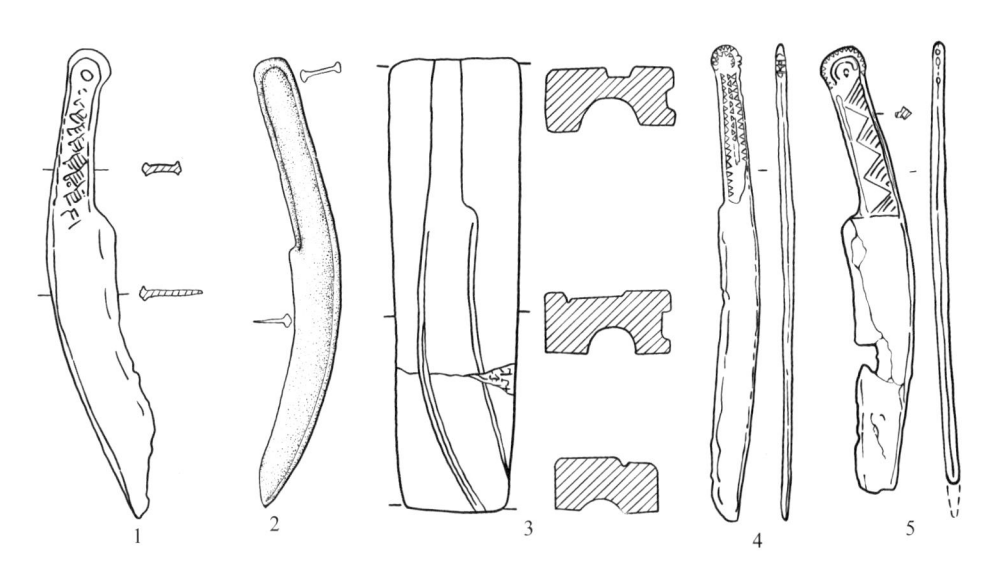

图 4.15　B 型铜刀

1～3. 罗斯托夫卡墓地出土铜刀和石范　4、5. 齐甘科沃—索普卡墓地出土铜刀

呈"工"字形，刀背加厚，刃部较薄，截面呈一侧加厚的三角形，刀身宽度大于刀柄。但是其中一件铜刀刀柄上有三角形和菱形纹装饰，与塞伊玛—图尔宾诺空首斧上的装饰相似；刀柄末端有环首。齐甘科沃—索普卡墓地出土2件铜刀，刀柄两侧加厚，截面呈"工"字形，刀背加厚，刃部较薄，截面呈一侧加厚的三角形，刀身宽度大于刀柄；刀柄有三角形纹装饰，刀柄末端有环首，环首上有很多凹槽，凹槽之间彼此平行，这种铸造方式亦见于罗斯托夫卡墓地出土的塞伊玛—图尔宾诺铜矛和空首斧系环上，是塞伊玛—图尔宾诺东区特有的铸造特征。

塞伊玛—图尔宾诺东区遗址共发现7件铜刀，占总数的77.7%，塞伊玛—图尔宾诺西区遗址共发现2件铜刀，占总数的22.3%。西区仅有的2件单刃铜刀皆为A型，且都是锡青铜制品，铜刀铸造工艺和形制与罗斯托夫卡墓地出土铜刀非常相似。由于罗斯托夫卡墓地不仅出土3件铜刀，还出土1件单刃铜刀石范，再加上之前对塞伊玛—图尔宾诺遗址年代的研究，可以推测，塞伊玛墓地与图尔宾诺墓地出土的单刃铜刀可能来自塞伊玛—图尔宾诺东区。

### 六、塞伊玛—图尔宾诺铜剑再研究

根据铜剑形制不同，塞伊玛—图尔宾诺遗存中发现的铜剑大致可分为三型（图4.16）：

A型：剑柄略长，呈梯形，利用简单线条或镂空装饰。剑柄长度略短于剑身，约占铜剑长度1/2，柄刃相接处收窄，向下开始变宽，整体略呈上窄下宽的亚腰形，刃部中央有一条贯穿的中脊。该类铜剑在塞伊玛墓地、列什诺耶墓地、伊尔比茨科耶、伊谢季Ⅰ遗址、峡坦亚湖-2遗址、佩索奇诺耶皆有发现，集中于乌拉尔山以西，即塞伊玛—图尔宾诺遗存西区。

B型：剑柄较短，呈梯形或矩形，或镂孔，或装饰三角纹，部分柄首装饰动物形象，剑柄与剑身之间装饰多条平行线纹饰。剑身远长于剑柄，剑柄长度仅占铜剑总长约1/3，剑身与剑柄连接处同宽，向下开始收窄，整体略呈柳叶形。该类铜剑在塞伊玛墓地、彼尔姆、加利奇宝藏中有发现，集中分布于乌拉尔山以西，即塞伊玛—图尔宾诺遗存西区。

C型：柄部略呈长方形或亚腰形，剑柄截面分为两种，一种呈"工"字形，一种呈椭圆形；剑身呈柳叶形，有明显的纵向中脊。该类型铜剑集中出现在乌

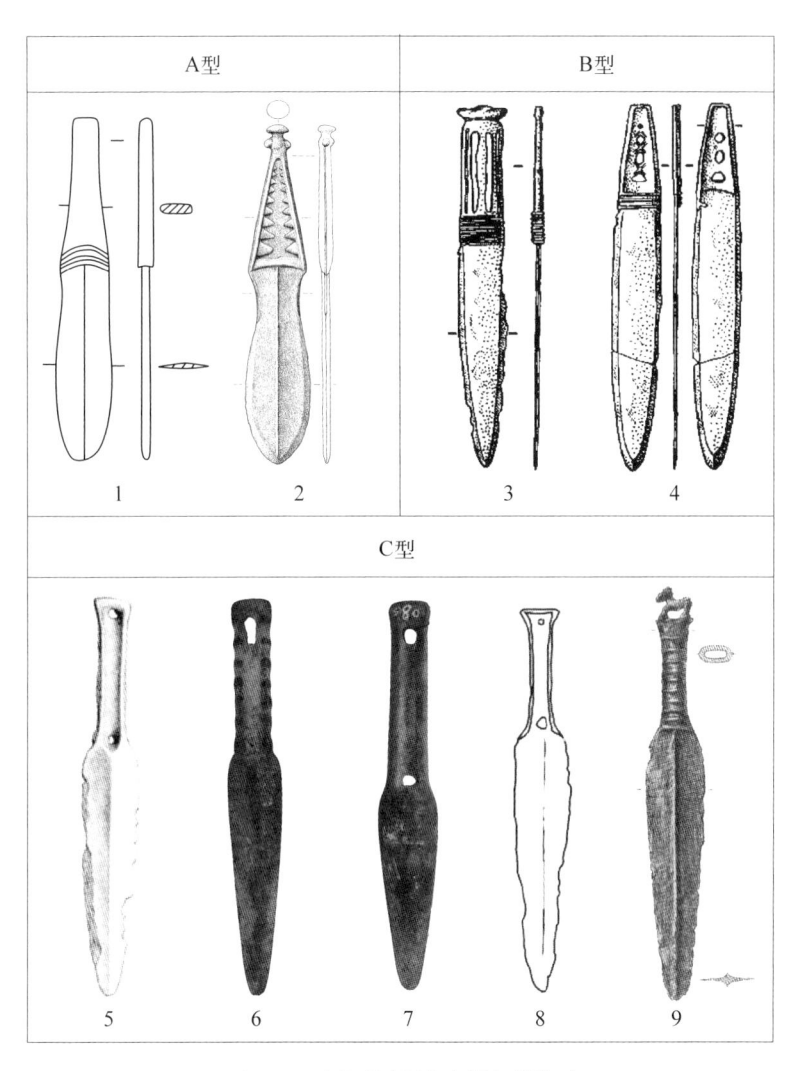

第四章　塞伊玛—图尔宾诺墓地年代、葬俗及随葬品分析　　193

图 4.16　塞伊玛—图尔宾诺铜剑类型
1. 列什诺耶　2. 峡坦亚湖-2　3、4. 塞伊玛　5. 索普卡-2/4M420　6、7. 天水博物馆
8. 伊犁那孜托别　9. 卡拉科尔

拉尔山以东的阿尔泰山地和额尔齐斯河中游，即塞伊玛—图尔宾诺遗存东区。

塞伊玛—图尔宾诺文化东区主要采用锡青铜和锡砷青铜，西区则相对较多地使用砷青铜和砷锑青铜，呈现出非常明显的地域差异[1]。无独有偶，铜剑的类

---

[1] Черных. Е. Н., С. В. Кузьминых. *Древняя металлургия Северной Евразии (сейминско-турбинский феномен)*. Москва: Наука. 1989.

型差异在地域分布上也存在规律性特征，A 型与 B 型铜剑多分布于乌拉尔山以西地区，C 型铜剑则仅分布于乌拉尔山以东地区。A 型铜剑与 B 型铜剑的铸造与峡坦亚湖-2 遗址密切相关，故峡坦亚湖-2 遗址很可能就是塞伊玛—图尔宾诺西区遗存的铸造工厂。而 C 型铜剑的铸造则更可能是在额尔齐斯河中游地区完成的，当然其与峡坦亚湖-2 遗址也有一定联系。

峡坦亚湖-2 遗址位于俄罗斯斯维尔德洛夫斯克省基洛夫格勒，乌拉尔中部低山带和东部山麓交界处的针叶林分布区，1996 年，赛里科夫（J. B. Serikov）开始对该地进行调查。2004 年，赛里科夫开始对峡坦亚湖-2 遗址进行发掘，2008 年起，乌拉尔联邦大学克洛科娃与斯捷法诺夫开始负责峡坦亚湖-2 遗址项目，该项目一直持续到 2016 年，总发掘面积约 1 149 平方米[1]。发掘出土了石器、陶片和铜器等，大多为工具和兵器，以及一些炼渣和碎片。这些遗物成对或成堆出现，有的侧放，有的倾斜一定角度，有的竖直放置，原本它们应埋藏在灰坑中（图 4.17）[2]。该遗址并非居址，更可能是一处祭祀和冶金场所，年代约为公元前 2000～前 1650 年[3]。

峡坦亚湖-2 遗址共出土 160 余件铜制品，包括 8 件完整的空首斧、2 件残损的空首斧、19 件铜刀和短剑、5 件铜锛、3 件战斧、2 件铜矛、2 件镂空的器柄，以及刀、斧、矛的残片。

俄罗斯科学院考古研究所科技考古实验室对峡坦亚湖-2 地点出土的 88 件铜器标本进行了金属成分分析[4]。

这批铜器样品中，大部分器物（68 件，占样品总数 77%）为铜锡合金，锡含量从 0.8%～1.0% 到 10% 不等；不过，大多数合金器物的锡含量为 3%～8%。大约有一半铜器标本（30 件）检测出其他元素，其中含锌的 21 件，含铅的 4 件，含砷的 1 件。在一些铜器标本中，锑元素与上述几种元素被同时测出，不同器物间各元素比例亦有区别。此外，峡坦亚湖-2 地点还出土了

---

[1] Корочкова. О. Н., В. И. Стефанов, И. А. Спиридонов. *Святилище первых металлургов Среднего Урала*. Екатеринбург: Издательство Уральского университета. 2020.

[2] Сериков. Ю. Б. *Шайтанское озеро - священное озеро древности*. Ниж. Тагил: НТГСПА. 2013.

[3] Черных. Е. Н., О. Н. Корочкова, Л. Б. Орловская. Проблемы календарной хронологии сейминско-турбинского транскультурного феномена. *Археология, этнография и антропология Евразии*, Том 45, № 2. 2017. С. 45–55.

[4] Korochkova. O. N., S. V. Kuzminykh., Yu. B. Serikov., V. I. Stefanov. Metals from the ritual site of Shaitanskoye Ozero II (Sverdlovsk Oblast, Pussia). *Trabajos de Prehistoria*. № 67 (2), 2010, pp. 485–495.

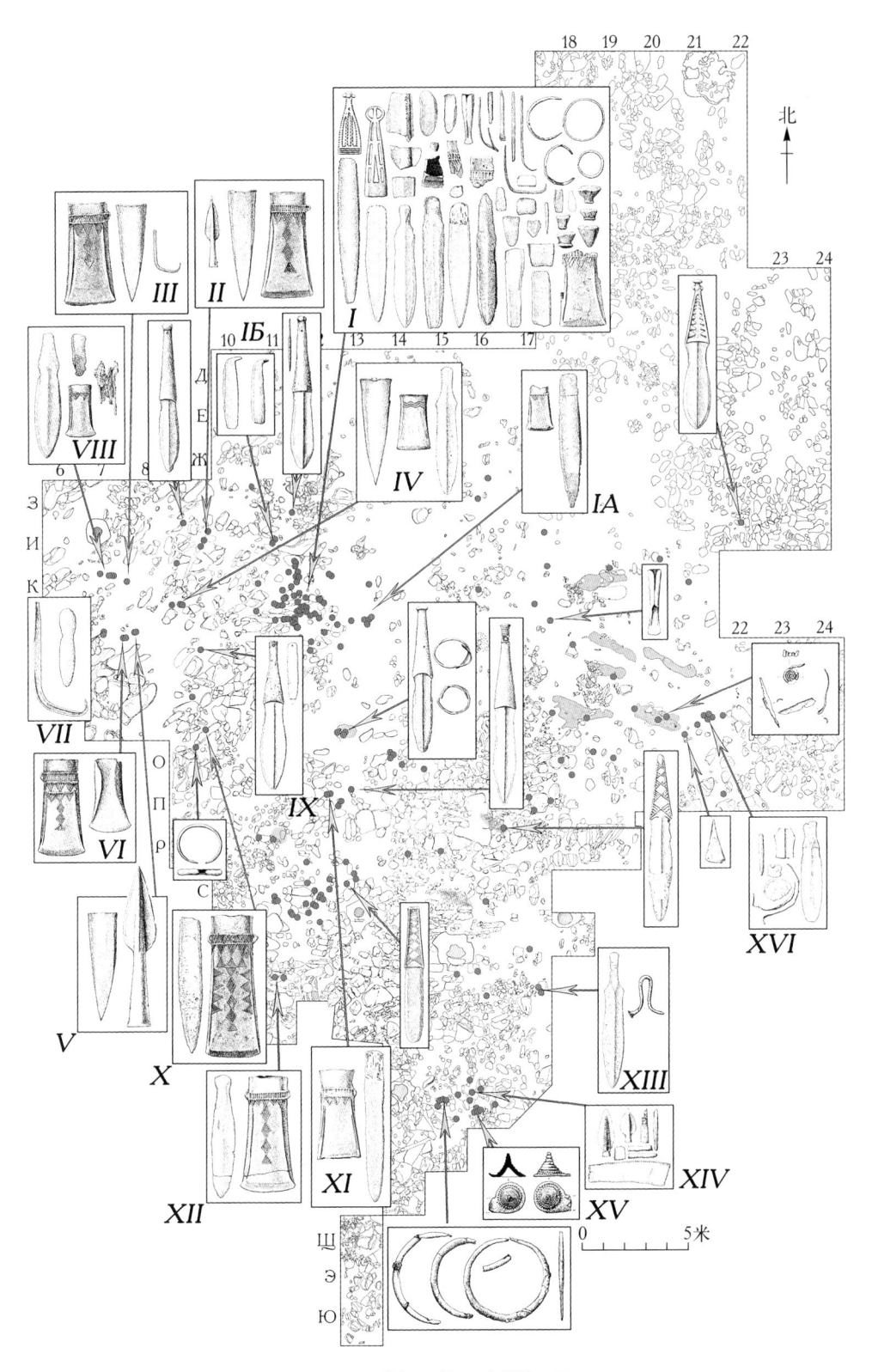

图 4.17 峡坦亚湖-2 遗址平面图

部分纯铜制造的器物，共 17 件，占样品总数的 19%。总之，在峡坦亚湖-2 地点，铜器与铜锭都以铜锡合金为主体。

峡坦亚湖-2 遗址出土的铜器，不论从风格形制来讲，还是从金属成分含量来看，与塞伊玛—图尔宾诺人群密切相关。此外，峡坦亚湖-2 遗址还发现了与塞伊玛—图尔宾诺人群类似的埋藏现象——铜器尖部或刃部朝下直插入土中。例如在堆积的西北部，有一组由 1 件空首斧和 1 件铜矛组成的器物群，空首斧与铜矛皆直插入土中；在器物群附近还发现 1 件尖部朝下，插入土中的短剑。①

峡坦亚湖-2 遗址出土了 A 型带柄短剑共计 7 件（图 4.18，1～7），A 型剑身 8 件，A 型短剑占总数 71%；B 型带柄短剑 1 件（图 4.18，8），B 型剑身 5 件，占总数 29%。此外，该遗址还出土 2 件带有装饰的镂空剑柄（图 4.19）。

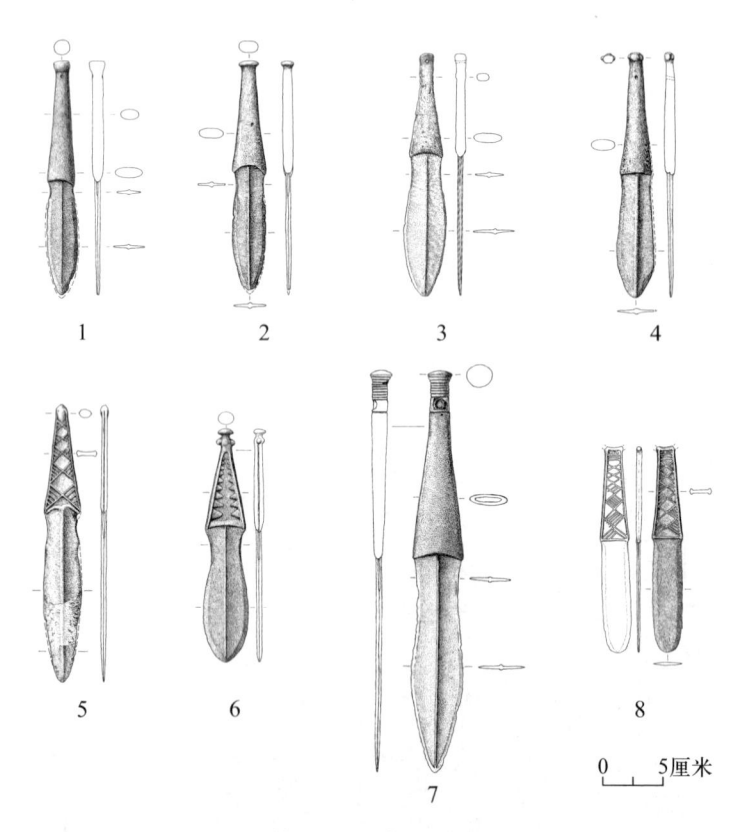

图 4.18　峡坦亚湖-2 遗址出土的带柄铜剑

---

① Сериков. Ю. Б. Древние святилища Тагильского края. *Нижний Тагил* (2017). С. 464.

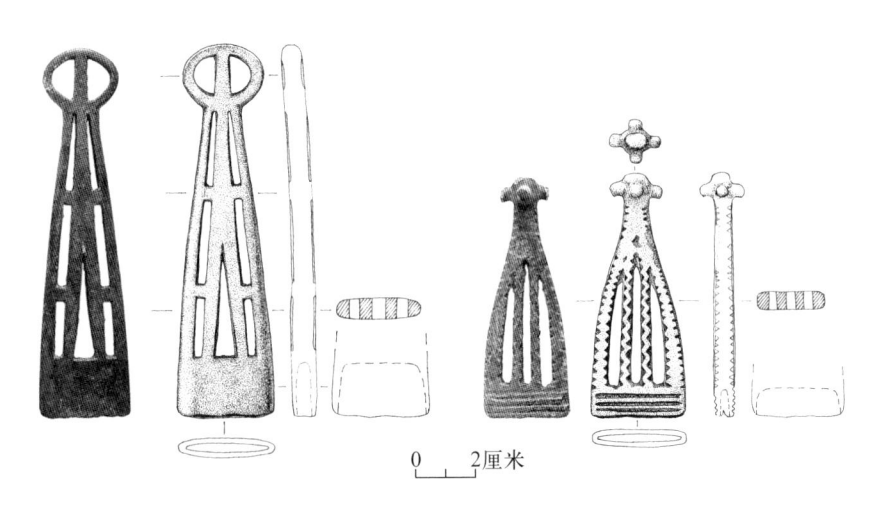

图 4.19　峡坦亚湖-2 遗址出土的铜剑柄

正如前文所述，峡坦亚湖-2 遗址出土短剑根据剑柄与剑身的连接方式不同可分为两类，一类是在铸造过程中一体成型铸成；另一类则是剑柄与剑身分开铸造，剑柄上会设置一个凹槽，以便剑身插入到剑柄中。前一类剑柄与剑身金属成分一致，而后一类剑柄与剑身的金属成分则有较大区别。例如峡坦亚湖-2 遗址 49680-681、49678-679、50154-155 这 3 件短剑，剑柄金属成分为纯铜，而剑身的金属成分为铜锡合金。另外，峡坦亚湖-2 遗址出土的 2 件剑柄，虽也是铜锡合金，但锡含量非常低，例如 49230 号剑柄锡含量为 1.21%、49231 号剑柄锡含量为 0.65%。这表明塞伊玛—图尔宾诺人群在铸造剑柄与剑身时，会有意选择不同的合金成分，以达到增加剑身硬度的目的。

塞伊玛—图尔宾诺西区遗址中出土的铜器，在峡坦亚湖-2 遗址皆可找到原型。例如塞伊玛墓地、列什诺耶墓地出土的 A 型铜剑与峡坦亚湖-2 遗址出土的铜剑形制基本一致；塞伊玛墓地、列什诺耶墓地、图尔宾诺墓地出土的空首斧也与峡坦亚湖-2 遗址的形制相似；乌斯季—维特鲁加墓地出土的铜矛与峡坦亚湖-2 遗址出土铜矛如出一辙（图 4.20）。此外，发掘者克洛科娃在其研究中提到峡坦亚湖-2 遗址还发现铜锭及铸铜废料[①]，这表明峡坦亚湖-2 遗址很可能是塞伊玛—图尔宾诺人群的一处铸铜"工厂"，该人群通过贸易得到铜锭等铸铜原料，

---

① Черных. Е. Н., О. Н. Корочкова, Л. Б. Орловская. Проблемы календарной хронологии сейминско-турбинского транскультурного феномена. *Археология, этнография и антропология Евразии*, Том 45, № 2. 2017. С. 45–55.

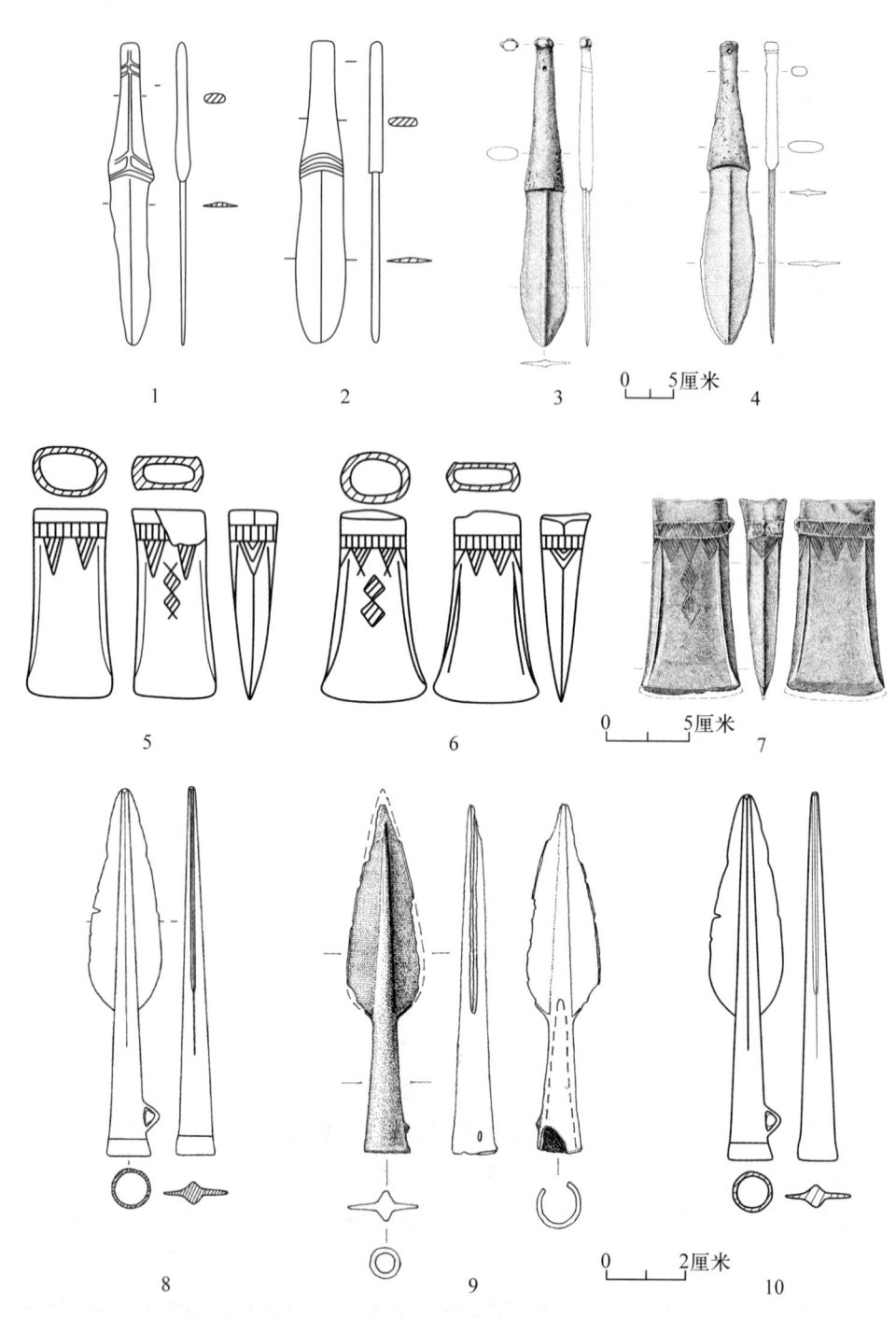

图 4.20 塞伊玛—图尔宾诺西区与峡坦亚湖-2 遗址出土铜器

1、5.列什诺耶墓地　2、6.塞伊玛墓地　3、4、7、8、9.峡坦亚湖-2 遗址　10.乌斯季—维特鲁加墓地

利用其独家掌握的冶铸技术及合金配比知识，铸造出铜矛、空首斧、铜刀、铜剑等器物，再通过贸易或其他方式将这些器物散播到欧亚草原各处。

相较而言，目前发现的 C 型铜剑还比较少，考古背景信息完整的只有索普卡-2/4B 墓地出土的 3 件。但根据目前发现的资料来看，C 型短剑集中分布于两个区域，其一在额尔齐斯河中游至阿尔泰地区，其二在伊塞克湖及其以北地区。额尔齐斯河中游地区至阿尔泰地区发现的 C 型铜剑形制相对一致，剑柄截面呈"工"字形，剑柄顶端无立体动物装饰；伊塞克湖及其以北地区发现的 C 型铜剑剑柄截面有的呈"工"字形，有的呈椭圆形，且多数铜剑剑柄顶端装饰立体动物形象。再结合塞伊玛—图尔宾诺遗存的最新研究成果，可以认为塞伊玛—图尔宾诺人群早期活动中心就在额尔齐斯河中游，所以，C 型铜剑更可能在额尔齐斯河中游地区铸造，而后向南传播到阿尔泰山西南缘，再进一步向南到达伊塞克湖地区。

1. 铜剑金属成分研究

通过对三类铜剑金属成分数据汇总分析（表 4.10），可以得出：A 型铜剑以锡青铜为主，少量为红铜制品；B 型铜剑成分检测同样以锡青铜为主，基本不见其他类型合金。但值得注意的是，不论是 A 型铜剑还是 B 型铜剑，剑柄与剑身之间的连接方式分为两类，一类是在铸造过程中一体成型铸成，这类短剑柄与剑身金属成分往往是一致的。另一类则是剑柄与剑身分开铸造，剑柄上会设置一个凹槽，以便剑身插入到剑柄中，这类铜剑剑柄与剑身的金属成分往往不同，例如峡坦亚湖-2 遗址出土的 49680-681、49678-679、50154-155 三把铜剑，剑柄金属成分为纯铜，而剑身则是锡青铜。当然，这样做的目的也很容易理解，即剑身作为铜剑日常使用更多的部分，利用铜锡合金铸造会增加其硬度，相反剑柄对硬度的要求没有那么高。

此外，A 型铜剑与分布于伏尔加河中游—乌拉尔山南端的阿巴舍沃文化铜剑十分相似，故该类铜剑很可能与阿巴舍沃文化联系密切。但值得注意的是，阿巴舍沃文化发现铜器多为砷铜合金，而塞伊玛—图尔宾诺遗存发现的 A 型铜剑则多为铜锡合金，这很可能是塞伊玛—图尔宾诺铜锡合金技术与阿巴舍沃铜剑铸造技术相结合的产物。

综上所述，塞伊玛—图尔宾诺类型带柄铜剑可以划分为三型：A、B 型铜剑主要分布于乌拉尔山以西，铸造中心很可能与峡坦亚湖-2 遗址相关；C 型铜剑分布于乌拉尔山以东，铸造中心可能在额尔齐斯河中游地区。

表 4.10　塞伊玛—图尔宾诺文化铜器合金成分统计表

| 铜　　剑 | 器物/类型 | Cu | Sn | As | Pb | 来源 |
|---|---|---|---|---|---|---|
| 天水铜剑 1 | C 型 | 85.87 | 12.712 | 0.147 | 0.098 | |
| 天水铜剑 2 | | 75.553 | 21.369 | 0.033 | 0.28 | |
| 巴甫洛达尔 | | 主要 | 7.4 | — | 0.003 | ① |
| 巴甫洛达尔 | | 主要 | 1 | — | 0.026 | |
| 峡坦亚湖-2 49233-234 | A 型 | 主要 | 9.84 | 0.02 | 0.39 | ② |
| | | 主要 | 9.42 | 0.04 | 0.3 | |
| 峡坦亚湖-2 49680-681 | | 主要 | 0.32 | 0.01 | 0.06 | ③ |
| | | 主要 | 12.18 | 0.01 | 0.5 | |
| 峡坦亚湖-2 49226-227 | A 型 | 主要 | 8.2 | 0.07 | 0.08 | |
| | | 主要 | 8.68 | 0.07 | 0.08 | |
| 峡坦亚湖-2 49250 | | 主要 | 8.54 | 0.02 | 0.57 | |
| 峡坦亚湖-2 49678-679 | | 主要 | 0.13 | 0.02 | 0.04 | |
| | | 主要 | 8.19 | 0.07 | 0.07 | |
| 峡坦亚湖-2 49793 | | 主要 | 10.85 | 0.02 | 0.26 | |
| 峡坦亚湖-2 50154-155 | | 主要 | — | 0.02 | 0.06 | |
| | | 主要 | 11.3 | 0.08 | 0.23 | |

---

① Грушин. С. П., Мерц. В. К., Папин. Д. В., Пересветов. Г. Ю. Материалы эпохи бронзы из Павлодарского Прииртышья. *Алтай в системе металлургических провинций бронзового века.* Барнаул. 2006. С. 4–17.

② Луньков. В. Ю., et al. Рентгено-флуоресцентный анализ: начало исследований химического состава древнего металла. *Аналитические исследования лаборатории естественнонаучных методов.* 2009. С. 84–110.

③ Луньков. В. Ю., et al. Рентгено-флуоресцентный анализ меди и бронз: серия 2009–2010 гг. *Аналитические исследования лаборатории естественнонаучных методов 2.* 2011. С. 116–137.

续　表

| 铜　　剑 | 器物/类型 | Cu | Sn | As | Pb | 来源 |
|---|---|---|---|---|---|---|
| 佩索奇诺耶 28139 | A 型 | 主要 | 0.04 | 0.4 | 0.02 | ① |
| 新帕甫洛夫卡 21260 | A 型 | 主要 | 0.02 | 0.03 | 0.001 | ① |
| 伊谢季 25551 | A 型 | 主要 | 1.8 | 0.015 | 0.2 | ① |
| 彼尔姆 35089-90 |  | 主要 | 5.0 | 0.2 | 0.01 | ① |
|  |  | 主要 | 0.8 | 0.02 | 0.004 | ① |
| 塞伊玛墓地 310 | B 型 | Cu+Sn ||||  |
| 塞伊玛墓地 309 | B 型 | Cu+As ||||  |
| 峡坦亚湖-2 49232 | B 型 | 主要 | 7.4 | — | 2.56 | ② |
| 峡坦亚湖-2 49238 | B 型 | 主要 | 3.69 | 0.1 | 0.33 | ② |
| 峡坦亚湖-2 49239 | B 型 | 主要 | 6.95 | 0.08 | 0.09 | ② |
| 峡坦亚湖-2 49231 | B 型 | 主要 | 1.06 | 0.07 | 0.13 | ② |
| 峡坦亚湖-2 49242 | B 型 | 主要 | 5.47 | 0.17 | 0.14 | ② |

## 七、塞伊玛—图尔宾诺遗址陶器

上文在讨论塞伊玛—图尔宾诺葬俗时就提到，塞伊玛—图尔宾诺类型墓葬很重要的一个葬俗特征就是墓葬中不随葬陶器，陶器（碎片）往往发现于墓葬之上的原始地面上，或地面上挖的小坑中。

根据马丘申科的研究，罗斯托夫卡墓地出土陶器可以分为五组。第一组陶器目前不知道是否出现纹样复古特征；第二组陶器并没有出现戳印梳齿纹，但有波浪纹；第三组、第四组陶器也是如此；戳印梳齿纹出现在第五组的一些陶器上。马丘申科认为，罗斯托夫卡出土的陶器，与额尔齐斯河西岸鄂木斯克居址、鄂毕河上游普列奥布拉任卡-3 遗址、额尔齐斯河流域罗季诺沃和克罗托

---

① 切尔内赫、库兹明内赫著，王博、李明华译《欧亚大陆北部的古代冶金：塞伊玛—图尔宾诺现象》，第 216~232 页，北京：中华书局，2010 年。
② Луньков. В. Ю., et al. Рентгено-флуоресцентный анализ меди и бронз: серия 2009–2010 гг. *Аналитические исследования лаборатории естественнонаучных методов 2*. 2011. C. 116–137.

沃文化遗址出土陶器非常相似，并指出罗斯托夫卡墓地陶器与萨穆西文化陶器具有很多共同特征[1]。莫洛金也认为，罗斯托夫卡墓地发现的陶片可以划归到罗季诺沃类型、萨穆西类型、克罗托沃类型、奥库涅夫类型[2]。梳齿状戳印纹或滚筒印纹陶器在这些遗址中有很强的代表性，普列奥布拉任卡-3 遗址有 20.1%，克罗托沃遗址有 60.6%，文格罗沃-2 遗址有 14.5%，奥钦斯基遗址有 40%。马丘申科通过比较这些陶器，认为罗斯托夫卡出土陶器与萨穆西遗址出土陶器非常相似，但这种相似程度低于克罗托沃文化陶器[3]。但是莫洛金通过研究后认为，罗斯托夫卡墓地出土陶器与安德罗诺沃文化早期彼得罗夫卡陶器更为相似[4]。格鲁什科夫通过比较研究后，对该论点产生怀疑，他认为罗斯托夫卡墓地陶器可以分为三类，只有第三类细部特征可能与彼得罗夫卡陶器接近，但相似程度最大的，还是与克罗托沃文化陶器[5]。基留申认为，罗斯托夫卡墓地出土陶器与叶鲁尼诺文化陶器有一定相似性[6]。帕尔青格也指出，克罗托沃区域比其相邻的同时期文化更流行戳印条带纹，经常在陶器口沿下就开始压印纹饰，这个特征在罗斯托夫卡墓地出土陶器中也能见到[7]。

罗斯托夫卡墓地、索普卡-2/4B 墓地、卡宁山洞遗址、叶鲁尼诺墓地和萨特加 XVI 墓地出土的陶器以平底器为主，陶器底部直径小于腹部直径。陶器通体装饰条带状戳印纹，陶器口沿部分往往有一排孔洞或乳钉纹，有时还会有一些堆塑装饰；陶器底部也有戳印纹装饰，非常特殊。总体来看，这几个遗址出土陶器非常相似（表 4.11）。

乌拉尔山及其以西塞伊玛—图尔宾诺遗址出土的陶器资料发表较少（表 4.12），大部分已经发表的资料也都是陶器碎片，有些甚至都没有对器型做出复原。列什诺耶墓地一共发现了 9 件陶器，可惜保留下的只有 6 件，线图发表在切尔内赫的专著《欧亚大陆北部的古代冶金——塞伊玛—图尔宾诺现象》中。列什诺耶墓地出土的陶器，既有平底器，也有圜底器，陶器颈部饰有刻划的之

---

[1] Матющенко. В. И., Г. В. Синицына. *Могильник у Деревни Ростовка Вблизи Омска*. Томск. 1988.
[2] Молодин. В. И. *Эпоха неолита и бронзы лесостепного Обь-Иртышья*. Новосибирск. 1977.
[3] Матющенко. В. И., Г. В. Синицына. *Могильник у Деревни Ростовка Вблизи Омска*. Томск. 1988.
[4] Молодин. В. И. *Эпоха неолита и бронзы лесостепного Обь-Иртышья*. Новосибирск. 1977.
[5] Глушков. И. Г. *Керамика самусьско-сейминской эпохи леостепного Прииртышья*. Новосибирск. 1986.
[6] Кирюшин. Ю. Ф. Энеолит ранняя и развитая бронза Верхиего и Среднего Приобья: Автореф. дис. д-ра ист. наук. Новосибирск. 1986. С. 16–21.
[7] Parzinger. H. *Die frühen Völker Eurasiens. Vom Neolithikum zum Mittelalter*. Verlag C. H. Beck, München, 2006.

第四章 塞伊玛—图尔宾诺墓地年代、葬俗及随葬品分析 203

表 4.11 塞伊玛—图尔宾诺东区遗址出土陶器对比表

| 遗址 | 陶碗 | 陶罐 | 筒形罐 | 鼓腹陶罐 |
|---|---|---|---|---|
| 索普卡-2/4B | | | | |
| 罗斯托夫卡 | | | | |

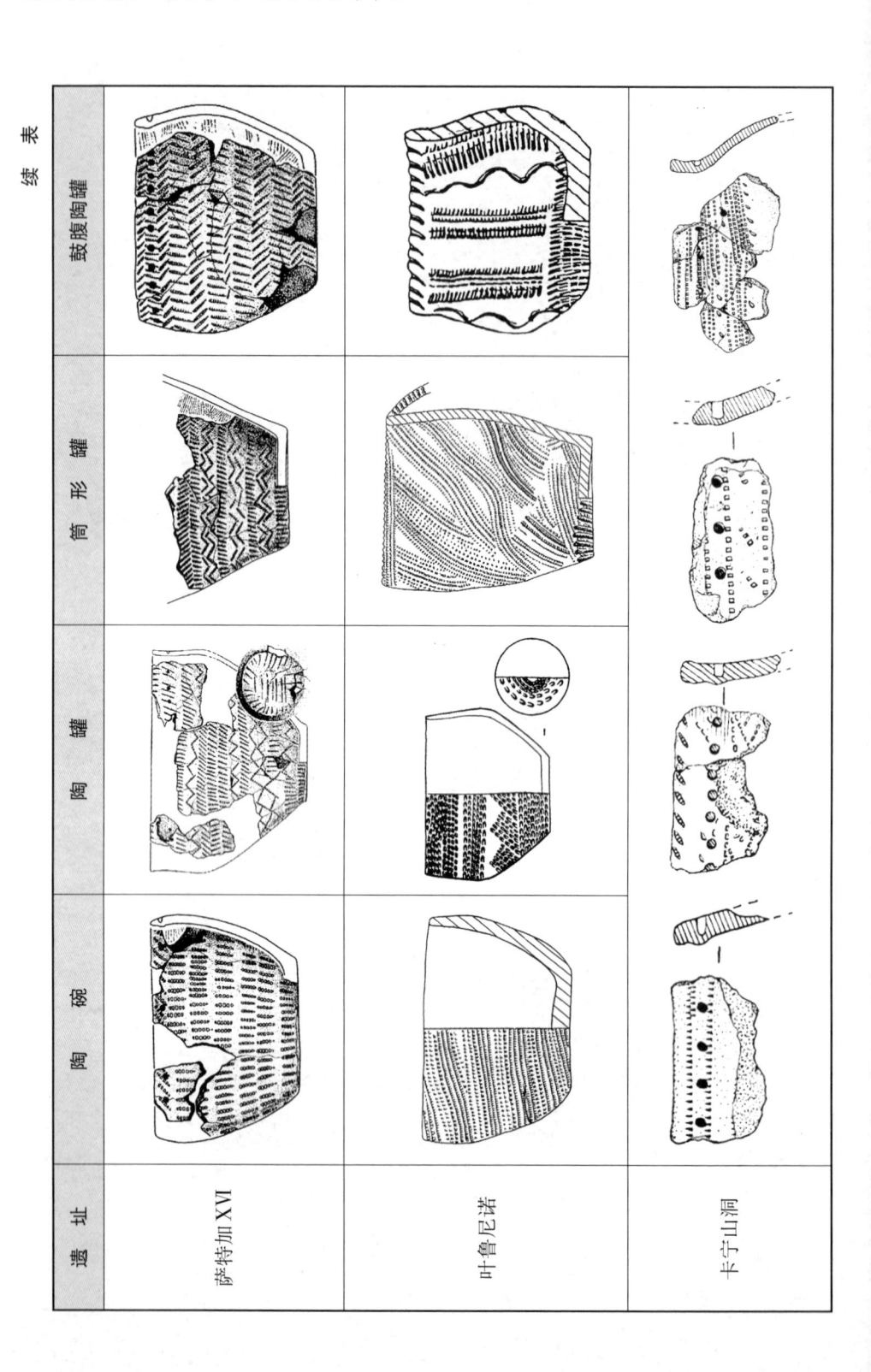

204 欧亚草原视野下的塞伊玛—图尔宾诺与中国

续表

| 遗址 | 陶碗 | 陶罐 | 筒形罐 | 鼓腹陶罐 |
|---|---|---|---|---|
| 萨特加XVI | | | | |
| 叶鲁尼诺 | | | | |
| 卡宁山洞 | | | | |

第四章 塞伊玛—图尔宾诺墓地年代、葬俗及随葬品分析　205

表 4.12　塞伊玛—图尔宾诺西区遗址陶器对比表

| 遗　址 | 出　土　陶　器 |
|---|---|
| 塞伊玛 | |
| 列什诺耶 | |
| 图尔宾诺 | |
| 乌斯季—维特鲁加 | |
| 峡坦亚湖-2 | |

字纹或麻点纹；其中4件陶器为折颈，2件素面的陶器陶胎中含有贝壳。列什诺耶墓地出土的陶器就形制和纹饰而言，与阿巴舍沃文化陶器非常相似，尤其是类似于马里共和国与楚瓦什共和国境内的阿巴舍沃文化伏尔加河中游类型[①]。

塞伊玛墓地出土的陶器数量很少，资料发表更少，科涅夫在其论著中只提到了4件陶器，之后巴德尔在其著作中发表了一些线图[②]。切尔内赫提到，塞伊玛墓地出土的2件陶器为素面，其余2件在陶器肩部饰有刻划的之字纹，与列什诺耶墓地出土陶器非常相似，与阿巴舍沃文化联系紧密[③]。

图尔宾诺墓地出土的陶器则可以与阿巴舍沃文化与斯鲁巴纳亚文化相联系[④]。

峡坦亚湖-2遗址发现的陶器与科普特亚文化相关，科普特亚文化则受到安德罗诺沃文化阿拉库类型和费德罗沃类型的影响。科普特亚文化范围：西至卡马河中游，东至托博尔河下游，南至克什特姆湖附近[⑤]。

切尔内赫对西区塞伊玛—图尔宾诺类型遗址出土陶器研究后总结道[⑥]：

1. 塞伊玛—图尔宾诺西区遗址没有发现属于该文化的陶器。

2. 塞伊玛—图尔宾诺西区陶器细节特征与阿巴舍沃文化相似，这些陶器可能是塞伊玛—图尔宾诺人群与阿巴舍沃人群密切交往并吸收后者到自己社会中的结果。

3. 塞伊玛—图尔宾诺人群相对于当地青铜时代人群来讲是外来人群，他们有自己独特的生活生产方式。

综上所述，塞伊玛—图尔宾诺东区与西区遗址陶器类型不同，塞伊玛—图尔宾诺西区遗址出土陶器受到阿巴舍沃文化的强烈影响，甚至可能直接源于阿巴舍沃文化；塞伊玛—图尔宾诺东区遗址陶器则与克罗托沃文化、叶鲁尼诺文化密切相关。

---

① Ефименко. П. П., П. Н. Третьяков. Абашевская культура в Поволжье. *Материалы и исследования по археологии СССР*. Москва. № 2.1961. С. 18. Евтюхова. О. Н. Керамика абашевской культуры в Среднем Поволжье. *Памятники каменного и бронзового веков Евразии*. Москва. 1964. С. 116–118.

② Бадер. О. Н. *Бассейн Оки в эпоху Бронзы*. Москва. 1970.

③ Черных. Е. Н., С. В. Кузьминых. Памятники сейминско-турбннского типа в Евразии. Археология СССР. С. 100.

④ 切尔内赫、库兹明内赫著，王博、李明华译：《欧亚大陆北部的古代冶金：塞伊玛—图尔宾诺现象》，北京：中华书局，2010年。

⑤ Serikov. Y. B., O. N. Korochkova, S. V. Kuzminykh, and V. I. Stefanov. Shaitanskoye Ozero II: New Aspects of the Uralian Bronze Age. *Archaeology, Ethnology & Anthropology of Eurasia*, 37 (2), 2009, pp. 67–68.

⑥ 切尔内赫、库兹明内赫著，王博、李明华译：《欧亚大陆北部的古代冶金：塞伊玛—图尔宾诺现象》，北京：中华书局，2010年。

## 八、塞伊玛—图尔宾诺类型铜器与周边地区考古学文化的交流

与塞伊玛—图尔宾诺类型遗存同时代的考古学文化，从东到西包括切木尔切克文化、叶鲁尼诺文化、克罗托沃文化、安德罗诺沃文化、木椁墓文化、辛塔什塔文化和阿巴舍沃文化。这些与塞伊玛—图尔宾诺类型遗存共存的考古学文化中，都或多或少发现了塞伊玛—图尔宾诺类型铜器，或出土了与塞伊玛—图尔宾诺类型遗存形制相近的铜器（表 4.13）。

叶鲁尼诺文化遗址出土了大量铜器，其中叶鲁尼诺 I 墓地 2 号墓出土 1 件铜刀，铜刀刀背较弯。刀刃较笔直，刀锋圆钝。刀柄呈长方形，装饰凸起的花纹，花纹以菱形和三角纹为主。刀柄末端是一个马头雕塑，上饰马鬃、眼睛、嘴等，还有下垂的耳朵。除此之外，别雷索瓦亚卢卡遗址还出土了一批铜器和铜器碎片[①]，其中 1 件铜镞，与罗斯托夫卡墓地出土铜镞石范如出一辙，镞叶上饰有羽毛纹。该遗址还出土一些铜器碎片，从形制上看，与塞伊玛—图尔宾诺叉形铜矛的"三叉"部分如出一辙，很可能是铸造叉形矛失败后残留下的碎片[②]。

索普卡-2/4B、V 墓地出土的塞伊玛—图尔宾诺类型铜剑、空首斧、铜刀、铸矛石范等，前文已经论及，在此不再赘述。

阿巴舍沃文化遗址出土的与塞伊玛—图尔宾诺相关的铜器，包括铜矛、铜剑、透銎战斧等[③]。铜矛包含前文铜矛分类中的 A 类和 C 类，切尔内赫推测 A 类锻造铜矛应属于阿巴舍沃冶金传统，塞伊玛—图尔宾诺类型遗址出土的此类铜矛，属于阿巴舍沃文化分布区传入[④]。C 类铜矛则采用了型芯铸造技术，属于

---

① Грушин. С. П. Ранний период бронзового века (елунинский металлокомплекс). *Алтай в системе металлургических провинций энеолита и бронзового века*. 2009. С. 23–55; Грушин. С. П., Мерц. В. К., Папин. Д. В., Пересветов. Г. Ю. Материалы эпохи бронзы из Павлодарского Прииртышья. *Алтай в системе металлургических провинций бронзового века*. Барнаул. 2006. С. 4–17; Грушин. С. П. Поселение эпохи бронзы Березовая Лука: реконструкция системы жизнеобеспечения. *Известия Алтайского государственного университета*. № 4/2. 2008. С. 22–35; Кирюшин. Ю. Ф., Грушин. С. П., А. А. Тишкин. *Березовая Лука – поселение эпохи бронзы в Алейской степи*. Том 2. Монография. Барнаул: Алтайский государственный университет. 2011.

② Ковтун. И. В. Проблема соотношения елунинских и сейминско-турбинских бронз. *Отечественная история*. Номер: 3. Страницы. 2005. С. 126–131.

③ Ефименко. П. П., П. Н. Третьяков. Абашевская культура в Поволжье. *Материалы и исследования по археологии СССР*. Москва. № 2. 1961. С. 18.

④ 切尔内赫、库兹明内赫著，王博、李明华译：《欧亚大陆北部的古代冶金：塞伊玛—图尔宾诺现象》，北京：中华书局，2010 年。

塞伊玛—图尔宾诺金属加工传统。除此之外，塞伊玛—图尔宾诺类型遗址出土的透銎战斧也应该源于阿巴舍沃文化。

辛塔什塔文化遗址出土了一批与塞伊玛—图尔宾诺相关的铜器。以铜矛为例，该遗址同样发现 A 类与 C 类铜矛。除此之外，辛塔什塔遗址出土的铜锛、铜剑等器物，在塞伊玛—图尔宾诺类型遗址也有发现。根据张良仁的研究，从矿源和社会组织来看，辛塔什塔文化进行金属冶炼和生产的能力强于阿巴舍沃文化[①]。但不可否认的是，辛塔什塔遗址出土的 C 类铜矛应源于塞伊玛—图尔宾诺遗存。

属于木椁墓文化的波克洛夫斯基（Pokrovsky）类型遗址，出土的一批铜矛，其中包含 A 类、C 类和 D 类铜矛[②]。C 类铜矛中，铜矛銎底既有加厚的"箍"形制，也有装饰连续三角纹的形制。这些铜矛的发现，表明木椁墓文化铜器受到塞伊玛—图尔宾诺的强烈影响。

波兹尼亚果夫斯克文化（Pozdniakovskoye）发现的铜矛、空首斧及铸范等[③]，都显示出该文化处于后塞伊玛—图尔宾诺时代，且继承了塞伊玛—图尔宾诺金属加工技术。

关于安德罗诺沃文化与塞伊玛—图尔宾诺遗存之间的关系问题，长久以来都是欧亚草原青铜时代考古学研究热点问题之一。很多学者都试图将塞伊玛—图尔宾诺铜器的来源，归结到安德罗诺沃文化[④]。但是，随着越来越多碳-14 测年数据的公布，安德罗诺沃文化主体年代在公元前 1850～前 1400 年[⑤]，而塞伊玛—图尔宾诺遗存主体年代在公元前 2200～前 1800 年。所以，塞伊玛—图

---

① Zhang Liangren. *Ancient Society and Metallurgy: A comparative study of Bronze Age Societies in Central Eurasia and North China*. Doctoral Dissertation, 2007, p. 239.

② Лопатин. В. А. *Начало эпохи поздней бронзы на севере Нижнего Поволжья*. Саратовский государственный университет. 2014. С. 260–290.

③ Рыбаков. Б. А. (гл. ред.) *Эпоха бронзы лесной полосы СССР*. Москва: Наука. 1987.

④ Kuzmina. E. E. Historical Perspectives on the Andronovo and Early Metal Use in Eastern Asia. *Metallurgy in the Ancient Eastern Eurasia from Ural to the Yellow River*. New York, 2004, pp. 37–84.

⑤ Molodin. V. I. et al. $^{14}$C Chronology of Burial Grounds of the Andronovo Period (Middle Bronze Age) in Baraba Forest Steppe, Western Siberia. *Radiocarbon*, Vol 54, Nr 3–4, 2012, pp. 737–747; Goersdorf J., H. Parzinger, and A. Nagler. New Radiocarbon Dates of the North Asian Steppe Zone and its Consequences for the Chronology. *Radiocarbon* 43. 2B, 2001, pp. 1115–1120; Hanks. B. K., A. V. Epimakhov, and A. C. Renfrew. Towards a Refined Chronology for the Bronze Age of the Southern Urals, Russia. *Antiquity*, 81 (312). Cambridge University Press, 2007, pp. 353–367; Svyatko. S. V., Mallory. J. P., Murphy. E. M. et al. New Radiocarbon Dates and a Review of the Chronology of Prehistoric Populations from the Minusinsk Basin, Southern Siberia, Russia. *Radiocarbon*, Vol 51, Nr 1, 2009, pp. 243–273.

尔宾诺类型遗存上限年代远早于安德罗诺沃文化，且塞伊玛—图尔宾诺晚期遗存与安德罗诺沃文化存在并行期，故安德罗诺沃文化铜器铸造技术应受到塞伊玛—图尔宾诺影响。此外，普列奥布拉任卡-3遗址中发现一座安德罗诺沃文化（费德罗沃）儿童墓葬打破了克罗托沃文化居址[①]。又因为克罗托沃文化与塞伊玛—图尔宾诺类型遗存同属一个时期，由此可知，塞伊玛—图尔宾诺类型遗存年代早于安德罗诺沃文化。安德罗诺沃文化遗存中发现的铜矛属于我们之前分类的C型铜矛，且采用第一类型芯铸造设置方式（时代稍晚）。据此可以判断，安德罗诺沃文化铜矛的铸造技术也应属于塞伊玛—图尔宾诺传统，安德罗诺沃文化竖銎器的制作方法继承了塞伊玛—图尔宾诺冶金传统。

此外，蒙古国发现1把柄首饰有双马形象的铜刀，还发现塞伊玛—图尔宾诺类型的双系耳空首斧。

表4.13　塞伊玛—图尔宾诺类型铜器与周边考古学文化的交流表

| 考古学文化 | 器　物　图 |
|---|---|
| 叶鲁尼诺文化 |  |
| 克罗托沃文化 |  |

---

① Молодин. В. И. *Преображенка III: памятник эпохи раннего металла*. ИИС. вып. 7. Томск. 1973. C. 26–30.

| 考古学文化 | 器 物 图 |
| --- | --- |
| 阿巴舍沃文化 | |
| 辛塔什塔文化 | |
| 木椁墓文化 | |

第四章　塞伊玛—图尔宾诺墓地年代、葬俗及随葬品分析　　211

续　表

| 考古学文化 | 器　物　图 |
| --- | --- |
| 波兹尼亚果夫斯克文化 | |
| 安德罗诺沃文化 | |

# 第五章
# 中国发现塞伊玛—图尔宾诺遗物

## 一、塞伊玛—图尔宾诺与中国青铜时代关系研究回顾

关于塞伊玛—图尔宾诺与中国青铜时代之间的联系，早在 20 世纪 60 年代，苏联学者就已经注意到此问题。

吉谢列夫在《南西伯利亚古代史》一书中提到，塞伊玛墓地和图尔宾诺墓地出土的铜刀、短剑、铜矛等，与安阳出土的铜器非常相似[1]。1959 年 12 月，吉谢列夫在北京的一次学术演讲中比较了塞伊玛—图尔宾诺文化与安阳殷墟文化的双耳铜矛、空首斧和铜刀，认为两者存在文化交流[2]。1960 年，他又在《中国的史前与青铜时代》一文中，提到了陕西历史博物馆所藏塞伊玛—图尔宾诺类型铜矛，并绘制了线图[3]。

1956 年，罗越在《中国古代兵器》一书中将中国商代兵器（包括铜斧、铜矛、铜刀等）与俄罗斯境内发现的青铜时代铜器进行比较。他认为塞伊玛—图尔宾诺铜矛应该是商代铜矛的直接来源，但中国境内发现的空首斧与塞伊玛—图尔宾诺空首斧并无关系[4]。

1957 年，金布塔斯发表《博罗季诺、塞伊玛及其时代——东欧地区青铜时代关键遗址》，将博罗季诺—塞伊玛出土器物与中国商代遗物进行比较。他结合高加索地区及中国殷商时期定年，将塞伊玛墓地年代定在公元前 15 世纪～前 13 世纪[5]。

1970 年，切尔内赫在《乌拉尔及伏尔加地区古代金属器》一书中，将塞伊

---

[1] Киселев. С. В. *Древняя история Южной Сибири*. 2-е изд. Москва. 1951.
[2] 吉谢列夫著，阮西湖译：《С. В. 吉谢列夫通讯院士在北京所作的学术报告》，《考古》1960 年第 2 期，页 51～53。
[3] Киселев. С. В. Неолит и бронзовый век Китая. *Советская археология*. №4. 1960. С. 8-26.
[4] Loher. M. *Chinese Bronze Age Weapon.* University of Michigan Press, 1956, pp. 39-71.
[5] Gimbutas. M. Borodino, Seima and their Contemporaries. *The prehistoric society*, 1957, No. 9, pp. 143-172.

玛—图尔宾诺出土的器物与中国殷商时期出土铜器联系在一起,并由此确定塞伊玛—图尔宾诺的年代[①]。

1995年,美国学者胡柏发表《齐家与二里头:远距离文化之间交流问题》[②],文中提到齐家文化遗址出土的空首斧和铜刀与塞伊玛—图尔宾诺铜器非常相似,他认为齐家文化冶金术起源与欧亚草原息息相关。同年,戴寇林发表文章,认为齐家坪遗址出土的空首斧与塞伊玛—图尔宾诺空首斧非常相近,只是表面没有塞伊玛—图尔宾诺空首斧上的类似纹饰[③]。

2000年,帕尔青格发表文章《塞伊玛—图尔宾诺现象与西伯利亚动物纹起源》,文中提到塞伊玛—图尔宾诺影响了卡拉苏克文化铜器,并进一步影响中国北方地区[④]。

2001年,莫洛金与科米萨洛夫发表文章《青海出土塞伊玛—图尔宾诺铜矛》,将青海沈那遗址发现的铜矛与塞伊玛—图尔宾诺铜矛进行比较,认为齐家文化与塞伊玛—图尔宾诺文化之间存在文化交流[⑤]。

2003年,梅建军发表《齐家与塞伊玛—图尔宾诺:中国西北地区与欧亚草原早期交流问题》[⑥],一方面梳理了西方学术界对青铜时代早期中西文化交流的研究,另一方面对齐家文化遗址发现的铜矛、铜刀与塞伊玛—图尔宾诺铜矛、铜刀进行比较。他认为,中国西北地区冶金技术起源是一个比较复杂的问题,欧亚草原对中国西北地区的影响还需进一步讨论,目前看来西北地区冶金术起源更可能是本地起源[⑦]。

---

① Черных. Е. Н. Древнейшая металлургия Урала и Поволжья. Москва: Наука. 1970.

② Huber-Fitzigerald. L. G. Qijia and Erlitou: the Question of Contacts with Distant Culture. *Early China* 20, 1995, pp. 18–65.

③ Debaine-Francfort. C. Du Néolithique àl'Âge du Bronze en Chine du Nord-Ouest: La culture de Qijia et ses connexions. *Mémoires de la Mission Archéologique Française en Asie Centrale, volume VI*. Paris: Éditions Recherche sur les Civilizations, 1995, p. 324.

④ Парцингер. Г. Сейминско-турбинский феномен и формирование сибирского звериного стиля. *Археология, этнография и антропология Евразии*. № 1. 2000.

⑤ Молодин. В. И., С. А. Комиссаров. Сейминское копье из Цинхай. *Проблемы археологии, этнографии, антропологии Сибири и сопредельных территорий*. Материалы Годовой сессии Института археологии и этнографии СО РАН. Декабрь 2001 г. Том VII. Новосибирск. 2001. С. 374–381.

⑥ 同年,梅建军与高滨秀还发表《塞伊玛—图比诺现象和中国西北地区的早期青铜文化》(《新疆文物》2003年第1期)一文,观点与此文类似。

⑦ Mei Jianjun. Qijia and Seima-Turbino: The Question of Early Contacts between Northwestern China and the Eurasian Steppe. *The Museum of Far Eastern Antiquities*. Bulletin No. 75, 2003, pp. 31–54.

2005年，李刚发表《中西青铜矛比较研究》，文中提到了辽宁朝阳发现的塞伊玛—图尔宾诺式铜矛，认为中国北方地区青铜矛与欧亚草原地带的联系是毋庸置疑的[1]。

2008年，切尔内赫发表《欧亚大陆草原带畜牧文化的形成过程》，对欧亚草原不同时期的冶金省进行划分，最终提到欧亚草原对中国西北地区金属器产生了重要影响，中国甚至出现了一批仿制器物，但中国冶金技术仍然是本土起源[2]。

2011年，林沄发表《丝绸之路开通以前新疆的交通路线》，他在文中梳理了中国境内发现的塞伊玛—图尔宾诺式铜矛，包括陕西历史博物馆1件、河南淅川下王岗4件、山西工艺美术馆1件，青海沈那遗址出土1件、青海大通县博物馆1件。紧接着，他推测这些铜矛是通过额尔齐斯河谷传入新疆，又进一步东传至甘肃、青海乃至中原[3]。

杨建华与邵会秋发表《塞伊玛—图尔宾诺遗存与空首斧的传布》[4]，这是国内学者首次对塞伊玛—图尔宾诺遗存进行综述以及专题性器物研究，一方面介绍了塞伊玛—图尔宾诺问题研究的最新进展，另一方面对欧亚草原发现的空首斧进行类型学研究，并以此为基础解决中国境内发现空首斧的年代问题。

胡保华在博士论文《中国北方出土先秦时期铜矛研究》中对中国发现的塞伊玛—图尔宾诺铜矛再次进行梳理，讨论了发掘出土铜矛的地层及年代，并结合切尔内赫对塞伊玛—图尔宾诺遗存年代的研究，将这批铜矛年代定在二里头及其稍早时期[5]。

2014年，林梅村发表《欧亚草原文化与史前丝绸之路》，对山西博物院与山西省工艺美术馆藏塞伊玛—图尔宾诺铜矛进行测绘和金属成分检测，根据铜矛形制，他认为山西工艺美术馆藏塞伊玛—图尔宾诺叉形铜矛与欧亚草原塞伊玛—图尔宾诺文化直接相关，其余在中国境内发现的倒钩铜矛则属于本土铸造的仿制品[6]。

---

[1] 李刚:《中西青铜矛比较研究》,《中国历史文物》2005年第6期, 页19~28。

[2] Черных. Е. Н. Формирование евразийского «степного пояса» скотоводческих культур: взгляд сквозь призму археометаллургии и радиоуглеродной хронологии. *Археология, этнография и антропология Евразии*, 3 (35). 2008. С. 36–53.

[3] 林沄:《丝路开通以前新疆的交通路线》,《草原文物》2011年第1期, 页55~64。

[4] 邵会秋、杨建华:《塞伊玛—图尔宾诺遗存与空首斧的传布》,《边疆考古研究（第10辑）》, 北京: 科学出版社, 2011年, 页73~92。

[5] 胡保华:《中国北方出土先秦时期铜矛研究》, 吉林大学博士论文, 2011年, 页25~26。

[6] 林梅村:《欧亚草原文化与史前丝绸之路》,《丝绸之路天山廊道——新疆昌吉古代遗址与馆藏文物精品》, 北京: 文物出版社, 2014年, 页656~677。

该文的发表掀起了中国学者研究塞伊玛—图尔宾诺问题的高潮,越来越多的中国学者发表论文刊布中国境内发现的塞伊玛—图尔宾诺铜器。

2015年,林梅村、刘翔、刘瑞等对中国境内发现的塞伊玛—图尔宾诺类型铜矛进行详细调查,对陕西历史博物馆、青海大通县文管所、淅川下王岗遗址、青海沈那遗址出土的塞伊玛—图尔宾诺铜矛进行绘图、拍照及金属成分检测;此外,还对这批铜矛的类型进行划分,将叉形铜矛年代划定在公元前2100~前2000年[1]。

胡保华在《试论中国境内散见夹叶阔叶铜矛的年代、性质与相关问题》一文中,刊布了南阳市博物馆藏3件塞伊玛—图尔宾诺铜矛照片,并对这批铜矛进行了类型学划分。此外,他还首次提到淅川下王岗遗址20世纪70年代的发掘中出土1件铜矛骹部和1件倒钩碎片,这些遗物可能属于二里头时期[2]。

高江涛在《试论中国境内出土的塞伊玛—图尔宾诺式倒钩铜矛》一文中,认为塞伊玛—图尔宾诺倒钩铜矛约在公元前2000年进入新疆,向东传播,经河西走廊中转,以齐家文化为中介,进一步向东进入中原腹地[3]。

2016年~2017年,胡保华、刘翔等学者又发表数篇论文,刊布了南阳市博物馆、甘肃省博物馆、国家博物馆收藏的塞伊玛—图尔宾诺倒钩铜矛,并对相关问题进行讨论[4]。

2018年,刘翔发表《中国境内塞伊玛—图尔宾诺倒钩铜矛铸造技术初探》一文,对中国境内发现的塞伊玛—图尔宾诺铜矛的铸造工艺及型芯设置方式进行讨论[5]。

---

[1] 林梅村:《塞伊玛—图尔宾诺文化与史前丝绸之路》,《文物》2015年第10期,页49~63;刘翔:《青海大通县塞伊玛—图尔宾诺式倒钩铜矛考察与相关研究》,《文物》2015年第10期,页64~69;刘瑞、高江涛、孔德铭:《中国所见塞伊玛—图尔宾诺式倒钩铜矛的合金成分》,《文物》2015年第10期,页77~85。

[2] 胡保华:《试论中国境内散见夹叶阔叶铜矛的年代、性质与相关问题》,《江汉考古》2015年第6期,页55~68。

[3] 高江涛:《试论中国境内出土的塞伊玛—图尔宾诺式倒钩铜矛》,《南方文物》2015年第4期,页160~168。

[4] 刘霞、胡保华:《南阳市博物馆收藏的三件倒钩阔叶铜矛》,《江汉考古》2016年第3期,页123~126;刘翔、刘瑞:《辽宁朝阳文管所藏塞伊玛—图尔宾诺铜矛》,《考古与文物》2016年第2期,页102~107;刘翔、王辉:《甘肃省博物馆藏塞伊玛—图尔宾诺式铜矛调查与研究》,《西部考古(第14辑)》,北京:科学出版社,2017年,页48~58。

[5] 刘翔:《中国境内塞伊玛—图尔宾诺倒钩铜矛铸造技术初探》,《丝瓷之路(第6辑)》,北京:商务印书馆,页3~21。

2019年，林梅村主编的《塞伊玛—图尔宾诺与史前丝绸之路》一书出版，刊布了大量俄罗斯境内出土的塞伊玛—图尔宾诺遗物的彩色照片，同时还收录了多篇塞伊玛—图尔宾诺问题研究的论文[①]。

总的来讲，中国学者对塞伊玛—图尔宾诺遗存问题的研究，不但使塞伊玛—图尔宾诺遗存向东传播的年代、路线等问题逐渐明朗，还为探讨中国青铜铸造技术的起源问题提供了新的思路。

## 二、中国境内发现塞伊玛—图尔宾诺铜矛

### （一）中国境内发现塞伊玛—图尔宾诺铜矛类型划分

目前为止，中国境内塞伊玛—图尔宾诺式铜矛共计16件，分别是青海沈那遗址发掘品1件、青海大通县文物管理所征集品1件、甘肃博物馆征集品2件、陕西历史博物馆征集品1件、河南淅川下王岗遗址发掘品4件、山西博物院征集品1件、山西省工艺美术馆征集品1件、朝阳文管所征集品1件、国家博物馆征集品1件、南阳市博物馆征集品3件。除此之外，淅川下王岗二里头三期地层中还出土1件铜矛倒钩，截面为菱形[②]，中部起脊，与陕西历史博物馆、甘肃省博物馆、南阳市博物馆藏铜矛类似。

按照铜矛的形制，可以将中国境内发现的塞伊玛—图尔宾诺铜矛分为两种类型：

A型铜矛，矛叶呈宽柳叶形，銎柄与矛叶底端连接处分叉，即所谓"山"字脊铜矛。

1. 山西省工艺美术馆藏铜矛（图5.1）

1979年太原铜业公司拣选，原藏山西

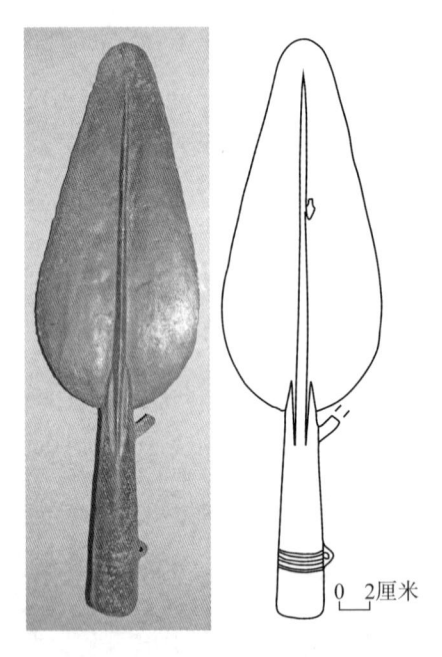

图5.1　山西省工艺美术馆藏铜矛

---

[①] 林梅村：《塞伊玛—图尔宾诺文化与史前丝绸之路》，上海：上海古籍出版社，2019年。
[②] 河南省文物研究所、长江流域规划办公室考古队河南分队：《淅川下王岗》，北京：文物出版社，1989年，页299。

省博物馆（今山西博物院），现藏山西省工艺美术馆[①]。原矛矛叶中部残缺一小孔，2013年，经北京大学考古文博学院胡东波教授指导修复。

铜矛通长34.6、宽10、銎口直径2.9厘米，銎部下方有三条凸弦纹，銎部侧面凸弦纹处有系环；倒钩残长1.6、宽0.8厘米，倒钩一面凸出，一面扁平，可见铸造时只在铸范一侧刻了槽，另一面为平面；矛叶中间起脊，直达矛尖，中脊底部与矛柄连接处呈"山"字形。

经尼通便携式X射线荧光光谱成分分析仪检测，该铜矛为纯铜制品，夹杂少量锡（1.5%）。

2. 辽宁省朝阳县文物保护管理所藏铜矛（图5.2）

2005年，中国国家博物馆李刚博士到该文管所调查后刊布了这件铜矛的线图[②]。据调查，这件铜矛是1985年当地村民王洪殿先生在朝阳县南双庙乡下杖子村（王八盖地）采集的，与铜矛一起发现的还有一件绿玉璧（并非原先报道

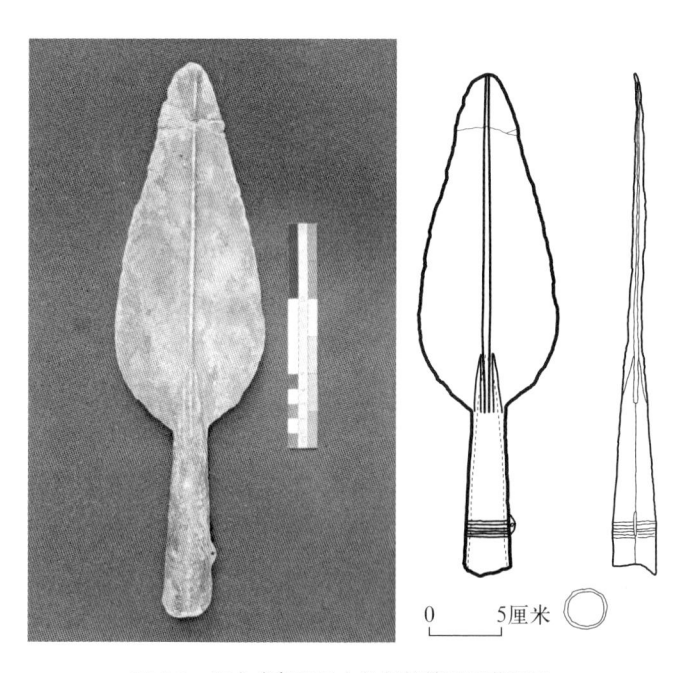

图5.2 辽宁省朝阳县文物保护管理所藏铜矛

---

[①] 太原铜业公司：《沧海遗珍——太原铜业公司拣选文物荟萃》，广州：广东科技出版社，1999年，页18，图版23。

[②] 李刚：《中西青铜矛比较研究》，《中国历史文物》2005年第6期，页19～28。

说的"玉环")。这件玉璧发现时已断为两部分，断口处均经打磨，断口左右中部各有一孔，孔均单面钻成；外径 12.8、内径 6.8、厚 0.25 厘米。1985 年 11 月 12 日，王洪殿将这两件文物上交朝阳县文管所。

该铜矛的矛叶扁平，呈宽柳叶形，中间起脊，直达矛尖，中脊底部与矛柄连接处呈"山"字形；矛柄一侧有系环，系环处起三道凸弦纹，无倒钩；銎柄内中空，中空部分一直延伸到"山"形脊两侧小叉尖部。矛尖曾折断过，已经修复。该矛通长 34.7、矛叶最宽 9.9、矛叶厚 0.2 厘米。

经检测，该铜矛为锡铜制品（锡含量 6.5%）。

B 型铜矛，矛叶呈阔叶形，矛叶中部起脊，贯穿整个矛叶。銎柄上端一侧有倒钩，下端饰三道凸弦纹，一侧有系环。共 14 件。

1. 甘肃省博物馆藏 47922 号铜矛（图 5.3）

20 世纪 90 年代甘肃省博物馆征集，征集者及征集地点不详，但据甘肃省博物馆保管部刘志华老师描述，该铜矛应征集于兰州市周边。

铜矛通长 38.9、矛叶最宽处 13.5、銎口外径 4.2 厘米。铜矛叶面较宽，尖部圆钝，中间起脊，呈宽柳叶形；倒钩与系环位于銎柄异侧；系环处銎柄上起三道凸弦纹，弦纹凸起，宽 0.1 厘米；銎柄一侧有近方形豁口，豁口直径大约

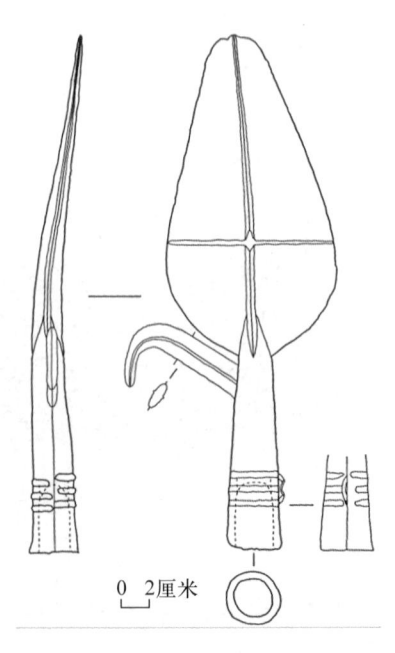

图 5.3　甘肃省博物馆藏 47922 号铜矛

1.5 厘米。系环反面平整、正面凸起,系环穿孔较小,直径约 1 毫米;倒钩两面也分别起脊,结构与矛叶类似。矛叶完好,无砍斫痕迹。据调查者观察,銎柄内很可能是铸造铜矛的范芯,与普通泥沙不同,该范芯质地坚硬,颜色呈青灰色,并能观察到烧灼痕迹。

经检测,该铜矛为纯铜制品。

2. 甘肃省博物馆藏 12308 号铜矛(图 5.4)

1957 年甘肃省博物馆征集,保存状况良好,征集者及征集地点不详。

铜矛通长 35.1、矛叶最宽处 11.7、銎口外径 4.0 厘米。铜矛叶面较宽,中间起脊,呈窄柳叶形;倒钩残断,但仍保留断痕,截面呈菱形,双面起脊,系环与倒钩位于异侧;系环处銎柄上起三道凸弦纹,弦纹扁平,宽 0.3 厘米;矛叶与銎柄连接处同样起三道凸弦纹,宽度约 0.1 厘米。倒钩异侧的矛叶刃部平整,几乎看不到破损痕迹;而另一侧刃部多见豁口,个别地方还有卷刃现象,说明该侧曾用于砍斫。据调查者观察,銎柄内很可能是铸造铜矛的范芯,与普通泥沙不同,该范芯质地坚硬,颜色呈青灰色,并有烧灼痕迹。

经检测,该铜矛为纯铜制品。

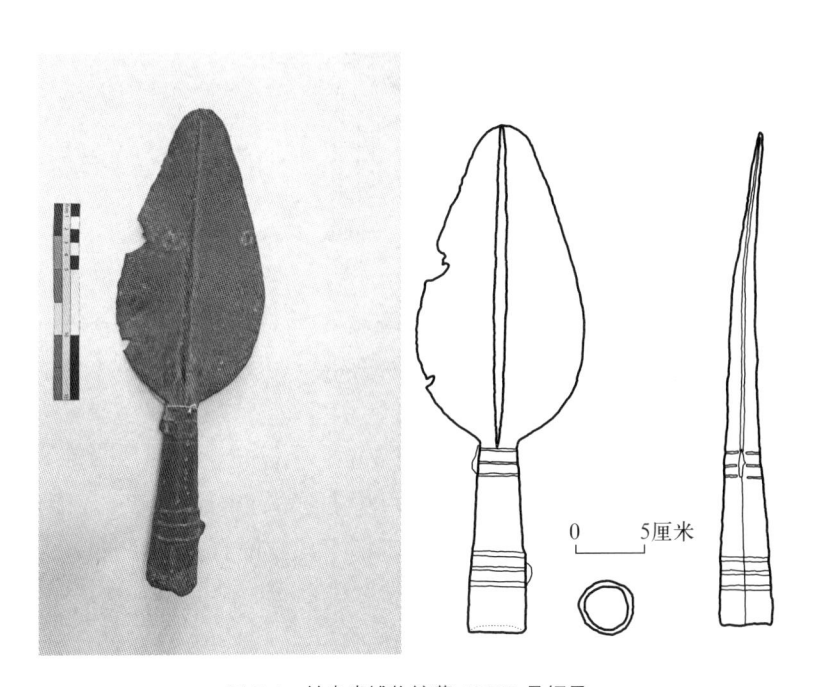

图 5.4 甘肃省博物馆藏 12308 号铜矛

### 3. 南阳市博物馆藏0232号铜矛（图5.5）

南阳市博物馆藏3件塞伊玛—图尔宾诺式倒钩铜矛是1979年南阳汉画馆王儒林先生征集，后归南阳市博物馆收藏。

铜矛通长38.1厘米。矛头扁平，厚度均匀，有突起的中脊。矛叶呈蕉叶形，矛叶最宽处12.5、厚约0.4厘米。銎柄下部装饰有三道凸弦纹。銎口直径约3.3厘米，銎壁厚度不均匀。銎柄一侧有倒钩，一面突出，一面扁平，宽1.5、厚0.4厘米。倒钩同侧有一系环，已残。矛叶一侧有残口，矛叶表面，特别是銎面，布满炼渣，呈蓝色，銎内面亦是如此。銎底表面极不平整。

经检测，这件铜矛为砷铜制品。

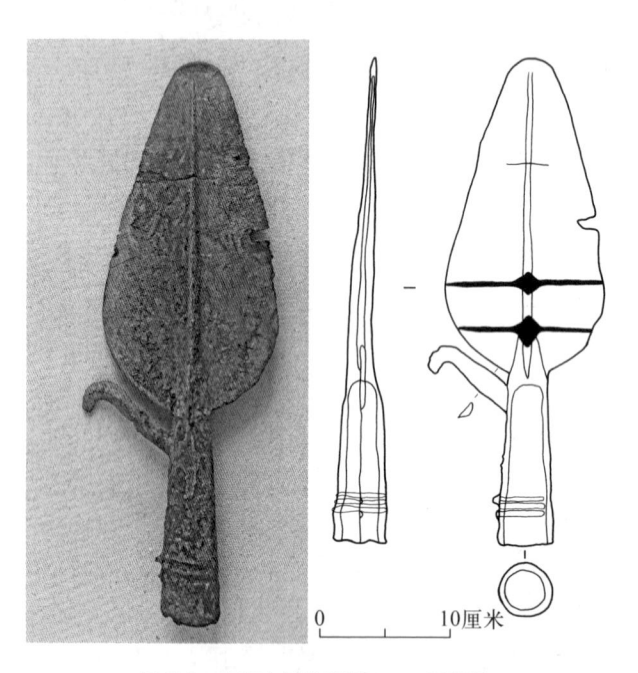

图5.5　南阳市博物馆藏0232号铜矛

### 4. 南阳市博物馆藏0233号铜矛（图5.6）

铜矛通长34.6厘米。矛头扁平，厚度均匀，有突起的中脊。矛叶呈蕉叶形，矛叶最宽处约12、厚约0.5厘米。銎柄下部装饰有三道凸弦纹。銎口直径约3.4厘米，銎壁厚度不均匀。銎柄一侧有倒钩，中间起脊，截面呈菱形，宽1.1、最厚处0.5厘米。倒钩同侧有一系环，另一侧有一残缺系环，其中完整系环一面为弧形，另一面较平。

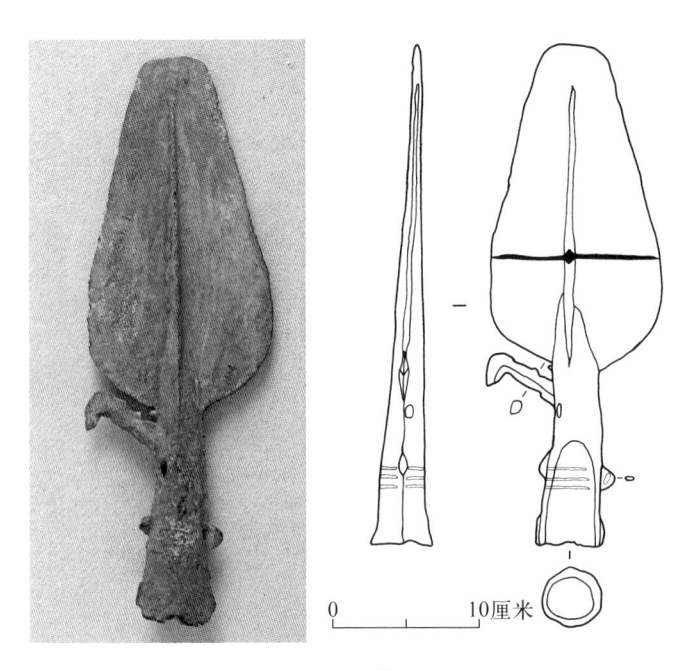

图 5.6 南阳市博物馆藏 0233 号铜矛

经检测，这件铜矛为纯铜制品。

5. 南阳市博物馆藏 0234 号铜矛（图 5.7）

铜矛通长 37.6 厘米。矛头扁平，厚度均匀。矛叶呈柳叶形，有突起的中脊，最宽处 11.5、厚约 0.2 厘米。銎柄下部装饰有三道凸弦纹。銎口直径 2.5 厘米，銎壁厚度不均匀。銎柄一侧有倒钩，中间起脊，脊两边厚度均匀，宽 1.8、最厚处 0.2 厘米。倒钩另一侧有一系环，已残，仅存根部，厚约 1 毫米。矛叶一侧有残口。

经检测，这件铜矛为纯铜制品。

6. 国家博物馆藏铜矛（图 5.8）

据该馆文物总账记录，这件倒钩铜矛编号为 C05.1475，1956 年 12 月 6 日该馆（时称北京历史博物馆）以 10 元钱征集自毛润甫。

铜矛通长 37.9 厘米，矛叶最宽处 11.8 厘米，銎口外径 3.5 厘米。其叶面较宽，尖部圆钝，倒钩与系环位于銎柄异侧系环处，銎柄上起三道凸弦纹，弦纹宽扁，宽度约 0.5 厘米；系环反面平整、正面凸起；倒钩两面也分别起脊，结构与矛叶类似。矛叶中脊中部断裂，叶、柄结合处不见"山"字脊。此外，倒钩一侧的矛叶刃部平整，几乎看不到破损痕迹；而另一侧刃部多见豁口，个

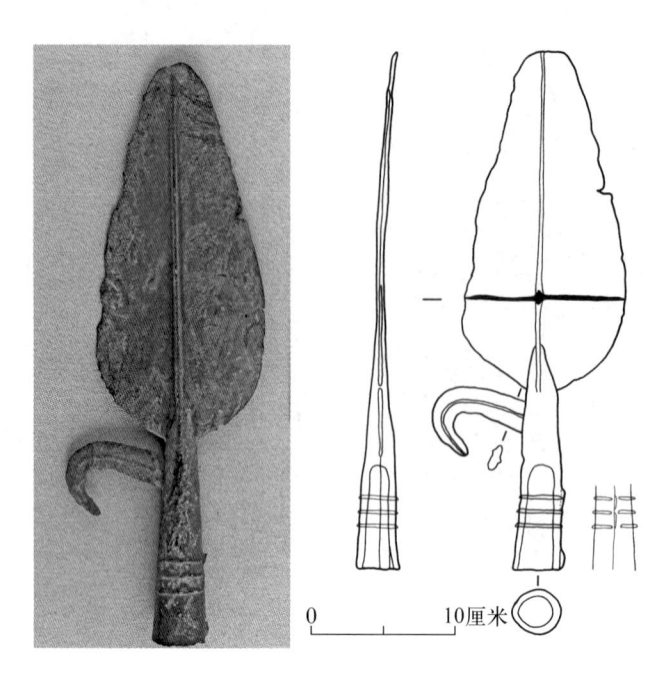

图 5.7　南阳市博物馆藏 0234 号铜矛

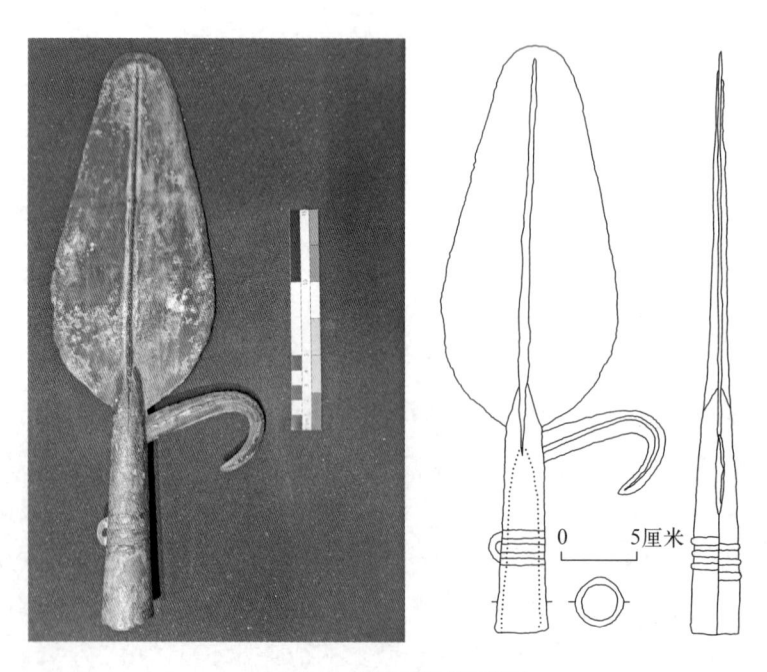

图 5.8　国家博物馆藏铜矛

别地方还有卷刃现象，说明该侧曾用于砍斫。銎柄内部光滑平整，口部内侧向内鼓出。

经检测，这件铜矛为砷铜制品。

7. 青海大通县文管所藏铜矛（图5.9）

1993年，大通县朔北藏族乡永丰村村民在河道中挖取砂石时发现此件铜矛，后被大通县文管所征集。

铜矛通长34.2厘米。矛头扁平，最宽处11.4厘米，厚度均匀，厚约0.3~0.4厘米。矛头中部起脊，但脊部因为磨损，并未贯穿整个铜矛。矛叶呈蕉叶形，矛叶上方有一较大豁口，断面向内卷曲，应为砍斫所致，在豁口下方还有裂隙。銎柄长度为16.4厘米，銎部下方饰两道凸弦纹，弦纹因磨损只保留一段。銎柄侧方有一条凸棱，截面呈近圆形。銎部最下方有一很小的圆形穿孔。倒钩已残，断裂处向内卷曲。倒钩刃部边缘有棱，截面为橄榄形。倒钩根与銎柄连接处有一穿孔，呈不规则形状。倒钩异侧有一系环，系环并未穿孔，系环一面扁平，一面凸起。

经检测，该铜矛为纯铜制品。

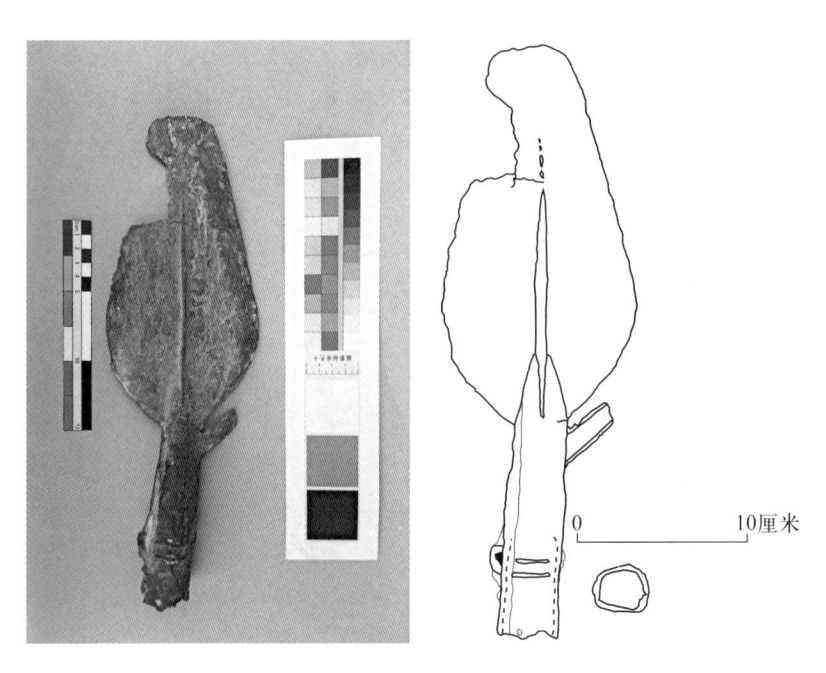

图5.9 青海大通县文管所藏铜矛

### 8. 青海沈那遗址出土铜矛（图 5.10）

1991～1993 年，青海省考古研究所在沈那遗址西侧进行了试掘，遗址中出土 1 件塞伊玛—图尔宾诺倒钩铜矛[1]。

铜矛长 61.5 厘米，宽 19.5 厘米。刃阔叶状，叶尖浑圆，叶中部两面有高 1.5 厘米的脊梁，脊两侧是片形翼。矛銎较长，登上单矛处有三圈箍，銎较宽，銎两侧均有脊。銎与刃部结合处有一倒钩，銎内留有秘的残迹。

经检测，该铜矛为纯铜制品。

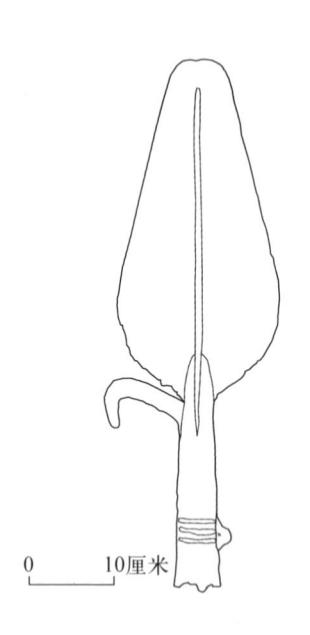

图 5.10 青海沈那遗址出土铜矛

### 9. 陕西历史博物馆藏铜矛（图 5.11）

铜矛通长 35.8，矛叶长 22.7，最宽处 12 厘米，銎口外径 3.8～4 厘米，内径 2.6～2.9 厘米。矛叶呈焦叶形，厚度不均，中部起脊。銎部上方一侧有倒钩，倒钩两面都有中脊，截面呈橄榄形。銎部下方有三道凸弦纹，凸弦纹一侧有系环，环宽 0.33 厘米，最大径 1.8 厘米。铜矛保存状况较好，矛尖磨损较严

---

[1] 王国道：《西宁市沈那齐家文化遗址》，《中国考古学年鉴（1993）》，北京：文物出版社，1995 年，页 260～261。

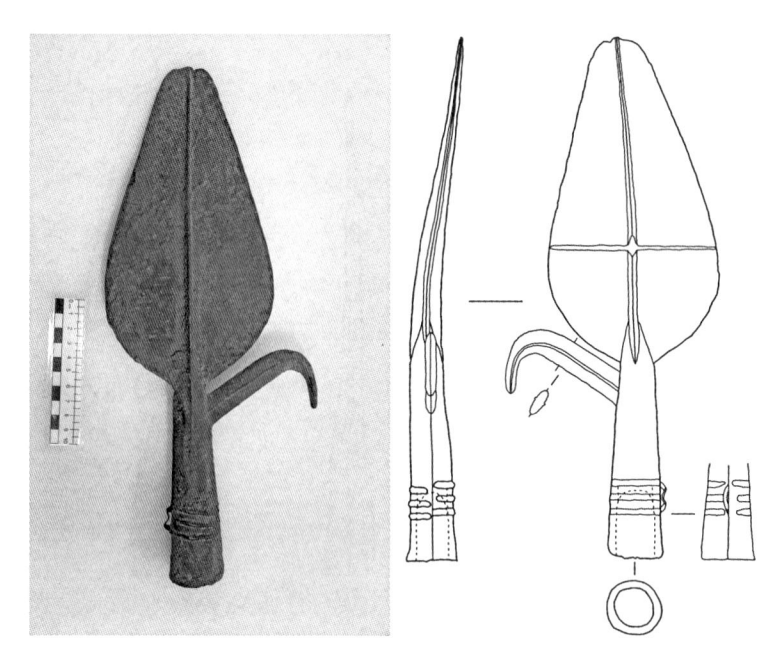

图 5.11 陕西历史博物馆藏铜矛

重，上方有一豁口。銎内还保留半截内芯，可能是铸造后留下的[①]。

经检测，该铜矛为纯铜制品。

10. 山西博物院藏铜矛（图 5.12）

1973 年，该铜矛由文物工作者从太原市电解铜厂抢救出来，收藏在山西省博物馆（现更名为山西博物院）。

铜矛通长 36.3 厘米，最宽处约 12.8 厘米。矛头扁平，矛叶呈柳叶形，厚度均匀，厚约 0.5 厘米；矛头有突起的中脊。銎口直径约 3.2 厘米，銎壁厚度不均；銎柄一侧有倒钩、系环各一；倒钩位于矛头根部，已残缺，残缺处倒钩宽 0.8、最厚 0.5 厘米；从残余部分看，倒钩一面为弧形、另一面扁平；在銎柄根部，有两道凸弦纹。

经检测，该铜矛为锡铜制品（3.5%）。

11～14. 淅川下王岗出土铜矛（图 5.13）

2008 年 12 月河南省南水北调工程淅川下壬岗遗址考古发掘中 T2H181 集

---

① 贺达炘：《陕西历史博物馆收藏的一件塞伊玛—图尔宾诺铜矛》，《考古与文物》2016 年第 2 期，页 128。

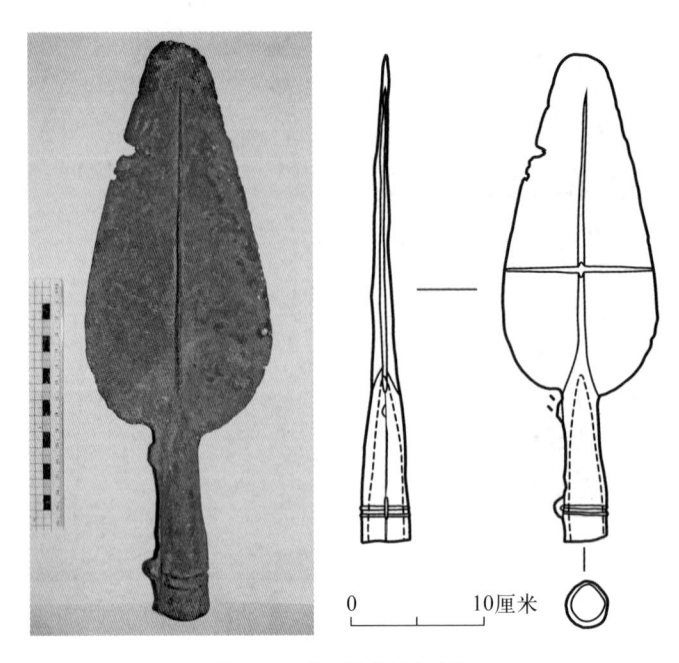

226　欧亚草原视野下的塞伊玛—图尔宾诺与中国

图 5.12　山西博物院藏铜矛

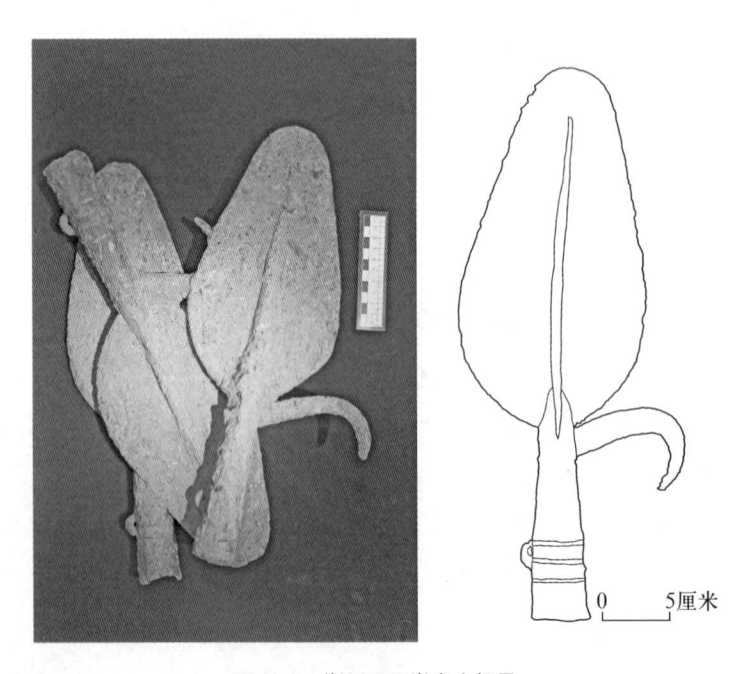

图 5.13　淅川下王岗出土铜矛

中出土了 4 件铜矛，均长 37、宽 12.5 厘米。铜矛圆锋宽叶；銎部带倒钩，形制特殊。H181 开口于西周中晚期地层④ B 层下，打破龙山地层⑤层。H181 堆积分上下两层，上层表界面上出土西周中期楚式鬲足，上层内部堆积和下层堆积内部仅见龙山陶片，铜矛出在 H181 下层坑底界面上①。根据层位和出土遗物判断，该灰坑的年代不晚于西周，不早于龙山晚期晚段。

经检测，这 4 件铜矛皆为纯铜制品。

此外，在淅川下王岗遗址属于二里头三期地层中出土一件铜钩（T15② A：39），断面为菱形，残长 3.8 厘米②。该铜钩应该是塞伊玛—图尔宾诺铜矛的倒钩，不但形制类似，而且中部有中脊，属于对开分型铸造。

湖北天门石家河罗家柏岭遗址出土铜矛呈叶状，中央起脊，残长约 30、宽约 11 厘米，体型硕大，发掘者认为系"剑身残片"，但其形制和尺寸均与塞伊玛—图尔宾诺式铜矛的矛叶相符，显系塞伊玛—图尔宾诺式铜矛的残器。根据与其共出同一层位的后石家河文化玉器判断，其年代应与后石家河文化相当，大致在公元前 2200～前 1800 年③。

综上，A 型铜矛矛叶呈宽柳叶形，銎柄与矛叶连接处饰"山"字脊，铜矛倒钩与系环位于同侧。这两个特征与塞伊玛—图尔宾诺文化典型墓葬图尔宾诺墓地及罗斯托夫卡墓地出土铜矛特征非常相似。所以我们认为这两件铜矛应由塞伊玛—图尔宾诺文化人群直接传入，是塞伊玛—图尔宾诺文化与中国境内铜石并用时代考古学文化接触的有利实证。

B 型铜矛，矛叶呈阔叶形，矛叶中部起脊，贯穿整个矛叶。銎柄上端一侧有倒钩，下端饰三道凸弦纹，倒钩与系环位于异侧。属于 A 型铜矛的仿制品。

A 型铜矛年代应略早于 B 型铜矛（表 5.1）。

---

① 高江涛：《河南淅川下王岗出土铜矛观摩座谈会纪要》，《中国文物报》2009 年 3 月 6 日第 7 版。
② 河南省文物研究所、长江流域规划办公室考古队河南分队：《淅川下王岗》，北京：文物出版社，1989 年，页 299。
③ 王鹏：《淅川下王岗遗址出土塞伊玛—图尔宾诺式铜矛与南北文化交流》，《考古》2023 年第 6 期，页 74～85；石龙过江水库指挥部文物工作队：《湖北京山、天门考古发掘简报》，《考古通讯》1956 年第 3 期。

表 5.1 中国境内发现塞伊玛—图尔宾诺铜矛分类表

| 类 别 | 线 图 |
|---|---|
| A 型铜矛 | 1　　　　　2 |
| B 型铜矛 | 3　　　4　　　5<br>6　　　7　　　8　　　9<br>10　　　11　　　12　　　13 |

1. 山西工艺美术馆藏品　2. 朝阳文管所藏品　3~4. 甘肃省博物馆藏品　5. 大通县文管所藏品　6. 青海沈那遗址发掘品　7. 陕西历史博物馆藏品　8. 山西博物院藏品　9. 淅川下王岗遗址发掘品　10~12. 南阳市博物馆藏品　13. 国家博物馆藏品

## （二）中国境内发现塞伊玛—图尔宾诺铜矛铸造技术研究

中国境内发现的塞伊玛—图尔宾诺铜矛铸造工艺基本状况如下表：

表 5.2 中国境内发现的塞伊玛—图尔宾诺铜矛铸造工艺表

| 铜 矛 | 类型 | 合金类型 | 倒钩铸造工艺 | 系环铸造工艺 | 错范现象 | 浇不足现象 | 裂 痕 |
|---|---|---|---|---|---|---|---|
| 辽宁朝阳 | A | 锡青铜 | 无倒钩 | 非对开分型 | 无 | 无 | 矛叶上部及根部 |
| 山西工艺美术馆 | | 红铜 | 无脊，非对开分型 | 非对开分型 | 无 | 无 | 矛叶根部 |
| 淅川下王岗1 | B | 红铜 | 中间起脊，对开分型 | 非对开分型 | 无 | 无 | 不详 |
| 淅川下王岗2 | | 红铜 | 不详 | 非对开分型 | 不详 | 不详 | 不详 |
| 淅川下王岗3 | | 红铜 | 对开分型 | 非对开分型 | 不详 | 不详 | 不详 |
| 淅川下王岗4 | | 红铜 | 不详 | 非对开分型 | 无 | 无 | 无 |
| 山西博物院 | | 锡青铜 | 无脊，非对开分型 | 非对开分型 | 无 | 无 | 无 |
| 青海沈那 | | 红铜 | 两边起脊，对开分型 | 非对开分型 | 无 | 无 | 无 |
| 青海大通 | | 红铜 | 无脊，对开分型 | 非对开分型 | 有 | 有，倒钩根部 | 矛叶根部 |
| 甘肃博物馆1 | | 红铜 | 中间起脊，对开分型 | 非对开分型 | 无 | 有，銎部 | 无 |
| 甘肃博物馆2 | | 红铜 | 中间起脊，对开分型 | 非对开分型 | 无 | 无 | 无 |
| 陕西历史博物馆 | | 红铜 | 中间起脊，对开分型 | 非对开分型 | 无 | 无 | 无 |
| 南阳市博物馆0232 | | 砷铜 | 中间起脊，非对开分型 | 非对开分型 | 无 | 有，銎部大量气泡 | 矛叶上部 |

续 表

| 铜 矛 | 类型 | 合金类型 | 倒钩铸造工艺 | 系环铸造工艺 | 错范现象 | 浇不足现象 | 裂痕 |
|---|---|---|---|---|---|---|---|
| 南阳市博物馆 0233 | B | 红铜 | 中间起脊，对开分型 | 非对开分型 | 有 | 有，倒钩根部 | 无 |
| 南阳市博物馆 0234 | B | 红铜 | 中间起脊，对开分型 | 非对开分型 | 无 | 无 | 无 |
| 国家博物馆 | B | 砷铜 | 中间起脊，对开分型 | 非对开分型 | 有 | 无 | 无 |

从上表中不难看出，所有铜矛皆为合范铸造。14件铸造工艺明确的铜矛中，倒钩为对开分型铸造的共10件，非对开分型铸造的有3件，还有1件铜矛未设置倒钩；倒钩形制主要以中部起脊为主，共8件。铜矛銎部系环皆为非对开分型铸造，即只在外范一面做出铸造沟槽，另一面为平面。铜矛的错范现象是该器物群的另一特征，共有3件铜矛有错范现象：在铸造过程中，由于外范设置位置出现偏差，导致铸造出来的器物沿范线产生不对称现象。

此外，还有4件铜矛存在浇不足现象。铸件截面相对过薄造成金属流间断是浇不足现象产生的主要原因，此现象除了会使铸件表面产生较为圆滑的孔洞外，还会使铸件表面残留气泡孔或产生裂痕。这4件明确具有浇不足现象的铜矛，其中3件为红铜质，1件为砷铜质，但砷铜质铜矛只是表面产生气孔，并无孔洞[1]。因此，可以推断这3件铜矛孔洞的产生可能与合金类型相关[2]。

这些铜矛发现的气泡均位于铜矛銎部，此现象说明这些铜矛的铸造过程，都是从銎口部位正浇，气泡向上移动，集中在铜矛銎部，这样的浇铸方式可以保证矛叶刃部锋利。

国内关于青铜器型芯设置的问题，主要集中在大型青铜容器的讨论上，对于青铜兵器、工具的讨论却很少。苏荣誉教授分析了宝鸡𢐗国墓地出土铜矛铸造技术，认为斧、凿、锛、矛之类带銎器，全是两范合一芯，为了保证刃和锋部组织致密，全部从内端或銎口正浇，但型芯的设置方式不详[3]。中国境内虽然

---

[1] 纯铜熔液与铜合金熔液相比流动性较差。
[2] 浇不足现象出现的另一个原因与型芯定位相关，下文将详细论述。
[3] 苏荣誉：《磨戟——苏荣誉自选集》，上海：上海人民出版社，2012年，页205。

未发现铜矛的型芯,但斧、镢等有銎器的型芯出土很多。偃师二里头遗址目前为止能辨认出的型芯仅一件,用于铸造的器型不详,但研究者提到,二里头铜器壁厚均匀,只有极强的陶范与型芯定位技术才能保证均匀的壁厚,所以会在外范上制作芯座,将芯头放入芯座固定[①]。郑州商城南关外及紫荆山北铸铜遗址出土较多斧、镢范型芯[②],型芯由芯座和芯体上下两部分构成,浇口及排气口设置在芯座上。侯马铸铜遗址出土大量古代兵器、工具外范及型芯[③],研究者认为有銎类器物内外范定位是通过接合榫卯完成的。虽然目前发现的有銎器物型芯,年代晚于塞伊玛—图尔宾诺铜矛,但仍可给我们提供该类铜矛型芯设置的思路(图 5.14)。

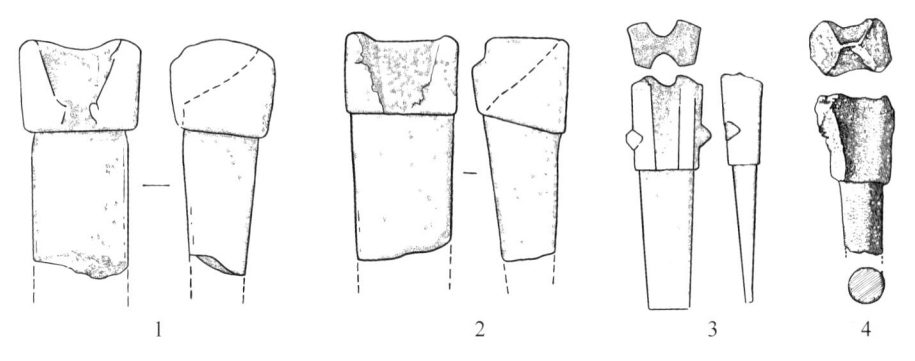

图 5.14 中国发现的型芯
1、2. 侯马遗址  3、4. 郑州南关外

即使目前在中国境内未发现塞伊玛—图尔宾诺铜矛铸范,但铜矛本身的一些细微特征,足以推测其铸造过程。

1."型芯"心位移现象

调查塞伊玛—图尔宾诺铜矛过程中,笔者发现铜矛銎部壁厚不均匀,这很可能是型芯与外范之间设置不当产生的心位移现象。我们详细调查了南阳博物馆藏 3 件铜矛,利用精度为 0.2 毫米游标卡尺对铜矛銎部壁厚进行测量(图 5.14~5.16),调查结果如下(表 5.3~5.5):

---

[①] 廉海萍、谭德睿、郑光:《二里头遗址铸铜技术研究》,《考古学报》2011 年第 4 期,页 561~575。
[②] 河南省文物考古研究所:《郑州商城:1953—1985 年考古发掘报告》,北京:文物出版社,2001 年,页 338~384。
[③] 山西省考古研究所:《侯马铸铜遗址》,北京:文物出版社,1993 年,页 306~308。

A. 铜矛 0232

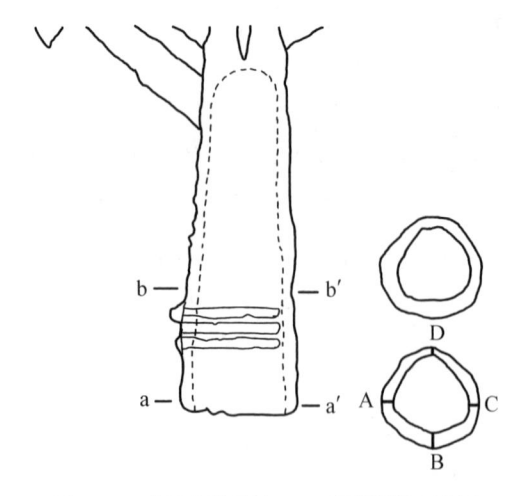

图 5.15　南阳市博物馆 0232 铜矛测量示意图

表 5.3　南阳博物馆藏 0232 铜矛銎壁厚度

| 截　面 | A/cm | B/cm | C/cm | D/cm |
|---|---|---|---|---|
| aa′ | 0.72 | 0.74 | 0.46 | 0.52 |
| bb′ | 0.76 | 0.64 | 0.46 | 0.58 |

B. 铜矛 0233

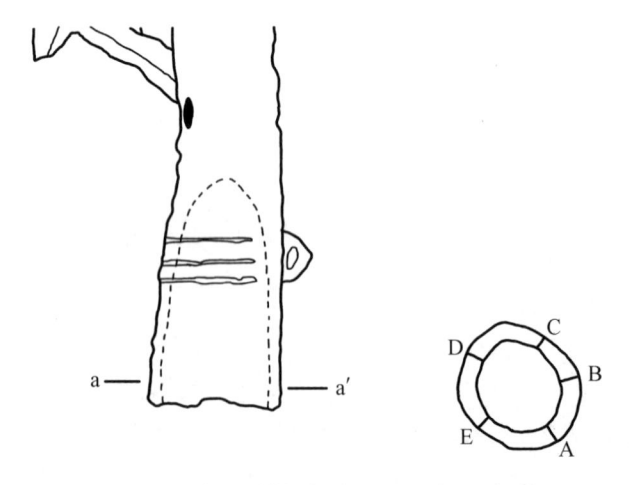

图 5.16　南阳市博物馆 0233 铜矛测量示意图

表 5.4　南阳博物馆藏 0233 铜矛銎壁厚度

| 截面 | A/cm | B/cm | C/cm | D/cm | E/cm | 孔洞处壁厚 |
|---|---|---|---|---|---|---|
| aa' | 0.66 | 0.54 | 0.38 | 0.44 | 0.46 | 0.2 |

C. 铜矛 0234

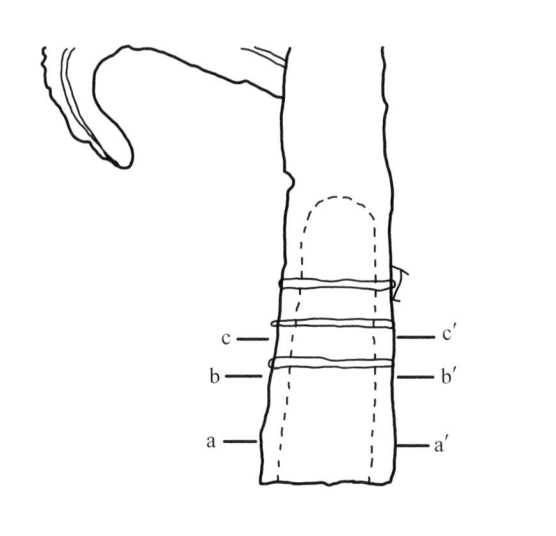

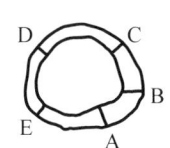

图 5.17　南阳市博物馆 0234 铜矛测量示意图

表 5.5　南阳博物馆藏 0234 铜矛銎壁厚度

| 截面 | A/cm | B/cm | C/cm | D/cm | E/cm |
|---|---|---|---|---|---|
| aa' | 0.5 | 0.5 | 0.38 | 0.36 | 0.34 |
| bb' | 0.38 | 0.4 | 0.34 | 0.32 | 0.34 |
| cc' | 0.32 | 0.4 | 0.24 | 0.26 | 0.32 |

通过对铜矛銎部壁厚的测量，可以看出铜矛銎部壁厚不均，一端较厚，一端较薄，较厚的一端往往有浇口的痕迹。上文也提到，銎部壁厚之所以不均，与芯撑的设置方式有关，也就是说，銎部铸造可能采用了直接插入芯撑的设置。但是这种芯撑技术并不成熟，容易出现心位移的现象，造成銎壁厚薄不均。0233 号铜矛由于心位移，导致铸件截面过薄，金属熔液流动性变差，产

生浇不足的现象。但是，也不能排除心位移现象可能是有意为之，因为銎壁较厚的一端往往是浇口的位置，浇口一端空间较大有利于铜溶液注入模范之中。

虽然笔者只对南阳市博物馆藏 3 件塞伊玛—图尔宾诺铜矛进行了详细的銎部壁厚测量，但其他地区发现的该类铜矛，同样存在因心位移导致銎壁厚薄不一的现象。

2. 銎口外翻现象

中国境内发现的塞伊玛—图尔宾诺铜矛，另一个值得注意的是銎口部向外翻现象，其中南阳博物馆 0233 号铜矛较为明显。青海沈那遗址出土铜矛、青海大通文管所藏铜矛可能也存在此类现象[①]。

通过对这些铜矛细致观察，发现这些铜矛銎口部外翻现象皆为铸造时产生，并非人为改造而成。造成这种现象的原因，笔者推测很可能是因为采用了直接在外范中插入上大下小型芯造成的，具体设置方式如复原图所示（图 5.18）：

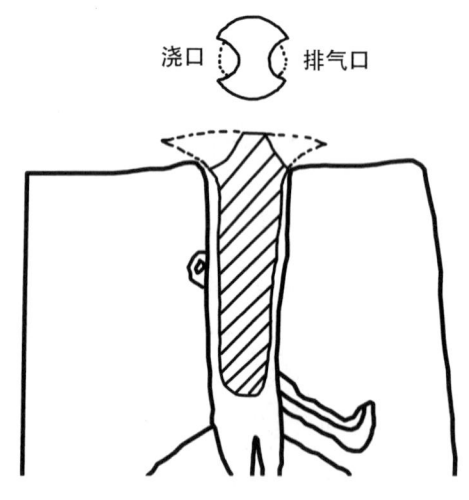

图 5.18  銎口外翻现象产生示意图

以上示意图揭示了銎口部外翻现象的原因，即型芯上部制作成弧形，导致铸造出来的铜矛銎口也是弧形，产生所谓的銎口部外翻现象。

3. 中国青铜时代早期竖銎器铸造技术探究

中国境内发现的青铜时代早期竖銎铜器包括：16 件塞伊玛—图尔宾诺类型

---

① 根据苏荣誉教授的说法，这两件铜矛銎口外翻现象不能排除铜液冷却收缩的可能。

倒钩铜矛、新疆克尔木齐墓地出土铸铲石范、新疆玛纳斯博物馆藏塞伊玛—图尔宾诺类型空首斧、新疆阜康博物馆藏塞伊玛—图尔宾诺类型铸矛石范、新疆天山北路墓地出土空首斧、甘肃岷县杏林遗址出土空首斧、甘肃广河齐家坪遗址出土空首斧、山西夏县东下冯二里头遗址出土铸造空首斧石范等。中国青铜时代早期竖銎铜器包括铜矛、空首斧、有銎镞等，与塞伊玛—图尔宾诺类型竖銎器类别相当。

中国境内发现的 16 件塞伊玛—图尔宾诺类型倒钩铜矛的铸造工艺已经发表[①]。16 件铜矛銎部下方皆没有对穿的小孔，由此可见，这批铜矛在铸造时都采用了第二种型芯设置方式。其中，山西工艺美术馆与辽宁朝阳文管所收藏的塞伊玛—图尔宾诺铜矛与前文所述 B 型铜矛非常相似，而且同样采用了第二种型芯设置方式，类似的铜矛仅在图尔宾诺墓地出土，属于塞伊玛—图尔宾诺晚期器型。

莫洛金在其论文中提到，文格罗沃-2 居址中发现塞伊玛—图尔宾诺类型铸范，再结合其他冶铸遗迹、出土铜器可以判断：一方面，克罗托沃文化人群直接引进塞伊玛—图尔宾诺铜器；另一方面，克罗托沃文化铸铜工匠还对塞伊玛—图尔宾诺铜器进行仿制，铸造类似铜器[②]。中国境内发现的塞伊玛—图尔宾诺类型铜矛，可能也存在上述现象，发现的 16 件铜矛中，2 件叉形铜矛作为成品被直接引入，其余 14 件铜矛则是本土铸铜工匠仿制而成。此外，莫洛金的另一篇文章还提到，中国发现的这批塞伊玛—图尔宾诺铜矛之所以矛头圆钝，与俄罗斯发现的铜矛差别较大，原因很可能是中国的铜矛只是半成品，还未进一步打磨加工使之锋利[③]。

中国境内虽然没有发现利用第一种型芯设置方式铸造的铜矛，但是发现了利用第一种型芯设置方式的铸矛石范。

2008 年，刘学堂在《新疆发现的铸铜石范及其意义》一文中，刊布一件发现于新疆阜康滋泥泉子的铜矛铸范，并推测其属于塞伊玛—图尔宾诺时代[④]。

---

[①] Матющенко. В. И. *Из Истории Сибири. Ч. 2. Самусьская Культура.* Томск. 1973.

[②] Molodin. V. I., I. A. Durakov, L. N. Mylnikova, and M. S. Nesterova. The Adaptation of the Seima-Turbino Tradition to the Bronze Age Cultures in the South of the West Siberian Plain. *Ethnology and Anthropology of Eurasia*, 46/3, 2018, pp. 49-58.

[③] Молодин. В. И., И. А. Дураков. Метод литья «на пролив» в сейминско-турбинской металлообрабатывающей традиции (по материалам кротовской культуры). *Уральский исторический вестник*, № 1 (62). 2019. С. 48-56.

[④] 刘学堂、李溯源：《新疆发现的铸铜石范及其意义》，《西域研究》2008 年第 4 期，页 50～58。

2014年，林梅村在《丝绸之路天山廊道——新疆昌吉古代遗址与馆藏文物精品》一书中，首次发表这件铸矛石范的高清照片[①]，因此，我们可以进一步讨论该石范的铸造工艺。

该石范平面呈长方形，长22.5、宽10、厚5厘米，矛体呈柳叶状，从形制上看，属于前文分类中的C型铜矛。銎口部一圈凸起，石范一侧有两个孔洞，起定位石范、防止错范的作用。

铜矛銎部左右两边各有一对对称的凹槽，这个凹槽的作用就是固定内芯，与前文所述第一种型芯设置方式相似。内芯上会有泥芯撑，用来将内芯固定在外范上，利用这种方法铸造出的铜矛銎部会有对穿的小孔（图5.19）。

这件石范铸造出的铜矛，属于前文所述C型铜矛，形制与峡坦亚湖-2遗址出土铜矛非常相似。

中国境内发现的青铜时代早期竖銎器

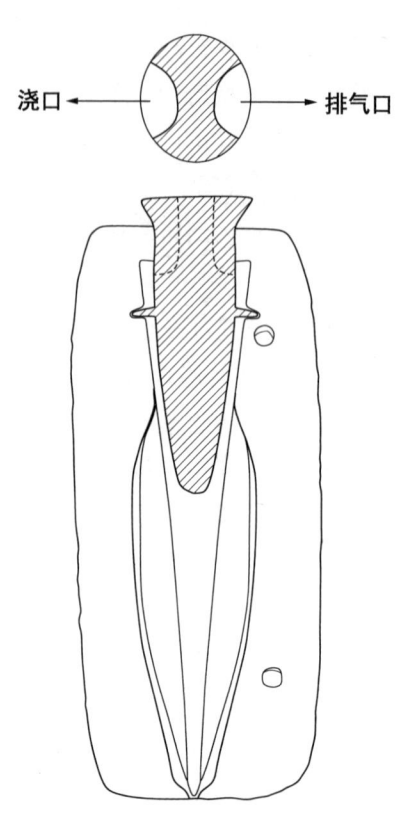

图5.19 新疆阜康滋泥泉子铜矛铸范型芯设置示意

（包括铜矛、空首斧、有銎箭镞等），只有阜康的铸矛石范采用了第一种型芯设置方式，其余竖銎器皆采用第二种型芯设置方式。

## 三、中国发现塞伊玛—图尔宾诺其他遗物

### （一）新疆发现塞伊玛—图尔宾诺遗物

1963年，新疆维吾尔自治区民族研究所考古组在阿勒泰南坡山脚下切木尔切克河谷发掘了切木尔切克墓地。其中17号墓是一座有两个石棺墓和一个殉葬浅穴的坟院制墓葬。四周用垂直埋植的石块围成矩形，东西长20.8、南北宽

---

[①] 新疆昌吉回族自治州文物局：《丝绸之路天山廊道——新疆昌吉古代遗址与馆藏文物精品》，北京：文物出版社，2014年，页115。

12.1 米，高度仅 10～20 厘米。矩形列石东端外面有较高的立石三块，可能是石人。院内偏西有方形大石棺暴露在地面上，编号为 M17m1，尺寸为 1.4 米 × 1.62 米，深 1.07 米，方向 20 度。石棺四壁系用整块的厚约 30 厘米的石板拼成。棺内从东北到西南角对角线上又有一长方形石棺，长 1.8、宽 0.3～0.6 米，用大小不等的块石围成。墓主人骨放置在小石棺中，俯身直肢，头向东北，大小石棺中都没有随葬器物。但在大石棺外东南部距地面约 20 厘米深处出土石器 7 件，计铲范一套 2 件、匕首和锥单范同式 2 件、圆锥形漏斗 1 件、小石钵 1 件、小石臼 1 件（图 5.20）。范上无气孔，无内模，无使用痕迹，应属于母范或明器[①]。

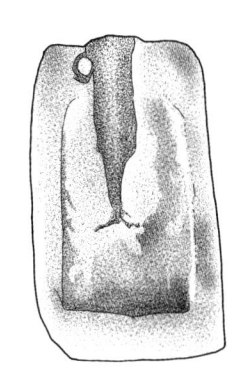

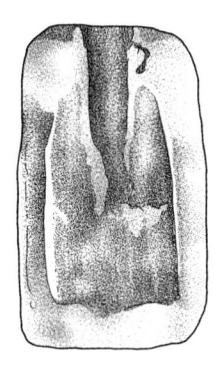

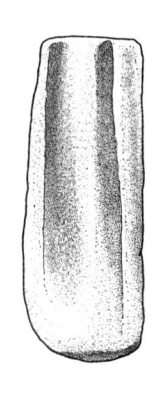

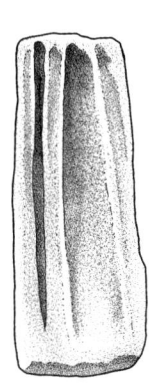

图 5.20 切木尔切克墓地 17 号墓出土石范

石范埋葬在墓葬旁边的现象，很容易让人联想到罗斯托夫卡墓地 21 号墓葬北部小坑中放置的 3 件铸造空首斧石范（位于 Ж-20 探方中）。根据前文的研究，罗斯托夫卡 21 号墓葬是一座随葬铸范的高等级墓葬，墓葬周围不但放置石范，还将铜器直插入地面中。切木尔切克墓地 17 号墓是一座典型的切木尔切克文化墓葬，墓旁随葬的石范所铸造的铜器不属于塞伊玛—图尔宾诺类型，且报告中还提到这些石范并无使用痕迹，说明切木尔切克人群只是吸取了塞伊玛—图尔宾诺文化因素，使用了类似的葬俗，以此凸显墓主的"冶金工匠"身份。

切木尔切克墓地 11 号墓葬还出土 1 件铜矛，但无论是在原始报告中，还是在相关研究文章中，都没有这件铜矛的照片或线图，所以无法知晓此件铜矛

---

① 易漫白：《新疆克尔木齐古墓群发掘简报》，《文物》1981 年第 1 期，页 23～32。

的具体形制。不过原报告指出此件铜矛是红铜制品，打制而成，可能属于第三章铜矛分类中的 A 类铜矛。

关于切木尔切克文化的年代问题，中国学者多将年代定在公元前三千纪末期到公元前两千纪初期[①]。根据科瓦列夫对蒙古、哈萨克斯坦切木尔切克文化墓地的发掘成果和大量碳-14 测年成果，可推测切木尔切克年代主要集中在公元前 2400～前 1800 年[②]，与塞伊玛—图尔宾诺遗存年代相当。

2014 年，林梅村通过对新疆昌吉地区两市五县博物馆藏文物调查，甄别出一批塞伊玛—图尔宾诺类型铜器[③]，其中玛纳斯博物馆藏一件典型的塞伊玛—图尔宾诺空首斧，属于前文空首斧分类中的 Ba 类型。这件空首斧器壁较薄，口部截面为扁椭圆形，斧身截面为扁六边形，斧身的棱较为突出，与塞伊玛—图尔宾诺类型空首斧特征一致。

呼图壁县博物馆藏一件人面石权杖首，高 30 厘米，直径 4.7 厘米，该人像头戴一顶圆形小帽。类似的人面石权杖首还发现于切木尔切克墓地 21 号墓、博州农五师八十一团黑水沟[④]。这些人面石权杖首与额尔齐斯河流域发现的人面石权杖首形制相似，基留申和莫洛金认为他们都属于塞伊玛—图尔宾诺遗物[⑤]。而石权杖首人面所戴圆形小帽与罗斯托夫卡墓地出土铜刀刀柄上人像所戴的帽子类似，类似的形象在南西伯利亚地区亦有发现[⑥]。另外，博州哈日布呼镇出土的羊首石权杖首在阿尔泰地区石普诺沃地区同样有发现[⑦]。（图 5.21～5.23）

---

① 郭物：《新疆天山地区公元前一千纪的考古学文化研究》，中国社会科学院研究生院博士论文，2005 年，页 121；丛德新、贾伟明：《切木尔切克墓地及其早期遗存的初步分析》，《庆祝张忠培先生八十岁论文集》，北京：科学出版社，2014 年，页 285～304；林梅村：《吐火罗人的起源与迁徙》，《丝绸之路考古十五讲》，北京：北京大学出版社，2006 年，页 12～34。

② Ковалев. А. А. и др. Древнейшие европейцы в сердце Азии: чемурчекский культурный феномен. Часть II. Результаты исследований в центральной части Монгольского Алтая и в истоках Кобдо; памятники Синьцзяна и окраинных земель. МИСР. 2015.

③ 林梅村：《欧亚草原文化与史前丝绸之路》，《丝绸之路天山廊道——新疆昌吉古代遗址与馆藏文物精品》，北京：文物出版社，2014 年，页 656～677。

④ 王博、祁小山：《丝绸之路·新疆古代文化》，乌鲁木齐：新疆人民出版社，2016 年，页 220、236。

⑤ Кирюшин. Ю. Ф. Энеолит и бронзовый век юга Западной Сибири. Барнаул. 2002.

⑥ 莫洛金：《塞伊玛—图尔宾诺跨文化现象在中亚和中国的新发现》，《塞伊玛—图尔宾诺与史前丝绸之路》，上海：上海古籍出版社，2019 年。

⑦ Кирюшин. Ю. Ф. Энеолит и бронзовый век юга Западной Сибири. Барнаул. 2002.

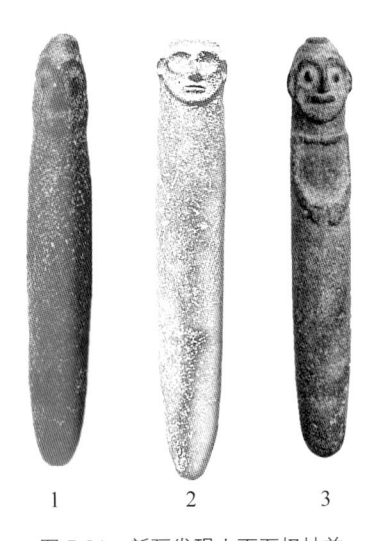

图 5.21 新疆发现人面石权杖首

1. 呼图壁县博物馆  2. 新疆博州农五师八十一团黑水沟哈日布呼镇  3. 切木尔切克墓地

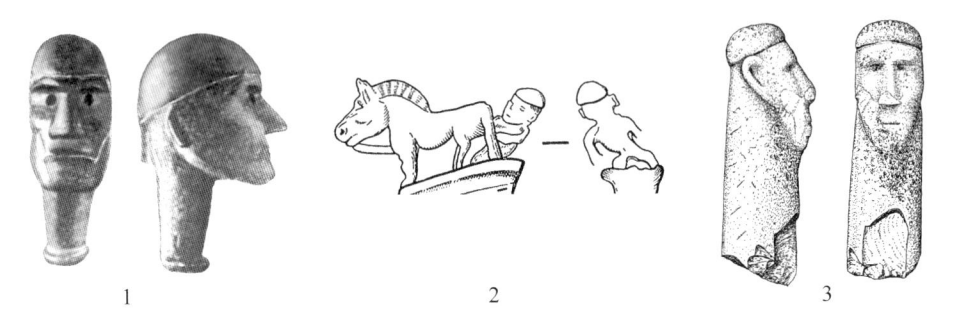

图 5.22 俄罗斯发现戴帽人像

1. 额尔齐斯地区  2. 罗斯托夫卡墓地  3. 南西伯利亚

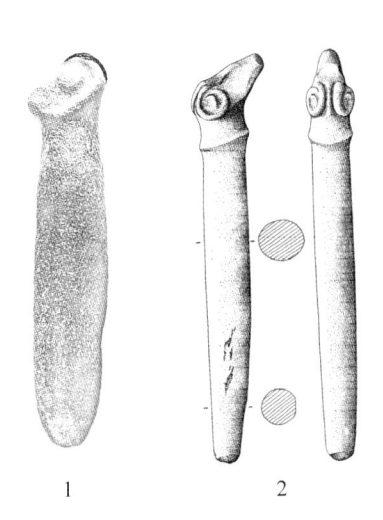

图 5.23 石羊首杖

1. 新疆博州农五师八十一团黑水沟哈日布呼镇  2. 石普诺沃

伊犁地区征集的一件空首斧石范，长梯形，合范，只存一面，斧首端窄，下端宽，弧刃，高15、下端宽8厘米。颈部两侧有对称的双系耳，颈部刻一周网格纹，下方为三角纹[1]。从装饰和器型来看，这件空首斧石范可能是塞伊玛—图尔宾诺类型空首斧石范。

哈密天山北路墓地出土了一件空首斧，该墓地正式报告还未出版，但发掘者认为该墓地可早到公元前两千纪初期[2]。邵会秋也提到这件空首斧斧壁非常薄，无耳，形制与之后的，以及周围地区的同类器相差较远，显示出较原始的风格[3]。这件空首斧的形制虽然与塞伊玛—图尔宾诺空首斧相差较大，但很可能是在掌握塞伊玛—图尔宾诺型芯铸造技术之后，天山北路人群铸造的新类型的空首斧。

### （二）甘肃发现塞伊玛—图尔宾诺遗物

关于甘肃地区出土早期铜器与塞伊玛—图尔宾诺之间的关系问题，已有诸多学者进行研究。

胡柏认为甘肃岷县杏林遗址出土的一件单耳空首斧和一件铜刀、武威黄娘娘台遗址出土的残刀柄以及青海互助总寨遗址出土的骨柄铜刀和骨柄铜锥，在形制上与塞伊玛—图尔宾诺出土器物非常像，并且推测齐家文化受到了塞伊玛—图尔宾诺文化的影响[4]。

戴蔻林则认为齐家坪遗址出土的空首斧与塞伊玛—图尔宾诺空首斧非常相近，只是表面没有塞伊玛—图尔宾诺空首斧上的类似纹饰[5]。

梅建军则认为魏家台子的骨柄刀也与塞伊玛—图尔宾诺所出骨柄刀非常相似，沈那遗址出土的铜矛也与罗斯托夫卡墓地出土铜矛相似，并分析该件铜矛应属于齐家文化遗物[6]。

---

[1] 刘学堂、李溯源：《新疆发现的铸铜石范及其意义》，《西域研究》2008年第4期，页50~58。

[2] 吕恩国、常喜恩、王炳华：《新疆青铜时代考古文化浅论》，《苏秉琦与当代中国考古学》，北京：科学出版社，2001年，页172~193。

[3] 杨建华等：《欧亚草原东部的金属之路》，上海：上海古籍出版社，2016年，页116。

[4] Huber-Fitzigerald. L. G. Qijia and Erlitou: the Question of Contacts with Distant Culture. *Early China* 20, 1995, pp. 18–65.

[5] Debaine-Francfort. C. Du Néolithique à l'Âge du Bronze en Chine du Nord-Ouest: La culture de Qijia et ses connexions. *Mémoires de la Mission Archéologique Française en Asie Centrale, volume VI*. Paris: Éditions Recherche sur les Civilizations, 1995, p. 324.

[6] 梅建军、高滨秀：《塞伊玛—图比诺现象和中国西北地区的早期青铜文化》，《新疆文物》2003年第1期，页102~113。

四坝文化出土铜器中的弓背铜刀、空首斧及骨柄铜刀也显示出北方欧亚草原文化的风格①。火烧沟遗址出土的铜矛，与 3.4.1 小节铜矛分类中的 B 类铜矛类似，但銎部没有对穿的小孔，属于第一种铸造技术类型，即将内芯直接插入外范中铸造。

最直接表明齐家文化与塞伊玛—图尔宾诺之间关系的，就是甘肃及青海发现的塞伊玛—图尔宾诺式倒钩铜矛。

此外，天水市博物馆收藏 2 件带柄短剑②，剑柄两边凸起，中部内凹或镂空，截面呈"工"字形，剑身呈柳叶状。同样的短剑在新疆特克斯县乔拉克铁热克乡也有发现③，然而在《伊犁河谷阿尕尔森类型青铜器》一文中，作者误将带柄铜剑归为铜矛，该铜剑长 31、宽 5 厘米，扁柄，柄两端有孔，刃部起脊。索普卡-2/4B 墓地 420 号墓、425 号墓、443 号墓各出土一件此类短剑，其中 2 件刀柄两端都有穿孔④。类似的铜刀在南部西伯利亚地区、额尔齐斯流域及阿尔泰地区也都有零星发现⑤，如哈萨克斯坦巴甫洛达尔（Павлодарское）、伊塞克湖南岸的卡拉科尔宝藏（Второй Каракольский клад）等。该类型短剑虽然没有在塞伊玛—图尔宾诺类型墓地发现，但索普卡-2/4B 墓地既发现此类短剑，且发现典型的塞伊玛—图尔宾诺类型工匠墓及塞伊玛—图尔宾诺类型铜器。同时，碳-14 测年也显示该铜刀的年代在公元前 2300～前 2100 年。因此，特克斯县乔拉克铁热克乡与天水博物馆发现的这 3 件短剑，可能是中国境内发现最早的一批塞伊玛—图尔宾诺类型铜器（表 5.6）。

朱开沟遗址出土的短剑与这几件短剑整体形制类似，但增加了所谓的凹格，是此类铜剑传入到中国后器型创新的结果。而后，这种凹格短剑又进一步

---

① 李水城、水涛：《四坝文化铜器研究》，《文物》2000 年第 3 期，页 36～43。
② Ковалёв. А. А. Новые данные о связях культур Западной Сибири, Монголии и Китая в первой половине II тыс. до н.э. *Современные решения актуальных проблем евразийской археологии*. Барнаул. 2013. С. 140–146.
③ 李溯源：《伊犁河谷阿尕尔森类型青铜器》，《边疆考古研究（第 16 辑）》，北京：科学出版社，2015 年，页 100～110。
④ Молодин. В. И. Новый вид бронзовых кинжалов в погребениях кротовской культуры. *Военное дело населения юга Сибири и Дальнего Востока*. Новосибирск: Наука. 1993. С. 4–16.
⑤ Грушин. С. П., Мерц. В. К., Папин. Д. В., Пересветов. Г. Ю. Материалы эпохи бронзы из Павлодарского Прииртышья. *Алтай в системе металлургических провинций бронзового века*. Барнаул. 2006. С. 4–17. Членова. Н. Л. Карасукские кинжалы. М: Наука, 1976. С. 104.

242 欧亚草原视野下的塞伊玛—图尔宾诺与中国

表 5.6 塞伊玛—图尔宾诺与中国西北地区铜器对比

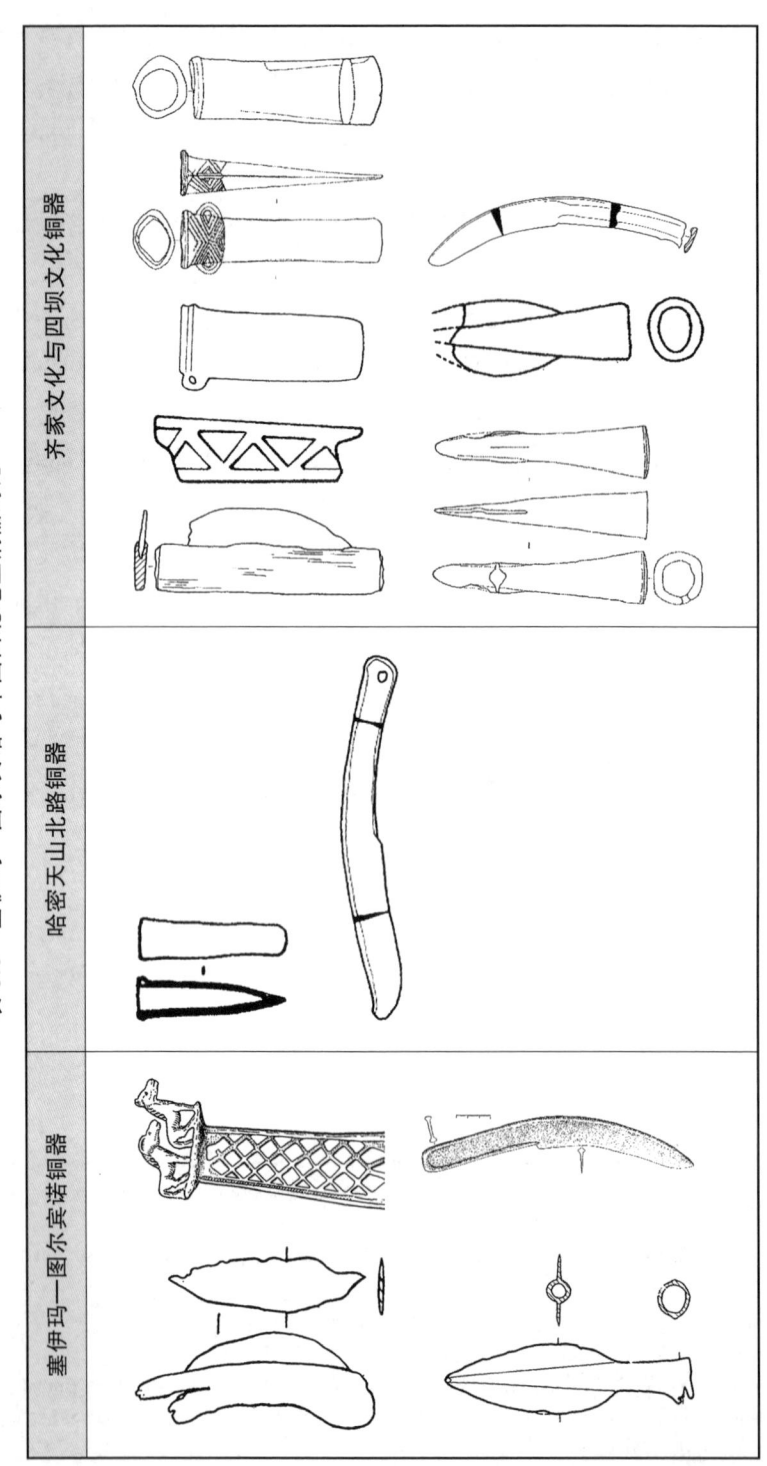

北传，影响了卡拉苏克铜剑[①]。

### （三）中国境内发现塞伊玛—图尔宾诺铜器年代再讨论

中国境内发现的塞伊玛—图尔宾诺铜矛中，发掘品共计6件：河南淅川下王岗遗址出土4件、青海沈那遗址出土1件、河南淅川下王岗遗址二里头三期地层中出土1件铜倒钩。

淅川下王岗铜矛发现于2008XWGT2H181，H181层位关系明确，开口于属于西周中期④B层下，打破龙山晚期文化地层，出土遗物除4件铜矛外，还有少量的龙山文化和仰韶文化陶片。所以H181的相对年代不晚于西周中期，且不早于龙山文化晚期。值得注意的是H181明显分为上下两层，下层是近窄长方形的常见灰坑，上层则夹杂大量红烧土块和硬土块，4件铜矛出土于下层。H181应是有意挖成用来掩埋4件铜矛，并用红烧土及硬土块加固封实[②]。高江涛还判断H181不是逐渐形成的垃圾坑，而是短暂形成的埋藏坑，所以H181只能是宽泛地层年代中某一时期或某一阶段形成的。由于淅川下王岗遗址龙山文化晚期到西周时期的文化堆积有龙山文化晚期、二里头文化时期、西周时期三个阶段，高江涛在结合龙山文化特征情况下，将这4件铜矛的年代定在龙山文化末期[③]。

这里要注意的是，铜矛的埋藏年代不一定与铜矛的使用年代重合，所以不论是将铜矛的年代定在龙山时代还是二里头时代，这只是铜矛的下限年代，其使用年代应该更早。

淅川下王岗遗址属于二里头三期地层中出土1件铜钩（T15②A:39），断面为菱形，残长3.8厘米[④]。这件铜倒钩发现于二里头三期地层中，但该探方中，二里头文化下层是龙山文化地层，所以不能排除该铜倒钩是从下层翻上来的。但不管实际情况究竟如何，这件倒钩的下限年代是二里头文化三期。

1991～1993年，青海省考古研究所在沈那遗址西侧进行了试掘，遗址中

---

[①] 杨建华等：《欧亚草原东部的金属之路》，上海：上海古籍出版社，2016年，页116。
[②] 高江涛：《河南淅川下王岗出土铜矛观摩座谈会纪要》，《中国文物报》2009年3月6日第7版。
[③] 高江涛：《试论中国境内出土的塞伊玛—图尔宾诺式倒钩铜矛》，《南方文物》2015年第4期，页160～168。
[④] 河南省文物研究所、长江流域规划办公室考古队河南分队：《淅川下王岗》，北京：文物出版社，1989年，页299。

出土 1 件塞伊玛—图尔宾诺倒钩铜矛。这件铜矛应属于齐家文化遗存。

二里头文化三期年代应在公元前 1610 年～前 1555 年[①]，齐家文化主体年代在公元前 2000 年～前 1600 年[②]，龙山文化晚期年代在公元前 2000～前 1600 年[③]。

此外，湖北天门石家河罗家柏岭遗址出土铜矛呈叶状，中央起脊，残长约 30、宽约 11 厘米，体型硕大，发掘者认为系"剑身残片"，但其形制和尺寸均与塞伊玛—图尔宾诺式铜矛的矛叶相符，显系塞伊玛—图尔宾诺式铜矛的残器。根据与其共出于同一层位的后石家河文化玉器判断，其年代应与后石家河文化相当，大致在公元前 2200～前 1800 年[④]。

回过头来，我们再将中国发现的铜矛与塞伊玛—图尔宾诺类型遗址出土铜矛进行对比。两者之间形制相似，不但都有铜倒钩设置，而且中国发现的铜矛倒钩上有一道中脊，与塞伊玛—图尔宾诺铜矛銎部设置的所谓"加强筋"非常类似。但是，中国出土的铜矛与塞伊玛—图尔宾诺铜矛相比仍有一些差异。一方面，中国发现的铜矛，矛叶变宽，矛叶顶端变圆钝，失去了原有的使用功能。另一方面，中国发现的倒钩铜矛銎壁较厚，虽然銎部下方也有凸弦纹，但没有对穿的小孔，表明中国境内发现的倒钩铜矛与罗斯托夫卡墓地出土的倒钩铜矛采用了不同的铸造方式（型芯设置方式）。

辽宁朝阳文管所藏叉形铜矛与山西省工艺美术馆藏叉形铜矛较其他铜矛年代较早[⑤]，但这 2 件铜矛的铸造方式与罗斯托夫卡墓地出土叉形矛不同，却与图尔宾诺墓地发现的叉形铜矛类似，且中国发现的这 2 件叉形矛都是锡铜制品。甘肃天水博物馆收藏的塞伊玛—图尔宾诺类型铜剑与索普卡-2B 墓地出土铜剑如出一辙，其中 2 座随葬铜剑的墓葬 M420 与 M425 测年结果分别为公元前 2559～前 2289 年和公元前 2388～前 2042 年。

综上，结合中国青铜时代考古学文化碳-14 测年数据与塞伊玛—图尔宾诺

---

[①] 中国社科院考古研究所：《中国考古学·夏商卷》，北京：中国社会科学出版社，2003 年，页 660，表二。

[②] 中国社科院考古研究所：《中国考古学·夏商卷》，北京：中国社会科学出版社，2003 年，页 539。

[③] 中国社科院考古研究所：《中国考古学·夏商卷》，北京：中国社会科学出版社，2003 年，页 46～53。

[④] 王鹏：《淅川下王岗遗址出土塞伊玛—图尔宾诺式铜矛与南北文化交流》，《考古》2023 年第 6 期，第 74～85 页；石龙过江水库指挥部文物工作队：《湖北京山、天门考古发掘简报》，《考古通讯》1956 年第 3 期。

[⑤] 刘翔：《青海大通县塞伊玛—图尔宾诺式倒钩铜矛考察与相关研究》，《文物》2015 年第 10 期，页 64～69。

晚期遗存碳-14测年数据，中国境内发现的这批塞伊玛—图尔宾诺遗物年代当在公元前2200～前1600年。

### （四）塞伊玛—图尔宾诺与中国早期青铜时代关系再讨论

上文梳理了中国境内发现的塞伊玛—图尔宾诺遗物，这些发现主要集中于中原地区、甘肃地区、青海地区及新疆地区。

中原地区一共发现塞伊玛—图尔宾诺类型倒钩铜矛9件，淅川下王岗二里头三期地层中还发现1件铜倒钩，湖北天门石家河罗家柏岭遗址出土1件矛叶，而且山西还发现塞伊玛—图尔宾诺典型的"叉形铜矛"。这些发现表明塞伊玛—图尔宾诺人群可能直接与山西地区青铜时代人群接触，并将"叉形铜矛"连同型芯铸造技术一起传入中原地区。

蒙古地区发现的塞伊玛—图尔宾诺空首斧及柄部饰有马首的铜刀，则进一步证实了我们的想法。塞伊玛—图尔宾诺人群传播铜器及铸造技术的路线之一，可能是经由蒙古高原南下，后深入到中原腹地。

叉形铜矛及型芯铸造技术传入中原后，中原地区开始仿制塞伊玛—图尔宾诺铜矛，因此出现了一大批倒钩铜矛的仿制品。仿制的这批倒钩铜矛与叉形铜矛相比，形制发生了很大变化，矛叶开始变宽，矛头开始变钝。尤其是青海沈那遗址出土的铜矛，长61.5厘米，宽19.5厘米，尺寸远超常规意义上的铜矛，根本无法进行实战，而可能作为礼器使用。这些形制上的变化表明，铜矛的使用功能发生变化，由原来的兵器转变为礼器[①]。

二里头文化铜器则存在明显的早晚差异，在二里头文化一期、二期，铜器主要是小件工具或兵器；从第三期开始才能铸造一些较为复杂的兵器、装饰品和铜容器[②]。

东下冯遗址则在二里头文化三期才开始出现铜器[③]。该遗址中属于二里头三期的501号灰坑还出土6块石范，皆为片麻岩制，其中4件均系空首斧之外范，但不成套。其中2块大的呈长方形，一头较大，一头较小，范外为圆弧形，斧内作斧形腔，范宽6.5～7.4、厚3.4～3.9、长度各为13.6、13.8厘米。其余

---

① 松本圭太：《ユーラシア草原の青铜时代》，福冈：九州大学出版会，2018年，页63～77。
② 中国社科院考古研究所：《偃师二里头：1959—1978年考古发掘报告》，北京：中国大百科全书出版社，1999年，页168～194。
③ 中国社科院考古研究所：《夏县东下冯》，北京：文物出版社，1988年，页76～78。

2块均系斧刃部小段，范外有两圆锥形小孔。这4块斧范虽然不成套，但是从范内型腔来看，空首斧形制相同，即斧身为长方形，宽3.5～4.5厘米，长14厘米。一方面，銎部亦呈长方形，斧中间有一条凸棱。从刊布的照片来看，利用这件石范铸造出来的空首斧截面并非是长方形，而是六边形，与塞伊玛—图尔宾诺空首斧形制相似。另一方面，斧身上的凸棱，与我们在前文中讨论的铜矛上设置的"加强筋"形制和作用一致。所以这件斧范很可能属于塞伊玛—图尔宾诺类型。

6块石范皆出土于501号灰坑（图5.24），501号灰坑位于探方5522中，椭圆形，口部尺寸长8.3、宽4.05米，底部尺寸为长7.82、宽3.8米，深度为2.4米。该灰坑内部发现504号墓葬。504号墓葬位于501号灰坑底部，有一具人骨保存完好，成年男性，头向东北，侧身屈肢，作卧睡状。背靠灰坑南壁，右手托腮，左手横放在腹部，左腿伸直，右腿弯曲，葬式与二里头文化类型墓葬不同。墓葬边圹不清，无随葬品。

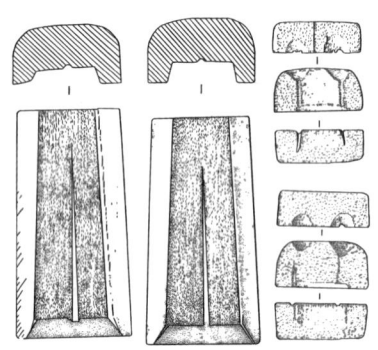

图5.24　东下冯二里头遗址501号灰坑出土石范

由于夏县东下冯的考古报告对于遗物出土信息的描述非常简略，尤其是对这6件石范与501号灰坑、504号墓葬之间的关系基本没有叙述，所以我们无法判断这6件石范是否为504号墓葬的随葬品。如果这6件石范属于504号墓葬的随葬品，那么该墓很可能与前文所述随葬塞伊玛—图尔宾诺石范的墓葬直接相关，亦可证明塞伊玛—图尔宾诺人群与二里头文化人群直接接触。

辽宁朝阳地区同样发现塞伊玛—图尔宾诺典型的叉形铜矛，其年代应与山西工艺美术馆藏叉形铜矛相近。

值得注意的是，中国目前所知最早的青铜冶炼遗址就在辽宁朝阳市附近的牛河梁遗址。20世纪80年代中期，在牛河梁遗址一人工堆积而成的金字塔形顶部（亦称"转山子"）和另一自然山丘顶部，分别发现炉壁残片，起初误以为是"坩埚片"。1987年，辽宁省考古研究所对转山子进行考古发掘，并邀请北京科技大学冶金及材料史研究所工作人员对转山子出土冶炼遗迹进行取样，并对炉壁残片、铜炼渣进行分析、复原和热释光测年[①]。

在最初的研究中，牛河梁冶炼遗址一度误认为属于红山文化[②]。不过，正如安志敏先生指出的："在最近的发掘中，已由地层、遗物和断代得到确认，新石器时代的红山文化不是牛河梁遗址唯一的遗存，这里还包括青铜时代的夏家店下层文化。因而牛河梁石家群中可能包括红山文化和夏家店下层文化两个不同的时代，从地层堆积和打破关系上，应该是比较清楚的"[③]。北京大学考古系实验室、上海博物馆考古科学与文物保护实验室后来对炉壁残片和与之同出的红山文化陶片，以及牛河梁女神庙红烧土进行了热释光年代测定，发现牛河梁冶炼遗址所出"炉壁残片的年代为3330±300～3494±340 BP，要比红山文化陶片和红烧土年代晚约1000多年，属于夏家店下层文化的年代范围"[④]。

同时，中国西北地区也发现大量塞伊玛—图尔宾诺遗存。

新疆阿勒泰地区发现切木尔切克文化墓地，该墓地中发现在墓葬旁边随葬石范的现象，这种现象在罗斯托夫卡墓地也有发现，说明新疆境内的切木尔切克文化墓葬葬俗受到塞伊玛—图尔宾诺文化的影响。

昌吉地区发现塞伊玛—图尔宾诺空首斧及石范，从空首斧的形制和石范采用的铸造方式来看，这两件器物应该直接来自塞伊玛—图尔宾诺遗存分布区；特克斯县乔拉克铁热克乡发现的带柄铜剑，与索普卡-2/4B墓地发现的铜剑形制相似；昌吉、阿勒泰等地发现的人像或盘羊石权杖首与塞伊玛—图尔宾诺石权杖首类似。

新疆发现的塞伊玛—图尔宾诺遗物及与塞伊玛—图尔宾诺相似葬俗的墓葬表明，塞伊玛—图尔宾诺遗存与中国青铜时代考古学文化之间的交流，一方面是器物的传播，另一方面则是葬俗的影响。而昌吉地区发现的铸矛石范更是说明塞伊玛—图尔宾诺金属铸造技术同样传入新疆。如果说器物的交流是战争或者贸

---

[①] 韩汝玢：《近年来冶金考古的一些进展》，《中国冶金史论文集》，北京：北京科技大学，1994年，页6～7。
[②] 苏秉琦：《中国通史》第1卷序言，上海：上海人民出版社，1994年，页13～14。
[③] 安志敏：《关于牛河梁遗址的重新认识——非单一的文化遗存以及"文明的曙光"之商榷》，《考古与文物》2003年第1期，页17～20。
[④] 李延祥、韩汝扮、宝文博、陈铁梅：《牛河梁冶铜炉壁残片研究》，《文物》1999年第12期，页50。

易的结果，那么技术的交流很可能就伴随铸铜工匠的到来，切木尔切克墓地随葬石范的葬俗特征恰巧证实了我们的论断。另外，新疆阜康发现铸矛石范与塞伊玛—图尔宾诺遗存东区铸矛石范所采用的型芯铸造技术非常相似。所以中国境内发现的青铜时代早期有銎器铸造技术来源都指向塞伊玛—图尔宾诺遗存。

天山北路墓地出土的空首斧、铜刀等器物，与塞伊玛—图尔宾诺类型铜器相比，形制与金属成分都发生了不小的变化，但不可否认，天山北路出现空首斧这样的竖銎器，其铸造方法很可能受到塞伊玛—图尔宾诺的影响。

潜伟在其博士论文《新疆哈密地区史前时期铜器及其与邻近地区文化的关系》中，将天山北路出土铜器与甘肃西部四坝文化铜器进行比较，无论从器物类型、材质还是制作技术方面来看，都具有较强的相似性[1]。由此可见，天山北路文化的铜器与四坝文化同属一个铸造体系。前文也提到不论是天山北路文化还是四坝文化，都能看到塞伊玛—图尔宾诺器物的影子，尤其是竖銎器的铸造技术，很可能继承了塞伊玛—图尔宾诺冶金传统。

齐家文化发现不少与塞伊玛—图尔宾诺相关的器物，例如沈那遗址出土的倒钩铜矛及大通县文管所、甘肃省博物馆藏倒钩铜矛。天水博物馆还藏有塞伊玛—图尔宾诺类型铜剑。

与塞伊玛—图尔宾诺同时期的陇东地区是齐家文化分布区，齐家文化作为西北地区出土铜器较多的一支青铜时代早期考古学文化，已经具备较为成熟的铜器制作技术[2]。金属成分分析显示齐家文化铜器材质有纯铜、砷青铜和锡青铜，金相分析显示齐家文化铜器包括铸造和锻造两种加工方式。值得注意的是，尕马台、磨沟遗址中的锡青铜多为铜泡、铜珠、角帽等小件饰品，以锻造为主；磨沟、杏林、沈那等遗址中的纯铜器物多为铜刀、铜斧等实用工具，以铸造为主。简而言之，锡铜锻造小件装饰品、纯铜铸造体积较大的实用工具是齐家文化铜器加工技术传统，而天水市博物馆藏 2 件锡青铜铸造铜剑明显不符合这一传统。因此，这 2 件铜剑更有可能是经由塞伊玛—图尔宾诺人群传来，而非本土铸造。

综上所述，天水市博物馆藏 2 件铜剑不论是从形制、使用方式，还是从合

---

[1] 潜伟：《新疆哈密地区史前时期铜器及其与邻近地区文化的关系》，北京：知识产权出版社，2006年，页 122~124。

[2] 徐建炜：《甘青地区新获早期铜器及冶铜遗物的分析研究》，北京科技大学硕士论文，2010 年；王璐等：《甘肃临潭县磨沟遗址出土齐家文化铜器的分析与研究》，《考古》2022 年第 7 期。

金成分、铸造技术来讲，均显示其可能直接来自西西伯利亚的塞伊玛—图尔宾诺遗存。

另外，齐家文化铜器制作方式主要以锻造为主，少量铸造的铜器也只是以铜刀、铜镜等铸造过程较为简单的器型居多。而铜矛的铸造过程则要复杂很多，其采用中空铸造，是在两范之间放置泥芯铸造而成，属于有銎工具范畴[①]。二里头遗址从第三期开始就出现铜铃、铜爵等中空铸造的铜器，与铜矛铸造过程一样，需要双范和悬空的范芯铸造而成，所以二里头铜器的铸造技术要明显高于齐家文化，故甘肃与青海发现的倒钩铜矛不能排除由二里头文化人群完成，后传入齐家文化的可能。关于二里头文化与齐家文化之间的交流，已有多位学者讨论[②]，但受材料所限，更多只是讨论齐家文化铜器对二里头文化的影响，却忽略了二里头文化铜器对齐家文化的影响。

综上，我们可以大致勾勒出塞伊玛—图尔宾诺遗物及金属铸造技术传入中国的路线。

其一，经由蒙古高原，南下进入中原腹地。这不仅带来塞伊玛—图尔宾诺典型叉形铜矛，还将塞伊玛—图尔宾诺型芯铸造技术传入，所以在二里头文化前两期多是小型铜兵器、工具。东下冯二里头遗址还发现了可能与塞伊玛—图尔宾诺相关的随葬石范的墓葬。从二里头文化三期开始，中原工匠在掌握铜工具、兵器铸造技术基础上，创造性地发明了铜容器铸造方法。在中国人手中，青铜冶铸成为一门艺术，创造出以二里头文化青铜器为代表的一整套青铜礼器，有力地推动了中国文明的发展。

其二，经由额尔齐斯河进入新疆地区。阿勒泰发现随葬铸范的墓葬，昌吉地区发现的空首斧、铸矛石范，伊犁地区发现的铜刀，及天山北路墓地出土的空首斧、铜刀，都表明塞伊玛—图尔宾诺深深影响了新疆地区青铜时代考古学文化的发展进程。

---

① 海汉姆等著，董红秀译：《东南亚青铜时代的起源》，《南方民族考古（第九辑）》，北京：科学出版社，2013年，页55~112。

② 李水城：《西北与中原早期冶铜业的区域特征及交互作用》，《考古学报》2005年第3期，页239~278；韩建业：《论二里头青铜文明的兴起》，《中国历史文物》2009年第1期，页37~47；韩建业：《论二里头青铜文明的兴起》，《中国历史文物》2009年第1期，页37~47；Huber-Fitzigerald. L. G. Qijia and Erlitou: the Question of Contacts with Distant Culture. *Early China* 20, 1995, pp. 18-65。

# 第六章
# 结　语

塞伊玛—图尔宾诺遗存因发达的金属铸造工艺和辨识度极高的金属兵器、工具闻名，在近一个世纪以来，吸引了一代又一代专家、学者将目光聚焦于此。但是，关于该类型遗址本身的研究一直以来都处于空白状态，缺乏系统、细致的整理与讨论。

本书通过对塞伊玛—图尔宾诺类型遗址的系统梳理，按照调查与发掘史、墓葬描述、墓地形制布局、随葬品与葬俗研究四个模块，将塞伊玛—图尔宾诺类型遗址整体面貌进行呈现，并在此基础上，将这些墓地和遗址放在一起进行横向比较，讨论不同区域之间墓地和遗址的关系问题。再结合碳-14测年数据，对塞伊玛—图尔宾诺类型遗址进行分期。

根据测年结果与分区研究，基本可以判断：乌拉尔山以东塞伊玛—图尔宾诺遗址年代较早，约为公元前2300～前1900年；乌拉尔山以西塞伊玛—图尔宾诺遗址年代较晚，约为公元前1900～前1700年；乌拉尔山地区峡坦亚湖-2遗址年代在公元前2000～前1600年。

此外，本书还对塞伊玛—图尔宾诺类型铜器进行了讨论。

首先，通过对塞伊玛—图尔宾诺空首斧的分析，发现东区和西区在空首斧表面装饰上具有明显差异，乌拉尔山西侧流行斧身上没有纹饰的空首斧，仅在銎口部装饰凸弦纹或梯子纹；乌拉尔山东侧流行斧身上饰有三角纹和连续菱形纹的空首斧。从形制上看，乌拉尔山西侧流行无系耳空首斧，乌拉尔山东侧流行无系耳或单系耳空首斧。双系耳空首斧的出现与萨穆西—基日罗沃冶金传统相关。

其次，通过对塞伊玛—图尔宾诺铜矛铸造工艺的分析，可以清楚看到，乌拉尔山东部和西部塞伊玛—图尔宾诺铜矛采用了两种不同的铸造技术（型芯设置方式）。乌拉尔山以东型芯设置方式是将带有枝杈结构的内芯卡在外范小槽中（类似泥芯撑），故铜矛下方会有对称的小孔。乌拉尔山以西型芯设置方式是直接将一块上粗下细的内芯直接放置在外范中，铜矛下方没有对称的小孔。两种不同型芯设置方式也表明了塞伊玛—图尔宾诺人群在移动过程中，铸造技术发生了变化。

最后，通过对铜剑和铜刀的梳理和分析，笔者推测塞伊玛—图尔宾诺西区发现的柄部带有小雕塑的单刃铜刀，可能是和叉形铜矛一起从东区传入的；而塞伊玛—图尔宾诺西区出土的铜剑则与峡坦亚湖-2遗址关系更为密切。

结合上述分析，可以大致勾勒出塞伊玛—图尔宾诺人群的文化面貌：

1. 塞伊玛—图尔宾诺人群可能源于东区，即额尔齐斯河中游到阿尔泰山一带。克罗托沃文化墓地（索普卡-2/4B、Ⅴ）与叶鲁尼诺墓地（叶鲁尼诺Ⅰ）都发现随葬塞伊玛—图尔宾诺铜器的墓葬，索普卡-2/4V墓地甚至发现随葬塞伊玛—图尔宾诺石范的墓葬。但是，塞伊玛—图尔宾诺类型墓葬在这些墓地中明显区别于其他墓葬，尤其是索普卡-2/4V墓地，与索普卡-2/4B墓地葬式葬俗明显有别。

2. 罗斯托夫卡墓地是塞伊玛—图尔宾诺东区最大的墓地，该墓地充分体现了塞伊玛—图尔宾诺人群独特的葬俗特征，碳-14测年也与索普卡-2/4V墓地相当，表明此地应是当时塞伊玛—图尔宾诺人群的中心。罗斯托夫卡墓地出土的陶器说明，塞伊玛—图尔宾诺人群与克罗托沃人群及叶鲁尼诺人群具有密切的联系。虽然塞伊玛—图尔宾诺人群使用了来自克罗托沃文化、叶鲁尼诺文化的陶器，但在葬俗上，他们却保持了自身极为独特的传统。

3. 塞伊玛—图尔宾诺人群拥有自身独特的葬俗特征和人群身份识别标志，随葬石范的墓葬的存在，墓底或祭祀坑底插入铜器，高等级墓葬随葬空首斧、铜矛、铜刀（"三件套"），是塞伊玛—图尔宾诺区别其他族群最重要的三个特征。此外，塞伊玛—图尔宾诺人群葬俗还包括火葬、扰乱葬等特征。

4. 随葬塞伊玛—图尔宾诺铸铜石范的墓葬等级都非常高。萨特加ⅩⅥ墓地随葬铸范的墓葬不但处于墓地核心区域，墓中还出土象征地位和身份的权杖头。罗斯托夫卡墓地中随葬铸范的墓葬等级也非常高。由此可见，随葬铸范的墓葬很可能属于该人群中的首领。首领控制铸范，掌握铜器铸造技术。

5. 随着时间的推移，塞伊玛—图尔宾诺人群开始向西迁徙，他们跨越乌拉尔山，出现在东欧平原。虽然迁徙到这里，但仍然生活在同纬度的森林草原带，自然环境与之前相比并无大的变化。他们不但将叉形铜矛和带柄单刃铜刀带到了此地，还进一步改良了铜矛的铸造技术。型芯设置方式的改变，使他们创造了一批新的器型。同时，空首斧的纹样也开始简化，到最后甚至变成素面。塞伊玛—图尔宾诺人群制作的精美的铜器很快就被周边文化吸收，诸如在阿巴舍沃文化、辛塔什塔文化、斯鲁巴纳亚文化中都发现塞伊玛—图尔宾诺类型铜器。

6. 迁移到西边之后的塞伊玛—图尔宾诺人群，使用的陶器也发生了变化，原先属于克罗托沃文化、叶鲁尼诺文化的陶器在这里不见踪影，取而代之的是阿巴舍沃文化陶器。但是，塞伊玛—图尔宾诺人群始终保持着自己独特的丧葬习俗——插入墓底的铜器，随葬品的组合、火葬等很多方面——都保留下来，这也成为塞伊玛—图尔宾诺人群识别最重要的标志。

7. 峡坦亚湖-2遗址的发现，表明塞伊玛—图尔宾诺人群开始接受萨穆西—基日罗沃冶金传统。在这里，塞伊玛—图尔宾诺铸造技术开始与萨穆西—基日罗沃铸造技术发生融合，并且进一步向西传播，塞伊玛墓地发现的双系耳空首斧就是最好的例证。研究者怀疑这处遗址与塞伊玛—图尔宾诺人群的祭祀活动有关，在这里我非常支持这个假设，因为这处遗址也发现了将铜器垂直插入地面的现象——塞伊玛—图尔宾诺类型墓地最典型的祭祀行为。

至此，我们有理由也有必要对切尔内赫提出的所谓"塞伊玛—图尔宾诺跨文化现象"的概念进行重新审视。塞伊玛—图尔宾诺人群不但掌握了当时最为先进的金属铸造技术，还将这些铸造精良的铜器进行传播。所以，我们能在同时期其他考古学文化中看到塞伊玛—图尔宾诺铜器。这种物质文化交流从考古学角度来讲，是非常常见的现象，没有必要提出新的概念。

另一方面，"跨文化现象"这一提法，在我们对塞伊玛—图尔宾诺类型遗址进行系统梳理后看来，并不能成立。塞伊玛—图尔宾诺人群拥有自身独特的葬俗特征和人群身份识别标志。这些因素表明塞伊玛—图尔宾诺应该是一支独立的人群，所以将其称为"考古学文化"更为妥当。但不可忽视的是，塞伊玛—图尔宾诺人群使用的陶器并没有自身独特性，不论是东区遗址还是西区遗址，发现的陶器皆与当地周边考古学文化陶器类似。这个现象有可能与人群特点相关，塞伊玛—图尔宾诺人群擅长于铜器铸造，将生产的兵器、工具作为交换物与周围人群交易。这个假设可以解释同时期周边考古学文化中出现塞伊玛—图尔宾诺类型铜器，而塞伊玛—图尔宾诺类型遗址出现周边考古学文化陶器的现象。这种专门化的分工现象，在如今的非洲仍有存在，例如在埃塞俄比亚的一些原始部落，就被划分为红薯村、陶器村、狩猎村等，彼此之间会进行物资交换。塞伊玛—图尔宾诺人群有可能也采用类似的生产与生活模式，用铜器交换陶器。

第四章讨论了塞伊玛—图尔宾诺与中国冶金术起源的关系。根据塞伊玛—图尔宾诺倒钩铜矛在中国的发现状况，我们可以将塞伊玛—图尔宾诺文化进入中国的路线划分为两条：

其一，经由蒙古高原进入中原地区。中原地区的铸铜工匠在掌握小型铜兵器、工具铸造技术基础上，创造性地发明了铜容器铸造技术，有力推动了中国文明的发展进程。

其二，经由额尔齐斯河进入新疆地区。阿勒泰地区发现了可能与塞伊玛—图尔宾诺文化相关的墓葬，昌吉地区发现了塞伊玛—图尔宾诺典型的铸矛石范与空首斧，天山北路墓地也发现了空首斧、铜刀等。

综上，我们有理由相信，塞伊玛—图尔宾诺不但改变了欧亚草原青铜时代晚期考古学文化面貌，同时也影响了中国青铜时代考古学文化的发展进程。

# 参考文献

## 俄文文献

**Б**

Бадер. О. Н. *Новые раскопки Турбинского I могильника.* ОКВЗ, вып. 1. 1959.

Бадер. О. Н. *Древнейшие металлурги приуралья.* Москва. 1964.

Бадер. О. Н. *Бассейн Оки в эпоху Бронзы.* Москва. 1970.

Бадер. О. Н., В. Ф. Черников. Новые находки сейминского типа у с. Решное на Оке. *Вопросы древней и средневековой археологии Восточной Европы.* 1978. С. 130–132.

Беспрозванный. Е. М, О. Н. Корочкова. *Сатыга XVI: Сейминско-Тузбинский Могильник в Таежной эоне западной Сибири.* 2011.

**Г**

Глушков. И. Г. *Керамика самусьско-сейминской эпохи леостепного Прииртышья.* Новосибирск. 1986.

Городцова. В. А. Культуры бронзовой эпохи в Средней России. *Отчёт Российского исторического музея в Москве за 1914 г.* Москва. 1915. С. 121–124.

Грушин. С. П., Мерц. В. К., Папин. Д. В., Пересветов. Г. Ю. Материалы эпохи бронзы из Павлодарского Прииртышья. *Алтай в системе металлургических провинций бронзового века.* Барнаул. 2006. С. 4–17.

Грушин. С. П. Поселение эпохи бронзы Березовая Лука: реконструкция системы жизнеобеспечения. *Известия Алтайского государственного университета.* № 4/2. 2008. С. 22–35.

Грушин. С. П. Ранний период бронзового века (елунинский металлокомплекс). *Алтай в системе металлургических провинций энеолита и бронзового века.* 2009. С. 23–55.

Грушин. С. П., Ю. Ф. Кирюшин., А. А. Тишкин. и др. Елунинский археологический комплекс Телеутский Взвоз-I в Верхнем Приобье: опыт междисциплинарного изучения. *Коллективная монография. Отв. ред. А.П. Деревянко*. Барнаул: Алтайский государственный университет. 2016.

## Д

Дураков. И. А., Л. Н. Мыльникова. *На заре металлургии: Бронзолитейное производство населения Обь-Иртышской лесостепи в эпоху ранней бронзы*. Новосибирск. 2021.

## Е

Евтюхова. О. Н. Керамика абашевской культуры в Среднем Поволжье. *Памятники каменного и бронзового веков Евразии*. Москва. 1964. С. 116–118.

Есин. Ю. Н. *Древнее искусство Сибири: Самусъская культура*. Томск. 2009.

Ефименко. П. П., П. Н. Третьяков. Абашевская культура в Поволжье. *Материалы и исследования по археологии СССР*. Москва. № 2. 1961. С. 18.

## К

Канивец. В. И. *Канинская пещера*. 1964.

Киселев. С. В. *Древняя история Южной Сибири*. 2-е изд. Москва. 1951.

Киселев. С. В. Неолит и бронзовый век Китая. *Советская археология*. № 4. 1960. С. 8–26.

Кирюшин. Ю. Ф. Работы Алтайской экспедиции. *Археологические открытия 1978 года*. Москва. 1979. С. 228–229.

Кирюшин. Ю. Ф. Работы Алтайской экспедиции. *Археологические открытия 1979 г.* Москва. 1980. С. 208–209.

Кирюшин. Ю. Ф. О культурах бронзового века в лесостепном Алтае. *Сибирь в прошлом, настоящем и будущем*. Новосибирск. 1981. С. 51–54.

Кирюшин. Ю. Ф. Алтай в эпоху энеолита и бронзы (Ш тыс. УП в. до н.э.). *История Алтая: Учебное пособие*. Барнаул. 1983. С. 15–28.

Кирюшин. Ю. Ф. Итоги и перспективы изучения памятников энеолита и бронзы Алтая. *Проблемы древних культур Сибири*. Новосибирск. 1985. С. 46–53.

Кирюшин. Ю. Ф. О культурной принадлежности памятников преиндроновской бронзы лесостепного Алтая. *Урало-Алтаистика. Археология. Этнография. Язык*. Новосибирск. 1985. С. 72–77.

Кирюшин. Ю. Ф. *Энеолит ранняя и развитая бронза Верхиего и Среднего Приобья: Авгореф*. дне. д-ра ист. наук. Новосибирск. 1986. С. 16–21.

Кирюшин. Ю. Ф. О феномене сейминско-турбинских бронз и времени формирования культур ранней бронзы в Западной Сибири. *Северная Евразия от древности до средневековья.* СПб. 1992. С. 66–69.

Кирюшин. Ю. Ф., А. А. Тишкин., С. П. Грушин. Археологическое изучение памятников эпохи ранней бронзы Березовая Лука и Телеутский Взвоз-1 (2001–2002 гг.). *Северная Евразия в эпоху бронзы.* Барнаул. 2002.

Кирюшин. Ю. Ф. *Энеолит и бронзовый век юга Западной Сибири.* Барнаул. 2002.

Кирюшин. Ю. Ф. и др. *Погребальный обряд населения эпохи ранней бронзы Верхнего Приобья (по материалам грунтового могильника Телеутский Взвоз-I).* Монография. Барнаул. 2003.

Кирюшин. Ю. Ф., С. П. Грушин., А. А. Тишкин. *Березовая Лука – поселение эпохи бронзы в Алейской степи.* Том 2. Монография. Барнаул: Алтайский государственный университет. 2011.

Ковалёв. А. А. Новые данные о связях культур Западной Сибири, Монголии и Китая в первой половине II тыс. до н.э. *Современные решения актуальных проблем евразийской археологии.* Барнаул. 2013. С. 140–146.

Ковалев. А. А. и др. *Древнейшие европейцы в сердце Азии: чемурчекский культурный феномен. Часть I. Результаты исследований в Восточном Казахстане, на севере и юге Монгольского Алтая.* Лема. 2014.

Ковалев. А. А. и др. *Древнейшие европейцы в сердце Азии: чемурчекский культурный феномен. Часть II. Результаты исследований в центральной части Монгольского Алтая и в истоках Кобдо; памятники Синьцзяна и окраинных земель.* МИСР. 2015.

Ковтун. И. В. Проблема соотношения елунинских и сейминско-турбинских бронз. *Отечественная история.* Номер: 3. Страницы. 2005. С. 126–131.

Корочкова. О. Н., И. А. Спиридонов. Степные знаки в металлическом собрании святилища Шайтанское озеро II. Бейсенов. А. З., Ломан. В. Г. (отв. ред.) *Археологическое наследие Центрального Казахстана: изучение и сохранение.* Том 2. Алматы. 2017. С. 182–185.

Корочкова. О.Н., В. И. Стефанов, И. А. Спиридонов. *Святилище первых металлургов Среднего Урала.* Екатеринбург: Издательство Уральского университета. 2020.

Косарев. М. Ф. *Бронзовый век Западной Сибири.* Москва. 1981.

Крижевская. Л. Я., Н. А. Прокошев. Турбинский могильник на р. Каме: (По материалам раскопок 1934–1935 гг.). *Исследования по археологии СССР.* 1961. С.23–75.

## Л

Лопатин. В. А. *Начало эпохи поздней бронзы на севере Нижнего Поволжья*. Саратовский государственный университет. 2014. С. 260–290.

Луньков. В. Ю., и др. Рентгено-флуоресцентный анализ: начало исследований химического состава древнего металла. *Аналитические исследования лаборатории естественнонаучных методов*. 2009. С. 84–110.

Луньков. В. Ю., и др. Рентгено-флуоресцентный анализ меди и бронз: серия 2009–2010 гг. *Аналитические исследования лаборатории естественнонаучных методов 2*. 2011. С. 116–137.

## М

Матющенко. В. И. *Из Истории Сибири. Ч. 2. Самусьская Культура*. Томск. 1973.

Матющенко. В. И. Древняя история населения лесного и лесостепного Приобья (неолит и бронзовый век). *Из истории Сибири*. Вып. 12. Томск: ТГУ. 1974.

Матющенкою. В. И. Древние культуры алтая и западной сибири. *Древние культуры Алтая и Западной Сибири*. 1978. С. 22–34.

Матющенко. В. И., Г. В. Синицына. *Могильник у Деревни Ростовка Вблизи Омска*. Томск. 1988.

Михайлов. Ю. И. Металлический инвентарь могильника у Д. Ростовка, *Вестник КемГУ*, 52(4), Т. 1. 2012.

Молодин. В. И. *Преображенка III—памятник эпохи раннего металла. ИИС. вып. 7*. Томск. 1973. С. 26–30.

Молодин. В. И. *Эпоха неолита и бронзы лесостепного Обь-Иртышья*. Новосибирск. 1977.

Молодин. В. И. Погребеине литейщика из могильника Сопка 2. *Древние горняки и металлурги Сибири*. Барнаул. 1983. С. 96–109.

Молодин. В. И. *Бараба в эпоху бронзы*. Новосибирск. 1985.

Молодин. В. И. Могильник Сопка-ТОМ2. *Археологические откръпия. 1984 г.* Москва. 1986. С. 195.

Молодин. В. И. Новый вид бронзовых кинжалов в погребениях кротовской культуры. *Военное дело населения юга Сибири и Дальнего Востока*. Новосибирск: Наука. 1993. С. 4–16.

Молодин. В. И., С. А. Комиссаров. Сейминское копье из Цинхай. *Проблемы археологии, этнографии, антропологии Сибири и сопредельных территорий*. Материалы

Годовой сессии Института археологии и этнографии СО РАН. Декабрь 2001 г. Том VII. Новосибирск. 2001. С. 374–381.

Молодин. В. И. *Памятник Сопка-2 на реке Оми (кульутрно-хронологический анализ погребальных комплексов эпохи неолита и раннего металла)*. Новосибирск: Издательство Института археологии и этнографии СО РАН. 2001.

Молодин. В. И., М. А. Чемякина., О. А. Позднякова., Ю. Н. Гаркуша. Результаты археологических исследований памятника Преображенка-6. *Проблемы археологии, этнографии, антропологии Сибири и сопредельных территорий*. Т. XI. Ч. I. Новосибирск: Изд-во ИАЭТ СО РАН. 2005. С. 418–423.

Молодин. В. И., М. А. Чемякина, О. А. Позднякова. Археологогеофизические исследования памятника преображенка в барабинской лесостепи. *Проблемы археологии, этнографии, антропологии Сибири и сопредельных территорий*. Т. XIII. Новосибирск. 2007. С. 339–344.

Молодин. В. И., А. В. Нескоров. Коллекция Сейминско-Турбинских Бронз из Прииртышья (трагедия уникального памятника последствия бугровщичества XXI века). *Археология, этнография и антропология Евразии*, 3 (43). 2010. С. 58–71.

Молодин. В. И. *Памятник Сопка-2 на реке Оми (Том 3)*. Новосибирск: Издательство Института археологии и этнографии СО РАН. 2012.

Молодин. В. И., Дураков. И. А., Софейков. О. В., Ненахов. Д. А. Бронзовый кельт турбинского типа из центральной Барабы. *Проблемы археологии, этнографии, антропологии Сибири и сопредельных территорий*. Материалы итоговой сессии ИАЭТ СО РАН 2012 г. Том XVIII. Новосибирск. 2012.

Молодин. В. И., Л. Н. Мыльникова., И. А. Дураков., К. А. Борзых., Д. В. Селин., М. С. Нестерова., Ю. Н. Ковыршина. Проявление сейминско-турбинского феномена на поселении кротовской культуры Венгерово-2 (Барабинская лесостепь). *Проблемы археологии, этнографии, антропологии Сибири и сопредельных территорий*. Том XXI. Новосибирск: Изд-во Института археологии и этнографии СО РАН. 2015.

Молодин. В. И. *Памятник Сопка-2 на реке Оми (Том 4)*. Новосибирск: Издательство Института археологии и этнографии СО РАН. 2016.

Молодин. В. И., С. Хансен., Д. А. Ненахов., С. Райнхольд., Ю. Н. Ненахова., М. С. Нестерова., И. А. Дураков., Л. Н. Мыльникова., Л. С. Кобелева., С. К. Васильев. Новые данные о неолитических комплексах на памятнике Тартас-1. *Проблемы археологии, этнографии, антропологии Сибири и сопредельных территорий*. Том 22. 2016.

Молодин. В. И., И. А. Дураков. Метод литья «на пролив» в сейминско-турбинской металлообрабатывающей традиции (по материалам кротовской культуры). *Уральский исторический вестник*, № 1 (62). 2019. С. 48–56.

**О**

Общая геологическая карта России, лист 126. Премь-Соликамск. Геологические исследования на западном склоне Урала А. Краснопольского. *Труды Геологического комитета*, т. XI. No. 1. СПб. 1889. С. 59.

**П**

Парцингер. Г. Сейминско-турбинский феномен и формирование сибирского звериного стиля. *Археология, этнография и антропология Евразии*. № 1. 2000.

Парийский. С. М. К исследованиям Сейминского становища (5 и 6 июля, 1914г). *ДНУАК, Сборник т. XVII*. вып. IV. Новгород. 1914. С. 3–12.

Прокошев. Н. А. *Селище у дер. Турбино. NO. 1*. МИА. 1940.

**Р**

Рыбаков Б. А. (гл. ред.) *Эпоха бронзы лесной полосы СССР*. Москва: Наука. 1987.

**С**

Спицин. А. А. *Турбинские находки. Пермский краеведческий сборник*. Вып. 2. Пермь. 1926. С. 2–4.

Сергеев. С. И. *Отчет о деятельности Археологического отдела Пермского музея за 1891–1895гг*. ТПУАК. 1896.

Сериков. Ю. Б. Скальные культовые памятники Шайтанского озера. *Проблемы археологии: Урал и Западная Сибирь (к 70-летию Т. М. Потемкиной)*. Курган: Изд-во Курган. гос. ун-та. 2007. С. 42–49.

Сериков. Ю. Б. *Шайтанское озеро - священное озеро древности*. Ниж. Тагил: НТГСПА. 2013.

Соловьев. Б. С. Юринский (Усть-Ветлужский) могильник (по раскопкам 2001 г.). *Новые археологические исследования в Поволжье*. Чебоксары. 2003. С. 110–115.

Соловьев. Б. С. Юринский (Усть-Ветлужский) могильник (итоги раскопок 2001–2004 гг.). *Археология России* № 4. 2005. С. 103–111.

Соловьев. Б. С., Е. Г. Шалахов. Воинское погребение Юринского могильника. *Исследования по древней и средневековой археологии Поволжья*. Чебоксары. 2006.

Соловьев. Б. С. Хронологические рамки балановской культуры в Волго-Камье. *Проблемы первобытной и средневековой археологии Волго-Камья*. АЭМК. Вып. 30. Йошкар-Ола. 2007.

Соловьев. Б. С. К вопросу о социально-значимых погребениях сейминско-турбинского типа. *Материалы и исследования по археологии Поволжья*. Вып. 5. Йошкар-Ола. 2010.

Соловьев. Б. С. Культурные компоненты Усть-Ветлужского могильника. *Поволжская Археология*. No. 2 (4). 2014.

## Х

Холиков. А. Х. Материалъ1 к изучению истории населения Среднего Поволжья и Нижнего Прикамья в эпоху неолита и бронзы. *Труды Музей антропологии и этнографии им. Петра Великого АН СССР*. Йошкар-Ола. 1960. Т. 1. С. 74.

Халикав А. Х. *Древняя история Среднего Поволжья*. Москва. 1969.

## Ч

Челенова. С. В. *Хронология памятников Карасукской эпохи*. Москва: Наука. 1972.

Черных. Е. Н. *Древнейшая металлургия Урала и Поволжья*. Москва: Наука. 1970.

Черных. Е. Н., С. В. Кузьминых. *Древняя металлургия Северной Евразии (сейминско-турбинский феномен)*. Москва: Наука. 1989.

Черных. Е. Н., О. Н. Корочкова, Л. Б. Орловская. Проблемы календарной хронологии сейминско-турбинского транскультурного феномена. *Археология, этнография и антропология Евразии*, Том 45, № 2. 2017. С. 45–55.

Черных. Е. Н. Формирование евразийского «степного пояса» скотоводческих культур: взгляд сквозь призму археометаллургии и радиоуглеродной хронологии. *Археология, этнография и антропология Евразии*, 3 (35). 2008. С. 36–53.

## Ш

Шмидт. А. В. *О хронологин до классового общества. NO. 7–8*. ПИМК. 1933.

## Э

Эпов. М. И., М. А. Чемякина. Археолого-геофизические исследования памятника Преображенка-6. *Геофизические исследования археологических памятников Западной Сибири и Алтая*. Итоговый отчет по проекту за 2003–2005 гг. 2005.

Эпов. М. И., М. А. Чемякина. Исследования памятника Преображенка-6 в Новосибирской области и проверка данных геофизического мониторинга археологическими раскопками. *Археология Западной Сибири и Алтая*. фундаментальных исследований СО РАН № 109. 2008.

**Ю**

Юнгнер. Х., К. О. Карпелан. радиоуглеродных датах Усть-Ветлужского могильника. *Российская археология*. № 4. 2005.

## 英文、德文、法文文献

**A**

Anthony D. W. *The Horse, the Wheel, and Language: How Bronze-Age Riders from the Eurasian Steppes Shaped the Modern World.* Princeton University Press, 2007.

**C**

Chernykh. E. H. *Ancient Metallurgy in the USSR*. Cambridge Universitiy Press, 1992. pp. 215–234.

Chernykh. E. H. Ancient Metallurgy of Northeast Asia: From the Urals to the Saiano — Altai, *Metallurgy in the Ancient Eastern Eurasia from Ural to the Yellow River*. New York, 2004, pp. 15–36.

Chernykh. E. N. *Ancient metallurgy in the Eurasian steppes and China: problems of interactions, Metallurgy and Civilization*. London: Archetype Publications, 2009.

Childe V. G. The Socketed Celt in Upper Eurasia. *Annual Report of the Institution of Archaeology of the University of London*, Vol. 10, 1954, pp. 11–25.

**D**

Debaine-Francfort. C. Du Néolithique àl'Âge du Bronze en Chine du Nord-Ouest: La culture de Qijia et ses connexions. *Mémoires de la Mission Archéologique Française en Asie Centrale, volume VI*. Paris: Éditions Recherche sur les Civilizations, 1995, p. 324.

**E**

Epov. M. I. Chemyakina. Geophysical methods in the research of archaeological sites in Western Siberia and Altai: results and perspectives. *Archaeometry*, No. 1, 2009, pp. 271–274.

## F

Fricke F. *The Metallurgy of the Seima-Turbino Phenomenon*. Masterthesis. Goethe Universität Frankfurt am Main, 2017, p. 123.

## G

Gimbutas. M. Borodino, Seima and their Contemporaries. *The prehistoric society*, 1957, No. 9, pp. 143–172.

Goersdorf J., H. Parzinger, and A. Nagler. New Radiocarbon Dates of the North Asian Steppe Zone and its Consequences for the Chronology. *Radiocarbon* 43.2B, 2001, pp. 1115–1120.

## H

Hanks. B. K., A. V. Epimakhov, and A. C. Renfrew. Towards a Refined Chronology for the Bronze Age of the Southern Urals, Russia. *Antiquity*, 81 (312). Cambridge University Press, 2007, pp. 353–367.

Harrison. H. S., The origin of the socketed bronze celt. *Man*. Vol. 26. Royal Anthropological Institute of Great Britain and Ireland, 1926, pp. 216–220.

Huber-Fitzigerald. L. G. Qijia and Erlitou: the Question of Contacts with Distant Culture. *Early China* 20, 1995, pp. 18–65.

## K

Korochkova. O. N., S. V. Kuzminykh., Y. B. Serikov., V. I. Stefanov. Metals from the ritual site of Shaitanskoye Ozero II (Sverdlovsk Oblast, Pussia). *Trabajos de Prehistoria*. № 67 (2), 2010, pp. 485–495.

Kuzmina. E. E. Historical Perspectives on the Andronovo and Early Metal Use in Eastern Asia. *Metallurgy in the Ancient Eastern Eurasia from Ural to the Yellow River*, New York, 2004, pp. 37–84.

Kuzmina. E. E. *The Origin of the Indo-Iranians*. Boston, 2007, pp. 230–264.

## L

Lin Yun. A reexamination of the relationship between bronzes of the Shang culture and of the Northern Zone. *Studies of Shang Archaeology*. New Haven and London: Yale University, 1986, pp. 271–272.

Loher M. *Chinese Bronze Age Weapon*. University of Michigan Press, 1956, pp. 39–71.

## M

Mallory. J. P., Q. A. Douglas *Encyclopedia of Indo-European Culture*. London and Chigago, 1997, p. 537.

Mallory. J. P., Q. A. Douglas *Encyclopedia of Indo-European Culture*. London and Chicago, 1997.

Marchenko. Z. V. et al. Paleodiet, Radiocarbon Chronology, and the Possibility of Freshwater Reservoir Effect for Preobrazhenka 6 Burial Ground, Western Siberia: Preliminary Results. *Radiocarbon*, 57, 2015, pp. 595–610.

Marchenko Z. V., S. V. Svyatko, V. I. Molodin, A. E. Grishin and M. P. Rykun. Radiocarbon Chronology of Complexes With Seima-Turbino Type Objects (Bronze Age) in Southwestern Siberia. *Radiocarbon*, 59, 2017, pp. 1381–1397.

Mei Jianjun. Qijia and Seima-Turbino: The Question of Early Contacts between Northwestern China and the Eurasian Steppe. *The Museum of Far Eastern Antiquities*. Bulletin No. 75, 2003, pp. 31–54.

Molodin. V. I. et al. $^{14}$C Chronology of Burial Grounds of the Andronovo Period (Middle Bronze Age) in Baraba Forest Steppe, Western Siberia. *Radiocarbon*, Vol 54, Nr 3–4, 2012, pp. 737–747.

Molodin. V. I., I. A. Durakov, L. N. Mylnikova, M. S. Nesterova. The Adaptation of the Seima-Turbino Tradition to the Bronze Age Cultures in the South of the West Siberian Plain. *Ethnology and Anthropology of Eurasia*, 46/3, 2018, pp. 49–58.

## P

Parzinger. H. *Die frühen Völker Eurasiens. Vom Neolithikum zum Mittelalter*. Verlag C. H. Beck, München, 2006.

Palaguta. I. V. *Tripolye Culture during the Beginning of the Middle Period*. BAR International Series 1666, 2007.

## S

Schmidt. A. Die Ausgrabungen be idem Dorf Turnina an der Kama. *Finno-Ugrischen Forschungen, Anzeiger*. 1927. Bd. 18, pp. 1–3.

Serikov. Y. B., O. N. Korochkova, S. V. Kuzminykh, and V. I. Stefanov. Shaitanskoye Ozero II: New Aspects of the Uralian Bronze Age. *Archaeology, Ethnology & Anthropology of Eurasia*, 37 (2), 2009, pp. 67–68.

Svyatko. S. V., J. P Mallory., E. M. Murphy et al. New Radiocarbon Dates and a Review of the

Chronology of Prehistoric Populations from the Minusinsk Basin, Southern Siberia, Russia. *Radiocarbon*, Vol 51, Nr. 1, 2009, pp. 243–273.

Sherratt. A. L. *The Trans-Eurasian exchange: The prehistory of Chinese relations with the West, Contact and exchange in the ancient world.* Honolulu: University of Hawaii Press, 2006.

**T**

Tallgren. A. M., Zur Chronologie der osteuropaischen Bronzezeit. *Mittelungen der antropologische Gesellschaft in Wien.* 1931, p. 81.

**W**

Wen Chenghao. *Bronze Age Economic and Social Practices in the Central Eurasian Borderlands of China (3000–1500 BC): An Archaeological Investigation.* University of California Los Angeles, 2018.

**Z**

Zhang Liangren. *Ancient Society and Metallurgy: A comparative study of Bronze Age Societies in Central Eurasia and North China.* Doctoral Dissertation, 2007, p. 239.

## 中文及日文文献

**A**

安志敏:《关于牛河梁遗址的重新认识——非单一的文化遗存以及"文明的曙光"之商榷》,《考古与文物》2003年第1期,页17～20。

**C**

丛德新、贾伟明:《切木尔切克墓地及其早期遗存的初步分析》,《庆祝张忠培先生八十岁论文集》,北京:科学出版社,2014年,页285～304。

**G**

高江涛:《河南淅川下王岗出土铜矛观摩座谈会纪要》,《中国文物报》2009年3月6日第7版。

高江涛:《试论中国境内出土的塞伊玛—图尔宾诺式倒钩铜矛》,《南方文物》2015年第4期,页160～168。

郭物：《新疆天山地区公元前一千纪的考古学文化研究》，中国社会科学院研究生院博士论文，2005 年，页 121。

## H

韩建业：《论二里头青铜文明的兴起》，《中国历史文物》2009 年第 1 期，页 37～47。

韩汝玢：《近年来冶金考古的一些进展》，《中国冶金史论文集》，北京：北京科技大学，1994 年，页 6～7。

海汉姆等著，董红秀译：《东南亚青铜时代的起源》，《南方民族考古（第九辑）》，北京：科学出版社，2013 年，页 55～112。

贺达炘：《陕西历史博物馆收藏的一件塞伊玛—图尔宾诺铜矛》，《考古与文物》2016 年第 2 期，页 128。

河南省文物研究所、长江流域规划办公室考古队河南分队：《淅川下王岗》，北京：文物出版社，1989 年，页 299。

河南省文物考古研究所：《郑州商城：1953—1985 年考古发掘报告》，北京：文物出版社，2001 年，页 338～384。

胡保华：《中国北方出土先秦时期铜矛研究》，吉林大学博士论文，2011 年，页 25～26。

胡保华：《试论中国境内散见夹叶阔叶铜矛的年代、性质与相关问题》，《江汉考古》2015 年第 6 期，页 55～68。

## J

吉谢列夫著，阮西湖译：《C. B. 吉谢列夫通讯院士在北京所作的学术报告》，《考古》1960 年第 2 期，页 51～53。

## L

李刚：《中西青铜矛比较研究》，《中国历史文物》2005 年第 6 期，页 19～28。

李水城、水涛：《四坝文化铜器研究》，《文物》2000 年第 3 期，页 36～43。

李水城：《西北与中原早期冶铜业的区域特征及交互作用》，《考古学报》2005 年第 3 期，页 239～278。

李溯源：《伊犁河谷阿尔尕森类型青铜器》，《边疆考古研究（第 16 辑）》，北京：科学出版社，2015 年，页 100～110。

李延祥、韩汝玢、宝文博、陈铁梅：《牛河梁冶铜炉壁残片研究》，《文物》1999 年第 12 期，页 50。

廉海萍、谭德睿、郑光：《二里头遗址铸铜技术研究》，《考古学报》2011 年第 4 期，页 561～575。

林梅村：《欧亚草原文化与史前丝绸之路》，《丝绸之路天山廊道——新疆昌吉古代遗址与馆藏文物精品》，北京：文物出版社，2014年，页656～677。

林梅村：《吐火罗人的起源与迁徙》，《丝绸之路考古十五讲》，北京：北京大学出版社，2006年，页12～34。

林梅村：《塞伊玛—图尔宾诺文化与史前丝绸之路》，《文物》2015年第10期，页49～63。

林梅村：《塞伊玛—图尔宾诺文化与史前丝绸之路》，上海：上海古籍出版社，2019年。

林沄：《丝路开通以前新疆的交通路线》，《草原文物》2011年第1期，页55～64。

刘瑞、高江涛、孔德铭：《中国所见塞伊玛—图尔宾诺式倒钩铜矛的合金成分》，《文物》2015年第10期，页77～85。

刘霞、胡保华：《南阳市博物馆收藏的三件倒钩阔叶铜矛》，《江汉考古》2016年第3期，页123～126。

刘翔：《青海大通县塞伊玛—图尔宾诺式倒钩铜矛考察与相关研究》，《文物》2015年第10期，页64～69。

刘翔、刘瑞：《辽宁朝阳文管所藏塞伊玛—图尔宾诺铜矛》，《考古与文物》2016年第2期，页102～107。

刘翔、王辉：《甘肃省博物馆藏塞伊玛—图尔宾诺式铜矛调查与研究》，《西部考古（第14辑）》，北京：科学出版社，2017年，页48～58。

刘翔：《中国境内塞伊玛—图尔宾诺倒钩铜矛铸造技术初探》，《丝瓷之路（第6辑）》，北京：商务印书馆，页3～21。

刘翔：《塞伊玛—图尔宾诺遗存发现与研究》，《西域研究》2021年第1期。

刘翔：《欧亚草原竖銎铜器铸造技术起源与传播》，《考古》2022年第3期。

刘学堂、李溯源：《新疆发现的铸铜石范及其意义》，《西域研究》2008年第4期，页50～58。

吕恩国、常喜恩、王炳华：《新疆青铜时代考古文化浅论》，《苏秉琦与当代中国考古学》，北京：科学出版社，2001年，页172～193。

## M

马健：《匈奴葬仪的考古学探索——兼论欧亚草原东部的文化交流》，兰州：兰州大学出版社，2011年，页25～29。

梅建军、高滨秀：《塞伊玛—图比诺现象和中国西北地区的早期青铜文化》，《新疆文物》2003年第1期，页102～113。

莫洛金：《塞伊玛—图尔宾诺跨文化现象在中亚和中国的新发现》，《塞伊玛—图尔宾诺与史前丝绸之路》，上海：上海古籍出版社，2019年。

## Q

潜伟：《新疆哈密地区史前时期铜器及其与邻近地区文化的关系》，北京：知识产权出版社，2006 年，页 122～124。

切尔内赫、库兹明内赫著，王博、李明华译：《欧亚大陆北部的古代冶金：塞伊玛—图尔宾诺现象》，北京：中华书局，2010 年。

## S

松本圭太：《ユーラシア草原の青銅時代》，福冈：九州大学出版会，2018 年，页 63～77。

山西省考古研究所：《侯马铸铜遗址》，北京：文物出版社，1993 年，页 306～308。

邵会秋、杨建华：《塞伊玛—图尔宾诺遗存与空首斧的传布》，《边疆考古研究（第 10 辑）》，北京：科学出版社，2011 年，页 73～92。

邵会秋：《关于塞伊玛—图尔宾诺遗存的几点思考》，《西域研究》2021 年第 1 期。

邵会秋、余肖肖：《东来西往：〈欧亚世界大格局下的游牧文化〉评介》，《西域研究》2022 年第 3 期。

苏秉琦：《中国通史》第 1 卷序言，上海：上海人民出版社，1994 年，页 13～14。

苏荣誉：《磨戟——苏荣誉自选集》，上海：上海人民出版社，2012 年，页 205。

石龙过江水库指挥部文物工作队：《湖北京山、天门考古发掘简报》，《考古通讯》1956 年第 3 期。

## T

太原铜业公司：《沧海遗珍——太原铜业公司拣选文物荟萃》，广州：广东科技出版社，1999 年，页 18，图版 23。

## W

王博、祁小山：《丝绸之路·新疆古代文化》，乌鲁木齐：新疆人民出版社，2008 年，页 220、236。

王国道：《西宁市沈那齐家文化遗址》，《中国考古学年鉴（1993）》，北京：文物出版社，1995 年，页 260～261。

王鹏：《淅川下王岗遗址出土塞伊玛—图尔宾诺式铜矛与南北文化交流》，《考古》2023 年第 6 期，第 74～85 页。

## X

夏鼐：《关于考古学上文化的定名问题》，《考古》1959 年第 4 期，页 169～172。

新疆昌吉回族自治州文物局:《丝绸之路天山廊道——新疆昌吉古代遗址与馆藏文物精品》,北京:文物出版社,2014年,页115。

**Y**

杨建华等:《欧亚草原东部的金属之路》,上海:上海古籍出版社,2016年,页116。
易漫白:《新疆克尔木齐古墓群发掘简报》,《文物》1981年第1期,页23~32。

**Z**

中国社科院考古研究所:《夏县东下冯》,北京:文物出版社,1988年,页76~78。
中国社科院考古研究所:《偃师二里头:1959—1978年考古发掘报告》,北京:中国大百科全书出版社,1999年,页168~194。
中国社科院考古研究所:《淅川下王岗:2008—2010年考古发掘报告》,北京:科学出版社,2020年。
中国社科院考古研究所:《中国考古学·夏商卷》,北京:中国社会科学出版社,2003年,页660,表二。

# ABSTRACT

The interaction between China and the Eurasian steppes during the Seima-Turbino Period is a significant topic in Eurasian Bronze Age archaeology. Named after two prominent cemeteries — Seima and Turbino — the Seima-Turbino remains have garnered attention for their advanced metal casting techniques and distinctive metal weapons and tools. Despite decades of scholarly interest, there has been no consensus on the nature of Seima-Turbino type sites, largely due to the lack of comprehensive research on these cemeteries.

Understanding the Seima-Turbino issue hinges on studying the fundamental aspects of Seima-Turbino type cemeteries, and these cemeteries include the Seima, Turbino, Rostovka, Reshnoe, and Satyga XVI. However, detailed data from the Leshnoye cemetery is scarce, while excavation reports from the other four cemeteries have been published. Fortunately, recent excavations at sites like Ust-Vetluga cemetery, Sopka-2/4V cemetery, and Shaitanskoye Ozero-2 site have provided valuable supplementary materials for Seima-Turbino research. This paper aims to synthesize and analyze these materials, focusing on the spatial layout of the cemeteries, burial customs, accompanying artifacts, and conducting chronological and regional studies.

The casting technology of Seima-Turbino type bronzes has been underexplored in previous research. A notable innovation in Seima-Turbino metal artifacts is the development of thin-wall sockets (core casting technology), predominantly utilized in crafting celts and spearheads. This paper intends to explore regional variations in core casting technology, drawing insights from spearheads and stone molds unearthed at Seima-Turbino type cemeteries. Additionally, it is also designed to elucidate the connection between metal casting technology in the Eurasian steppes and its influence on the northwest and central plains of China.

Current advancements in the Seima-Turbino issue incorporate the release of C-14 dating data and the discovery of 16 Seima-Turbino barbed spearheads in China. C-14 dating has provided clarity on the absolute chronology of the Seima-Turbino period, while the discovery of these artifacts in China has shed light on the early metal casting technology in the region, tracing it back to the Seima-Turbino remians.

# 后 记

　　光阴何太急，如白驹过隙。转瞬间，这已经是我工作的第四个年头，恍恍惚惚，一直在学生与老师的身份转换中努力适应。当时光的列车缓缓驶过西北大学的校园，如今已经33岁的我就坐在那里，深情的目光望去，依稀浮现着自己23岁时的模样。

　　那年，我初入燕园，离开的地方，也正是我此时身处的地方。那是我第一次离开家乡前往异地求学，因比报到的时间稍早到达，故借宿在同窗顾志洋家中，他们一家人的热情款待很快就让我忘却了离家之愁。

　　开学报到后，经过一段适应的时间，我很快就进入了状态。导师林梅村先生和我进行了关于研究方向的讨论，得知我对欧亚草原青铜时代考古颇感兴趣，于是为我选定了一个我之前未曾听闻过的课题："塞伊玛—图尔宾诺"。于是，我便开始恶补"塞伊玛—图尔宾诺"相关知识，第一本读的书便是切尔内赫教授的《欧亚大陆北部冶金：塞伊玛—图尔宾诺跨文化现象》。通过这本书，我初步了解了与"塞伊玛—图尔宾诺"相关的一些知识，但仍感到茫然，不知如何下手。于是，林先生为我联系了河南南阳市博物馆、青海大通县文管所、陕西历史博物馆、辽宁朝阳文管所、国家博物馆等多家藏有塞伊玛—图尔宾诺倒钩铜矛的单位，派我前去调查。调查之初，一切都是那么茫然，那么陌生，还好师兄刘瑞不厌其烦地向我讲解调查过程中的注意事项，于是我很快就"上道"了，能够熟练操作各种仪器，对器物的拍照、测量、绘图等工作也是手到擒来。还记得我们每到一处，按照考古人的传统，当地工作人员就会热情款待，给我们扎扎实实地留下了"深刻印象"。

　　求学过程中，很多老师都给我留下了非常深刻的印象，但对我影响最深的共有两位，一位是陈凌老师，一位是马健老师。这两位老师都是我学术道路上的贵人，如果没有他们，我觉得自己不会如此坚定地沿着现在的道路一直往下走。

马健老师是我本科的班主任，后来又成为我本科阶段的学业导师。还记得第一次见马老师时的场景，那时他刚从东天山归来，风尘仆仆，一身行囊还未卸下，就听见我的辅导员李成老师说："看，这就是你班主任！"那时的我，脑海里只浮现出三个字：太酷啦！从此之后，马老师就成了我想要成为的人，以至于后来我的道路仿佛就是他的复制加粘贴（但当时我是没想到的，仿佛是有一股神奇的力量在不停地推动）。当我得知马老师的研究方向是欧亚草原游牧考古时，我便下定决心，也要像他一样，选择学习这个方向。于是，我开始寻找相关书籍进行阅读，我阅读的第一本书就是日后成为我导师林梅村先生的《丝绸之路考古十五讲》（当然，这里要感谢我来自新疆的好朋友及师兄木扎提，是他极力推荐我阅读此书）。之后，又阅读了其他关于这个方向的文献，使我更加坚定地选择朝着这条道路一直走下去。当我获得北京大学的保研资格后，马老师将我推荐给林先生，得以拜在其门下。

陈凌老师可以说是我学术道路上的领路人，第一次在北大听课，就是听的陈凌老师的课，也就是这次课，让我受到了极大震撼——课竟然可以这么上！那次课上，陈老师讲的是丝绸之路考古文献导读。陈老师上课没有课件，就一根粉笔书写板书，将丝绸之路相关学者、文献一一罗列出来，最令人吃惊的是，讲到某位学者的观点时，他竟然能直接讲出出自哪一年、哪本文献、哪一页，这是何等的功力！起码在我此前23年的求学生涯中，闻所未闻，见所未见。上陈老师的课，我会非常认真且迅速地记笔记，生怕哪本文献没有记到被漏掉了。课后，我会按照陈老师上课讲的内容，把那些文献找来阅读，当时因为量太大，每一本都读完是不太现实的，但我又害怕日后会用到，于是我只好将他列出的每一本书都买来放在书架上，心想万一哪天要是用到，在手边会更加方便。因此，读博时我的最大开销就是买书，以至于后来宿舍书太多没地方放，宿舍原配的木头书架因书太重被压塌了。此外，读博五年，除了2017和2018年在德国学习外，每年我都会跟着陈老师下工地，新疆新和县的通古斯巴西古城、轮台县的卓尔固特古城，都对我产生了很深的影响，陈老师不仅学问做得好，考古发掘更是技艺高超，跟着陈老师发掘的几年，让我对发掘有了更加深入的认识，最重要的就是陈老师不厌其烦地纠正我们的错误，他在纠正我们错误的同时，会引导我们思考，让我们了解现象背后的底层逻辑。即使现在我已经毕业4年，每当我遇到学术难题时，第一时间想到的就是请教陈老师，他也会很耐心地倾囊相授。

读书期间，跟我待在一起时间最长的，莫过于室友张保卿，因为班上只有我们两个男生，所以在开学之前我俩就知道会被安排在一间宿舍。最初，我俩都还有些拘谨，但当我俩聊起NBA时，瞬间找到了共同话题，我俩都是休斯顿火箭队的球迷，而且都是从姚明时代就开始关注火箭队，即使姚明退役，还是心存"火箭情怀"。还记得读博第五年，我俩都面临毕业还是延期的问题，我的态度是不行延一年吧，但他是很坚决地想要毕业。思前想后，我也决定两个人一起拼一把，一起毕业。记得我们在写博士论文的那段时光，可能是人生中作息最规律的一段时间，每天早上九点准时开始写作，一直到下午六点停止，六点以后属于娱乐时间，时间虽然不长，但效率很高。每天我们都会交流，今天又写了多少，发现了什么新问题，有什么新灵感。两个人互相鼓励，互相提出建议，非常顺利地毕业并找到工作。现在想来，如果不是张保卿那么坚决要毕业，说不定我也得延期个一年半载。

论文写完到现在，已经过去了四年，四年间出版了很多新的材料，我自己也有很多新的想法，于是，我利用2023年下半年在旬邑西头遗址带实习的这段时间，对博士论文进行了修改。然而，现实总是与理想存在一些差距，尽管我想让这本书非常完美地展现在读者面前，并因此做了很多修改，但不可否认书中仍有诸多细节之处有待讨论。

感谢北京大学李零教授、吴小红教授、陈建立教授，中国科学院传统工艺与文物科技研究中心苏荣誉教授，中央民族大学魏坚教授，中国科学院大学罗武干教授，中国社会科学院中外关系研究史李锦绣教授，他们为论文的修改完善提供了非常宝贵的意见。感谢西北大学的赵丛苍老师、王建新老师、陈洪海老师、钱耀鹏老师、罗丰老师、冉万里老师、梁云老师、豆海锋老师、翟霖林老师、任萌老师、习通源老师、王振老师、李成老师、向金辉老师、薛程老师，帮助我在学习过程中不断成长。感谢新疆维吾尔自治区文物考古研究所的党志豪老师、于建军老师、徐佑成老师、李春长老师、张相鹏老师，他们对我在新疆的考古工作提供了莫大的帮助。感谢甘肃文物考古研究所的裴建陇与天水市文物保护和考古研究中心王太职，他们在我前往天水博物馆调查文物时提供了极大支持。

感谢同窗赵兆、靳梦瑶、牛舒婧、刘瑶佳、由丹、王超翔、史易思、史忞、刘秋晨、王伟韬，在本科四年中，我们一起学习、一起探讨、一起成长。

感谢我的父母，是他们用无尽的爱和付出，把我培养成人。他们为我提供了良好的教育环境，让我在成长的道路上不断学习、进步；他们教会我如何做人，如何待人接物，使我成为一个有道德、有责任感的人。感谢我的妻子王禹苏，在我迷茫的时候能够一直陪伴我成长，包容我的缺点。

最后，还要感谢上海古籍出版社的编辑贾利民老师在论文修改过程中的指导和帮助。

"纵使前路漫漫，仍需砥砺前行。"学术之路如同漫漫长夜，但我将始终怀揣对知识的热爱和探索的激情，勇往直前。

2024 年 1 月 16 日<br>于西北大学